Schriftenreihe
der Juristischen Schulung

Band 163

# Fälle zum Öffentlichen Wirtschaftsrecht

von

Dr. Burkhard Schöbener
Professor für Öffentliches Recht,
Völkerrecht und Europarecht
an der Universität zu Köln

und

Rechtsanwalt
Dr. Ralf Jahn
Honorarprofessor an der Universität Würzburg
Hauptgeschäftsführer
der Industrie- und Handelskammer
Würzburg/Schweinfurt

2., neu bearbeitete Auflage

Verlag C. H. Beck München 2009

Verlag C. H. Beck im Internet:
**beck.de**

ISBN 978 3 406 59642 1


Wilhelmstraße 9, 80801 München
Druck und Bindung: Nomos Verlagsgesellschaft
In den Lissen 12, 76547 Sinzheim

Satz: Druckerei C. H. Beck Nördlingen
(Adresse wie Verlag)

Gedruckt auf säurefreiem, alterungsbeständigem Papier
(hergestellt aus chlorfrei gebleichtem Zellstoff)

# Vorwort

Die vorliegende Fallsammlung zum Öffentlichen Wirtschaftsrecht ist aus unserer mehrjährigen Vorlesungs- und Übungstätigkeit hervorgegangen. Für die 2. Auflage sind die Fälle grundlegend überarbeitet worden, unter besonderer Berücksichtigung der seit der Erstauflage (2003) erfolgten Gesetzesänderungen sowie der aktuellen Rechtsprechung und Literatur. Ziel des Buches ist es, den Studierenden neben der Technik des Klausuraufbaus grundlegende Kenntnisse im Wirtschaftsverfassungs- und Wirtschaftsverwaltungsrecht (einschließlich europarechtlicher Bezüge) zu vermitteln. Da die einschlägigen Rechtsprobleme des Öffentlichen Wirtschaftsrechts in der Klausurbearbeitung aber niemals „isoliert" vorkommen, sondern regelmäßig eingebunden sind in eine prozessuale Ausgangssituation, war es ebenso erforderlich, sowohl die prozessrechtliche Seite als auch regelmäßig wiederkehrende verwaltungsverfahrensrechtliche Fragestellungen in den einzelnen Fällen zu thematisieren. Über den Kreis derjenigen Studierenden hinaus, die das Öffentliche Wirtschaftsrecht als Schwerpunktfach gewählt haben, ist die Fallsammlung auch wichtig für alle, die sich auf die öffentlich-rechtlichen Klausuren im Ersten Examen vorbereiten wollen sowie für Studierende der Wirtschafts- und Sozialwissenschaften mit einer besonderen Ausrichtung auf das Öffentliche Wirtschaftsrecht.

Für ihre tatkräftige Unterstützung bei der Überarbeitung, Aktualisierung und Ergänzung der Fälle sei Frau Anja Jaekel (Dipl.-Juristin) sowie den Herren Markus Jobst (Dipl.-Jurist), Mahdad Mir Djawadi (Dipl.-Jurist), alle Köln, und Herrn Ass. iur. Marc Ruttloff (Würzburg/Berlin) herzlich gedankt. Die Verfasser freuen sich über Anmerkungen und kritische Hinweise aus dem Kreis der Leser, die zur Optimierung der Fälle beitragen werden. Sie erreichen uns unter folgenden Anschriften:

Prof. Dr. Burkhard Schöbener
Professur für Öffentliches Recht, Völkerrecht und Europarecht
Gottfried-Keller-Straße 2
50931 Köln

Prof. Dr. Ralf Jahn
Hauptgeschäftsführer der
IHK Würzburg-Schweinfurt
Postfach 58 40
97064 Würzburg

Köln/Würzburg, im August 2009

*Burkhard Schöbener/Ralf Jahn*

# Inhaltsübersicht

# Literaturverzeichnis


*Achterberg, Norbert/Püttner, Günter/Würtenberger, Thomas* (Hrsg.): Besonderes Verwaltungsrecht, Bd. I und II, 2000

*Arndt, Hans-Wolfgang/Fetzer, Thomas*: Wirtschaftsverwaltungsrecht, in: Steiner, Udo (Hrsg.), Besonderes Verwaltungsrecht, 8. Aufl. 2006, VI. Kapitel, S. 693 ff.

*Bauer, Martin/Böhle, Thomas/Masson, Christoph/Samper, Rudolf*: Bayerische Kommunalgesetze (Loseblattsammlung)

*Blanke, Hermann-Josef*: Vertrauensschutz im deutschen und europäischen Verwaltungsrecht, 2001

*Danwitz, Thomas von*: Straßen- und Wegerecht, in: Schmidt-Aßmann, Eberhard/Schoch, Friedrich (Hrsg.): Besonderes Verwaltungsrecht, 14. Aufl. 2008, 7. Kapitel, S. 875 ff.

*Detterbeck, Steffen*: Handwerksordnung – Kommentar, 4. Aufl. 2008

*Detterbeck, Steffen/Windthorst, Kay/Sproll, Hans-Dieter:* Staatshaftungsrecht, 2000

*Dolzer, Rudolf/Waldhoff, Christian/Graßhof, Karin* (Hrsg.): Bonner Kommentar zum Grundgesetz (Loseblattsammlung)

*Dreier, Horst* (Hrsg.): Grundgesetz Kommentar, Bd. I (Art. 1 bis 19 GG), 2. Aufl. 2004

*Epping, Volker*: Grundrechte, 3. Aufl. 2007

*Erichsen, Hans-Uwe/Ehlers, Dirk* (Hrsg.): Allgemeines Verwaltungsrecht, 13. Aufl. 2006

*Fehling, Michael*: Die Konkurrentenklage bei der Zulassung privater Rundfunkveranstalter, 1994

*Finkelnburg, Klaus/Dombert, Matthias/Külpmann, Christoph*: Vorläufiger Rechtsschutz im Verwaltungsstreitverfahren, 5. Aufl. 2007

*Frentzel, Gerhard/Jäkel, Ernst/Junge, Werner:* IHK-Gesetz – Kommentar, 7. Aufl. 2009

*Friauf, Karl-Heinrich* (Hrsg.): Gewerbeordnung (Loseblattsammlung), 1986 ff.

*Frotscher, Werner/Kramer, Urs*: Wirtschaftsverfassungs- und Wirtschaftsverwaltungsrecht, 5. Aufl. 2008

*Grabenwarter, Christoph*: Europäische Menschenrechtskonvention, 3. Aufl. 2008

*Hartstein, Reinhard/Ring, Wolf-Dieter/Kreile, Johannes/Dörr, Dieter/Stettner, Rupert*: Rundfunkstaatsvertrag: Kommentar (Loseblattsammlung)

*Heermann, Peter W./Hirsch, Günter* (Hrsg.): Münchener Kommentar zum Lauterkeitsrecht (UWG), 2006

*Hillgruber, Christian/Goos, Christoph*: Verfassungsprozessrecht, 2. Aufl. 2006

*Honig, Gerhart/Knörr, Matthias*: Handwerksordnung – Kommentar, 4. Aufl. 2008

*Huber, Peter M.*: Konkurrenzschutz im Verwaltungsrecht, 1991

*Huber, Peter M.*: Öffentliches Wirtschaftsrecht, in: Schmidt-Aßmann, Eberhard/Schoch, Friedrich (Hrsg.): Besonderes Verwaltungsrecht, 14. Aufl. 2008, 3. Kapitel, S. 305 ff.

*Hufen, Friedhelm*: Verwaltungsprozessrecht, 7. Aufl. 2008

*Ipsen, Jörn*: Staatsrecht II (Grundrechte), 11. Aufl. 2008

*Isensee, Josef/Kirchhof, Paul* (Hrsg.): Handbuch des Staatsrechts der Bundesrepublik Deutschland, Band VI (Freiheitsrechte), 1. Aufl. 1989

*Isensee, Josef/Kirchhof, Paul* (Hrsg.): Handbuch des Staatsrechts der Bundesrepublik Deutschland, Band VI (Bundesstaat), 3. Aufl. 2008

*Jarass, Hans D./Pieroth, Bodo* (Hrsg.): Grundgesetz für die Bundesrepublik Deutschland – Kommentar, 9. Aufl. 2007

*Kluth, Winfried* (Hrsg.): Handbuch des Kammerrechts, 2005

*Knack, Hans-Joachim/Busch, Jost-Dietrich*: Verwaltungsverfahrensgesetz (VwVfG) – Kommentar, 8. Aufl. 2004

*Knemeyer, Franz-Ludwig*: Bayerisches Kommunalrecht, 12. Aufl. 2007

*Kopp, Ferdinand O./Ramsauer, Ulrich*: Verwaltungsverfahrensgesetz (VwVfG) – Kommentar, 10. Aufl. 2008

*Kopp, Ferdinand O./ Schenke, Wolf-Rüdiger*: Verwaltungsgerichtsordnung (VwGO) – Kommentar, 15. Aufl. 2007

*Landmann, Robert von/Rohmer, Gustav* (Hrsg.), Gewerbeordnung und ergänzende Vorschriften (Loseblattsammlung)

*Lechner, Hans/Zuck, Rüdiger*: Bundesverfassungsgerichtsgesetz – Kommentar, 5. Aufl. 2006

*Mangoldt, Hermann von/ Klein, Friedrich/ Starck, Christian* (Hrsg.): Das Bonner Grundgesetz – Kommentar, Bd. 1 (Präambel, Art. 1 bis 19 GG), 5. Aufl. 2005

*Manssen, Gerrit*: Grundrechte, 6. Aufl. 2009

*Maurer, Hartmut*: Allgemeines Verwaltungsrecht, 17. Aufl. 2008

*Michel, Elmar/Kienzle, Werner/Pauly, Renate*: Gaststättengesetz – Kommentar, 14. Aufl. 2003

*Mösinger, Thomas*: Auswahlkriterien der Standplatzvergabe unter rechtlicher und ökonomischer Analyse, 2007

*Münch, Ingo von/Kunig, Philip* (Hrsg.): Grundgesetz-Kommentar, Bd. 1 (Präambel, Art. 1 bis 19 GG), 5. Aufl. 2001

*Oppermann, Thomas*: Europarecht, 3. Aufl. 2005

*Oberrath, Jörg-Dieter*: Öffentliches Wirtschaftsrecht, 2005

*Palandt, Otto*: Bürgerliches Gesetzbuch – Kommentar, 68. Aufl. 2009

*Pielow, Johann-Christian* (Hrsg.): Beck'scher Online Kommentar zur GewO, Stand 1. 5. 2008

*Pieroth, Bodo/Schlink, Bernhard*: Staatsrecht II (Grundrechte), 24. Aufl. 2008

*Pietzner, Rainer/Ronellenfitsch, Michael*: Das Assessorexamen im Öffentlichen Recht, 11. Aufl. 2005

*Preis, Ulrich/Prütting, Hanns/Sachs, Michael/Weigend, Thomas* (Hrsg.): Die Examensklausur, 3. Aufl. 2008

*Rodi, Michael*: Die Subventionsrechtsordnung, 2000

*Ruthig, Josef/Storr, Stefan*: Öffentliches Wirtschaftsrecht, 2. Aufl. 2008

*Sachs, Michael* (Hrsg.): Grundgesetz – Kommentar, 5. Aufl. 2009

*Sachs, Michael*: Verfassungsprozessrecht, 2. Aufl. 2007

*Schenke, Wolf-Rüdiger*: Verwaltungsprozessrecht, 11. Aufl. 2007

*Schlaich, Klaus/Korioth, Stefan*: Das Bundesverfassungsgericht, 3. Aufl. 2007

*Schliesky, Utz*: Öffentliches Wettbewerbsrecht, 1997

*Schliesky, Utz*: Öffentliches Wirtschaftsrecht, 3. Aufl. 2008

*Schmidt, Reiner/Vollmöller, Thomas* (Hrsg.): Kompendium Öffentliches Wirtschaftsrecht, 3. Aufl. 2007

*Schmidt-Aßmann, Eberhard/Röhl, Hans Christian*: Kommunalrecht, in: Schmidt-Aßmann, Eberhard/Schoch, Friedrich (Hrsg.): Besonderes Verwaltungsrecht, 14. Aufl. 2008, 1. Kapitel, S. 9ff.

*Schmidt-Bleibtreu, Bruno/Hofmann, Hans/Hopfauf, Axel* (Hrsg.): Grundgesetz – Kommentar, 11. Aufl. 2008

*Schoch, Friedrich*: Polizei- und Ordnungsrecht, in: Schmidt-Aßmann, Eberhard/Schoch, Friedrich (Hrsg.): Besonderes Verwaltungsrecht, 14. Aufl. 2008, 2. Kapitel, S. 127ff.

*Stein, Ekkehart/Götz, Frank*: Staatsrecht, 20. Aufl. 2007

*Steiner, Udo* (Hrsg.): Besonderes Verwaltungsrecht, 8. Aufl. 2006

*Stelkens, Paul/Bonk, Heinz Joachim/Sachs, Michael* (Hrsg.), Verwaltungsverfahrensgesetz – Kommentar, 7. Aufl. 2008

*Stober, Rolf*: Allgemeines Wirtschaftsverwaltungsrecht (Grundlagen des Wirtschafsverfassungs- und Wirtschaftsverwaltungsrechts, des Weltwirtschafts- und Binnenmarktrechts), 16. Aufl. 2008

*Stober, Rolf*: Besonderes Wirtschaftsverwaltungsrecht (Gewerbe- und Regulierungsrecht, Produkt- und Subventionsrecht), 14. Aufl. 2007

*Stober, Rolf* (Hrsg.): Deutsches und Internationales Wirtschaftsrecht (Grundzüge des Wirtschaftsprivat-, Wirtschaftsverwaltungs- und Wirtschaftsstrafrechts), 2007

*Tettinger, Peter J./Erguth, Wilfried/Mann, Thomas*: Besonderes Verwaltungsrecht, 9. Aufl. 2007

*Tettinger, Peter J./Wank, Rolf*: Gewerbeordnung – Kommentar, 7. Aufl. 2004

*Umbach, Dieter C./Clemens, Thomas/Dollinger, Franz-Wilhelm* (Hrsg.): Bundesverfassungsgerichtsgesetz – Kommentar, 2. Aufl. 2005

*Wolff, Hans J./Bachof, Otto/Stober, Rolf/Kluth, Winfried*: Verwaltungsrecht, Bd. 1, 12. Aufl. 2007

*Würtenberger, Thomas*: Verwaltungsprozessrecht, 2. Aufl. 2006

*Ziekow, Jan*: Öffentliches Wirtschaftsrecht, 2007

# Abkürzungsverzeichnis

| | |
|---|---|
| a. A. | anderer Ansicht |
| Abl. EG | Amtsblatt der Europäischen Gemeinschaften |
| Abs. | Absatz |
| Abschn. | Abschnitt |
| a. F. | alte Fassung |
| AfP | Zeitschrift für Medien- und Kommunikationsrecht |
| AG | Aktiengesellschaft |
| AGVwGO | Ausführungsgesetz zur VwGO |
| AGVwGOÄndG | Gesetz zur Änderung des Gesetzes zur Ausführung der Verwaltungsgerichtsordnung |
| AK | Anfechtungsklage |
| allg. | allgemein(e/er) |
| AllgVerwR | Allgemeines Verwaltungsrecht |
| Alt. | Alternative |
| Anm. | Anmerkung |
| AOK | Allgemeine Ortskrankenkasse |
| AöR | Archiv des öffentlichen Rechts (Zeitschrift) |
| Art. | Artikel |
| Ast. | Antragsteller(in) |
| Aufl. | Auflage |
| Az. | Aktenzeichen |
| BadWürttGO | Baden-Württembergische Gemeindeordnung |
| BAG | Bundesarbeitsgericht |
| BauGB | Baugesetzbuch |
| Bay. | Bayerische |
| BayAGVwGO | Bayerisches Gesetz zur Ausführung der Verwaltungsgerichtsordnung |
| BayFTG | Bayerisches Feiertagsgesetz |
| BayGastV | Bayerische Verordnung zur Durchführung des Gaststättengesetzes |
| BayGewV | Bayerische Verordnung zur Durchführung der GewO |
| BayGO | Bayerische Gemeindeordnung |
| BayObLG | Bayerisches Oberstes Landesgericht |
| BayVBl. | Bayerische Verwaltungsblätter |
| BayVGH | Bayerischer Verwaltungsgerichtshof |
| BayVwZVG | Bayerisches Verwaltungszustellungs- und Vollstreckungsgesetz |
| Bbg. | Brandenburg |
| Bd. | Band |
| BeckOK | Beck'scher Online Kommentar |
| BesVerwR | Besonderes Verwaltungsrecht |
| BFH | Bundesfinanzhof |
| BFHE | Entscheidungen des Bundesfinanzhofes (amtliche Sammlung) |
| BGastG | Gaststättengesetz des Bundes |
| BGB | Bürgerliches Gesetzbuch |
| BGBl. | Bundesgesetzblatt |
| BGH | Bundesgerichtshof |
| BGHZ | Entscheidungen des Bundesgerichtshofs in Zivilsachen (amtliche Sammlung) |
| BImSchG | Bundesimmissionsschutzgesetz |
| BK | Bonner Kommentar |

| | |
|---|---|
| BLadSchlG | Gesetz über den Ladenschluss (Bundesgesetz) |
| BR-Drs. | Drucksache des deutschen Bundesrates |
| BT-Drs. | Drucksache des deutschen Bundestages |
| BV | Verfassung des Freistaates Bayern |
| BVerfG | Bundesverfassungsgericht |
| BVerfGE | Entscheidungen des Bundesverfassungsgerichts (amtliche Sammlung) |
| BVerfGG | Bundesverfassungsgerichtsgesetz |
| BVerwG | Bundesverwaltungsgericht |
| BVerwGE | Entscheidungen des Bundesverwaltungsgerichts (amtliche Sammlung) |
| BVwVfG | Verwaltungsverfahrensgesetz des Bundes |
| bzw. | beziehungsweise |
| ca. | circa |
| Corp. | Corporation |
| DB | Der Betrieb (Zeitschrift) |
| ders. | derselbe |
| DFL | Deutsche Fußball Liga GmbH |
| d. h. | das heißt |
| DÖV | Die Öffentliche Verwaltung (Zeitschrift) |
| Dr. | Doktor |
| DR | Decisions and Reports, Sammlung der Entscheidungen der EKMR (seit 1975) |
| DV | Die Verwaltung (Zeitschrift) |
| DVBl. | Deutsches Verwaltungsblatt (Zeitschrift) |
| ebd. | ebenda |
| EG | Europäische Gemeinschaft(en), EG-Vertrag (neue Zitierweise) |
| EGBGB | Einführungsgesetz zum BGB |
| EGMR | Europäischer Gerichtshof für Menschenrechte |
| EGV | EG-Vertrag (alte Zitierweise) |
| EKMR | Europäische Kommission für Menschenrechte |
| EMRK | Europäische Menschenrechtskonvention |
| Entsch. | Entscheidung |
| etc. | et cetera |
| EU | Europäische Union |
| EuG | Europäisches Gericht erster Instanz |
| EuGH | Europäischer Gerichtshof |
| EuR | Europarecht (Zeitschrift) |
| EuGRZ | Europäische Grundrechte-Zeitschrift |
| Europarechtsanpassung G Bau/EAG | Gesetz zur Anpassung des Baugesetzbuchs an EU-Richtlinien |
| EuZW | Europäische Zeitschrift für Wirtschaftsrecht |
| e. V. | eingetragener Verein |
| f. | folgende (z. B. Seite, Randnummer) |
| FC | Fußballclub |
| ff. | folgende (z. B. Seiten, Randnummern) |
| FFK | Fortsetzungsfeststellungsklage |
| FGO | Finanzgerichtsordnung |
| Fn. | Fußnote |
| FS | Festschrift |
| FTG | Sonn- und Feiertagsgesetz |
| GastG | Gaststättengesetz |
| gem. | gemäß |

GewArch. ........................ Gewerbearchiv (Zeitschrift)
GewO ........................ Gewerbeordnung
GewStG ........................ Gewerbesteuergesetz
GG ........................ Grundgesetz für die Bundesrepublik Deutschland
ggf. ........................ gegebenenfalls
GmbH ........................ Gesellschaft mit beschränkter Haftung
GmbHG ........................ Gesetz betreffend die Gesellschaften mit beschränkter Haftung
GO ........................ Gemeindeordnung
GR ........................ Grundrecht(e)
grds. ........................ grundsätzlich
GRUR ........................ Gewerblicher Rechtsschutz und Urheberrecht (Zeitschrift)
GRUR-RR ........................ Gewerblicher Rechtsschutz und Urheberrecht – Rechtsprechungsreport (Zeitschrift)
GüKG ........................ Güterkraftverkehrsgesetz
GVBl. ........................ Gesetz- und Verordnungsblatt
GVG ........................ Gerichtsverfassungsgesetz
GVO ........................ Gruppenfreistellungsverordnung

HandwO ........................ Handwerksordnung
HGRG ........................ Haushaltsgrundsätzegesetz
h. L. ........................ herrschende Lehre
h. M. ........................ herrschende Meinung
HPG ........................ Heilpraktikergesetz
Hrsg. ........................ Herausgeber
Hs. ........................ Halbsatz
HSOG ........................ Hessisches Gesetz über die öffentliche Sicherheit und Ordnung

i. d. R. ........................ in der Regel
i. d. S. ........................ in diesem Sinn
i. e. S. ........................ im eigentlichen (engen) Sinn
IHK ........................ Industrie- und Handelskammer
IHKG ........................ Gesetz zur vorläufigen Regelung des Rechts der Industrie- und Handelskammern
insb. ........................ insbesondere
i. S. d. ........................ im Sinne des
i. S. v. ........................ im Sinne von
i. V. m. ........................ in Verbindung mit

JA ........................ Juristische Arbeitsblätter (Zeitschrift)
JöR n. F. ........................ Jahrbuch des öffentlichen Rechts, neue Folge (1951 ff.)
Jura ........................ Juristische Ausbildung (Zeitschrift)
JuS ........................ Juristische Schulung (Zeitschrift)
JZ ........................ Juristenzeitung

Kap. ........................ Kapitel
KfW ........................ Kreditanstalt für Wiederaufbau
KommJur ........................ Kommunaljurist (Zeitschrift)
KommunalR ........................ Kommunalrecht

LG ........................ Landgericht
lit. ........................ litera (Buchstabe)
LKrO ........................ Landkreisordnung
LKV ........................ Landes- und Kommunalverwaltung (Zeitschrift)
LRE ........................ Sammlung lebensmittelrechtlicher Entscheidungen
LS ........................ Leitsatz
LSchlG ........................ Ladenschlussgesetz
LSchlV ........................ Ladenschlussverordnung
LStVG ........................ Landesstraf- und Verordnungsgesetz (Bayern)

| | |
|---|---|
| lt. | laut |
| LT-Drs. | Drucksache des Landtags |
| LVerf | Landesverfassung |
| m. | mit |
| MEG II | Zweites Gesetz zum Abbau bürokratischer Hemmnisse insbesondere in der mittelständischen Wirtschaft (Mittelstandsentlastungsgesetz II) |
| MP | Media Perspektiven (Zeitschrift) |
| m.w.N. | mit weiteren Nachweisen |
| NdsAGVwGO | Niedersächsisches Gesetz zur Ausführung der Verwaltungsgerichtsordnung |
| NdsVBl. | Niedersächsisches Verwaltungsblatt (Zeitschrift) |
| n.F. | neue Fassung |
| NJW | Neue Juristische Wochenschrift (Zeitschrift) |
| NJW-RR | NJW-Rechtsprechungs-Report |
| NordÖR | Zeitschrift für Öffentliches Recht in Norddeutschland |
| Nr. | Nummer |
| NVwZ | Neue Zeitschrift für Verwaltungsrecht |
| NVwZ-RR | Neue Zeitschrift für Verwaltungsrecht – Rechtsprechungs-Report |
| NRW/NW | Nordrhein-Westfalen |
| NWVBl. | Nordrheinwestfälische Blätter für Verwaltungsrecht (Zeitschrift) |
| NZA | Neue Zeitschrift für Arbeitsrecht |
| Öfftl. WirtR | Öffentliches Wirtschaftsrecht |
| o.g. | oben genannte |
| OLG | Oberlandesgericht |
| ÖPP | Öffentlich-Private Partnerschaft |
| ör | öffentlich-rechtlicher |
| OVG | Oberverwaltungsgericht |
| OVGE | Entscheidungssammlung des OVG Münster (amtliche Sammlung) |
| OWiG | Gesetz über Ordnungswidrigkeiten |
| PBefG | Personenbeförderungsgesetz |
| POR | Polizei- und Ordnungsrecht |
| PPP | Public Private Partnership |
| ProstitutionsG | Prostitutionsgesetz |
| RhPfGO | Rheinlandpfälzische Gemeindeordnung |
| RhPfVerfGH | Verfassungsgerichtshof Rheinland-Pfalz |
| RJD | Reports of Judgments and Decisions; Entscheidungssammlung des EGMR (seit 1996) |
| Rn. | Randnummer |
| RStV | Rundfunkstaatsvertrag |
| S. | Satz, Seite, siehe |
| s.a. | siehe auch |
| SächsVBl. | Sächsische Verwaltungsblätter (Zeitschrift) |
| SächsOVG | Sächsisches Oberverwaltungsgericht |
| Sart. | Sartorius (Gesetzessammlung) |
| Serie A | Série A des publications de la Cour européene des droits de l'homme: Arrêts et décisions (bis Ende 1995) |
| Slg. | Sammlung |
| s.o. | siehe oben |
| sog. | so genannte |
| SpuRT | Zeitschrift für Sport und Recht |

StGB ........ Strafgesetzbuch
StHR ........ Staatshaftungsrecht
str. ........ streitig
StR ........ Staatsrecht
StrWG ........ Straßen- und Wegegesetz
St. Rspr. ........ Ständige Rechtsprechung

ThürKO ........ Thüringer Kommunalordnung
TKG ........ Telekommunikationsgesetz
Tz. ........ Textzeichen

u.a. ........ unter anderem
Urt. v. ........ Urteil vom
USA ........ Vereinigte Staaten von Amerika
UWG ........ Gesetz gegen den unlauteren Wettbewerb

v. ........ von, vom
v.a. ........ vor allem
VA ........ Verwaltungsakt
Var. ........ Variante
VB ........ Verfassungsbeschwerde
VBlBW ........ Verwaltungsblätter für Baden-Württemberg (Zeitschrift)
VereinsG ........ Vereinsgesetz
Verf. NRW ........ Verfassung des Landes Nordrhein-Westfalen
VerfPrR ........ Verfassungsprozessrecht
VerfahrensVO ........ Verordnung (EG) 659/1999 über besondere Vorschriften für die Anwendung von Art. 88 EG
VK ........ Verpflichtungsklage
VerwArch. ........ Verwaltungs-Archiv (Zeitschrift)
VerwPrR ........ Verwaltungsprozessrecht
VerwR ........ Verwaltungsrecht
VerwRdsch. ........ Verwaltungsrundschau (Zeitschrift)
VG ........ Verwaltungsgericht
VGH ........ Verwaltungsgerichtshof
vgl. ........ vergleiche
VMG ........ Verhältnismäßigkeitsgrundsatz
VO ........ Verordnung
Vorb. ........ Vorbemerkung
VVDStRL ........ Veröffentlichungen der Vereinigung der Deutschen Staatsrechtslehrer
VwGO ........ Verwaltungsgerichtsordnung
VwVfG ........ Verwaltungsverfahrensgesetz
VwVG ........ Verwaltungsvollstreckungsgesetz
VwZG ........ Verwaltungszustellungsgesetz

WiVerw ........ Wirtschaft und Verwaltung, Vierteljahresbeilage zum Gewerbearchiv (Zeitschrift)
WRV ........ Weimarer Reichsverfassung v. 11. August 1919
WuV-Frage ........ Wiederholungs- und Vertiefungs-Frage

ZAP ........ Zeitschrift für die Anwaltspraxis
z.B. ........ zum Beispiel
ZHR ........ Zeitschrift für das gesamte Handels- und Wirtschaftsrecht
Ziff. ........ Ziffer
ZPO ........ Zivilprozessordnung
ZUM ........ Zeitschrift für Urheber- und Medienrecht

# Einleitung

## A. Regeln für die Klausurbearbeitung

Die erfolgreiche Bearbeitung von Klausuren und Hausarbeiten folgt bestimmten Regeln, deren Beherrschung sich durch permanente Übung erlernen lässt. Hierbei ist insbesondere auf Folgendes zu achten.

### I. Sachverhaltsanalyse

Am Beginn jeder Falllösung steht die Analyse des Sachverhalts. Es empfiehlt sich, zunächst den Bearbeitervermerk zu lesen, weil dann der Sachverhalt bereits beim Lesen vor dem Hintergrund der konkreten Fragestellung analysiert werden kann.

Nach der aufmerksamen Sachverhaltslektüre sollten die dort genannten Argumente aufgelistet, ggf. Argument und Gegenargument synoptisch gegenübergestellt werden. Dann sind die einschlägigen Gesetzesvorschriften zu suchen. Im nächsten Arbeitsschritt ist die Lösung zu gliedern und zu skizzieren. Bereits in diesem Stadium sollte sich der Bearbeiter über die Schwerpunkte des Falles im Klaren sein, um bei der Niederschrift nicht unnötige Zeit mit überflüssigen Ausführungen zu vergeuden. Deshalb sollten auch entbehrliche Ausformulierungen einzelner Lösungsgedanken auf einem „Schmierblatt“ bzw. in der Lösungsskizze vermieden werden, zumal die zur Verfügung stehende Arbeitszeit für die Reinschrift benötigt wird.

### II. Zeiteinteilung

Die Gesamtarbeitszeit muss jedenfalls bei der Anfertigung von Klausurlösungen richtig eingeteilt werden. Mindestens zwei Drittel der Arbeitszeit sollten für die Reinschrift der Arbeit aufgespart werden. Man darf deshalb nicht zu viel Zeit auf die Sachverhaltsanalyse und die Gliederung der Lösung verwenden. Es ist zu berücksichtigen, dass oftmals zunächst ins Auge gefasste Lösungsansätze bei der Niederschrift, bei der in der Regel mit höchster Konzentration gearbeitet wird, wieder verworfen werden.

### III. Arbeiten mit dem Gesetz

Das Handwerkszeug des Juristen ist das Gesetz. Das gilt nicht minder für die juristische Ausbildung. Man sollte deshalb stets „eng am Gesetz“ arbeiten und – soweit möglich – mit dem Wortlaut der einschlägigen gesetzlichen Vorschriften argumentieren. Dabei ist auf eine exakte Arbeitsweise zu achten. Vor allem sind die Vorschriften stets vollständig nach Absatz, Satz, Nummer und ggf. Tatbestandsalternative zu zitieren.

### IV. Gutachten

In Klausuren und Hausarbeiten ist in der Regel ein Rechtsgutachten anzufertigen. Deshalb ist bei der Niederschrift auf den Gutachtenstil zu achten: Zunächst ist das Problem darzustellen, sind die einschlägigen gesetzlichen Tatbestandsmerkmale zu benennen und – soweit erforderlich – zu definieren. Anschließend ist der Sachverhalt unter den gesetzlichen Tatbestand zu subsumieren und das Ergebnis ausdrücklich festzustellen. Bei völlig unproblematischen Prüfungspunkten ist es allerdings – nicht zuletzt aus Gründen der Zeitersparnis – angebracht, im Urteilsstil zu argumentieren. Ingesamt ist auf schlüssige Gedankenfolge und einen logischen Aufbau zu achten, d.h. insbesondere, dass Probleme erst behandelt werden dürfen, wenn ihre Lösung zur Bearbeitung ansteht. Rechtsprobleme dürfen also nicht „auf Vorrat" gelöst werden, in der Hoffnung, irgendwann werde man die Beantwortung schon brauchen.

Bei der Lösung ist stets die im Sachverhalt oder im Bearbeitervermerk angesprochene verfahrensrechtliche Ausgangssituation zu beachten. Handelt es sich um eine Klausur, bei der man sich in die Rolle des Verwaltungsrichters zu versetzen hat, ist in der Regel mit der Eröffnung des Verwaltungsrechtswegs und der Zulässigkeit der Klage zu beginnen. Dies gilt grundsätzlich auch für die anwaltliche Arbeit, da in der Praxis bei einem offensichtlich unzulässigen Rechtsbehelf (z.B. wegen Verfristung) die weitere „Denkarbeit" über die etwaige Begründetheit ohne weiteres entfallen kann. Allerdings kann es nach dem Bearbeitervermerk auch möglich sein, dass zunächst ein Gutachten über die Begründetheit einer Klage zu fertigen ist, um im Anschluss daran erst die Frage der Zulässigkeit zu erörtern. Deshalb ist der Bearbeitervermerk immer genau zu lesen!

Kommt man bereits frühzeitig zur Unzulässigkeit der Klage oder zur Rechtswidrigkeit der Maßnahme, ist das Gutachten fortzusetzen und auch zu allen weiteren rechtlichen Problemen Stellung zu nehmen. Das Anfertigen eines Gutachtens bedeutet nämlich, dass zu allen im Sachverhalt aufgeworfenen Problemen Stellung zu nehmen ist; regelmäßig wird dies im Bearbeitervermerk auch noch einmal ausdrücklich klargestellt. In der Praxis ist es im Übrigen durchaus von Bedeutung, ob eine Klage aus einem oder mehreren Gründen unzulässig oder unbegründet ist, da man zu bedenken hat, dass sich der Richter eventuell einer im Gutachten zu einem bestimmten Aspekt geäußerten Ansicht nicht anschließen wird. Es ist dann von Vorteil, wenn der Gutachter aufgezeigt hat, dass die Klage aus weiteren Gründen unzulässig ist, ein Anspruch nicht besteht oder eine Maßnahme rechtswidrig ist. Ob man diese weitere Stellungnahme mit der Überschrift „Hilfsgutachten" versehen sollte, wird unterschiedlich gesehen. Nach unserer Ansicht ist die Bezeichnung „Hilfsgutachten" nur dann erforderlich, wenn eine richterliche Entscheidung (z.B. ein Urteil) abzufassen ist, in der nicht alle Rechtsprobleme des Sachverhalts angesprochen werden können.

## V. Richtige Proportionierung

Eine gute Klausurbearbeitung – nichts anderes gilt natürlich für Hausarbeiten – verlangt Problembewusstsein, das bei der schriftlichen Ausarbeitung in der richtigen Proportionierung der Ausführungen zum Ausdruck kommt. Im Sachverhalt ausdrücklich angesprochene Probleme sind stets zu behandeln; sie sind regelmäßig als Hinweis auf die Klausurschwerpunkte zu verstehen. In qualitativer Hinsicht zeichnet sich eine gute Klausurlösung dadurch aus, dass man ein Rechtsproblem mit einer tragfähigen eigenständigen Begründung löst. Man sollte sich dann der Auffassung anschließen, die einen selbst am meisten überzeugt. Dies wird häufig auf die sog. herrschende Meinung (h.M.) in der Literatur oder auf die Ansicht der Rechtsprechung hinauslaufen; zwingend ist dies jedoch keineswegs. Man muss jedenfalls nicht – ein häufiger Irrtum! – zu den unzähligen Problemen die hierzu vertretenen

Auffassungen auswendig lernen. Erwartet wird in der Regel allein, dass der Bearbeiter das Problem erkennt, die Hinweise im Sachverhalt zu verarbeiten versteht und einen gesetzesorientierten Lösungsvorschlag anzubieten hat.

### VI. Äußere Form

Eine gute Arbeit setzt neben Formulierungsgeschick auch eine ansprechende äußere Form voraus. Deshalb ist unbedingt auf einen klaren Satzbau sowie auf einwandfreie Orthographie und Interpunktion zu achten. Es sind stets ganze Sätze zu formulieren (kein „Comikheft-Sprechblasenstil“). Die äußere Form kann in Grenzfällen für die Benotung ausschlaggebend sein. Deshalb ist auch auf eine (gut) lesbare Schrift besonders Wert zu legen.

## B. Zur Arbeit mit diesem Buch

Die Fallsammlung zum Öffentlichen Wirtschaftsrecht wendet sich an Studierende der Rechtswissenschaften und Rechtsreferendare sowie Studierende der Wirtschafts- und Sozialwissenschaften, die im Rahmen ihrer Ausbildung mit dem Öffentlichen Recht, vor allem in seinen wirtschaftsrelevanten Bezügen, zu tun haben.

### I. Konzeption

In der Konzeption des Buches haben wir versucht, unsere mehrjährigen Erfahrungen aus Vorlesungen und Übungen im Öffentlichen Recht, zumal im Öffentlichen Wirtschaftsrecht, umzusetzen. Es hat sich nämlich gezeigt, dass Defizite in Prüfungsarbeiten vor allem bei der fallbezogenen Anwendung des zuvor behandelten Stoffes zu verzeichnen sind. Die folgenden Gesichtspunkte waren deshalb für die Zusammenstellung und Inhalte der Fälle maßgeblich:

- Es werden alle in öffentlich-rechtlichen Übungsarbeiten bedeutsamen Klagearten sowie die Verfahren des vorläufigen Rechtsschutzes behandelt.
- Die in den einzelnen Fällen enthaltenen Fragestellungen haben ihren Schwerpunkt selbstverständlich im Wirtschaftsverfassungs- und Wirtschaftsverwaltungsrecht (unter Einbeziehung des Europarechts). Daneben wird aber auch dem für Übungsarbeiten *klassischen* Bereich der Sachurteilsvoraussetzungen (z.B. statthafte Klageart, Klagebefugnis, Frist und Form einer Klage) die erforderliche Aufmerksamkeit zuteil.
- Umfang und Schwierigkeitsgrad der Fälle variieren von universitären Übungsklausuren bis hin zu Fallgestaltungen auf dem Niveau von Examensklausuren. Dementsprechend ist auch der Anmerkungsapparat in den Fußnoten dem Schwierigkeitsgrad entsprechend teilweise umfangreicher und differenzierter.
- Neben den weiterführenden Hinweisen auf die einschlägige Rechtsprechung und wissenschaftliche Literatur enthalten die Fußnoten regelmäßig zusätzliche Bemerkungen (**„Beachte“**) zum Klausuraufbau und ggf. zum klausurtaktischen Vorgehen.

Im Anschluss an jeden Fall finden sich zudem mehrere Fragen zur Wiederholung der fallspezifischen Probleme und Vertiefung des einschlägigen Rechtsbereichs (WuV-Fragen) sowie weiterführende Hinweise auf Rechtsprechung und Literatur. Dadurch wird den Bearbeitern die Gelegenheit gegeben, sich über die konkrete Fallgestaltung hinaus auch noch mit anderen zum Öffentlichen Wirtschaftsrecht gehörenden Sachfragen zu befassen.

Hingewiesen sei noch darauf, dass in der vorliegenden Fallsammlung aus didaktischen Gründen einheitlich das BVwVfG zitiert wird, soweit die landesrechtlichen Vorschriften nicht ausdrücklich in ihrem Wortlaut davon abweichen.

## II. Empfehlung zur Vorgehensweise

Um den Zweck dieser Fallsammlung, das Einüben der Klausurenbearbeitung im Öffentlichen Wirtschaftsrecht, zu erreichen, sollte der Bearbeiter sich nach Möglichkeit selbst Vorgaben stellen, wie sie bei einer universitären Klausurbearbeitung üblich sind, sich insbesondere eine bestimmte Zeitvorgabe einräumen und sein Arbeitsmaterial auf die Hilfsmittel beschränken, die in einer „scharfen" Klausur (z.B. im Examen) zugelassen sind. Das Ausformulieren der Klausurlösung ist – jedenfalls bei umfangreicheren Fällen – nicht immer nötig, sollte aber dennoch nicht allzu sehr vernachlässigt werden. Auch die schriftliche Ausdrucksfähigkeit lässt sich einüben. Den Schwerpunkt der Bearbeitung sollte eine saubere Gliederung mit Stichpunkten zu den rechtlichen Problemfeldern ausmachen. Die aufgeworfenen Fragen dürfen nicht offengelassen werden; die maßgeblichen Argumente sind zu notieren und der Bearbeiter hat sich für einen Lösungsweg zu entscheiden. Dabei muss man sich immer vor Augen halten: Es gibt nicht „die richtige Lösung", sondern nur gut oder schlecht begründete Lösungen. Es ist nicht maßgeblich, dass das Ergebnis immer dem in den Fällen unterbreiteten Lösungsvorschlag entspricht, sondern dass der Bearbeiter durch seine Ausführungen unter Beweis stellt, „juristisch denken" und argumentieren zu können.

Eines sollte man in jedem Fall vermeiden: diese Sammlung als „Lesebuch" zu nutzen, d.h. ohne eigene gedankliche Anstrengung nach der Sachverhaltslektüre unmittelbar den Lösungsvorschlag zu studieren. Die bei dieser Vorgehensweise oftmals anzutreffende Erkenntnis („Da wäre ich bestimmt auch drauf gekommen!") ist trügerisch. Eine zutreffende Einschätzung des eigenen Leistungsvermögens ist nur dann zu erreichen, wenn man sich insoweit immer wieder selbst mit der Klausurensituation konfrontiert.

# Wirtschaftsverfassungsrecht

## Fall 1: Der „zwangsverkammerte" Handwerksmeister

### A. Inhalt

Verfassungsbeschwerde; Schutzbereich einzelner Wirtschaftsgrundrechte (Art. 9 I, Art. 12 I GG); Schutzbereich der allgemeinen Handlungsfreiheit (Art. 2 I GG); Grundsatz der Verhältnismäßigkeit; verfassungsrechtliche Zulässigkeit der Pflichtmitgliedschaft in Wirtschafts- und berufsständischen Kammern; Bindung der Organe der Bundesrepublik Deutschland an die EGMR-Rechtsprechung; Geltung der Deutschen-Grundrechte für Unionsbürger.

### B. Sachverhalt

#### I. Grundfall

Nach erfolgreichem Bestehen der Meisterprüfung eröffnet Bäckermeister Bernhard Biskuit (B), ein deutscher Staatsangehöriger, in Regensburg eine Bäckerei. Kurze Zeit später erfährt er, dass er als selbständiger Bäckermeister nach § 90 II HandwO automatisch Pflichtmitglied in der für ihn örtlich zuständigen Handwerkskammer geworden ist. Empört über diese staatlichen Zwangsmethoden erhebt B Klage beim zuständigen Verwaltungsgericht mit dem Antrag festzustellen, dass in seinem Fall eine Zwangsmitgliedschaft nicht kraft Gesetzes eingetreten sei, weil die hierfür relevante Vorschrift des § 90 II HandwO in mehrfacher Hinsicht verfassungswidrig sei.

§ 90 II HandwO verletze zunächst seine grundrechtlich gewährleistete Vereinigungsfreiheit. Der einschlägige Art. 9 I GG umfasse auf jeden Fall auch die „negative Vereinigungsfreiheit". Deshalb könne man ihn als Bäckermeister nicht zwingen, Mitglied der Handwerkskammer, einer Körperschaft des öffentlichen Rechts, zu werden. Außerdem greife § 90 II HandwO massiv in sein Grundrecht der Berufsfreiheit ein. Schließlich verletze die Vorschrift auch seine allgemeine Handlungsfreiheit.

Darüber hinaus ist B der Ansicht, dass auch seine Menschenrechte nach den Bestimmungen der Europäischen Menschenrechtskonvention (EMRK) verletzt seien.

Das Verwaltungsgericht weist die Klage des B ab. Als selbständiger Bäckermeister sei B automatisch Mitglied der Handwerkskammer geworden. § 90 II HandwO sei in jeder Hinsicht verfassungsgemäß. Insbesondere stehe es dem Staat grundsätzlich frei, sich bei der Erfüllung seiner Verwaltungsaufgaben sachkundiger öffentlich-rechtlicher Körperschaften zu bedienen. Auch in den weiteren Gerichtsinstanzen bleibt B erfolglos.

Nachdem ihm das letztinstanzliche Urteil zugestellt worden ist, möchte B von Rechtsanwalt Emsig wissen, ob er nun Verfassungsbeschwerde erheben kann, um sich auf diese Weise gegen die Zwangsmitgliedschaft in der Handwerkskammer zu wehren.

Durch den Grundbeitrag der Handwerkskammer von zurzeit 170 € im Jahr werde sein Bäckereibetrieb zwar in einer finanziell nicht spürbaren Höhe belastet. Aber unabhängig davon sei nicht einzusehen, dass seine grundrechtlich geschützten Freiheiten durch die Zwangsmitgliedschaft in einer nicht vertretbaren Weise beschnitten würden. Rechtsanwalt Emsig meldet hingegen Bedenken an, ob Art. 9 I GG überhaupt „öffentlichrechtliche Zwangskörperschaften" erfasse.

**Bearbeitervermerk:** In einem umfassenden Gutachten sind die Erfolgsaussichten einer Verfassungsbeschwerde des Bernhard Biskuit (B) zu prüfen.

### II. Abwandlung

Der mit B befreundete Gilbert Gourmet (G) aus Paris, der sich ebenfalls in Regensburg als Bäcker niedergelassen hat, will von Rechtsanwalt Emsig wissen, ob auch er als französischer Staatsbürger, nachdem seine Klage gegen die Zwangsmitgliedschaft in der Handwerkskammer letztinstanzlich abgewiesen worden ist, Verfassungsbeschwerde erheben kann. Er beruft sich vor allem darauf, dass nach Art. 12 I EG-Vertrag in dessen Anwendungsbereich „jede Diskriminierung aus Gründen der Staatsangehörigkeit verboten" ist. Als französischer Staatsangehöriger dürfe er in Deutschland im Vergleich zu deutschen Staatsangehörigen nicht schlechter gestellt werden.

**Bearbeitervermerk:** Kann Gilbert Gourmet (G) in einer etwaigen Verfassungsbeschwerde Art. 9 I und Art. 12 I GG als verletzt rügen; ist er insoweit Grundrechtsträger?

## C. Lösung

### 1. Teil (Grundfall): Verfassungsbeschwerde des B

1 Die Verfassungsbeschwerde des B hat Erfolg, wenn sie zulässig und begründet ist.

### I. Zulässigkeit der Verfassungsbeschwerde

2 Das BVerfG ist für die Entscheidung einer Verfassungsbeschwerde zuständig gem. Art. 93 I Nr. 4a GG i. V. m. §§ 13 Nr. 8a, 90ff. BVerfGG.

#### 1. Parteifähigkeit (Antrags- bzw. Beschwerdeberechtigung)

3 Gemäß Art. 93 I Nr. 4a GG i.V.m. §§ 13 Nr. 8a, 90 I BVerfGG ist „jedermann" berechtigt, Verfassungsbeschwerde zum BVerfG zu erheben, soweit er geltend machen kann, in einem *seiner* Grundrechte oder grundrechtsgleichen Rechte verletzt zu sein. Das ist dann der Fall, wenn der Beschwerdeführer überhaupt Träger des als verletzt gerügten Grundrechts ist. B kann sich als deutscher Staatsangehöriger sowohl auf die Bürgerrechte der Art. 9 I und 12 I GG als auch auf das Menschenrecht des Art. 2 I GG berufen.

#### 2. Prozessfähigkeit

4 Mit Prozessfähigkeit bezeichnet man die Fähigkeit, Prozesshandlungen selbst (oder durch einen Vertretungsberechtigten, vgl. § 22 BVerfGG) vorzunehmen. Das BVerfGG enthält insoweit keine ausdrückliche Regelung. Zur Bestimmung der Prozessfähigkeit ist deshalb auf das jeweils geltend gemachte Recht und den Schutz-

zweck der Verfassungsbeschwerde abzustellen.[1] Schwierigkeiten bei der Bestimmung der Prozessfähigkeit treten in der Regel bei Minderjährigen oder aus sonstigen Gründen nicht (oder nur beschränkt) Geschäftsfähigen auf.[2] B ist mangels entgegenstehender Hinweise im Sachverhalt als prozessfähig anzusehen.

### 3. Beschwerdegegenstand

Gem. Art. 93 I Nr. 4a GG, § 90 I BVerfGG kann Beschwerdegegenstand jede Handlung oder Unterlassung eines Trägers deutscher öffentlicher Gewalt sein. In Betracht kommen sowohl Legislativ- als auch Exekutiv- und Judikativakte. 5

#### a) Legislativakt: § 90 HandwO

Als Beschwerdegegenstand kommt zunächst § 90 II HandwO in Frage. Nach dieser Vorschrift ist B automatisch Mitglied der Handwerkskammer geworden. 6

#### b) Judikativakt: (zumindest) letztinstanzliche Gerichtsentscheidung

Tauglicher Beschwerdegegenstand sind außerdem die gegenüber B ergangenen Gerichtsentscheidungen. B muss zumindest die letztinstanzliche Gerichtsentscheidung, durch die seine Klage auf Feststellung des Nichtbestehens der Zwangsmitgliedschaft in der Handwerkskammer abgewiesen worden ist, mit der Verfassungsbeschwerde angreifen.[3] Hinsichtlich der vorangegangenen Gerichtsentscheidungen steht es ihm frei, ob er diese gerichtlichen Akte zum Beschwerdegegenstand macht.[4] Auch wenn er alle Gerichtsentscheidungen angreift, handelt es sich um nur eine Verfassungsbeschwerde. 7

### 4. Beschwerdebefugnis

B muss behaupten, in einem seiner Grundrechte oder grundrechtsähnlichen Rechte i.S.v. Art. 93 I Nr. 4a GG, § 90 BVerfGG verletzt zu sein. Über den gesetzlichen Wortlaut hinaus muss die Grundrechtsverletzung zumindest möglich erscheinen; eine solche Verletzung darf nicht schon von vornherein ausgeschlossen sein.[5] Zudem muss B selbst, gegenwärtig und unmittelbar betroffen (beschwert) sein (sog. *qualifizierte Betroffenheit*).[6] 8

#### a) Verletzung der Rechte des B aus der EMRK

B macht geltend, durch die Zwangsmitgliedschaft in seinen durch die EMRK geschützten Rechten verletzt zu sein. Fraglich ist, ob B seine Verfassungsbeschwerde überhaupt auf eine Verletzung der EMRK stützen kann. 9

Die EMRK ist ein völkerrechtlicher Vertrag, der durch ein Zustimmungsgesetz gemäß Art. 59 II 1 GG in deutsches Recht umgesetzt wurde und somit den Rang eines

---

[1] *Hillgruber/Goos,* Verfassungsprozessrecht, Rn. 128ff.; *Sachs,* Verfassungsprozessrecht, Rn. 451ff.

[2] Zur Problematik s. *Pieroth/Schlink,* Grundrechte, Rn. 1123.

[3] Das ergibt sich aus dem Gebot der Rechtswegerschöpfung (§ 90 II 1 BVerfGG); vgl. BVerfGE 4, 52 (56); 19, 377 (389); 54, 53 (64f.); *Pieroth/Schlink,* Grundrechte, Rn. 1127.

[4] Vgl. *Pieroth/Schlink,* Grundrechte, Rn. 1127; restriktiver *Lechner/Zuck,* BVerfGG, § 90 Rn. 103.

[5] BVerfGE 6, 445 (447); 28, 17 (19); 52, 303 (327).

[6] Problemübersicht bei *Hillgruber/Goos,* Verfassungsprozessrecht, Rn. 190ff.; *Pieroth/Schlink,* Grundrechte, Rn. 1137ff.

einfachen Bundesgesetzes hat. Aufgrund dieses Ranges kann eine Verletzung der in der EMRK enthaltenen Menschenrechte nicht unmittelbar mit einer Verfassungsbeschwerde vor dem Bundesverfassungsgericht gerügt werden (vgl. Art. 93 I Nr. 4a GG, § 90 I BVerfGG).[7] Allerdings folgt aus der Bindung aller staatlichen Organe an Gesetz und Recht (Art. 20 III GG), dass diese die EMRK, genauso wie andere Bundesgesetze, „im Rahmen methodisch vertretbarer Gesetzesauslegung“ bei der Anwendung des nationalen Rechts beachten müssen.[8] Dabei ist die konventionsgemäße Auslegung vorrangig. Zudem sind die Gewährleistungen der EMRK und ihre Auslegung durch die Entscheidungen des Europäischen Gerichtshofs für Menschenrechte (EGMR) bei der Bestimmung von Inhalt und Reichweite von Grundrechten und rechtsstaatlichen Prinzipien des Grundgesetzes zu beachten, sofern dies nicht den Grundrechtsschutz nach dem Grundgesetz einschränkt oder mindert.[9]

10 Aus Art. 46 EMRK folgt, dass die Urteile des EGMR für die an dem Verfahren beteiligten Parteien verbindlich sind. Über den entschiedenen Einzelfall hinaus haben die Urteile jedoch auch eine normative Leitfunktion, an der sich die Vertragsstaaten zu orientieren haben. Die Fachgerichte müssen sich mit den einschlägigen Urteilen des EGMR bei der Beurteilung eines Sachverhalts auseinandersetzen. Vor allem muss eine Begründung gegeben werden, wenn von der Rechtsauffassung des EGMR abgewichen wird.[10] Eine solche Abweichung ist unter anderem möglich, wenn bei mehrpoligen Grundrechtsverhältnissen, die die Abwägung mehrerer Grundrechtspositionen erfordern, die schematische Anwendung einer EGMR-Entscheidung ein Ungleichgewicht dieser Positionen herbeiführen würde.[11]

Durch eine Verfassungsbeschwerde kann daher nur die unzureichende Berücksichtigung der EMRK als Verletzung des einschlägigen Grundrechts des Grundgesetzes i.V.m. dem Vorrang des Gesetzes gerügt werden.[12] Hingegen kann B seine Verfassungsbeschwerde *nicht unmittelbar* auf eine *Verletzung der EMRK* stützen.

B ist somit im Hinblick auf die Verletzung von EMRK-Vorschriften nicht beschwerdebefugt.

### b) Verfassungsbeschwerde gegen Legislativakt (§ 90 II HandwO)

11 Es ist jedoch nicht von vornherein ausgeschlossen, dass B durch den Legislativakt in seinen o.g. Grundrechten verletzt wird. Allerdings müsste B weiterhin durch diese Rechtsnorm selbst, gegenwärtig und unmittelbar betroffen sein.

B ist selbst und gegenwärtig betroffen, weil er selbst aufgrund dieser Rechtsvorschrift zurzeit Mitglied der Handwerkskammer ist. B ist auch unmittelbar betroffen, weil sein Mitgliedschaftsstatus automatisch durch § 90 II HandwO begründet wird. Ein besonderer Vollzugsakt der Exekutive ist nicht erforderlich, eine etwaige Mitteilung der Handwerkskammer über die Mitgliedschaft hat deshalb nur deklaratorische Bedeutung.

---

[7] BVerfGE 10, 271 (274); 34, 384 (395); 41, 88 (105f.); *Ruppert,* in: Umbach/Clemens/Dollinger, BVerfGG, § 90 Rn. 64.

[8] BVerfGE 111, 307 (317); *Cremer,* EuGRZ 2004, 683 (686f.); *Ruppert,* in: Umbach/Clemens/Dollinger, BVerfGG, § 90 Rn. 64.; *Meyer-Ladewig/Petzold,* NJW 2005, 15ff.; *Grupp/Stelkens,* DVBl. 2005, 133ff.; *Lenz,* FS Zuleeg, 2005, S. 234ff.

[9] St. Rspr.: BVerfGE 10, 271 (274); 64, 135 (157); 74, 102 (128); 111, 307 (317); vgl. auch Art. 53 EMRK.

[10] *BVerfG* (1. Kammer des Zweiten Senats), NVwZ 2004, 852 (853); BVerfGE 111, 307 (324).

[11] BVerfGE 111, 307 (324f.).

[12] BVerfGE 111, 307 (328ff.).

### c) Verfassungsbeschwerde gegen Gerichtsentscheidung(en)

B ist auch hinsichtlich des letztinstanzlichen Urteils sowie der vorangegangenen Gerichtsentscheidungen beschwert. Insoweit ergeben sich keine Besonderheiten. 12

### 5. Rechtswegerschöpfung (§ 90 II 1 BVerfGG)

Gemäß § 90 II 1 BVerfGG (i.V.m. Art. 94 II 2 GG) kann die Verfassungsbeschwerde erst nach Erschöpfung des Rechtsweges erhoben werden, wenn gegen die Verletzung der Rechtsweg zulässig ist (sog. *formelle* Subsidiarität[13] der Verfassungsbeschwerde). 13

Im Hinblick auf den Legislativakt (§ 90 II HandwO) ist der Rechtsweg zu den Fachgerichten nicht eröffnet. Eine vorherige Rechtswegerschöpfung ist deshalb nicht erforderlich.

Soweit die angegriffenen Gerichtsentscheidungen Beschwerdegegenstand sind, ist laut Sachverhalt das letztinstanzliche Urteil ergangen. Der Rechtsweg ist damit erschöpft.

### 6. Form und Frist

### a) Form (§§ 23 I, 92 BVerfGG)

B muss bei Erhebung der Verfassungsbeschwerde die gem. § 23 I BVerfGG vorgeschriebene Form (Schriftform) wahren. Außerdem ist der Antrag zu begründen (vgl. § 92 BVerfGG). 14

### b) Frist (§ 93 I und III BVerfGG)

Gemäß § 93 III BVerfGG ist eine Rechtssatz-Verfassungsbeschwerde innerhalb eines Jahres seit Inkrafttreten des Gesetzes zu erheben. Die einschlägige Vorschrift der HandwO stammt aus dem Jahr 1965. Die Jahresfrist ist somit verstrichen.[14] 15

Nach § 93 I 1, 2 BVerfGG muss B gegen das letztinstanzliche Urteil Verfassungsbeschwerde innerhalb eines Monats seit Zustellung der Entscheidung erheben. Es ist davon auszugehen, dass B dieses Fristerfordernis einhalten wird.

**Zwischenergebnis:** Eine form- und fristgerecht erhobene Verfassungsbeschwerde wäre zulässig, soweit sie sich gegen das letztinstanzliche Urteil (und ggf. gegen die instanzgerichtlichen Entscheidungen) richtet.

## II. Begründetheit der Verfassungsbeschwerde

Die Verfassungsbeschwerde ist begründet, wenn B durch die letztinstanzliche Gerichtsentscheidung in einem seiner Grundrechte verletzt wird. 16

In Betracht kommt hier lediglich, dass § 90 II HandwO verfassungswidrig ist und von der Verfassungswidrigkeit deshalb auch das Gerichtsurteil erfasst wird. Eine

---

[13] Abzugrenzen ist die *formelle* Subsidiarität der Verfassungsbeschwerde von der sog. *materiellen* Subsidiarität, nach der verfassungsrechtliche Einwände bereits im fachgerichtlichen Verfahren vorgetragen werden müssen. Soweit der Beschwerdeführer dies unterlassen hat, werden die betreffenden Einwände vom Bundesverfassungsgericht bei der Prüfung der materiellen Begründetheit der Verfassungsbeschwerde nicht berücksichtigt. Vgl. dazu *Sachs*, Verfassungsprozessrecht, Rn. 497ff.

[14] **Beachte:** Aus klausurökonomischen Gründen ist es nicht zu beanstanden, wenn ein Bearbeiter diesen Punkt bereits bei der Erörterung des Beschwerdegegenstandes vorzieht und dort die Unzulässigkeit der Rechtssatz-Verfassungsbeschwerde feststellt.

eigenständige Verfassungsverletzung des Gerichts (bei verfassungsgemäßer gesetzlicher Grundlage) scheidet aus, weil das Gerichtsurteil lediglich den (eindeutigen) Inhalt von § 90 II HandwO bestätigt. Es handelt sich bei der Verfassungsbeschwerde deshalb um eine mittelbare Rechtssatzkontrolle.

### 1. Vereinigungsfreiheit (Art. 9 I GG)

17 Durch die gesetzlich angeordnete Pflichtmitgliedschaft in der Handwerkskammer könnte B in seinem Grundrecht der Vereinigungsfreiheit (Art. 9 I GG) verletzt sein. Nach dieser Vorschrift haben alle Deutschen das Recht, Vereine und Gesellschaften zu bilden.

#### a) Persönlicher Schutzbereich

18 Da B Deutscher i.S.d. Grundgesetzes (vgl. Art. 116 I GG) ist, unterfällt er dem persönlichen Schutzbereich des Grundrechts der Vereinigungsfreiheit.

#### b) Sachlicher Schutzbereich

19 Fraglich ist aber, ob das Verlangen des B vom sachlichen Schutzbereich des Art. 9 I GG erfasst wird. Dann müsste es sich (aa) bei der Handwerkskammer um einen „Verein" handeln und (bb) – über den Wortlaut des Art. 9 I GG hinaus – neben dem „Bilden" des Vereins auch das Fernbleiben davon umfasst sein. Darüber hinaus ist den Fragen nachzugehen, ob Art. 9 I GG auch vor gesetzlicher Pflichtmitgliedschaft in einer Handwerkskammer schützt (cc) und ob diese Auslegung des Art. 9 I GG EMRK-konform ist (dd).

##### aa) Begriff der „Vereinigung" (Vereine und Gesellschaften)

20 Das Grundgesetz enthält keine Definition der Rechtsbegriffe „Verein" und „Gesellschaft". Diesen Begriffen kommt allerdings auch keine eigenständige Bedeutung zu, weil sie – wie Art. 9 II GG belegt – in dem Oberbegriff der „Vereinigung" aufgehen.[15] Zwar ist die Definition des § 2 I VereinsG insoweit – als einfaches Gesetzesrecht – grundsätzlich nicht maßgeblich. Dennoch entspricht es allgemeiner Auffassung, dass mit dieser Definition auch der Inhalt von Art. 9 I GG zutreffend wiedergegeben wird.[16] Schutzgegenstand ist damit jede Vereinigung, „zu der sich eine Mehrheit natürlicher oder juristischer Personen für längere Zeit zu einem gemeinsamen Zweck freiwillig zusammengeschlossen und einer organisierten Willensbildung unterworfen hat." Die Rechtsform der Vereinigung ist nicht entscheidend.[17]

Geschützt werden von Art. 9 I GG nach allg. Meinung aber nur private („freiwillige") Vereinigungen. Öffentlich-rechtliche Zusammenschlüsse scheiden aus dem Schutzbereich des Art. 9 I GG aus: Derartige Zusammenschlüsse können nur durch staatlichen Hoheitsakt, also aufgrund des dem Staat als Sonderrecht vorbehaltenen öffentlichen Rechts errichtet werden.[18] Natürliche und juristische Personen des Pri-

[15] Vgl. *Jarass/Pieroth,* GG, Art. 9 Rn. 3.
[16] Vgl. *Bauer,* in: Dreier, GG, Art. 9 Rn. 33 m.w.N.
[17] Es kann sich deshalb um rechtsfähige und um nicht rechtsfähige Organisationen handeln; vgl. BVerfGE 80, 244 (253); *Jarass/Pieroth,* GG, Art. 9 Rn. 3.
[18] Vgl. BVerfGE 10, 89 (102); 10, 354 (361f.); 38, 281 (297f.); *BVerfG* NVwZ 2002, 335.

vatrechts können sich hingegen nicht ohne gesetzliche Ermächtigungsgrundlage freiwillig zu öffentlich-rechtlichen Vereinigungen zusammenschließen.

### bb) Geschützes Verhalten: „Bilden" einer Vereinigung und „negative Vereinigungsfreiheit"

Nach dem reinen Wortlaut schützt Art. 9 I GG nur das „Bilden" von Vereinigungen. Neben der Bildung und dem Beitritt zu einer solchen Vereinigung *(positive Vereinigungsfreiheit)* gewährleistet das Grundrecht aber einen umfassenden Grundsatz der freien Verbandsbildung, der auch das Fernbleiben bzw. den Austritt aus solchen Vereinigungen *(negative Vereinigungsfreiheit)* erfasst.[19] 21

### cc) Pflichtmitgliedschaft in einer öffentlich-rechtlichen Körperschaft

Im vorliegenden Fall geht es um die Pflichtmitgliedschaft eines Bürgers in einer Handwerkskammer, die gem. § 90 I Hs. 2 HandwO eine Körperschaft des öffentlichen Rechts ist. Umstritten ist, ob Art. 9 I GG auch vor einer Pflichtmitgliedschaft in einer öffentlich-rechtlichen Körperschaft schützt. 22

#### (1) Meinungsstand

Das *BVerfG*[20] und die (noch) *h. M.*[21] verneinen eine Anwendung des Art. 9 I GG auf öffentlich-rechtliche „Zwangskörperschaften". Nach der sog. *Kehrseiten-Theorie* ist die durch Art. 9 I GG gewährleistete negative Vereinigungsfreiheit lediglich die Kehrseite (bzw. das Korrelat) der durch dieses Grundrecht garantierten positiven Vereinigungsfreiheit. Da aber die Handlungsformen des öffentlichen Rechts als eines Sonderrechts des Staates der Disposition des einzelnen Bürgers entzogen sind, und diesem daher auch nicht die Befugnis zusteht, zusammen mit anderen Bürgern Körperschaften des öffentlichen Rechts zu gründen (s. o.), kann auch die negative Vereinigungsfreiheit nicht das Recht umfassen, öffentlich-rechtlichen Körperschaften mit gesetzlich angeordneter Pflichtmitgliedschaft fern zu bleiben. 23

Die *Gegenauffassung*[22] argumentiert in erster Linie damit, dass es bei der vom BVerfG getroffenen Interpretation der Gesetzgeber bis zur Grenze des Formenmissbrauchs in der Hand hätte, durch die Wahl der rechtlichen Handlungsformen (öffentlich-rechtliche Zwangskörperschaft oder verpflichtende Mitgliedschaft in einer privatrechtlichen Organisation[23]) darüber zu entscheiden, ob das Abwehrverlangen des Mitglieds vom speziellen Freiheitsrecht des Art. 9 I GG oder nur vom allgemeinen Freiheitsrecht des Art. 2 I GG (mit dem weiten Vorbehalt der „verfas- 24

---

[19] BVerfGE 10, 89 (102); 38, 281 (297); *Bauer,* in: Dreier, GG, Art. 9 Rn. 38 ff. m. w. N.

[20] Zuletzt *BVerfG* NVwZ 2007, 808; NVwZ 2002, 335 (336) = JuS 2002, 495; dazu die Besprechungsaufsätze von *Jahn,* GewArch. 2002, 98 ff.; ders., JuS 2002, 434 ff.; *Kluth,* NVwZ 2002, 298 ff.; zuvor bereits BVerfGE 10, 89 (102); 38, 281 (297); ebenso *BVerwG* NJW 1987, 337 (338); *BVerwG* NJW 1998, 3510 (3511). Vgl. auch BVerfGE 44, 70 (89).

[21] Vgl. *Merten,* in: Isensee/Kirchhof, Handbuch des Staatsrechts, Bd. VI, 1989, § 144 Rn. 58 ff.; *Mann,* in: Isensee/Kirchhof, Handbuch des Staatsrechts, Bd. VI, 3. Aufl. 2008, § 146 Rn. 32 ff.; *v. Münch,* in: Bonner Kommentar, Art. 9 Rn. 52; vgl. auch *Messerschmidt,* VerwArch. 81 (1990), 55 (74 ff.).

[22] *Schöbener,* VerwArch. 91 (2000), 374 (396 ff.); *Bauer,* in: Dreier, GG, Art. 9 Rn. 42 m. w. N.; *Höfling,* in: Sachs, GG, Art. 9 Rn. 22; *Pieroth/Schlink,* Grundrechte, Rn. 730; *Murswiek,* JuS 1992, 116 (118 f.).

[23] Zu privatrechtlichen Zwangszusammenschlüssen vgl. *BVerfG* NJW 2001, 2617; *BGH* NJW 1995, 2981.

sungsmäßigen Ordnung“) erfasst wird. Außerdem ist der Umkehrschluss von der positiven auf die negative Vereinigungsfreiheit nicht zwingend: Denn das Fernbleiben bedeutet ja gerade keine Inanspruchnahme spezifisch öffentlich-rechtlicher Gestaltungsformen. Hinzu kommt ein funktionales Argument: In Form der negativen Vereinigungsfreiheit verwirklicht Art. 9 I GG die klassische Funktion der Grundrechte als Abwehrrechte. Dann kann es aber keinen Unterschied machen, ob sich ein Privater gegen die Pflichtmitgliedschaft in privatrechtlichen oder in öffentlich-rechtlichen Vereinigungen wehrt.

**(2) Stellungnahme**

**25** Das Argument des BVerfG, die negative Vereinigungsfreiheit könne nicht weitergehen als die positive (auf privatrechtliche Vereinigungen beschränkte) Vereinigungsfreiheit, ist „nicht im logischen Sinne zwingend“.[24] Die abwehrrechtliche Dimension des Art. 9 I GG lässt durchaus ein erweitertes Verständnis zu. Einem derartigen (auch öffentlich-rechtliche Zwangskörperschaften erfassenden) Verständnis stehen allerdings folgende Argumente aus der Entstehungsgeschichte und der Normsystematik entgegen.[25]

**26** *Entstehungsgeschichte:* Der auf dem Verfassungskonvent von Herrenchiemsee erörterte Formulierungsvorschlag, niemand solle gezwungen werden, sich einer Vereinigung anzuschließen, wurde abgelehnt, weil man die Notwendigkeit in Erwägung zog, auch künftig Angehörige bestimmter Berufe in öffentlich-rechtlichen Organisationen verpflichtend zusammenzufassen.[26] Eine besondere Stellung der öffentlich-rechtlichen Körperschaften mit Mitgliedszwang war also schon damals vorgesehen.[27] Das Verbot eines Beitrittszwangs zu wirtschafts- und berufsständischen Vertretungen in Form öffentlich-rechtlicher Körperschaften ist aus den Materialien zu Art. 9 I GG nicht zu ersehen.[28] Aus der Tatsache, dass berufsständische Zwangszusammenschlüsse bereits 1949 auf eine gewisse Tradition und Verbreitung zurückblicken konnten[29] und seinerzeit auch politisch nicht in Frage gestellt wurden, lässt sich vielmehr schließen, dass insoweit durch die Verfassungsgebung keine Änderungen vorgenommen werden sollten: „Hätte der Gesetzgeber diesen alten Traditionszusammenhang unterbrechen und aufheben wollen, so hätte er dies besonders zum Ausdruck gebracht.“[30]

**27** *Systematik des Art. 9 I und II GG*: Der in Art. 9 II GG geregelte „Verbotsvorbehalt“[31] zielt eindeutig allein auf privatrechtliche Vereinigungen ab, die im Interesse einer wehrhaften Demokratie verboten werden können. Für eine verfassungsrechtliche Legitimation öffentlich-rechtlicher Körperschaften gibt dieser Absatz nichts

---

[24] So *BVerwG* NJW 1998, 3510 (3511).

[25] **Beachte:** Eine derart tiefgehende Argumentation kann natürlich nicht in einer Klausur, sondern nur in einer Hausarbeit erwartet werden.

[26] So JöR n.F. Bd. 1, 117; darauf Bezug nehmend *BVerfG* NVwZ 2002, 335 (336). Umfassend zur Bedeutung der Entstehungsgeschichte des Art. 9 GG: *Mann,* in: Isensee/Kirchhof, Handbuch des Staatsrechts, Bd. VI, 3. Aufl. 2008, § 146 Rn. 32.

[27] *BVerwG* NJW 1962, 1311 (1312).

[28] *BVerwG* NJW 1962, 1311 (1312) unter Hinweis auf JöR n.F. Bd. 1, 117, *Pathe,* DVBl. 1950, 663 ff.

[29] Zur Entwicklung der Industrie- und Handelskammern vgl. BVerfGE 15, 235 (239 f.).

[30] *BVerwG* NJW 1962, 1311 (1312); ebenso *BVerfG* NVwZ 2002, 335 (336).

[31] Zur dogmatischen Einordnung des Art. 9 II GG vgl. *Bauer,* in: Dreier, GG, Art. 9 Rn. 54 ff.

her. Das würde in der Konsequenz bedeuten, dass öffentlich-rechtliche Zwangskörperschaften grundsätzlich unzulässig wären und sich lediglich über andere Verfassungsprinzipien (Grundrechte und sonstige objektive Verfassungsgrundsätze als kollidierendes Verfassungsrecht bzw. verfassungsimmanente Grundrechtsschranken) rechtfertigen ließen. Ihre verfassungsrechtliche Zulässigkeit ließe sich „allenfalls in äußerst engen Grenzen begründen."[32] Der Parlamentarische Rat wollte die hergebrachten und bewährten Institutionen – neben Handwerkskammern auch Industrie- und Handelskammern, Ärztekammern, Anwaltskammern etc. – aber keineswegs in Frage stellen. Er ging vielmehr davon aus, dass solche Korporationen für die wirtschaftliche Entwicklung in Deutschland von besonderer Bedeutung seien.

Art. 9 I GG findet deshalb keine Anwendung auf die Pflichtmitgliedschaft in einer öffentlich-rechtlichen Körperschaft.

### dd) Vereinbarkeit mit der EGMR-Rechtsprechung

Fraglich ist allerdings, ob diese Interpretation des Art. 9 I GG mit der Rechtsprechung des EGMR zur Vereinigungsfreiheit in Art. 11 EMRK zu vereinbaren ist. Bei der Auslegung des Schutzbereiches des Art. 9 I GG ist die EGMR-Rechtsprechung als Auslegungshilfe heranzuziehen. **28**

Nach der ständigen Rechtsprechung des EGMR berührt jedoch eine Pflichtmitgliedschaft in einer Handwerkskammer den Schutzbereich des Art. 11 EMRK nicht. Der Begriff der Vereinigung im Sinne des Art. 11 I EMRK ist konventionsrechtlich autonom auszulegen und umfasst grundsätzlich alle auf Dauer angelegten, organisatorisch verfestigten Zusammenschlüsse, unabhängig von ihrer Qualifikation als Verein nach dem nationalen Recht. Nicht erfasst sind öffentlich-rechtliche Vereinigungen, die mit hoheitlichen Befugnissen ausgestattet sind.[33] Die Wirtschafts- und berufsständischen Kammern in Deutschland bedienen sich der Handlungsformen des öffentlichen Rechts und üben Hoheitsbefugnisse aus. Daher fallen sie nicht in den Schutzbereich der Vereinigungsfreiheit.

Die Rechtsprechung des BVerfG steht somit im Einklang mit der Rechtsprechung des EGMR zu Art. 11 EMRK.

**Zwischenergebnis:** Art. 9 I GG erfasst in seinem Schutzbereich nicht die Abwehr der Zwangsmitgliedschaft in öffentlich-rechtlichen Körperschaften.

## 2. Berufsfreiheit (Art. 12 I GG)

Möglicherweise verletzt die Pflichtmitgliedschaft in der Handwerkskammer den B in seinem Grundrecht der Berufsfreiheit. **29**

---

[32] *BVerwG* NJW 1998, 3510 (3511); gegen diese Argumentation (Rückschluss aus dem Inhalt der Schrankenregelung auf den Gewährleistungsgehalt des Schutzbereichs) s. *Schöbener*, VerwArch. 91 (2000), 374 (401 f.).

[33] *EGMR* Urt. v. 30. 6. 1993, *Sigurjonsson*, Serie A 264, Z. 31; *EGMR* Urt. v. 29. 4. 1999, *Chassagnou*, RJD 1999-III – NJW 1999, 3695, Z. 101 f.; *EKMR* Entsch. v. 6. 7. 1977, Association X., Nr. 6094/73, DR 9, 5 (11); *Grabenwarter*, Europäische Menschenrechtskonvention, § 23 Rn. 75; *Peters*, Einführung in die Europäische Menschenrechtskonvention, 2003, § 15 III 1. Zum Kriterium der „hoheitlichen Befugnisse" in der EGMR-Rechtsprechung zu Art. 11 I EMRK vgl. auch *BVerfG* NVwZ 2007, 808 (811); *BVerwG* NVwZ 2006, 92 (94).

#### a) Persönlicher Schutzbereich

30 Auch Art. 12 I GG ist als Deutschen-Grundrecht formuliert. Der persönliche Schutzbereich der Berufsfreiheit ist für den deutschen Staatsangehörigen B somit eröffnet.

#### b) Sachlicher Schutzbereich

31 Fraglich ist allerdings, ob der sachliche Schutzbereich der Berufsfreiheit einschlägig ist. Art. 12 I GG schützt als einheitliches Grundrecht sowohl die Berufswahl- als auch die Berufsausübungsfreiheit.[34] Unter Beruf ist jede dauerhafte und erlaubte[35] Tätigkeit zu verstehen, die der Schaffung und Erhaltung einer Lebensgrundlage dient. B übt als selbständiger Bäckermeister einen Beruf in diesem Sinne aus. Durch die Pflichtmitgliedschaft in der Handwerkskammer gem. § 90 II HandwO wird B im Zusammenhang mit seiner beruflichen Tätigkeit eine bestimmte Handlungspflicht (zur Beitragszahlung) auferlegt.

32 Allerdings richtet sich der Schutz des Art. 12 I GG nicht gegen jedwede auch nur mittelbar wirkende Beeinträchtigung des Berufs. Das Grundrecht würde sonst angesichts des Umstandes, dass nahezu jede Rechtsnorm oder deren Anwendung unter bestimmten Voraussetzungen Rückwirkungen auf die Berufstätigkeit haben kann, konturenlos werden. Art. 12 I GG entfaltet seine Schutzwirkung vielmehr nur gegenüber solchen Normen oder Hoheitsakten, die sich entweder unmittelbar auf die Berufstätigkeit beziehen oder die zumindest eine berufsregelnde Tendenz aufweisen.[36]

33 Die betreffende Regelung darf nicht nur irgendwie geartete und entfernte Folgen für die berufliche Tätigkeit haben. Vielmehr muss ihr subjektiv oder objektiv eine berufsregelnde Tendenz zukommen, d.h. sie muss:

---

[34] BVerfGE 7, 377 (400f.). – **Beachte:** Ausführlichere Fälle zur Berufsfreiheit (Art. 12 I GG) finden sich in der Vorauflage dieser Fallsammlung, dort Fall 2 (verfassungsrechtliche Konstellation) und Fall 4 (verwaltungsrechtliche Konstellation).

[35] **Beachte:** Dass die Erlaubtheit der jeweiligen Tätigkeit ein Kriterium der Schutzbereichseröffnung ist, wird zwar regelmäßig postuliert, vgl. BVerfGE 14, 19 (22), ist aber aus dogmatischen Gründen nicht haltbar; vgl. nur *Mann,* in: Sachs, GG, Art. 12 Rn. 52; *Manssen,* Grundrechte, Rn. 560; *ders.,* in: v. Mangoldt/Klein/Starck, GG, Art. 12 Rn. 42; ebenso *BVerwG* NVwZ 1995, 475 (476).

[36] Vgl. nur BVerfGE 95, 267 (302); *BVerfG* NJW 1998, 1627 (1628). Kritisch zum Kriterium der berufsregelnden Tendenz *Breuer,* in: Isensee/Kirchhof, Handbuch des Staatsrechts, Bd. VI, 1989, § 148 Rn. 31f. – **Beachte:** Während das *BVerfG* die berufsregelnde Tendenz ganz überwiegend im Zusammenhang mit dem Eingriff prüft, wird in der Literatur (vgl. *Pieroth/Schlink,* Grundrechte, Rn. 823), dieses Kriterium bereits bei der Bestimmung des Schutzbereichs herangezogen. Geschützt sind danach nur berufs- und ausbildungsspezifische Handlungen. Diese Einordnung erscheint aus drei Gründen vorzugswürdig: (1) wird sie dem spezifischen Grundrechtsgehalt des Art. 12 I GG gerecht, (2) wird dadurch ein besonderer Eingriffsbegriff bei der Berufsfreiheit vermieden (Eingriff ist danach jedes staatliche Verhalten, das dem Einzelnen ein in den Schutzbereich eines Grundrechts fallendes Handeln erschwert oder unmöglich macht, gleichgültig ob diese Wirkung gezielt oder unbeabsichtigt, unmittelbar oder mittelbar, rechtlich oder faktisch erfolgt), und (3) wird nur dadurch sichergestellt, dass die allgemeine Handlungsfreiheit (Art. 2 I GG) als Prüfungsmaßstab erhalten bleibt. Auch das *BVerfG* (E 15, 235/239) verneint offensichtlich bereits den Schutzbereich, wenn es ausführt: „Auch Art. 12 I GG ist nicht berührt. Die Zugehörigkeit zur Industrie- und Handelskammer ist eine einfache Folge der Ausübung eines bestimmten Berufs. Mit ihrer Anordnung hat der Gesetzgeber weder die Art und Weise der Ausübung des Berufs geregelt noch eine berufspolitische Tendenz verfolgt."

- entweder gerade auf die Berufsregelung zielen
- oder (bei berufsneutraler Zielsetzung) sich unmittelbar auf die berufliche Tätigkeit auswirken
- oder in ihren Auswirkungen von einigem Gewicht sein.

Die vorliegende Regelung der Pflichtmitgliedschaft in der örtlichen Handwerkskammer gem. § 90 II HandwO ist lediglich das rechtstechnische Instrument, dessen sich der Gesetzgeber bedient, um mit seiner Hilfe im Rahmen der als Handwerkskammern organisierten mittelbaren Staatsverwaltung die öffentliche Aufgabe des Schutzes und der Förderung des Handwerks zu erfüllen. Eine berufsregelnde Tendenz – d.h. eine Regelung, mit der dem Handwerker gesagt wird, wie er seinen Beruf auszuüben hat – lässt diese Vorschrift nicht erkennen.[37] Einen mittelbaren Berührungspunkt zur Berufsausübung bietet lediglich die Beitragspflicht der Handwerker gegenüber der Kammer. Die Auswirkungen der Beiträge sind aber nur von untergeordneter Bedeutung für die Berufsausübung der betroffenen Handwerker, nicht aber „von einigem Gewicht“. Für B ergibt sich bereits aus seinem eigenen Vorbringen, durch die 170 € Jahresbeitrag in seinem Bäckereibetrieb nicht übermäßig belastet zu sein, dass die finanziellen Auswirkungen der Beiträge nur von untergeordneter Bedeutung sind. 34

Zum gleichen Ergebnis kommt man, wenn man darauf abstellt, dass in den Schutzbereich des Art. 12 I GG nur solche Handlungen fallen, die man als berufsspezifisch[38] bezeichnen kann. Die bloße Zahlungspflicht veranlasst in diesem Sinne noch keine berufsspezifische Handlung. Die Zugehörigkeit zur Handwerkskammer ist eine einfache Folge der Ausübung eines bestimmten Berufs. Mit ihrer Anordnung hat der Gesetzgeber weder die Art und Weise der Ausübung des Berufs geregelt noch eine berufspolitische Tendenz verfolgt.[39] 35

**Zwischenergebnis:** Art. 12 I GG erfasst in seinem Schutzbereich nicht die Abwehr der Zwangsmitgliedschaft in öffentlich-rechtlichen Körperschaften.

### 3. Allgemeine Handlungsfreiheit (Art. 2 I GG)

In Betracht kommt allerdings eine Verletzung des B in seinem Grundrecht der allgemeinen Handlungsfreiheit. 36

#### a) Anwendbarkeit (Subsidiarität)

Art. 2 I GG ist als Auffanggrundrecht nur dann anwendbar, wenn das jeweilige Verhalten noch nicht vom Schutzbereich eines speziellen Freiheitsgrundrechts erfasst wird. Die Freiheit des B von der Zwangsmitgliedschaft in der Handwerkskammer wird weder von Art. 9 I GG noch von Art. 12 I GG erfasst.[40] 37

---

[37] Ebenso *Mann,* in: Isensee/Kirchhof, Handbuch des Staatsrechts, Bd. VI, 3. Aufl. 2008, § 146 Rn. 32.

[38] So *Pieroth/Schlink,* Grundrechte, Rn. 823.

[39] BVerfGE 15, 235 (239), zur Zwangsmitgliedschaft in der IHK; in *BVerfG* NVwZ 2002, 335 (336), findet das Grundrecht der Berufsfreiheit als etwaiger Prüfungsmaßstab keine Erwähnung.

[40] **Beachte:** Wer zu dem Ergebnis kommt, Art. 9 I GG sei vorliegend einschlägig, der hat zu prüfen, inwieweit sich aus kollidierendem Verfassungsrecht (Voraussetzungen des Art. 9 II GG sind nicht gegeben) Einschränkungen ergeben. Wer zu dem Ergebnis kommt, Art. 12 I GG sei einschlägig, der hat im Wesentlichen dieselben Überlegungen wie vorliegend im Rahmen des Art. 2 I GG anzustellen, vgl. *BVerwG* NJW 1998, 3510 (3511). Vgl. auch *Honig/Knörr,* HandwO, § 90 Rn. 9ff.

### b) Schutzbereich

38 Trotz des engen Wortlauts („freie Entfaltung seiner Persönlichkeit") versteht das *BVerfG*[41] in Übereinstimmung mit der *h. M.*[42] Art. 2 I GG in einem umfassenden Sinn als Garantie der allgemeinen Handlungsfreiheit. „Geschützt ist damit nicht nur ein begrenzter Bereich der Persönlichkeitsentfaltung, sondern jede Form menschlichen Handelns ohne Rücksicht darauf, welches Gewicht der Betätigung für die Persönlichkeitsentfaltung zukommt."[43]

39 Ein restriktiveres, stärker am Wortlaut der Grundrechtsnorm orientiertes Verständnis[44] will Art. 2 I GG hingegen nur solche Freiheitsbetätigungen zuordnen, die zwar nicht den Schutz spezieller Grundrechte gefunden haben, die für die Persönlichkeitsentfaltung aber gleichwohl von erheblicher Bedeutung sind.[45] Anhaltspunkte für die Grenzziehung ergäben sich vor allem aus den benannten Freiheitsrechten. „Den Schutzobjekten, auf die diese Grundrechte sich beziehen, müssen die Schutzgüter, die von Art. 2 I GG erfasst sind, an Bedeutung für die personale Freiheit gleichkommen."[46]

40 Sowohl unter dem Aspekt der allgemeinen Handlungsfreiheit als auch bei einem Vergleich mit den besonderen Freiheitsrechten ist der Schutzbereich des Art. 2 I GG vorliegend eröffnet: Die Pflichtmitgliedschaft in einer öffentlich-rechtlichen Körperschaft und damit verbundener (wenn auch vergleichsweise geringer) Zahlungsverpflichtung verkörpert eine staatliche Inanspruchnahme des B, die sowohl seine allgemeine Handlungsfreiheit einschränkt als auch – vergleicht man die Grundrechtsgehalte der speziellen Freiheitsrechte – nicht der beliebigen Regulierbarkeit des Staates offen stehen darf.[47]

### c) Eingriff

41 Durch die Pflichtmitgliedschaft und die damit verbundene Beitragspflicht erfolgt ein Eingriff in den Schutzbereich des Art. 2 I GG.

### d) Verfassungsrechtliche Rechtfertigung des Eingriffs

42 Der Eingriff ist nur dann verfassungsrechtlich gerechtfertigt, wenn § 90 II HandwO zur „verfassungsmäßigen Ordnung" gem. Art. 2 I Hs. 2 GG gehört. Zur verfas-

[41] Seit BVerfGE 6, 32 (36); vgl. außerdem BVerfGE 54, 143 (144); 74, 129 (151 f.); 75, 108 (154 f.); 80, 137 (152).

[42] Vgl. nur *Murswiek,* in: Sachs, GG, Art. 2 Rn. 42 ff.; *Jarass,* in *Jarass/Pieroth,* GG, Art. 2 Rn. 3; *Degenhart,* JuS 1990, 161 ff., m. w. N.

[43] BVerfGE 80, 137 (152).

[44] BVerfGE 80, 137 (164 ff.) – Sondervotum Grimm.

[45] BVerfGE 80, 137 (166) – Sondervotum Grimm.

[46] BVerfGE 80, 137 (169) – Sondervotum Grimm. Weiter heißt es dort: „Im Kern wird es sich dabei stets um Lebensbereiche oder Verhaltensweisen handeln, deren beliebige Regulierbarkeit durch den Staat die Autonomie des Einzelnen gefährdete und damit einem System Vorschub leistete, das nicht mehr beanspruchen könnte, auf die Achtung der Menschenwürde gegründet zu sein. Eine abschließende Aufzählung scheitert am Wandel der Bedingungen für die Persönlichkeitsentfaltung."

[47] Vgl. *BVerfG* NVwZ 2002, 335 (336): Art. 2 I GG „stellt ein hinreichendes Instrument zur Abwehr unnötiger Pflichtverbände dar und erlaubt damit auch, dem Prinzip der freien sozialen Gruppenbildung, das Art. 9 I GG nach der Rechtsprechung des *BVerfG* zugrunde liegt, gerecht zu werden. Zugleich lässt dieser Prüfungsmaßstab aber dem Staat genügend Gestaltungsfreiheit, damit er seine Aufgaben angemessen wahrnehmen kann. Zwangsverbände sind danach nur zulässig, wenn sie öffentlichen Aufgaben dienen und ihre Errichtung, gemessen an diesen Aufgaben, verhältnismäßig ist."

sungsmäßigen Ordnung gehören alle Rechtsnormen, die formell und materiell mit der Verfassung in Einklang stehen.[48]

**aa) Formelle Verfassungsmäßigkeit des § 90 II HandwO**

Die Zuständigkeit des Bundesgesetzgebers zum Erlass der HandwO ergibt sich aus **43** Art. 74 I Nr. 11 GG („Handwerk“) i.V.m. Art. 72 II GG, wonach dem Bund die Gesetzgebungskompetenz zur Regelung des Rechts des Handwerks zusteht, wenn und soweit die Wahrung der Rechts- oder Wirtschaftseinheit im gesamtstaatlichen Interesse eine bundesgesetzliche Regelung erforderlich macht. Es ist davon auszugehen, dass das Gesetzgebungsverfahren ordnungsgemäß verlaufen ist.

**bb) Materielle Verfassungsmäßigkeit des § 90 II HandwO**

Materiell könnte § 90 II HandwO gegen die aus dem Rechtsstaatsprinzip und dem **44** Wesen der Grundrechte sich ergebende Schranken-Schranke des Verhältnismäßigkeitsgrundsatzes verstoßen.[49]

Unter Beachtung dieses Grundsatzes wird dem Einzelnen durch Art. 2 I GG das Recht gewährleistet, „nicht durch Zwangsmitgliedschaft von unnötigen Körperschaften in Anspruch genommen zu werden.“[50] Daher dürfen Pflichtkörperschaften nur errichtet werden, wenn sie geeignet, erforderlich und angemessen sind, um legitime öffentliche Aufgaben wahrzunehmen. Dabei ist zu berücksichtigen, dass dem Gesetzgeber eine weite Einschätzungsprärogative eingeräumt wird bei der Frage, welche staatlichen Aufgaben in unmittelbarer Staatsverwaltung wahrgenommen werden und welche Zwangsverbänden übertragen werden sollen.

**(1) Legitimes Regelungsziel**

Zunächst müssten die Handwerkskammern legitime öffentliche Aufgaben erfüllen. **45** Der Zweck der Handwerkskammern besteht in der Wahrnehmung der in den §§ 90, 91 HandwO im Einzelnen niedergelegten Aufgaben. Zusammengefasst handelt es sich im Wesentlichen um folgende Aufgabenkomplexe:

- Vertretung des Gesamtinteresses des Handwerks (nicht der einzelnen Handwerker) gegenüber dem Staat;
- Wahrnehmung von verfassungsmäßigen Verwaltungsaufgaben des Staates in mittelbarer Weise.

An beiden Aufgabenbereichen besteht nicht nur ein Interesse des Handwerks als wirtschaftlicher Gruppierung, sondern auch ein besonderes öffentliches Interesse. Das gilt vor allem in einem Staat, der die Förderung der Wirtschaft im weitesten Sinn zu einer besonders wichtigen Staatsaufgabe erhebt. In diesem Fall ist es durchaus legitim, dass sich der Staat bei der Erfüllung dieser Aufgabe der Hilfe von Organen bedient, die er „auf gesetzlicher Grundlage aus der Wirtschaft selbst heraus sich bilden lässt und die durch ihre Sachkunde die Grundlagen dafür schaffen helfen, dass staatliche Entschließungen auf diesem Gebiet ein möglichst hohes Maß an Sachnähe und Richtigkeit gewinnen.“[51] Insgesamt erfüllen die Handwerkskammern

---

[48] BVerfGE 90, 145 (171 f.) im Anschluss an BVerfGE 6, 32 (37 ff.); vgl. außerdem BVerfGE 96, 10 (21); 97, 271 (286).

[49] Zur verfassungsrechtlichen Ableitung des Grundsatzes der Verhältnismäßigkeit vgl. *Kluth*, JA 1999, 606 (607 f.); *Krebs*, Jura 2001, 228 (231 ff.).

[50] BVerfGE 38, 281 (298).

[51] BVerfGE 15, 235 (240); zuletzt *BVerfG* NVwZ 2002, 335 (336 f.); GewArch. 2003, 290; GewArch. 2005, 72; s. ferner *BVerwG* NJW 1999, 2292.

damit legitime Aufgaben und es ist nicht ersichtlich, dass der Gesetzgeber bei der Übertragung dieser staatlichen Aufgaben auf eine Körperschaft des öffentlichen Rechts sein (weites) Ermessen überschritten oder missbraucht hätte.

**(2) Geeignetheit**

46 Die durch § 90 II HandwO angeordnete Pflichtmitgliedschaft müsste auch geeignet sein, die vom Gesetzgeber den Handwerkskammern zugedachten Aufgaben zu erfüllen. Ein Mittel ist bereits dann im verfassungsrechtlichen Sinn *geeignet*, wenn mit seiner Hilfe der gewünschte Erfolg gefördert werden kann, wobei die *Möglichkeit der Zweckerreichung* genügt.[52] Durch die Pflichtmitgliedschaft ist gewährleistet, dass grundsätzlich alle Handwerksgruppen in der Handwerkskammer vertreten sind. Den Handwerkskammern ist es nur so möglich, zum einen die Interessen des Handwerks insgesamt zu fördern und einen gerechten Ausgleich zwischen den Interessen der einzelnen Handwerke zu schaffen (vgl. § 91 I Nr. 1 HandwO) und zum anderen durch umfassende und aussagekräftige Berichte und Gutachten über das gesamte Handwerk verwertbare Grundlagen für staatliche Maßnahmen zur Förderung des Handwerks zu liefern (vgl. § 91 I Nr. 2 HandwO). Die Zwangsmitgliedschaft ist somit geeignet, die in § 91 HandwO genannten Ziele zu erreichen.

**(3) Erforderlichkeit**

47 Die Zwangsmitgliedschaft müsste ferner erforderlich sein zur Erreichung der genannten Aufgaben und Ziele; d.h. diese Aufgaben und Ziele dürfen nicht gleich wirksam auf weniger belastende Weise realisiert werden können.

Als für den einzelnen Handwerker weniger belastend könnte vor allem ein *freiwilliger Beitritt* zu den Handwerkskammern in Erwägung gezogen werden. Dann wäre allerdings die Zusammensetzung der Mitgliedschaft dem Zufall überlassen. Dadurch könnten die Interessen bestimmter Handwerksgruppen unter Umständen kaum noch oder überhaupt nicht mehr berücksichtigt werden, andere Handwerksgruppen hingegen wären möglicherweise überrepräsentiert, wodurch sie in die Lage versetzt würden, Sonderinteressen auf Kosten anderer Gruppen durchzusetzen. Eine objektive und umfassende Berücksichtigung aller betroffenen Interessen wäre nicht mehr gewährleistet, worunter zum einen das Gesamtinteresse des Handwerks leiden würde, zum anderen aussagekräftige Informationen für staatliche Maßnahmen zugunsten des Handwerks kaum noch erbracht werden könnten.[53]

Fraglich ist jedoch, ob auch die mit der Pflichtmitgliedschaft verbundene *Auferlegung einer Beitragspflicht* erforderlich ist. Obwohl es sich bei der Tätigkeit der Kammern um die Wahrnehmung öffentlicher Aufgaben handelt, tritt die weitere Aufgabe der Interessenwahrnehmung der Mitglieder und der Förderung ihrer wirtschaftlichen Tätigkeit hinzu. Die mit dem Organisationszwang verbundene Belas-

---

[52] *BVerfG* NVwZ 2002, 335 (337) m.w.N.

[53] Vgl. *BVerfG* NVwZ 2002, 335 (337): „Wegen des Gemeinwohlauftrags der Industrie- und Handelskammern (dasselbe gilt für die Handwerkskammern) und ihrer vielfältigen Wirtschaftsverwaltungsaufgaben ist ein alle Branchen und Betriebsgrößen umfassender Mitgliederbestand vonnöten. Für die wirtschaftliche Selbstverwaltung bedarf es der Mitwirkung aller Unternehmen, gerade auch der mittleren und kleinen, damit die Kammern ihre Aufgaben umfassend erfüllen können. Der Wert der von den Kammern erarbeiteten Vorschläge und Gutachten beruht neben der Unabhängigkeit ihres Urteils auf der Vollständigkeit des Überblicks, den die Kammern im Bereich der zu beurteilenden Verhältnisse besitzen."

tung des einzelnen Handwerkers besteht im Wesentlichen in der auf die Inhaber der Handwerksbetriebe und handwerksähnlichen Betriebe beschränkten Beitragspflicht. Dass diese Beiträge unverhältnismäßig hoch seien und die wirtschaftliche Bewegungsfreiheit unerträglich einschränkten, lässt sich angesichts der geringen Beitragshöhe nicht feststellen. Auch B selbst gibt zu, dass er sich durch die 170 € Grundbeitrag pro Jahr nicht übermäßig belastet fühlt. In Abwägung dieser geringen Belastung des einzelnen Handwerkers mit den wichtigen Zielen und Aufgaben der Handwerkskammern kommt letzteren ein bei weitem höherer Stellenwert zu. Dies rechtfertigt auch die angemessene Beteiligung der Mitglieder an der Kostenlast der Kammern.[54]

Eine weniger belastende, aber gleich wirksame Alternative zur Pflichtmitgliedschaft ist somit nicht gegeben.

### (4) Angemessenheit (Zumutbarkeit)

Die Anordnung der Zwangsmitgliedschaft müsste schließlich ein angemessenes und 48
zumutbares Mittel zur Erreichung der genannten Aufgaben sein (sog. Verhältnismäßigkeit i. e. S.).

Die Beeinträchtigung des einzelnen Gewerbetreibenden durch die Pflichtmitgliedschaft bedeutet keine erhebliche Einschränkung der unternehmerischen Handlungsfreiheit. Zu berücksichtigen ist dabei vor allem, dass die Pflichtmitgliedschaft den Kammerzugehörigen zum einen die Chance zur Beteiligung und Mitwirkung an staatlichen Entscheidungsprozessen eröffnet, dabei aber zum anderen die Möglichkeit offen lässt, sich nicht aktiv zu betätigen. Zugleich hat die *Pflichtmitgliedschaft* eine *freiheitssichernde* und *legitimatorische Funktion*, weil sie auch dort, wo das Allgemeininteresse einen gesetzlichen Zwang verlangt, die unmittelbare Staatsverwaltung vermeidet und stattdessen auf die Mitwirkung der Betroffenen setzt.[55]

B ist durch § 90 II HandwO nicht in seinem Grundrecht aus Art. 2 I GG verletzt, weil die Rechtsnorm über die Zwangsmitgliedschaft zur „verfassungsmäßigen Ordnung" gehört.

**Zwischenergebnis:** Die Pflichtmitgliedschaft in der Handwerkskammer verletzt B nicht in seinem Grundrecht der allgemeinen Handlungsfreiheit.

## Ergebnis

§ 90 II HandwO und das auf diese Vorschrift gestützte letztinstanzliche Urteil sind verfassungsgemäß. Die Verfassungsbeschwerde des B ist damit zwar zulässig, aber unbegründet.

---

[54] Vgl. *BVerfG* NVwZ 2002, 335 (337). – **Beachte:** Ob die Auferlegung einer Geldzahlungspflicht übermäßig belastend ist, also „Erdrosselungswirkung" hat, ist im Übrigen an Art. 14 I GG zu messen.

[55] *BVerfG* NVwZ 2002, 335 (337), wo es weiter heißt: „Etwaige Aufgabenüberschreitungen durch den Zwangsverband und seine Organe kann das Mitglied [...] erforderlichenfalls im Klagewege abweisen." Zur damit angesprochenen sog. Mitgliederklage, durch die ein unmittelbar aus Art. 2 I GG resultierender Unterlassungsanspruch bei einer Überschreitung des gesetzlichen Aufgabenkreises der Kammer durchgesetzt werden kann, vgl. WuV-Frage Nr. 2 im Anhang zu Fall 13; außerdem *Schöbener*, in: *Kluth*, Handbuch des Kammerrechts, Abschn. L, S. 423 ff., Rn. 92 ff. – **Beachte:** Ein ausführlicher Fall zur Mitgliederklage findet sich in der Vorauflage dieser Fallsammlung, dort Fall 10.

**2. Teil (Abwandlung): Ist der französische Staatsbürger G grundrechtsberechtigt im Hinblick auf Art. 9 I und Art. 12 I GG?**

49 Beide Grundrechte berechtigen nach ihrem Wortlaut allein Deutsche i.S.d. Grundgesetzes (vgl. Art. 116 I GG). Es handelt sich um Deutschen- oder Bürgerrechte. Der Verfassungsgeber hat insoweit bewusst Differenzierungen bei der Frage der Grundrechtsträgerschaft vorgenommen und nur bestimmte Grundrechte als Jedermann- bzw. Menschenrechte ausgestaltet.

Ob die Differenzierung zwischen Deutschen und sonstigen Unionsbürgern (EU-Ausländern), zu denen auch G gehört, heute noch rechtlich haltbar ist, erscheint problematisch, da das Gemeinschaftsrecht im Kollisionsfall[56] grundsätzlich Anwendungsvorrang genießt.[57] Denn Art. 12 I EG lautet: „Unbeschadet besonderer Bestimmungen dieses Vertrages ist in seinem Anwendungsbereich jede Diskriminierung aus Gründen der Staatsangehörigkeit verboten." Ob und inwieweit dieses Verbot sich auch bei der Grundrechtsberechtigung im deutschen Verfassungsrecht auswirkt, ist umstritten.

Nach *teilweise vertretener Ansicht*[58] sind bereits heute die Bürgergrundrechte unmittelbar auf Unionsbürger anwendbar. Gefordert wird insoweit eine europarechtskonforme Auslegung des deutschen Verfassungsrechts. EU-Ausländer sind danach gem. Art. 12 EG (zumindest[59]) hinsichtlich der Berufsfreiheit des Art. 12 I GG Deutschen gleichgestellt.

Die *h. M.*[60] lehnt eine unmittelbare Anwendung der Bürgergrundrechte des Grundgesetzes auf EU-Ausländer nach wie vor ab. Allerdings kann sich ein Unionsbürger wie jeder andere ausländische Staatsangehörige – da insoweit der (persönliche) Schutzbereich spezieller Freiheitsrechte nicht eingreift – auf Art. 2 I GG berufen.[61] Nach dem *Grundsatz der völkerrechts- bzw. gemeinschaftsfreundlichen Auslegung* des Grundgesetzes ist dann im Einzelfall Art. 2 I GG im Rahmen der „verfassungsmäßigen Ordnung" so zu interpretieren, dass der dem Unionsbürger gewähr-

---

[56] Vgl. aber auch *Störmer*, AöR 123 (1998), 541 (548ff.), der einen Kollisionsbereich des gemeinschaftsrechtlichen Diskriminierungsverbots und nationaler Grundrechte weithin ausschließt. Dagegen wiederum *Jarass/Pieroth*, GG, Art. 19 Rn. 12.

[57] Vgl. dazu *Oppermann*, Europarecht, § 7 Rn. 12 m.w.N.

[58] Vgl. nur *Breuer*, in: Isensee/Kirchhof, Handbuch des Staatsrechts, Bd. VI, 1989, § 147 Rn. 21; *Jarass/Pieroth*, GG, Art. 12 Rn. 10; *Ehlers*, JZ 1996, 776 (781).

[59] *Breuer*, in: Isensee/Kirchhof, Handbuch des Staatsrechts, Bd. VI, 1989, § 147 Rn. 21, beschränkt die Gleichstellung von EU-Ausländern und Deutschen auf Art. 12 I GG; für andere Deutschen-Grundrechte wie Art. 9 I GG sieht er hingegen wegen ihrer „demokratischen Dimension" sachliche, staatsrechtlich relevante Gründe für die Beschränkung auf Deutsche und verneint deshalb eine Diskriminierung i.S.v. Art. 12 EG. Dabei wird allerdings übersehen, dass auch Art. 9 I GG – neben der demokratischen Dimension – das Recht gewährleistet, zum Zweck der wirtschaftlichen Betätigung Gesellschaften zu gründen, aufrechtzuerhalten und aufzulösen; vgl. dazu *Bauer/Kahl*, JZ 1995, 1077 (1078, Fn. 12) m.w.N.

[60] Vgl. nur *Bauer*, NVwZ 1990, 1152 (1153); *Bauer/Kahl*, JZ 1995, 1077 (1085); *Dreier*, in: ders., GG, Vorb. vor Art. 1 Rn. 73f.

[61] Vgl. nur BVerfGE 35, 383 (399); *Bauer*, NVwZ 1990, 1152 (1153f.). Allgemein haben Ausländer nach Auffassung des *BVerfG* über Art. 2 I GG grundsätzlich Anspruch darauf, dass die öffentliche Gewalt sämtliche Normen des Verfassungsrechts auch ihnen gegenüber einhält, insbesondere den Verhältnismäßigkeitsgrundsatz, das Vertrauensschutzprinzip und den Vorbehalt des Gesetzes; vgl. BVerfGE 35, 382 (400); 49, 168 (185); 78, 179 (197). A.A. teilweise *Erichsen*, in: Isensee/Kirchhof, Handbuch des Staatsrechts, Bd. VI, 1989, § 152 Rn. 47ff.

leistete Grundrechtsschutz in Schutzniveau und gerichtlicher Kontrollintensität identisch ist mit dem Grundrechtsschutz, den Deutsche im Rahmen des Art. 12 I GG genießen. Durch die Gewährung eines qualifizierten Grundrechtsschutzes über Art. 2 I GG werden dann Unionsbürger hinsichtlich der Deutschen-Grundrechte des Grundgesetzes im Anwendungsbereich und nach Maßgabe des EG-Vertrages Deutschen gleich gestellt.[62]

In diesem Meinungsstreit ist der h.M. zu folgen, da auch eine gemeinschaftsrechtskonforme Auslegung des deutschen Verfassungsrechts nicht die Wortlautgrenze[63] missachten darf. Eine über den Wortlaut hinaus gehende gemeinschaftsrechtskonforme Extension der Deutschen-Grundrechte kraft richterlicher Rechtsfortbildung ist von der Rechtsprechungskompetenz auch des BVerfG nicht mehr gedeckt.[64] Für die Lösung des Konflikts über Art. 2 I GG spricht zudem, dass auch das primäre und sekundäre Gemeinschaftsrecht zur „verfassungsmäßigen Ordnung" gehört.[65] Wegen Art. 12 I EG gehören deshalb nur solche Gesetze zur verfassungsmäßigen Ordnung, die auch gegenüber Deutschen gelten und z.B. nach Art. 12 I GG ihnen gegenüber gelten dürfen.[66] Verneint man somit eine formale Gleichstellung der Unionsbürger, dann ist G beschwerdebefugt nur hinsichtlich Art. 2 I GG, in dessen Kontext er aber materiell-verfassungsrechtlich im Hinblick auf den Deutschen aus Art. 9 I und Art. 12 I GG zukommenden Grundrechtsschutz gleichgestellt wird.

### Ergebnis

G kann sich zwar nicht auf die besonderen Freiheitsrechte des Art. 9 I und Art. 12 I GG berufen. Er ist jedoch Grundrechtsberechtigter der allgemeinen Handlungsfreiheit (Art. 2 I GG). Bei der Anwendung dieses Grundrechts ist ein Schutzstandard sicherzustellen, der demjenigen entspricht, der deutschen Staatsangehörigen durch die besonderen Freiheitsgrundrechte gewährleistet wird.

## D. Wiederholungs- und Vertiefungsfragen

### Frage 1: An welchen Grundrechten wird die Verfassungsmäßigkeit der Zwangsmitgliedschaft in Berufskammern gemessen?

Das ist umstritten. In Frage kommen die Vereinigungsfreiheit nach Art. 9 I, die Be- **50**
rufsfreiheit nach Art. 12 I und die allgemeine Handlungsfreiheit nach Art. 2 I GG. Dabei scheidet die Anwendung des Art. 12 I GG mangels berufsregelnder Tendenz aus. Das *BVerfG*[67] und die (noch) *h. M.*[68] beurteilen die Verfassungsmäßigkeit der Zwangsmitgliedschaft in Berufskammern alleine nach Art. 2 I GG und lehnen eine

---

[62] *Bauer/Kahl,* JZ 1995, 1077 (1085).

[63] Zu diesem Kriterium s. *Bauer/Kahl,* JZ 1995, 1077 (1079); *Nettesheim,* AöR 119 (1994), 261 (275); *Lücke,* EuR 2001, 112ff. m.w.N, der jedoch eine europarechtskonforme Extension der Deutschen-Grundrechte (im Wege der Rechtsfortbildung) befürwortet (117ff.).

[64] A.A. *Lücke,* EuR 2001, 112 (117ff.), der aber die Fragwürdigkeit seiner Argumentation wohl selbst einsieht und letztlich einer Grundgesetzergänzung das Wort redet (117f.).

[65] S. nur *Dreier,* in: ders., GG, Art. 2 I Rn. 47ff. m.w.N.; *Murswiek,* in: Sachs, GG, Art. 2 Rn. 89 jeweils m.w.N.

[66] *Manssen,* in: v. Mangoldt/Klein/Starck, GG, Art. 12 Rn. 265.

[67] *BVerfG* NVwZ 2007, 808; NVwZ 2002, 335 (336).

[68] Vgl. *Merten,* in: Isensee/Kirchhof, Handbuch des Staatsrechts, Bd. VI, 1989, § 144 Rn. 58ff.; *v. Münch,* in: Bonner Kommentar, Art. 9 Rn. 52; vgl. auch *Messerschmidt,* VerwArch. 81 (1990), 55 (74ff.).

Überprüfung an den Maßstäben des Art. 9 I GG unter Hinweis darauf ab, dass Art. 9 I GG nur das Recht zum Zusammenschluss in privatrechtlichen Organisationsformen gewährleiste. Weil es sich aber bei dem Schutz vor Zwangsmitgliedschaften dogmatisch um nichts anderes als um das Korrelat zur positiv-rechtlichen Gewährleistung handele, könne Art. 9 I GG auf den Schutz vor öffentlich-rechtlichen Zwangsmitgliedschaften keine Anwendung finden. Der dann in Bezug auf Art. 2 I GG bejahte Eingriff in die allgemeine Handlungsfreiheit wird unter Hinweis auf den mit der Zwangsmitgliedschaft verfolgten Zweck der Förderung der Wirtschaft und der verhältnismäßig geringen Belastung des einzelnen Kammermitglieds als verfassungsrechtlich gerechtfertigt angesehen.

Eine im Vordringen befindliche Meinung in der *Literatur*[69] bejaht zwar ebenfalls die Verfassungsmäßigkeit öffentlich-rechtlicher Zwangsmitgliedschaften, beurteilt deren Zulässigkeit aber im Gegensatz zur h.M nach Art. 9 I GG. Nach dieser Ansicht schließt die fehlende Rückgriffsmöglichkeit Privater auf öffentlich-rechtliche Organisationsformen die Anwendung des Grundrechts hinsichtlich des Schutzes vor Zwangsmitgliedschaften in öffentlich-rechtlichen Körperschaften nicht aus. Vielmehr wird der von Art. 9 I GG ausgehende Schutz vor Zwangsmitgliedschaften in privaten Vereinigungen in einem Erst-Recht-Schluss auf öffentlich-rechtliche Zwangsvereinigungen erstreckt.

**Frage 2: Welche wirtschaftspolitische Grundordnung gibt das Grundgesetz vor?**

**51** Im Grundgesetz ist keine Wirtschaftsordnung explizit vorgegeben. Der Verfassungsgeber hat sich stattdessen auf die Normierung einzelner Freiheitsrechte beschränkt. Dies wirft die Frage auf, inwieweit das gegenwärtig bestehende Modell der Sozialen Marktwirtschaft verfassungsrechtlich abgesichert ist. Das Bundesverfassungsgericht hat in früher Rechtsprechung den Grundsatz der *„wirtschaftspolitischen Neutralität“* des Grundgesetzes aufgestellt, wonach „die gegenwärtige Wirtschaftsordnung zwar eine nach dem Grundgesetz mögliche Ordnung, keineswegs aber die allein mögliche“ ist.[70] Sie beruhe „auf einer vom Willen des Gesetzgebers getragenen wirtschafts- und sozialpolitischen Entscheidung, die durch eine andere Entscheidung ersetzt oder durchbrochen werden“ könne.[71] Von dieser Rechtsprechung auf eine „wirtschaftspolitische Entscheidungslosigkeit“[72] des Grundgesetzes zu schließen, nach der verfassungsrechtlich jedes denkbare Wirtschaftsmodell von einer radikal-liberalen Marktordnung bis hin zum Sozialismus zulässig wäre, geht aber fehl. Zahlreiche, zuweilen miteinander konkurrierende Regelungen des Grundgesetzes, insbesondere die Berufsfreiheit in Art. 12 I und die Eigentumsfreiheit in Art. 14 I GG, aber auch das Sozialstaatsprinzip in Art. 20 GG oder die Freizügigkeit in Art. 11 GG begrenzen die wirtschaftspolitische Gestaltungsfreiheit des Gesetzgebers. Die in Art. 14 I GG garantierten privaten Gebrauchsmöglichkeiten, die Ertragsfähigkeit und Verfügungsbefugnis über Privateigentum setzen eine dezentrale, ertragsorientierte und von staatlicher Lenkung grundsätzlich unabhängige Wirtschaftsordnung voraus, die sich nur in einer freiheitlichen Marktordnung realisieren

---

[69] *Schöbener,* VerwArch. 91 (2000), 374 (396ff.); *Bauer,* in: *Dreier,* GG, Art. 9 Rn. 42 m.w.N.; *Höfling,* in: Sachs, GG, Art. 9 Rn. 22f.; *Pieroth/Schlink,* Grundrechte, Rn. 730; *Murswiek,* JuS 1992, 116 (118f.).

[70] BVerfGE 4, 7 (17f.).

[71] BVerfGE 4, 7 (17f.).

[72] So aber *Schilek/Schilek,* in: Mayer/Stuby (Hrsg.), Das lädierte Grundgesetz, 1977, S. 130ff.

lässt.[73] Das Bundesverfassungsgericht[74] spricht deshalb mittlerweile auch nur noch von der *„relativen Offenheit der grundgesetzlichen Wirtschaftsverfassung"*.

## E. Wiederholungs- und Vertiefungshinweise

Zur europarechtlichen Unbedenklichkeit der Zwangsmitgliedschaft in Berufskammern:
*Geerlings/Leuze,* Pflichtmitgliedschaften in Kammern im Lichte des Europäischen Gemeinschaftsrechts, VerwRdsch. 2004, 113.

Zur wirtschaftspolitischen Neutralität des Grundgesetzes:
*Depenheuer,* in: v. Mangoldt/Klein/Starck, GG Bd. 1, 5. Aufl. 2005, Art. 14 Rn. 9f.; *Wendt,* in: Sachs, GG, 5. Aufl. 2009, Art. 14 Rn. 6ff.; *Hofmann,* in: Schmidt-Bleibtreu/Hofmann/Hopfauf, GG, 11. Aufl. 2008, Art. 14 Rn. 6; *Scheidler,* Grundzüge des Wirtschaftsverfassungsrechts, GewArch. 2009, 1.

---

[73] So auch *Depenheuer,* in: v. Mangoldt/Klein/Starck, GG, Art. 14 Rn. 9f.; *Wendt,* in: Sachs, GG, Art. 14 Rn. 6ff.; *Hofmann,* in: Schmidt-Bleibtreu/Hofmann/Hopfauf, GG, Art. 14 Rn. 6.

[74] BVerfGE 50, 290 (344). Hingewiesen sei an dieser Stelle darauf, dass die Soziale Marktwirtschaft explizit als Grundlage der gesamtdeutschen Wirtschaftsordnung in Art. 3 des Vertrages über die Währungs-, Wirtschafts- und Sozialunion mit der damaligen DDR vom 18. 5. 1990 verankert wurde.

# Fall 2: Reporter im Abseits

## A. Inhalt

Verfassungsbeschwerde; Rundfunkfreiheit (Art. 5 I 2 GG); Berufs- und Gewerbefreiheit (Art. 12 I GG); Geltung von Grundrechten im Privatrechtsverhältnis (sog. Drittwirkung); Existenz und Tragweite von Hörfunkrechten zur Übertragung von Sportveranstaltungen; Recht zur Kurzberichterstattung; Grundsatz praktischer Konkordanz.

## B. Sachverhalt

Der in Form einer GmbH betriebene Kölner Lokalfunksender „La Ola Colonia" (L) ist bei der Hörerschaft in Köln und Umgebung äußerst beliebt. Neben der jugendlichen und spritzigen Art der Moderation und einem gelungenen Musikmix liegt dies vor allem daran, dass der Sender regelmäßig live von den Fußballbundesligaspielen des in Köln ansässigen FC berichtet. Die Einschaltquoten erreichen gerade während dieser Live-Übertragungen Spitzenwerte. Die Erlöse mit den während der Sendung eingeblendeten Werbeblöcken sind beachtlich und stellen eine äußerst erträgliche Einnahmequelle für den Sender dar. Bislang musste die L für die Berichterstattung außer dem üblichen Eintritt sowie dem Ersatz entstehenden Aufwands keine besondere Lizenzgebühr zahlen.

Die Übertragungsrechte an den Spielen der ersten und zweiten Fußballbundesliga werden von der DFL (Deutsche Fußball Liga GmbH) im Auftrag des Ligaverbands, in dem sämtliche Vereine und Kapitalgesellschaften mit Mannschaften in den Lizenzligen zusammengeschlossen sind, vergeben. Die Spiele selbst werden von der DFL und den einzelnen Vereinen (im folgenden V) gemeinsam veranstaltet. Bislang haben DFL und Ligaverband lediglich die Gestattung von Fernsehübertragungen von dem Erwerb sog. Fernsehrechte abhängig gemacht, Hörfunkübertragungen waren hingegen unentgeltlich möglich. Von der kommenden Saison an soll nun auch die Live-Berichterstattung von Bundesligaspielen im Hörfunk nur gegen Erwerb einer sog. Hörfunklizenz möglich sein. Das Entgelt für diese Lizenz beträgt für eine Saison ca. 30.000 €. Nach Ansicht der DFL und des Ligaverbandes existieren neben den Fernsehrechten auch sog. Hörfunkrechte, für deren Erwerb die DFL ebenso wie für Fernsehrechte eine Vergütung verlangen kann.

Die Ankündigung von DFL und Ligaverband löst bei den Betreibern der L Empörung aus. Sie sehen sich in ihrer Informations-, Rundfunk- und Berufsfreiheit verletzt. Der Sender erhebt daraufhin vor dem zuständigen Zivilgericht eine Klage auf Feststellung, dass er für die unmittelbare Hörfunkberichterstattung von den Bundesligaspielen nicht zur Entrichtung einer besonderen Vergütung an die DFL verpflichtet sei.

Im Gerichtsverfahren bestreitet der Sender schon die Existenz sog. vermarktungsfähiger Hörfunkrechte. Aber selbst für den Fall des Bestehens solcher Rechte müssten Hörfunkübertragungen angesichts der in Art. 5 I 2 GG normierten Rundfunkfreiheit uneingeschränkt zulässig sein. An der Berichterstattung über bedeutende Sportveranstaltungen bestehe ein erhebliches Informationsinteresse weiter Kreise der Bevölkerung. Dagegen sei der Eingriff in die Rechte der Veranstalter vergleichsweise gering, weil anders als bei Fernsehübertragungen nicht die Übertragung des Spiels selbst, sondern die in Eigenleistung erbrachte Schilderung durch den Reporter im Vordergrund stehe. Insofern weise die Hörfunkberichterstattung größere Ähnlichkeit mit der Presse als mit dem Fernsehen auf. Bei Presseberichten stehe aber die Unentgeltlichkeit des Rechts auf Berichterstattung außer Frage. Liege die Zulässigkeit von Hörfunkübertragungen alleine im Ermessen der Veranstalter, führe dies mittelfristig zur Bildung von Informationsmonopolen. Solche Informationsmonopole würden die Rundfunkfreiheit in ihrem Kern bedrohen und liefen diametral zu dem Informationsbedürfnis der Öffentlichkeit. Daher müsse den Rundfunkbetreibern zumindest ein unabhängiges Kurzberichterstattungsrecht zugestanden werden, wie es für das Fernsehen schon in § 5 RStV existiert.

Die Klage der L wird jedoch in allen zivilgerichtlichen Instanzen als unbegründet abgewiesen. Für die Gerichte besteht an der Existenz von Hörfunkrechten kein Zweifel. Diese seien Ausfluss der Berufsfreiheit nach Art. 12 I GG und fänden ihre einfachgesetzliche Grundlage im zivilrechtlichen Hausrecht der V als Eigentümer bzw. Besitzer der Spielstätten nach §§ 858, 903, 1004 BGB. Art. 12 I GG gewährleiste u. a. die wirtschaftliche Verwertung von berufsmäßig erbrachten Leistungen. An diese berufsmäßig erbrachte Leistung knüpfe auch der Rundfunk an und mache sie zur Grundlage seiner Berichterstattung. Daher müsse er auch dafür zahlen. Die Gleichsetzung der Hörfunkberichterstattung mit der Presse sei unstatthaft. Das ergebe sich schon aus dem Wortlaut des Art. 5 GG. Auch sachlich sei zwischen Fernseh- und Hörfunkübertragung auf der einen und der Berichterstattung in der Presse auf der anderen Seite zu unterscheiden. Zudem dienten Übertragungen von Sportveranstaltungen anders als Berichte über politische oder sonstige wichtige kulturelle Ereignisse primär der Unterhaltung und nicht der öffentlichen Meinungsbildung. Für diesen Bereich könne der Bürger ebenso wenig eine unentgeltliche Versorgung verlangen wie z. B. für den Besuch eines Kinos oder eines Konzerts. Zu einer Informationsverknappung komme es ohnehin nicht, da zumindest im Fernsehen die Kurzberichterstattung gewährleistet sei. Zusätzlich zu ihrer Berufsfreiheit könnten sich die V noch auf ihr Eigentumsrecht nach Art. 14 I GG und das Recht der Unverletzlichkeit der Wohnung nach Art. 13 I GG berufen.

Die L möchte sich mit dem letztinstanzlichen Urteil nicht abfinden und erhebt Verfassungsbeschwerde zum Bundesverfassungsgericht.

**Bearbeitervermerk:** Wie sind die Erfolgsaussichten der Verfassungsbeschwerde einzuschätzen?

**Hinweis:** Gehen Sie davon aus, dass sich das Recht der Veranstalter auf die Vergabe von Hörfunklizenzen bis auf das angesprochene Hausrecht nicht aus anderen einfachgesetzlichen Regelungen ableiten lässt. Das gleiche gilt für ein vermeintliches Recht der Rundfunkbetreiber auf unentgeltliche Live-Berichterstattung von Sportveranstaltungen.

## Anhang

### Staatsvertrag für Rundfunk und Telemedien (Rundfunkstaatsvertrag, RStV) (Auszug)

**§ 5 Kurzberichterstattung.** (1) Das Recht auf unentgeltliche Kurzberichterstattung über Veranstaltungen und Ereignisse, die öffentlich zugänglich und von allgemeinem Informationsinteresse sind, steht jedem in Europa zugelassenen Fernsehveranstalter zu eigenen Sendezwecken zu. Dieses Recht schließt die Befugnis zum Zugang, zur kurzzeitigen Direktübertragung, zur Aufzeichnung, zu deren Auswertung zu einem einzigen Beitrag und zur Weitergabe unter den Voraussetzungen der Absätze 2 bis 12 ein.

(2) Anderweitige gesetzliche Bestimmungen, insbesondere solche des Urheberrechts und des Persönlichkeitsschutzes bleiben unberührt.

[. . .]

(4) Die unentgeltliche Kurzberichterstattung ist auf eine dem Anlass entsprechende nachrichtenmäßige Kurzberichterstattung beschränkt. Die zulässige Dauer bemisst sich nach der Länge der Zeit, die notwendig ist, um den nachrichtenmäßigen Informationsgehalt der Veranstaltung oder des Ereignisses zu vermitteln. Bei kurzfristig und regelmäßig wiederkehrenden Veranstaltungen vergleichbarer Art beträgt die Obergrenze der Dauer in der Regel eineinhalb Minuten. Werden Kurzberichte über Veranstaltungen vergleichbarer Art zusammengefasst, muss auch in dieser Zusammenfassung der nachrichtenmäßige Charakter gewahrt bleiben.

(5) Das Recht auf Kurzberichterstattung muss so ausgeübt werden, dass vermeidbare Störungen der Veranstaltung oder des Ereignisses unterbleiben. Der Veranstalter kann die Übertragung oder die Aufzeichnung einschränken oder ausschließen, wenn anzunehmen ist, dass sonst die Durchführung der Veranstaltung in Frage gestellt oder das sittliche Empfinden der Veranstaltungsteilnehmer gröblich verletzt würde. Das Recht auf Kurzberichterstattung ist ausgeschlossen, wenn Gründe der öffentlichen Sicherheit und Ordnung entgegenstehen und diese das öffentliche Interesse an der Information überwiegen. Unberührt bleibt im Übrigen das Recht des Veranstalters, die Übertragung oder die Aufzeichnung der Veranstaltung insgesamt auszuschließen.

(6) Für die Ausübung des Rechts auf Kurzberichterstattung kann der Veranstalter das allgemein vorgesehene Eintrittsgeld verlangen; im Übrigen ist ihm Ersatz seiner notwendigen Aufwendungen zu leisten, die durch die Ausübung des Rechts entstehen.

(7) Für die Ausübung des Rechts auf Kurzberichterstattung über berufsmäßig durchgeführte Veranstaltungen kann der Veranstalter ein dem Charakter der Kurzberichterstattung entsprechendes billiges Entgelt verlangen. [...]

## C. Lösung

Die Verfassungsbeschwerde der L ist erfolgreich, wenn sie zulässig und begründet ist.

### I. Zulässigkeit der Verfassungsbeschwerde

1 Die Zuständigkeit des BVerfG für Verfassungsbeschwerden ergibt sich aus Art. 93 I Nr. 4a GG, §§ 13 Nr. 8a, 90ff. BVerfGG.

#### 1. Parteifähigkeit (Antrags- bzw. Beschwerdeberechtigung)

2 Parteifähig ist nach Art. 93 I Nr. 4a GG, § 90 BVerfGG jeder, der Träger von Grundrechten und grundrechtsähnlichen Rechten sein kann. Dies sind zunächst einmal alle natürlichen Personen. Art. 19 III GG spricht zudem inländischen juristischen Personen die Grundrechtsträgerschaft zu, soweit die Grundrechte ihrem Wesen nach auf sie anwendbar sind. Auf die Rundfunkfreiheit können sich auch juristische Personen des Privatrechts berufen.[1] Die L (GmbH) ist damit antragsberechtigt.

#### 2. Prozessfähigkeit

3 Prozessfähig ist, wer im Verfassungsprozess Verfahrenshandlungen vor- und entgegennehmen kann.[2] Hinsichtlich der Prozessfähigkeit der L bestehen keine Zweifel. Sie wird im Prozess durch ihren Geschäftsführer vertreten (§ 35 I 1 GmbHG).

---

[1] BVerfGE 97, 298 (310); *Kannengießer,* in: Schmidt-Bleibtreu/Hofmann/Hopfauf, GG, Art. 5 Rn. 17.

[2] *Pieroth/Schlink,* Grundrechte, Rn. 1123; *Sachs,* Verfassungsprozessrecht, Rn. 451.

### 3. Beschwerdegegenstand

Des Weiteren müsste ein tauglicher Beschwerdegegenstand vorliegen. Dies ist jeder Akt der öffentlichen Gewalt i.S.v. Art. 1 III GG. Mit dem letztinstanzlichen Urteil des Zivilgerichts liegt ein tauglicher Beschwerdegegenstand vor.[3] 4

### 4. Beschwerdebefugnis

Die Beschwerdebefugnis der L ist gegeben, wenn nicht von vorneherein ausgeschlossen werden kann, dass sie durch einen Akt öffentlicher Gewalt in ihren Grundrechten oder grundrechtsähnlichen Rechten selbst, unmittelbar und gegenwärtig betroffen ist. Bei Urteilsverfassungsbeschwerden ist regelmäßig von einer eigenen, unmittelbaren und gegenwärtigen Betroffenheit des Beschwerdeführers auszugehen.[4] Als möglicherweise verletzte Grundrechte der L kommen die Informationsfreiheit gem. Art. 5 I 1 Hs. 2 GG, die Rundfunkfreiheit gem. Art. 5 I 2 GG und die Berufsfreiheit gem. Art. 12 I GG in Betracht. 5

#### a) Informationsfreiheit (Art. 5 I 1 Hs. 2 GG)

Das letztinstanzliche Urteil könnte das Recht der L auf Informationsfreiheit nach Art. 5 I 1 Hs. 2 GG verletzen, wenn es sich bei Fußballspielen im Stadion um eine allgemein zugängliche Quelle handelt. Allgemein zugänglich ist eine Quelle dann, wenn sie geeignet und bestimmt ist, der Allgemeinheit, also einem individuell nicht bestimmbaren Personenkreis, Informationen zu verschaffen.[5] Über die Zugänglichkeit und Art der Zugangseröffnung entscheidet, wer nach der Rechtsordnung ein entsprechendes Bestimmungsrecht hat.[6] Nach dieser Definition kann bei der Veranstaltung von Fußballspielen nicht von einer allgemein zugänglichen Quelle ausgegangen werden. Vielmehr liegt es alleine im Ermessen des Spielveranstalters, wem unter welchen Bedingungen Zutritt zum Spiel verschafft wird.[7] Eine Verletzung der Informationsfreiheit des Senders durch das Urteil ist also von vorneherein ausgeschlossen.[8] 6

#### b) Rundfunkfreiheit (Art. 5 I 2 GG)

Es erscheint nicht von vorneherein ausgeschlossen, dass die L als Rundfunkveranstalterin durch das letztinstanzliche Urteil in ihrer Rundfunkfreiheit verletzt worden ist. 7

---

[3] **Beachte:** Denkbar wäre es auch, zusätzlich noch die Urteile aus den Vorinstanzen anzugreifen. In jedem Fall ist aber gegen das letztinstanzliche Urteil vorzugehen. Vgl. dazu Fall 1.

[4] *Schlaich/Korioth,* Das Bundesverfassungsgericht, 5. Aufl. 2007, Rn. 223; vgl. auch *Sachs,* Verfassungsprozessrecht, Rn. 485; *Pieroth/Schlink,* Grundrechte, Rn. 1135.

[5] BVerfGE 27, 71 (83f.); 33, 52 (65); 90, 27 (32).

[6] BVerfGE 103, 44 (60).

[7] *Strauß,* Hörfunkrechte des Sportveranstalters, 2006, S. 239f.; *Tettinger,* ZUM 86, 497 (501).

[8] **Beachte:** Bei der Klausurbearbeitung empfiehlt es sich, in der Zulässigkeitsprüfung keine zu hohen Anforderungen an die Einschlägigkeit der vorgebrachten Grundrechte zu stellen und die weitergehende Prüfung in die Begründetheit zu verlagern. Nur wenn wie hier der Schutzbereich eines Grundrechts offensichtlich nicht eröffnet ist, kann und sollte das betreffende Grundrecht bereits innerhalb der Zulässigkeitsprüfung ausgeschlossen werden.

### c) Berufsfreiheit (Art. 12 I GG)

8 Die L ist gewerblich tätig. Insofern erscheint auch eine Verletzung der Berufsfreiheit in Form der Gewerbefreiheit gem. Art. 12 I GG durch das angegriffene Urteil möglich.

### d) Geltung der Grundrechte zwischen Privatpersonen?

9 Sind mit der Rundfunkfreiheit und der Berufsfreiheit der L zwei potentiell beeinträchtigte Grundrechte ermittelt worden, stellt sich in einem nächsten Schritt die Frage, ob diese Grundrechte auch tatsächlich durch einen Akt öffentlicher Gewalt betroffen sind. Das erscheint vor dem Hintergrund folgender Überlegung fraglich: Zwar liegt mit dem letztinstanzlichen Urteil zweifelsohne ein Akt der öffentlichen Gewalt vor. Allerdings ist die dem Urteil zugrunde liegende Streitigkeit zivilrechtlicher Natur, bei der es um die Rechtsbeziehung zwischen den Privatpersonen L und V geht. Nur wenn die Grundrechte auch innerhalb dieser Rechtsbeziehung Wirkung entfalten und vom Zivilgericht zu beachten sind[9], kann das Urteil die Grundrechte der L überhaupt verletzt haben.[10]

#### aa) Lehre von der unmittelbaren Drittwirkung der Grundrechte

10 Nach der Lehre von der unmittelbaren Drittwirkung der Grundrechte, die einige Zeit vor allem vom *BAG* vertreten worden ist[11], entfalten die Grundrechte auch in Rechtsbeziehungen zwischen Privaten unmittelbare Wirkung. Begründet wird dies u.a. unter Hinweis auf Art. 1 II GG, wonach die Grundrechte die Grundlage jeder menschlichen Gemeinschaft bilden.[12] Die Freiheit des Einzelnen könne nicht nur durch Eingriffe seitens des Staates, sondern auch von gesellschaftlichen Kräften (Verbänden, Konzernen etc.) erheblich beeinträchtigt werden.[13] Der soziale Rechtsstaat (Art. 20 I, Art. 28 I GG) müsse den Bürger auch vor solchen Gefahren schützen.[14] Nach dieser Auffassung hätten also die Zivilgerichte die Grundrechte der L und der V als unmittelbar geltendes Recht bei ihrer Urteilsfindung zu beachten.

#### bb) Lehre von der mittelbaren Drittwirkung der Grundrechte

11 Gegen die o.g. Auffassung bestehen gewichtige Bedenken. Nach Art. 1 III GG entfalten die Grundrechte eine unmittelbare Bindungswirkung nur gegenüber der öffentlichen Gewalt. Im Grundgesetz finden sich zudem nur vereinzelt Regelungen, in denen die Grundrechtsbindung ausdrücklich auf Privatpersonen erstreckt wird.[15] Neben Wortlaut und Systematik vermag die Idee der unmittelbaren Drittwirkung aber vor allem aus teleologischer Sicht nicht zu überzeugen. Wären die Privatpersonen innerhalb ihrer Rechtsbeziehungen zur Achtung der Grundrechte verpflichtet,

---

[9] Für *Schwabe,* Die sogenannte Drittwirkung der Grundrechte, 1971, S. 16, handelt es sich bei der Frage nach der Geltung der Grundrechte in Privatrechtsverhältnissen um ein Scheinproblem, da jedes privatrechtliche Handeln letztlich auf den Staat zurückzuführen sei; vgl. auch *Bleckmann,* DVBl. 1998, 938ff.

[10] **Beachte:** Die Frage nach Geltung der Grundrechte innerhalb der Privatrechtsordnung (sog. Drittwirkung) ist Gegenstand eines überkommen Streits, der in einer Klausur kurz skizziert werden sollte.

[11] BAGE 1, 185 (191ff.); 13, 168 (174f.); 24, 438 (441 m.w.N.).

[12] BAGE 1, 185 (191ff.).

[13] BAGE 1, 185 (193f.).

[14] BAGE 1, 185 (193).

[15] Z.B. Art. 9 III 2, Art. 20 IV, Art. 38 I 1 GG i.V.m. Art. 48 II GG.

würde dies zwangsläufig zur Aufhebung der Privatautonomie und damit zur Freiheitseinschränkung führen. Der Sinn der Grundrechte würde damit ins Gegenteil gekehrt. Eine unmittelbare Drittwirkung der Grundrechte ist deshalb abzulehnen.[16]

Allerdings bilden die Grundrechte eine objektive Wertordnung, die in alle Bereiche des Rechts ausstrahlt.[17] Sie entfalten ihre Wirkung somit nicht unmittelbar, sondern sind vielmehr vom Richter bei der Auslegung der zivilrechtlichen Generalklauseln wie „rechtswidrig", „sittenwidrig" etc. zu berücksichtigen. Diese Generalklauseln werden allgemein auch als sog. Einbruchstellen der Grundrechte in das bürgerliche Recht bezeichnet.[18] Die L kann damit das letztinstanzliche Urteil mit der Begründung angreifen, dass das Zivilgericht bei seiner Urteilsfindung Art und Umfang der mittelbaren Drittwirkung verkannt habe. Sie ist somit beschwerdebefugt. 12

### 5. Rechtswegerschöpfung (§ 90 II 1 BVerfGG)

Mit der letztinstanzlichen Entscheidung hat L den ordentlichen Rechtsweg ausgeschöpft. Der Grundsatz der Subsidiarität der Verfassungsbeschwerde ist sowohl in formeller als auch materieller Hinsicht[19] gewahrt. 13

### 6. Form und Frist

Die Verfassungsbeschwerde muss fristgerecht (§ 93 I BVerfGG), schriftlich (§ 23 I 1 BVerfGG) und mit Begründung versehen (§§ 23 I 2, 92 BVerfGG) erhoben werden. 14

**Zwischenergebnis:** Die Verfassungsbeschwerde der L ist zulässig.

## II. Begründetheit der Verfassungsbeschwerde

### 1. Prüfungsmaßstab des BVerfG

Vor Einstieg in die weitere Prüfung ist es wichtig, sich über den Prüfungsmaßstab des *BVerfG* bei Urteilsverfassungsbeschwerden bewusst zu werden. Das BVerfG ist keine Superrevisionsinstanz.[20] Seine Aufgabe liegt nicht darin, die Entscheidungen der Gerichte in jeder Hinsicht auf die Richtigkeit der getroffenen tatsächlichen Feststellungen, der Interpretation der Gesetze und der Anwendung des Rechts auf den konkreten Fall zu kontrollieren.[21] Vielmehr übt es seine Jurisdiktion in einem Kooperationsverhältnis mit den Fachgerichten aus. Während letzteren die Auslegung und Anwendung der jeweiligen Fachgesetze obliegt, prüft das *BVerfG* nur die *Verletzung spezifischen Verfassungsrechts*, also ob die Fachgerichte bei Auslegung oder Anwendung des einfachen Gesetzesrechts den Einfluss und die Reichweite der Grundrechte verkannt haben und die Entscheidung auf der Verkennung des Grundrechtseinflusses beruht.[22] Dabei ist zusätzlich zu beachten, dass den Fachgerichten bei der Abwägung der widerstreitenden grundrechtlichen Interessen ein Einschät- 15

---

[16] Ganz h.M., siehe *Pieroth/Schlink*, Grundrechte, Rn. 176; *Epping*, Grundrechte, 3. Aufl. 2007, Rn. 323.
[17] So die h.M., s. BVerfGE 7, 198 (205 ff.) – Lüth; *Pieroth/Schlink*, Grundrechte, Rn. 181 ff.
[18] *Pieroth/Schlink*, Grundrechte, Rn. 181.
[19] Zu den Begriffen vgl. statt vieler *Sachs*, Verfassungsprozessrecht, Rn. 497 ff.
[20] BVerfGE 18, 85 (92 f.).
[21] BVerfGE 11, 343 (349); 30, 173 (197 f.); s.a. *Pieroth/Schlink*, Grundrechte, Rn. 1174 ff.
[22] Vgl. BVerfGE 30, 173 (196 f.).

zungsspielraum zukommt.[23] Das *BVerfG* beschränkt seine Prüfung somit darauf, ob die vom Zivilrichter vorgenommene Gewichtung sich unter grundrechtsspezifischen Aspekten noch im Rahmen des Vertretbaren hält.[24] Soweit dies der Fall ist, scheidet eine Verletzung der Grundrechte des Beschwerdeführers aus.

**2. Rundfunkfreiheit (Art. 5 I 2 Var. 2 GG)**

16 Möglicherweise verletzt das letztinstanzlich ergangene zivilgerichtliche Urteil die Rundfunkfreiheit der L gem. Art. 5 I 2 Var. 2 GG.

**a) Sachlicher Schutzbereich**

17 Dazu müsste zunächst der Schutzbereich des Grundrechts eröffnet sein. Die L kann sich auf die Rundfunkfreiheit berufen, wenn Live-Übertragungen aus den Fußballstadien von ihrem sachlichen Schutzbereich erfasst werden.

18 Rundfunk ist jede an eine unbestimmte Vielzahl von Personen gerichtete drahtlose oder drahtgebundene Übermittlung von Gedankeninhalten durch physikalische Wellen.[25] Der Umfang der Gewährleistung reicht bei der Rundfunkfreiheit wie bei der Pressefreiheit von der Beschaffung der Information bis zur Verbreitung von Nachricht und Meinung.[26] Dabei können Inhalte jeder Art vermittelt werden, von politischen Reportagen über Übertragungen kabarettistischer Programme bis hin zu Berichten von Sportveranstaltungen.[27]

19 Fraglich ist allerdings, ob bei Sportveranstaltungen nicht nur die nachträgliche Berichterstattung, sondern auch die zeitgleiche Live-Übertragung vor Ort von der Rundfunkfreiheit geschützt ist. Das hängt entscheidend davon ab, ob den Rundfunkunternehmen zum Zwecke der Berichterstattung auch der Zugang zu nicht allgemein zugänglichen Quellen wie hier dem Stadion offensteht. Bislang ist diese Frage von *Rechtsprechung* und *h. L.* bejaht worden.[28] Neuerdings scheint das *BVerfG* aber die Eröffnung des sachlichen Schutzbereichs der Rundfunkfreiheit davon abhängig zu machen, ob es sich um eine allgemein zugängliche Quelle i. S. v. Art. 5 I 1 Hs. 2 GG handelt.[29] Bei der Beurteilung der Zugänglichkeit komme es im Privatrecht entscheidend auf den Inhaber der Räumlichkeit an.[30] Im vorliegenden Fall liegt keine allgemein zugängliche Quelle vor, da der Stadioninhaber den Zugang zum Spiel nur ausgewählten Personen gestattet.[31] Folgt man dieser Ansicht, dann wäre hier schon der Schutzbereich der Rundfunkfreiheit für die L nicht eröffnet.

20 Eine solche Einschränkung der sachlichen Gewährleistung wird jedoch weder der Bedeutung der Rundfunkfreiheit gerecht noch überzeugt sie grundrechtsdog-

---

[23] *Epping,* Grundrechte, Rn. 325.
[24] BVerfGE 95, 28 (36 f.).
[25] *Pieroth/Schlink,* Grundrechte, Rn. 573; vgl. auch *Bethge,* in: Sachs, GG, Art. 5 Rn. 90 a.
[26] BVerfGE 91, 125 (134); *Pieroth/Schlink,* Grundrechte, Rn. 574; *Wendt,* in: v. Münch/Kunig, GG Bd. 1, 5. Aufl. 2001, Art. 5 Rn. 45.
[27] Vgl. BVerfGE 12, 205 (260); 31, 314 (326); *Wendt,* in: v. Münch/Kunig, GG, Art. 5 Rn. 44.
[28] BVerfGE 50, 234 ff.; *Bethge,* in: Sachs, GG, Art. 5 Rn. 70; *Pieroth/Schlink,* Grundrechte, Rn. 571, jeweils für den Bereich der Pressefreiheit. Die dort angestellten Erwägungen hinsichtlich des ungestörten Zugangs zur Information gelten für die Rundfunkfreiheit entsprechend, vgl. *Bethge,* in: Sachs, GG, Art. 5 Rn. 108 (diesmal zur Rundfunkfreiheit), sowie von *v. Coelln,* AfP Sonderheft 2007, 55 (60).
[29] BVerfGE 103, 44 (59 ff.); *BVerfG* NJW 2003, 500.
[30] BVerfGE 103, 44 (59 ff.).
[31] Siehe dazu schon die Ausführungen zur Beschwerdebefugnis im Rahmen der Zulässigkeit.

matisch. Schon nach dem Wortlaut ist die Allgemeinzugänglichkeit der Quelle lediglich Tatbestandsvoraussetzung der Informationsfreiheit nach Art. 5 I 1 Hs. 2 GG, nicht aber der Rundfunkfreiheit. Seine Kontrollfunktion gegenüber der öffentlichen Gewalt kann der Rundfunk ebenso wie die übrigen Medien zudem nur dann erfüllen, wenn ihm der Zugang zu solchen Informationen gestattet wird, die der Allgemeinheit gerade nicht zugänglich sind.[32] Grundrechtsdogmatisch besteht zudem bei der Bestimmung des Schutzbereichs eine Vermutung zu Gunsten der Freiheit. Deswegen sind grundrechtliche Freiheiten möglichst weit und ihre Schranken möglichst eng auszulegen.[33] Das gilt sowohl bei staatlichen Eingriffen als auch abgeschwächt in Privatrechtsverhältnissen.[34] Die Frage nach der Einschränkbarkeit grundrechtlicher Freiheiten aufgrund kollidierenden Verfassungsrechts ist nicht auf der Ebene des Schutzbereichs zu behandeln, sondern gehört in die Angemessenheitsprüfung.[35] Mit dem Ausschluss der Live-Berichterstattung vor Ort aus dem Schutzbereich der Rundfunkfreiheit würde der Interessenkonflikt zwischen Rundfunksendern und Sportveranstaltern pauschal zugunsten letzterer entschieden, ohne dass es zu einer Gewichtung und Abwägung der sich gegenüberstehenden Grundrechte käme. Daher ist die Auffassung des *BVerfG* mit der h.L. abzulehnen.[36] Der sachliche Schutzbereich der Rundfunkfreiheit ist für die L daher eröffnet.

#### b) Persönlicher Schutzbereich

Die Eröffnung des persönlichen Schutzbereichs der Rundfunkfreiheit für die L 21
wurde bereits bei der Prüfung der Antragsberechtigung innerhalb der Zulässigkeit bejaht.[37] Somit ist der Schutzbereich der Rundfunkfreiheit insgesamt für die L eröffnet.

#### c) Verhältnis zum Grundrecht der Berufsfreiheit (Art. 12 I GG)

Möglicherweise kann sich die L hinsichtlich der Hörfunkübertragung auch auf die 22
Berufsfreiheit nach Art. 12 I GG berufen. Bei der Hörfunkübertragung handelt es sich allerdings um eine medienspezifische Betätigung. Hier geht die Rundfunkfreiheit nach Art. 5 I 2 GG als *lex specialis* der Berufsfreiheit nach Art. 12 I GG vor.[38] Art. 12 I GG ist damit nicht weiter zu prüfen.

### 3. Verkennung der Reichweite der Rundfunkfreiheit durch das Zivilgericht

Das letztinstanzliche Urteil des Zivilgerichts verletzt das Grundrecht der L auf 23
Achtung ihrer Rundfunkfreiheit, wenn das Gericht bei der Auslegung und Anwendung der einfachgesetzlichen Vorschriften die Anwendbarkeit der Rundfunkfreiheit

---

[32] Vgl. *Bethge*, in Sachs, GG, Art. 5 Rn. 70; *Wendt*, in: v. Münch/Kunig, GG, Art. 5 Rn. 45 für den Bereich der Pressefreiheit. Für die entsprechende Anwendung auf die Rundfunkfreiheit siehe nur *v. Coelln*, AfP Sonderheft 2007, 55 (60).

[33] Vgl. *Höfling*, Offene Grundrechtsinterpretationen, 1987, S. 190ff.

[34] Abgeschwächt hier deshalb, weil der Ausgleich der widerstreitenden Interessen und Grundrechtsgehalte so zu erfolgen hat, dass diesen im Hinblick auf beide Grundrechtsträger zur größtmöglichen Wirkung verholfen wird. Vgl. ausführlich zur mittelbaren Drittwirkung der Grundrechte bereits oben bei der Beschwerdebefugnis (Zulässigkeitsprüfung).

[35] Vgl. *Pieroth/Schlink*, Grundrechte, Rn. 235, 315ff.

[36] So auch *v. Coelln*, AfP Sonderheft 2007, 55 (60); vgl. auch *Kannengießer*, in: Schmidt-Bleibtreu/Hofmann/Hopfauf, GG, Art. 5 Rn. 14; *Pieroth/Schlink*, Grundrechte, Rn. 571.

[37] S.o. bei der Zulässigkeitsprüfung.

[38] *Manssen*, in: v. Mangoldt/Klein/Starck, GG, Bd. 1, Art. 5 Rn. 278.

grundsätzlich missachtet oder ihre Reichweite in einem nicht mehr vertretbaren Maße verkannt hat.

24 Der Grundsatz der mittelbaren Drittwirkung verlangt von den Richtern, den innerhalb einer einfachgesetzlichen Rechtsstreitigkeit bestehenden Grundrechtskonflikt der Beteiligten zu einem möglichst schonenden Ausgleich zu bringen und dabei darauf zu achten, dass das Grundrecht des einen Beteiligten nicht über Gebühr zu Gunsten des Grundrechts des anderen belastet wird. Die Herbeiführung dieses schonenden Ausgleichs wird schlagwortartig als *Herstellung der praktischen Konkordanz*[39] umschrieben.

Daher gilt es zunächst, die potentiell der Rundfunkfreiheit gegenüberstehenden Grundrechte der Sportveranstalter zu ermitteln (a). In einem zweiten Schritt muss dann untersucht werden, ob die von den Zivilrichtern vorgenommene Abwägung sich noch in verfassungsrechtlich vertretbarem Rahmen bewegt (b).[40]

### a) Grundrechte der V als Grundlage vermarktungsfähiger Hörfunkrechte

25 Als grundrechtliche Basis vermarktungsfähiger Hörfunkrechte kommen die Berufsfreiheit (Art. 12 I GG), die Eigentumsfreiheit (Art. 14 I GG) und das Recht auf Unverletzlichkeit der Wohnung (Art. 13 GG) in Betracht.

#### aa) Berufsfreiheit (Art. 12 I GG)

##### (1) Sachlicher Schutzbereich

26 Der sachliche Schutzbereich des Art. 12 I GG ist für die V eröffnet, wenn das Recht zur Veranstaltung und kommerziellen Vermarktung von Fußballbundesligaspielen von der Berufsfreiheit gewährleistet wird. Das Grundrecht der Berufsfreiheit erfasst jede Tätigkeit, die auf Dauer angelegt ist und in ideeller wie materieller Hinsicht der Schaffung und Aufrechterhaltung einer Lebensgrundlage dient.[41] Diese Voraussetzungen sind bei der gewerbsmäßig ausgeübten Veranstaltung von Sportereignissen regelmäßig erfüllt. Der Schutz der Berufsfreiheit erstreckt sich auf alle Aspekte des Berufs und erfasst insbesondere die wirtschaftliche Verwertung der beruflich erbrachten Leistung.[42] Die Möglichkeit des Veranstalters, das Sportereignis umfassend zu vermarkten, stellt den Schwerpunkt dieser wirtschaftlichen Verwertung dar.[43] Anerkannt ist seit langem die Existenz sog. Fernsehübertragungsrechte.[44]

---

[39] *Epping,* Grundrechte, Rn. 83.

[40] **Beachte:** Bei sog. Urteilsverfassungsbeschwerden, denen eine zivilrechtliche Streitigkeit zugrunde liegt, ist der klassische Aufbau der Grundrechtsprüfung eines Freiheitsrechts (Schutzbereich, Eingriff, verfassungsrechtliche Rechtfertigung) aufgrund der mittelbaren Drittwirkung der Grundrechte nicht angezeigt. Vielmehr bietet sich hier ein zweistufiger Aufbau an, bei dem nach Prüfung der Eröffnung des Schutzbereichs in einem zweiten Schritt der Frage nachgegangen wird, ob die Gerichte bei der Auslegung und Anwendung des einfachen Gesetzes die Bedeutung und Reichweite der Grundrechte grundsätzlich verkannt haben. Dieser Aufbau entspricht der Vorgehensweise des *BVerfG* und wird auch in der Literatur befürwortet. Vgl. dazu aus der Rechtsprechung BVerfGE 90, 27 (33f.) und aus der Literatur *Epping,* Grundrechte, Rn. 349f.

[41] BVerfGE 7, 377 (397); 54, 301 (313); *Gubelt,* in: v. Münch/Kunig, GG, Art. 12 Rn. 9.

[42] BVerfGE 97, 228 (253).

[43] BVerfGE 97, 228 (252ff.); *LG Hamburg* SpuRt 2002, 202 (205).

[44] Vgl. BVerfGE 97, 228 (253).

Ob sich das Verwertungsrecht auch auf den Bereich des Hörfunks erstreckt, ist umstritten.[45] Tatsächlich wird von einigen Autoren bereits die Existenz sog. Hörfunkrechte in Zweifel gezogen.[46] Begründet wird dies mit den spezifischen Charakteristika von Hörfunkübertragungen. Anders als bei Fernsehübertragungen werde im Hörfunk nicht das Spiel selbst, sondern der Spielbericht des Reporters übertragen.[47] Dieser Spielbericht knüpfe zwar an die Veranstaltung an, beruhe aber im Wesentlichen auf seiner selbst erbrachten redaktionellen Leistung.[48] Damit rücke die Hörfunkberichterstattung in die Nähe des Presseberichts, bei dem die Unentgeltlichkeit der Berichterstattung außer Frage stehe.[49] 27

Soweit die angeführten Argumente darauf abzielen, die Eröffnung des Schutzbereichs der Berufsfreiheit hinsichtlich der Vermarktung von Hörfunkrechten zu verneinen, vermögen sie nicht zu überzeugen. Für die Eröffnung des Schutzbereichs ist es notwendig, aber auch ausreichend, dass sich Hörfunkrechte der Rechtssphäre des Veranstalters zuordnen lassen. Grundlage einer solchen Zuordnung ist die Entscheidungsbefugnis des Veranstalters darüber, wem Zutritt zu der Veranstaltung gewährt wird. Ohne Einverständnis des Veranstalters ist eine Hörfunkübertragung grundsätzlich nicht möglich. Diese einfachgesetzlich durch das Hausrecht abgesicherte Entscheidungsmacht bildet das dogmatische Fundament für die Existenz von Hörfunkrechten[50] und ordnet sie dem Rechtskreis des Veranstalters zu.[51] Für die Eröffnung des Schutzbereichs ist dies ausreichend.[52] 28

Mithin wird das Recht zur Vermarktung von Hörfunkrechten von der Berufsfreiheit nach Art. 12 I GG erfasst. Die Gerichte haben bei der von ihnen vorzunehmenden Abwägung die Berufsfreiheit der V zu berücksichtigen.

### (2) Persönlicher Schutzbereich

Juristische Personen des Privatrechts können zwar keinen Beruf im herkömmlichen Sinne ausüben. Trotzdem fallen sie gem. Art. 19 III GG in den Schutzbereich der Berufsfreiheit, weil sie ebenso wie natürliche Personen eine bestimmten Erwerbszwecken dienende Tätigkeit (insbesondere ein Gewerbe) auszuführen vermögen.[53] 29

---

[45] Bejahend *BGH* NJW 2006, 377ff.; *OLG Hamburg* NJW-RR 2003, 1485ff.; *Strauß*, Hörfunkrechte des Sportveranstalters, S. 174; zweifelnd *Brinkmann*, MP 2000, 491 (494); *Fikentscher*, SpuRt 2002, 186 (187), *v. Coelln*, AfP Sonderheft 2007, 55 (60).

[46] Vgl. *v. Coelln*, AfP Sonderheft 2007, 55 (60); ausführlich zur Existenz von Hörfunkrechten *Strauß*, Hörfunkrechte des Sportveranstalters, S. 27ff.

[47] *v. Coelln*, AfP Sonderheft 2007, 55 (62); *Brinkmann*, MP 2000, 491 (493).

[48] Vgl. *Brinkmann*, MP 2000, 491 (493); *Hartstein/Ring/Kreile/Dörr/Stettner*, RStV-K, § 5 (Bearb. 2001), Rn. 8.

[49] Vgl. *Mailänder*, ZUM 2003, 823; *AG Münster* AfP 1994, 68 (69).

[50] Str., so wie hier *BGH* NJW 2006, 377 (380); *Strauß*, Hörfunkrechte des Sportveranstalters, S. 174; a. A. *Mailänder*, ZUM 2003, 823; *Fikentscher*, SpuRt 2002, 186 (187).

[51] Daher hat der *BGH* im Einklang mit den Vorinstanzen das Hausrecht nach §§ 858, 903, 1004 BGB als einfachgesetzliche Grundlage für die Hörfunkrechte angesehen. Dabei wird dieses ursprünglich als negatorischer Anspruch eingeordnete Recht zu einem „vermarktungsfähigen Gestattungsrecht"; so die Bezeichnung von *v. Coelln*, AfP Sonderheft 2007, 55 (59).

[52] Davon zu trennen ist die später bei der *Abwägung der widerstreitenden Interessen* zu erörternde Frage, ob die Veranstalter von Sportereignissen aufgrund der geringen Beeinträchtigung eigener grundrechtlicher Positionen und der größtenteils auf der Eigenleistung des Reporters beruhenden Berichterstattung unentgeltliche Live-Übertragungen im Hörfunk hinzunehmen haben. Vgl. *Pieroth/Schlink*, Grundrechte, Rn. 199.

[53] H.M., siehe BVerfGE 30, 292 (312); 50, 293 (363); *Gubelt*, in: v. Münch/Kunig, GG, Art. 12 Rn. 6.

Die V können sich deshalb als Spielveranstalter hinsichtlich der Vermarktung von Hörfunkrechten an Bundesligaspielen auf die Berufsfreiheit nach Art. 12 I GG berufen.

### bb) Eigentumsfreiheit (Art. 14 I GG)

30 Das Recht der V an der Vermarktung von Hörfunkrechten könnte neben der Berufsfreiheit gem. Art. 12 I GG zusätzlich durch die Eigentumsfreiheit gem. Art. 14 I GG geschützt sein.

Der verfassungsrechtliche Eigentumsbegriff umfasst alle vermögenswerten Rechte, die dem Berechtigten ebenso ausschließlich wie Eigentum an einer Sache durch die Rechtsordnung zur privaten Nutzung und zur eigenen Verfügung zugeordnet sind.[54] Während die Berufsfreiheit als zukunftgerichtetes Grundrecht den Erwerb schützt, gewährleistet Art. 14 I GG das bereits Erworbene.[55] Die Vermarktung von Hörfunkrechten ist Inhalt der Erwerbstätigkeit selbst und damit der Berufsfreiheit zuzuordnen.[56] Es spricht daher viel dafür, schon den Schutzbereich des Art. 14 I GG hinsichtlich der Vermarktung von Hörfunkrechten zu verneinen.[57]

31 Ein zusätzlicher Schutz durch die Eigentumsfreiheit ließe sich nur hinsichtlich des Eigentumsrechts des Sportveranstalters am Veranstaltungsort konstruieren.[58] Der Schutzbereich der Eigentumsfreiheit beinhaltet auch das Recht, mit seinem Eigentum nach Belieben zu verfahren und andere von seinem Gebrauch auszuschließen.[59] Allerdings ist zu bedenken, dass sich das Ziel der Rundfunkveranstalter nicht in dem bloßen Zugang zur Veranstaltung erschöpft (dieser ist vielmehr nur Mittel zum Zweck), sondern in der Berichterstattung über das Spiel liegt. Die Frage nach deren Zulässigkeit hängt wiederum allein vom Umfang des Verwertungsrechts des Veranstalters nach Art. 12 I GG ab und nicht von Art. 14 GG.[60] Doch selbst wenn man den Schutzbereich der Eigentumsfreiheit für den Stadioninhaber für eröffnet hält, kann ihr aufgrund der geringen Beeinträchtigung bei der Abwägung der widerstreitenden Interessen neben Art. 12 I GG kein entscheidendes Gewicht zukommen.[61] Deshalb kann an dieser Stelle von einer weiteren Prüfung des Art. 14 I GG abgesehen werden.

### cc) Recht auf Unverletzlichkeit der Wohnung (Art. 13 I GG)

32 Möglicherweise ist bei der Abwägung der widerstreitenden Interessen auch das Recht der Sportveranstalter auf Unverletzlichkeit der Wohnung nach Art. 13 I GG zu berücksichtigen.

---

[54] BVerfGE 78, 58 (71); *Epping*, Grundrechte, Rn. 422.

[55] BVerfGE 30, 292 (335); 88, 366 (377).

[56] *v. Coelln*, AfP Sonderheft 2007, 55 (62); vgl. auch *Strauß*, Hörfunkrechte des Sportveranstalters, S. 302 f., 305 ff.

[57] So explizit *Strauß*, Hörfunkrechte des Sportveranstalters, S. 305 ff.; vgl. BVerfGE 97, 228 (265).

[58] *Strauß*, Hörfunkrechte des Sportveranstalters, S. 307.

[59] Vgl. *Pieroth/Schlink*, Grundrechte, Rn. 914 ff.; *Epping*, Grundrechte, Rn. 430.

[60] *v. Coelln*, AfP Sonderheft 2007, 55 (62); vgl. auch *Strauß*, Hörfunkrechte des Sportveranstalters, S. 302 f., 305 ff.

[61] Vgl. BVerfGE 97, 228 (265), mit dem expliziten Hinweis, dass die Prüfung am Maßstab der Eigentumsgarantie nicht zu einem anderen Ergebnis führen würde als die Prüfung am Maßstab der Berufsfreiheit oder der allgemeinen Handlungsfreiheit. S. a. *v. Coelln*, AfP Sonderheft 2007, 55 (62); *Strauß*, Hörfunkrechte des Sportveranstalters, S. 308 f.

Art. 13 I GG schützt die Unverletzlichkeit der Wohnung. Nach h. M. werden auch Betriebs- und Geschäftsräume unter den Begriff der Wohnung gefasst, die der Veranstalter aus eigenem Entschluss der Öffentlichkeit zugänglich gemacht hat.[62] Unter den erweiterten Wohnungsbegriff fallen auch Sportstadien.[63] Während bei Räumen, in denen sich das Privatleben im engeren Sinn abspielt, das Schutzbedürfnis am größten ist und der Schutzzweck des Grundrechts daher in vollem Umfang durchgreift, wird das Schutzbedürfnis bei reinen Betriebs-, Geschäfts- oder Arbeitsräumen durch den Zweck gemindert, den sie nach dem Willen des Inhabers besitzen.[64] Je größer ihre Offenheit nach außen ist und je mehr sie zur Aufnahme sozialer Kontakte für Dritte bestimmt sind, desto schwächer wird der grundrechtliche Schutz.[65] Die Beeinträchtigung von Art. 13 I GG durch den Zutritt von Sendern zur Hörfunkübertragung fällt für den Eigentümer einer Sportstätte angesichts der Masse von Zuschauern gering aus.[66] Zudem gelten die oben zu Art. 14 I GG angestellten Überlegungen entsprechend. Der gegen den unbefugten Zutritt der Sendermitarbeiter schützende Art. 13 I GG kann hinsichtlich seiner Schutzwirkung nicht weiter gehen als die Berufsfreiheit nach Art. 12 I GG, weil der Zutritt zum Stadion nicht das eigentliche Ziel, sondern lediglich technische Voraussetzung für die beabsichtigte Hörfunkberichterstattung ist. Die mit diesem Übertragungsrecht unmittelbar zusammenhängende Frage nach der Kommerzialisierungsmöglichkeit von Hörfunkrechten durch die Veranstalter wird aber schon von Art. 12 I GG erfasst.[67] Daher kommt Art. 13 I GG im Rahmen der Abwägung keine eigenständige Bedeutung zu.[68] 33

Der Schutzbereich des Art. 13 I GG ist somit zwar eröffnet. Das Grundrecht tritt aber hinsichtlich seiner Schutzwirkung ebenso wie Art. 14 I GG hinter die Berufsfreiheit nach Art. 12 I GG zurück.

### b) Fehlerhafte Gewichtung der infrage kommenden Grundrechte durch das Zivilgericht?

Das Zivilgericht hat bei seiner Abwägung zwar die Anwendbarkeit der Rundfunkfreiheit bejaht, der Berufsfreiheit der V aber absoluten Vorrang eingeräumt. Fraglich ist, ob diese Gewichtung der Bedeutung der Rundfunkfreiheit zu Gunsten der L gerecht wird. 34

### aa) Gewichtung der Rundfunkfreiheit bei Hörfunkübertragungen

Nach der Rechtsprechung des *BVerfG*[69] kommt der Rundfunkfreiheit im demokratischen Gemeinwesen eine überragende Bedeutung zu. Sie ist ebenso wie die Pressefreiheit unverzichtbare Voraussetzung für die Willens- und Meinungsbildung des 35

---

[62] BVerfGE 44, 353 (371); 76, 83 (88); 97, 228 (265); *Pieroth/Schlink,* Grundrechte, Rn. 876; a. A.: *Stein/Frank,* Staatsrecht, 20. Aufl. 2007, § 35 II 1.
[63] BVerfGE 97, 228 (265); *Epping,* Grundrechte, Rn. 835.
[64] BVerfGE 97, 228 (266).
[65] BVerfGE 97, 228 (266).
[66] *v. Coelln,* AfP Sonderheft 2007, 55 (61); *Strauß,* Hörfunkrechte des Sportveranstalters, S. 31.
[67] Siehe dazu schon oben bei der Prüfung des Art. 12 I GG zugunsten der V.
[68] So explizit *v. Coelln,* AfP Sonderheft 2007, 55 (61); *Strauß,* Hörfunkrechte des Sportveranstalters, S. 311; vgl. auch BVerfGE 97, 228 (267).
[69] BVerfGE 35, 202 (219); vgl. auch BVerfGE 91, 125 (134); 97, 228 (259).

Volkes und damit für die Demokratie schlechthin konstitutiv.[70] Daher erklärt es sich auch, dass das *BVerfG* der Rundfunkfreiheit neben der Funktion als subjektives Abwehrrecht des Einzelnen auch eine objektiv-institutionelle Dimension zuweist, die vor allem vom Gesetzgeber bei der Ausgestaltung der Rundfunkgesetze, aber auch von den Gerichten bei der Gesetzesauslegung zu beachten ist.[71] Im Zentrum dieser Garantie steht die Sicherstellung der Versorgung der Öffentlichkeit mit allen relevanten Informationen.[72] Diese Informationsversorgung muss sowohl organisatorisch als auch programminhaltlich pluralistischen Anforderungen genügen.[73] Informationsmonopole und Informationssperren sind mit der Rundfunkfreiheit nicht vereinbar.[74] Für die öffentliche Meinungsbildung von Bedeutung ist auch die Berichterstattung über bedeutende Sportereignisse.[75]

**36** Fraglich ist aber, ob die Schutzintensität der Rundfunkfreiheit bei Veranstaltungen mit vordergründig unterhaltendem Charakter den gleichen Grad aufweist wie bei Berichterstattungen über politische und wirtschaftliche Ereignisse. Dagegen ließe sich argumentieren, dass die Übertragung solcher Veranstaltungen für die öffentliche Meinungsbildung schlichtweg ohne Bedeutung sei. Eine solche Sichtweise wäre indes zu undifferenziert. Auch an der Informationsvermittlung über Ereignisse mit überwiegendem Unterhaltungscharakter kann ein erhebliches Interesse der Bevölkerung bestehen. Das *BVerfG*[76] sieht daher zu Recht in der Berichterstattung über bedeutende Sportereignisse nicht nur eine Unterhaltung der Rundfunkempfänger, sondern einen zentralen Anknüpfungspunkt für die Kommunikation in der Gesellschaft. Solange diese Berichterstattung vornehmlich auf die Information der Öffentlichkeit abzielt, besteht hinsichtlich der Intensität des durch die Rundfunkfreiheit gewährleisteten Schutzes kein Unterschied zu der Berichterstattung über politische oder wirtschaftliche Ereignisse.[77] Anders liegt die Sache dann, wenn sich der Schwerpunkt der Berichterstattung von der Informationsvermittlung auf die bloße Befriedigung von Unterhaltungsbedürfnissen verlagert. Hier nimmt auch der durch die Rundfunkfreiheit gewährleistete Schutz proportional ab.[78]

**37** Für die Sportberichterstattung bedeutet dies Folgendes: Da dem Informationsbedürfnis des Bürgers bereits mit einer Berichterstattung aus dem Studio oder aber einer zeitversetzten Reportage genüge getan ist[79], fällt jede darüber hinausgehende Form der Berichterstattung (wie etwa eine vollständige oder längere Live-Übertragung, aber auch eine ausführliche Zusammenfassung) in den Bereich der Unterhaltung. Hier kann sich die Rundfunkfreiheit regelmäßig nur bei marginaler Beeinträchtigung fremder Drittrechte durchsetzen.[80]

---

[70] BVerfGE 35, 202 (219).

[71] Vgl. BVerfGE 57, 295 (320); 83, 238 (296); 95, 220 (236); *Kannengießer,* in: Schmidt-Bleibtreu/Hofmann/Hopfauf, GG, Art. 5 Rn. 16; *Bethge,* in: Sachs, GG, Art. 5 Rn. 94.

[72] BVerfGE 60, 53 (63 f.).

[73] *Degenhart,* in: Bonner Kommentar, Bd. II, Stand: 113. Aktualisierung (September 2004), Art. 5 Rn. 625 f.; *Kannengießer,* in: Schmidt-Bleibtreu/Hofmann/Hopfauf, GG, Art. 5 Rn. 19

[74] BVerfGE 97, 295 (326); *Kannengießer,* in: Schmidt-Bleibtreu/Hofmann/Hopfauf, GG, Art. 5 Rn. 19.

[75] BVerfGE 97, 228 (257); *BGH* NJW 2006, 379 f.

[76] BVerfGE 97, 228 (257).

[77] *Strauß,* Hörfunkrechte des Sportveranstalters, S. 314; vgl. BVerfGE 97, 228 (255).

[78] *Strauß,* Hörfunkrechte des Sportveranstalters, S. 314; vgl. BVerfGE 97, 228 (255).

[79] *Strauß,* Hörfunkrechte des Sportveranstalters, S. 318.

[80] *Strauß,* Hörfunkrechte des Sportveranstalters, S. 320 f.; vgl. auch *Wertenbruch,* SpuRt 2001, 185 (187).

### bb) Gewichtung der Berufsfreiheit bei Hörfunkübertragungen

Das Recht der wirtschaftlichen Verwertung beruflich erbrachter Leistungen ist Kernbestandteil der Berufsausübungsfreiheit. Im Bereich des Profisports stellen die medialen Vermarktungsrechte neben den Eintritts- und Sponsorengeldern die Haupteinnahmequelle für die Ereignisveranstalter dar und dienen der Sicherung ihrer wirtschaftlichen Existenz.[81] Art. 12 I GG wirkt damit dort als Grenze, wo es zu einer unzumutbaren Beeinträchtigung dieser Vermarktungsrechte durch die Hörfunkübertragung kommt. **38**

### cc) Herstellung praktischer Konkordanz der Grundrechtsgewährleistungen

Nach ihrer jeweiligen Gewichtung sind die kollidierenden Grundrechte zu einem möglichst schonenden Ausgleich zu bringen. Dabei findet sich das verfassungsrechtlich gebotene Ergebnis auf einer Bandbreite zwischen einem zeitlich unbegrenzten und unentgeltlichen Berichterstattungsrecht der Hörfunkunternehmen auf der einen und einem umfassenden Vermarktungsrecht der Sportveranstalter auf der anderen Seite. **39**

(1) Ein *umfassendes Vermarktungsrecht der Sportveranstalter* lässt sich mit der Rundfunkfreiheit nur vereinbaren, wenn eine meinungsplurale und unabhängige Berichterstattung im Hörfunk gewährleistet ist. Das ist hier aus folgenden Gründen zweifelhaft: Zum einen kommt es angesichts zusätzlicher Lizenzgebühren zu einer zahlenmäßigen Verkleinerung der übertragenden Sender und damit insgesamt zu einer Informationsverknappung, die bei der langfristig zu erwartenden Vergabe von Exklusivlizenzen sogar in der Bildung von Informationsmonopolen gipfeln könnte. Zum anderen besteht bei einem so weitreichenden Vermarktungsrecht die Gefahr einer missbräuchlichen Einflussnahme der Veranstalter auf die Berichterstattung dergestalt, dass die Zustimmung zur Übertragung von bestimmten Zugeständnissen, etwa einer wohlwollenden Berichterstattung oder einer besonders hervorgehobenen Platzierung der Sendung, abhängig gemacht wird. Solche Szenarien genügen den verfassungsrechtlichen Anforderungen eines pluralistischen und unabhängigen Rundfunks nicht. Sie stellen vielmehr eine übermäßige Beeinträchtigung der Rundfunkfreiheit dar.[82] An dieser Sichtweise vermag auch das für das Fernsehen existierende, allen Sendern zustehende Kurzberichterstattungsrecht nichts zu ändern. Der Grundsatz der Informationsvielfalt ist nämlich nicht in einer Gesamtschau der gesamten berichtenden Medien zu wahren, sondern in jeder Berichterstattungsform einzeln zu verwirklichen.[83] **40**

(2) Soweit damit die Unzulässigkeit eines umfassenden Vermarktungsrechts der Veranstalter im Hinblick auf die Hörfunkrechte feststeht, ist nunmehr die Frage nach der Vereinbarkeit eines *zeitlich unbegrenzten und unentgeltlichen Berichterstattungsrechts der Hörfunksender* mit der Berufsfreiheit der Veranstalter zu klären. Für ein solch umfassendes Berichterstattungsrecht bleibt angesichts des schwachen Schutzes durch die Rundfunkfreiheit (s. o.) nur bei einer marginalen Beeinträchtigung der Vermarktungsrechte der Sportveranstalter Raum. **41**

---

[81] *Strauß,* Hörfunkrechte des Sportveranstalters, S. 297ff.; *v. Coelln,* AfP Sonderheft 2007, 55 (61).
[82] BVerfGE 97, 228 (255ff.); *Wendt,* in v. Münch/Kunig, GG, Art. 5 Rn. 45a.
[83] *v. Coelln,* AfP Sonderheft 2007, 55 (60).

42 (a) Von einer entsprechend geringen Beeinträchtigung geht eine in der Literatur stark vertretene Meinung aus.[84] Sie basiert im Wesentlichen auf den bereits oben vorgestellten Überlegungen, dass es bei Live-Übertragungen im Hörfunk anders als im Fernsehen nicht zur Übertragung des Spiels selbst, sondern des von den subjektiven Eindrücken gefärbten Spielberichts des Reporters kommt.[85] Während aber eine Übertragung im Fernsehen notfalls auch ohne Kommentierung möglich sei, weil sich dem Zuschauer vor dem Bildschirm das Spiel in ähnlich authentischer Form wie dem Besucher im Stadion darbiete, stehe und falle die Übertragung im Hörfunk mit der Vermittlung des Spielgeschehens durch den Reporter.[86] Das Sportereignis selbst stelle daher im Hörfunk ebenso wie in der Presse lediglich den Anlass für die *in Eigenleistung* erbrachte Reportage dar.[87] Die Beeinträchtigung des Vermarktungsrechts des Spielveranstalters bei dieser Form der Berichterstattung falle vergleichsweise gering aus und sei im Hinblick auf das Interesse der Öffentlichkeit an einer freien Berichterstattung von Sportereignissen zu vernachlässigen.[88] Die medialen Vermarktungsrechte des Veranstalters beschränken sich nach dieser Auffassung also allein auf die *Übertragung der Spiele im Fernsehen.* Unentgeltlich möglich soll hingegen die *zeitlich uneingeschränkte Berichterstattung über das Spiel in Hörfunk und Presse* sein.[89] Die Trennung zwischen Fernsehen einerseits und Hörfunk und Presse andererseits entspreche sowohl der bisherigen Auffassung des Bundesverfassungsgerichts als auch des Gesetzgebers.[90] Letzterer habe bei der Neufassung des § 5 RStV wegen der genannten Unterschiede zum Fernsehen bewusst von einer Erstreckung des Kurzberichterstattungsrechts auf den Hörfunk abgesehen.[91] Werde diese Grenzziehung aufgehoben, drohe eine Eruption von Entgeltforderungen privater Veranstalter nicht nur gegenüber dem Hörfunk, sondern den Medien insgesamt.[92]

43 (b) Diese Ansicht ist jedoch erheblichen Bedenken ausgesetzt. Für den speziellen Bereich der Live-Übertragung von Sportereignissen (und vergleichbaren Veranstaltungen) im Hörfunk ist bereits die Trennung zwischen Fernsehen auf der einen und Hörfunk und Presse auf der anderen Seite nicht überzeugend. Das betrifft zunächst die pauschale Gleichstellung von Hörfunkübertragungen und Zeitungsberichten. Hier gilt es, die sachlichen Unterschiede zwischen der Hörfunkreportage aus dem Stadion einerseits und dem Pressebericht andererseits herauszuarbeiten. Der entscheidende Unterschied zwischen beiden Berichterstattungsformen liegt darin, dass es bei der Hörfunkübertragung im Gegensatz zum zeitlich und räumlich distanzierten Pressebericht zu einem unmittelbaren Miterleben des Ereignisses durch den Zuschauer kommt.[93] Es ist gerade diese *Unmittelbarkeit*, welche den besonderen Reiz

[84] *Brinkmann,* MP 2000, 491 (493); *Fikentscher,* SpuRt 2002, 186 (187); *Fuhr,* FS Armbruster, 117 (131 f.), *v. Coelln,* AfP Sonderheft 2007, 55 (63).

[85] *Fuhr,* FS Armbruster, 117 (132).

[86] *Brinkmann,* MP 2000, 491 (493); *Fikentscher,* SpuRt 2002, 186 (187); *Ory,* AfP 2002, 195 (197 f.).

[87] *Fuhr,* FS Armbruster, 117 (131 f.); *Stettner,* JZ 1993, 1125 (1126); vgl. *Strauß,* Hörfunkrechte des Sportveranstalters, S. 315 m.w.N.

[88] *Brinkmann,* MP 2000, 491 (493); *Fikentscher,* SpuRt 2002, 186 (187); *Ory,* AfP 2002, 195 (197 f.).

[89] *AG Münster* AfP 1994, 68 (69); *v. Coelln,* AfP Sonderheft 2007, 55 (63).

[90] *v. Coelln,* AfP Sonderheft 2007, 55 (59) m. w. N.

[91] Vgl. amtliche Begründung zu § 5 RStV, abgedruckt bei *Hartstein/Kreile/Dörr/Stettner,* RStV-Kommentar, § 5 (Bearbeitung 2001).

[92] Vgl. *v. Coelln,* AfP Sonderheft 2007, 55 (62 ff.), der explizit auf die Gefahr der Instituierung von Presselizenzen hinweist.

[93] *BGH* NJW 2006, 377 (380); *OLG Hamburg* NJW-RR 2003, 1485 (1486).

der Hörfunkreportage ausmacht. Unabhängig von der zweifellos höheren Eigenleistung des Radioreporters macht sich der übertragende Sender damit das zu eigen, wofür der Zuschauer im Stadion und vor dem Fernseher zahlt, nämlich den *dem laufenden Spiel* innewohnenden *Unterhaltungswert.*[94] Das wird am deutlichsten, wenn man der unmittelbaren Berichterstattung aus dem Stadion einen zusammenfassenden Bericht kurze Zeit nach Beendigung des Spiels gegenüberstellt. Die Qualität des Hörerlebnisses ist eine völlig andere. Steht für den Zuschauer bei ersterer neben der direkten zeitlichen Information die Unterhaltung im Vordergrund, so geht es bei der letzten vorwiegend um die eher emotionslose Information.[95] Daher ist die Gleichsetzung der Hörfunk- mit der Presseberichterstattung von Sportveranstaltungen abzulehnen.[96]

Ein unbeschränktes und unentgeltliches Berichterstattungsrecht der Hörfunksender greift zudem in nicht mehr tolerierbarem Maße in die Vermarktungsrechte des Veranstalters ein, weil die Sender letztlich eine fremde Leistung zur Generierung eigenen Einkommens[97] ausnutzen und den Veranstalter in seinen Vermarktungsrechten übermäßig beschneiden.[98] 44

Betrachtet man die Frage nach der Zulässigkeit unentgeltlicher Berichterstattung von Sportveranstaltungen und anderen kulturellen Ereignissen im Hinblick auf den Bürger als Adressaten der Berichterstattung, zeigt sich die Richtigkeit dieser Überlegungen. Ebenso wenig wie von einem unentgeltlichen Zutrittsrecht des Bürgers zu kulturellen und sportlichen Veranstaltungen kann grundsätzlich von einem entsprechenden Übertragungsrecht der Medien zu Lasten der Veranstalter ausgegangen werden, soweit die Berichterstattung statt auf Informationsvermittlung auf die Befriedigung der Unterhaltungsbedürfnisse der Rezipienten abzielt. 45

(3) Die Abwägung führt damit zu dem Ergebnis, dass es einen Anspruch der L auf freie (d.h. zeitlich unbeschränkte und unentgeltliche) Berichterstattung im Hörfunk ebenso wenig geben kann wie ein umfassendes und ausschließlich im Ermessen der V als Spielveranstalter stehendes Vermarktungsrecht. Vielmehr ist der verfassungsrechtlich gebotene Ausgleich in der Schaffung eines wie schon für das Fernsehen existierenden Kurzberichterstattungsrechts für Hörfunkanstalten zu suchen.[99] Die genaue Konturierung dieses Kurzberichterstattungsrechts obliegt dem Gesetzgeber, der dabei auch die Spezifika von Hörfunkübertragungen zu berücksichtigen hat, z.B. bei der Frage, ob angesichts des ungleich höheren redaktionellen Eigenanteils längere Übertragungszeiten[100] angezeigt sind oder die Kurzberichterstattung im Hörfunk, anders als im Fernsehen, möglicherweise sogar völlig unentgeltlich erfolgen darf. 46

Allerdings lassen sich die vom *BVerfG* in seinem Urteil zum Kurzberichterstattungsrecht im Fernsehen angeführten Gründe für eine Entgeltpflichtigkeit der Kurzberichterstattung auch auf den Bereich des Hörfunks übertragen. Das BVerfG sah die 47

---

[94] Vgl. auch *Wertenbruch,* SpuRt 2001, 185 (187).

[95] Vgl. *BGH* NJW 2006, 377 (380); *OLG Hamburg* NJW-RR 2003, 1485 (1486).

[96] So auch *Strauß,* Hörfunkrechte des Sportveranstalters, S. 320; *Papier,* AfP 1989, 510 (514).

[97] Hier ist besonders an die in der Regel höheren Erlöse aus zwischen der Übertragung geschalteten Werbeblöcken zu denken.

[98] Vgl. *BGH* NJW 2006, 377 (380); *Strauß,* Hörfunkrechte des Sportveranstalters, S. 320.

[99] Vgl. *v. Coelln,* AfP Sonderheft 2007, 55 (63f.); *Strauß,* Hörfunkrechte des Sportveranstalters, S. 322ff.

[100] Das Kurzberichterstattungsrecht ist im Fernsehen grundsätzlich auf die Dauer von 90 Sekunden pro Veranstaltung beschränkt, § 5 IV RStV. Für eine längere Zeitspanne der Berichterstattung im Hörfunk *v. Coelln,* AfP Sonderheft 2007, 55 (64); vgl. auch *Strauß,* Hörfunkrechte des Sportveranstalters, S. 331ff.

Entrichtung eines zusätzlichen Entgelts auch im Hinblick auf den Schutz der Fernsehstationen als notwendig an, welche die Erstverwertungsrechte von den Ereignisveranstaltern erworben hatten.[101] Diese würden durch ein neben der Öffentlichkeit auch ihren Konkurrenten zugute kommendes unentgeltliches Kurzberichterstattungsrecht übermäßig in ihren Rechten beeinträchtigt.[102] Einer ähnlichen Beeinträchtigung unterliegen auch die Rundfunkanstalten, die ihrerseits entgeltliche Hörfunkrechte von den Ereignisveranstaltern erwerben. Demnach scheidet auch im Hörfunk ein unentgeltliches Kurzberichterstattungsrecht aus. Das Entgelt ist unter Berücksichtigung des Nachrichtencharakters der Kurzberichterstattung und des sich daraus ergebenden geringen Unterhaltungswerts zu bestimmen.[103] Es muss sich mithin um ein angemessenes bzw. – wie es § 5 VII RStV formuliert – „billiges Entgelt" handeln.

**48** Für den vorliegenden Fall ist entscheidend, dass der vom Zivilgericht angenommene absolute Vorrang der Berufsfreiheit der V vor der Rundfunkfreiheit der L verfassungsrechtlich nicht vertretbar ist. Das Gericht hätte bei seiner Entscheidungsfindung der L ein zumindest in den Grundzügen dem § 5 RStV vergleichbares Kurzberichterstattungsrecht zugestehen müssen. Durch seine Entscheidung hat es daher bei der Abwägung der kollidierenden Grundrechte die Reichweite der Rundfunkfreiheit in einem verfassungsrechtlich nicht mehr vertretbaren Maße verkannt.

**Zwischenergebnis:** Die Verfassungsbeschwerde der L ist begründet.

### Ergebnis

Die Verfassungsbeschwerde der L ist somit zulässig und begründet.

## D. Wiederholungs- und Vertiefungsfragen

**Frage 1: Welche Grundrechte von Rundfunkunternehmen einerseits und Ereignisveranstaltern andererseits stehen sich bei der Frage nach der Existenz vermarktungsfähiger Hörfunkrechte gegenüber? Wie haben die Gerichte die widerstreitenden Interessen in Einklang zu bringen?**

**49** Bei der Frage nach der Existenz sog. Hörfunkrechte stehen sich die Rundfunkfreiheit der Betreiber von Hörfunkunternehmen (Art. 5 I 2 GG) und die Berufsfreiheit der Vereine als (Mit-)Veranstalter der Bundesligaspiele (Art. 12 I GG) gegenüber. Die Eigentumsfreiheit (Art. 14 I GG) und die Unverletzlichkeit der Wohnung (Art. 13 GG), an deren Berücksichtigung zugunsten der Vereine als Eigentümer bzw. Besitzer der Spielstätten noch zu denken wäre, spielen hingegen bei der Abwägung der widerstreitenden Interessen keine eigenständige Rolle, weil der von diesen Grundrechten ausgehende Schutz, soweit man den jeweiligen sachlichen Schutzbereich überhaupt als eröffnet ansieht, hinter dem Schutz des Art. 12 I GG zurückbleibt.[104] Ebenso wenig können sich die Rundfunkunternehmen ihrerseits neben der Rundfunkfreiheit auf weitere Grundrechte berufen. Der Schutzbereich der Informationsfreiheit (Art. 5 I 1 Hs. 2 GG) ist schon deshalb nicht eröffnet, weil

---

[101] BVerfGE 97, 228 (263).
[102] BVerfGE 97, 228 (263).
[103] Vgl. BVerfGE 97, 228 (263).
[104] S. dazu *v. Coelln,* AfP Sonderheft 2007, 55 (61); *Strauß,* Hörfunkrechte des Sportveranstalters, S. 311; vgl. auch BVerfGE 97, 228 (267).

es sich bei der Veranstaltung von Fußballspielen nicht um eine allgemein zugängliche Quelle handelt. Die Berufsfreiheit (Art. 12 I GG) wird von der Rundfunkfreiheit als *lex specialis* für den Bereich hörfunkspezifischer Tätigkeiten verdrängt.

Den Ausgleich zwischen den widerstreitenden Grundrechten haben die Gerichte im 50
Wege der *praktischen Konkordanz* herzustellen. Der Grundrechtskonflikt ist zu einem möglichst schonenden Ausgleich zu bringen, wobei insbesondere darauf zu achten ist, dass die Grundrechte des einen Beteiligten des Rechtsstreits nicht übermäßig zu Gunsten der Grundrechte des anderen Beteiligten belastet werden.

**Frage 2: Geben Sie die wesentlichen Argumentationslinien wieder, mit denen Teile der Literatur umfassende Vermarktungsrechte (Hörfunkrechte) der Ereignisveranstalter im Bereich des Hörfunks ablehnen. Wie argumentiert die Gegenmeinung? Was spricht für die Annahme eines Kurzberichterstattungsrechts der Rundfunkveranstalter im Bereich des Hörfunks?**

Die Gegner sog. Hörfunkrechte argumentieren vor allem damit, dass Inhalt von 51
Live-Übertragungen im Hörfunk anders als im Fernsehen *nicht* die *Übertragung des Spiels* selbst sei, sondern der von den subjektiven Eindrücken des Reporters gefärbte *Bericht über das Spiel*, der im Wesentlichen, vergleichbar einem Pressebericht, auf der redaktionellen Eigenleistung des Reporters beruhe.[105] Zu einer nennenswerten, die Erhebung einer Lizenzgebühr rechtfertigenden Beeinträchtigung der Vermarktungsinteressen der Ereignisveranstalter komme es daher nicht, zumal zusätzlich ein rechtlich schützenwertes Interesse der Öffentlichkeit an einer freien Berichterstattung von Sportereignissen im Hörfunk bestünde.[106]

Die Gegenmeinung, insbesondere die zivilgerichtliche Rechtsprechung[107], geht von 52
einem umfassenden Vermarktungsrecht der Ereignisveranstalter im Bereich des Hörfunks aus. Zwar sei der Schutzbereich der Rundfunkfreiheit hinsichtlich der Live-Berichterstattung aus den Stadien eröffnet. Diese müsse aber regelmäßig hinter der Berufsfreiheit der Ereignisveranstalter zurückstehen.[108] Die Unterscheidung zwischen der Übertragung des Spiels im Fernsehen und dem Bericht über das Spiel im Hörfunk überzeuge nicht, weil die Hörfunkübertragung ebenso wie der Fernsehbericht dem Hörer die unmittelbare sinnliche Wahrnehmung des Spielgeschehens ermögliche.[109] Dies mache gerade den wirtschaftlichen Wert der Veranstaltung aus, deren Vermarktung alleine im Ermessen des Veranstalters liege.[110]

Beide Ansichten vermögen nicht vollends zu überzeugen. Richtigerweise ist das 53
Ergebnis ähnlich wie beim Fernsehen in der Einräumung eines Kurzberichterstattungsrechts zugunsten der Hörfunkveranstalter zu suchen. Den Zivilgerichten ist zwar darin beizupflichten, dass die Rundfunkfreiheit der Hörfunkunternehmen dann nicht der Berufsfreiheit der Veranstalter vorgeht, soweit es bei der Berichterstattung lediglich um die Unterhaltung der Bürger und nicht um ihre Information

---

[105] *Fuhr*, FS Armbruster, 117 (131 f.); *Stettner*, JZ 1993, 1125 (1126); vgl. *Strauß*, Hörfunkrechte des Sportveranstalters, S. 315 m. w. N.

[106] *Brinkmann*, MP 2000, 491 (493); *Fikentscher*, SpuRt 2002, 186 (187); *Ory*, AfP 2002, 195 (197 f.).

[107] *BGH* NJW 2006, 377 ff.; *OLG Hamburg* NJW-RR 2003, 1485 ff.; *LG Hamburg* SpuRt 2002, 202 ff.

[108] *BGH* NJW 2006, 377 (379 f.).

[109] *BGH* NJW 2006, 377 (379 f.).

[110] Vgl. *BGH* NJW 2006, 377 (379 f.).

geht. Steht allerdings letztere bei der Berichterstattung im Vordergrund (und das ist nur bei der Kurzberichterstattung der Fall), wird das Vermarktungsinteresse der Veranstalter insoweit aufgrund des überragenden Informationsinteresses der Bevölkerung über bedeutende Sportereignisse durch Art. 5 I 2 GG zurückgedrängt.[111] Hier können die Veranstalter lediglich eine dem § 5 RStV vergleichbare billige Entschädigung für die Kurzberichterstattung verlangen.

**Frage 3: Der Geschäftsführer der DFL sucht aufgrund der stetig steigenden Spielergehälter nach neuen Einnahmequellen für die Profivereine. Dabei kommt ihm die Idee, eine Lizenzgebühr für die Verbreitung sog. Live-Ticker im Internet zu erheben, da hier die von der h.M. aufgestellten Grundsätze hinsichtlich der Existenz von Hörfunkrechten aufgrund des im Wesentlichen vergleichbaren Sachverhalts ebenfalls Anwendung fänden. Er sucht Sie in Ihrer Kanzlei auf und bittet Sie um Ihre rechtliche Einschätzung der Lage. Was werden Sie ihm antworten?**

54 Die Frage nach der Zulässigkeit unentgeltlicher Online-Berichterstattung in Form sog. *Live-Ticker* ist eng verbunden mit der Problematik der Existenz von Hörfunkrechten. Beim *Live-Ticker* handelt es sich um schriftliche Zusammenfassungen der wichtigsten Spielszenen, die mit geringer zeitlicher Verzögerung bei laufendem Spiel im Internet erfolgen. Grundrechtlich wird diese Form der Berichterstattung ebenfalls von der Rundfunkfreiheit geschützt.[112] Stellt man wie bei der Hörfunkberichterstattung entscheidend auf die Unmittelbarkeit der Information und das Miterleben durch den Leser ab, ließe sich die Existenz eines entsprechenden Vermarktungsrechts der Veranstalter bejahen.[113]

55 Indes sprechen gewichtige Gründe gegen eine Kommerzialisierbarkeit dieser Form der Berichterstattung. Anders als bei der Hörfunkreportage steht nämlich beim *Live-Ticker* die Informationsvermittlung eindeutig im Vordergrund. Das zeigt sich schon an den kurzen, knappen und zudem zeitlich versetzten Zusammenfassungen der Spielszenen. Die Emotionalität, die durch die Stimme des Reporters und die Hintergrundkulisse im Stadion in das Wohnzimmer des Hörers getragen wird, fällt beim *Live-Ticker* vollkommen weg. Das nimmt der Berichterstattung zusätzlich an Unterhaltungswert. Auch die Beeinträchtigung der Berufsausübungsfreiheit der Veranstalter fällt im Vergleich zur Hörfunkübertragung geringer aus. Während man in letzterer mit Abstrichen noch ein funktionales Äquivalent zum Stadionbesuch und der Übertragung im Pay-TV sehen kann, erübrigt sich ein solcher Vergleich beim *Live-Ticker* von selbst. Unter Berücksichtigung des hohen Grades an redaktioneller Eigenleistung beim *Live-Ticker* (anders als im Hörfunk machen hier fehlerhafte Sätze einen ungleich schlechteren Eindruck) ist daher die Existenz eines Vermarktungsrechts der Veranstalter hinsichtlich der Online-Berichterstattung abzulehnen.[114] Sie werden dem Geschäftsführer der DFL also davon abraten, für die Verbreitung von *Live-Tickern* im Internet eine Lizenzgebühr zu erheben.

---

[111] BVerfGE 97, 228 (255 ff.); *Wendt,* in: v. Münch/Kunig, GG, Art. 5 Rn. 45 a.

[112] *Strauß,* SpuRt 2007, 6 (9); vgl. zur Erfassung sog. Online-Kommunikationsdienste durch die Rundfunkfreiheit insgesamt *Bethge,* in: Sachs, GG, Art. 5 Rn. 90 b, *Jarass,* in: *Jarass/Pieroth,* GG, Art. 5 Rn. 36.

[113] So *Petersen,* Fußball im Rundfunk- und Medienrecht, 2001, S. 132 f.; vgl. auch *Strauß,* SpuRt 2007, 6 (9 f.), sowie *Brinkmann,* MP 2000, 491 (494).

[114] Vgl. *v. Coelln,* AfP Sonderheft 2007, 55 (62).

## E. Wiederholungs- und Vertiefungshinweise

Zur Notwendigkeit eines Kurzberichterstattungsrechts im Fernsehen:
BVerfGE 97, 228; *Lenz,* Das Recht auf Kurzberichterstattung – Bestätigung und Korrektur aus Karlsruhe, NJW 1999, 757; *Dörr/Eckl,* Die Entwicklung des Medienrechts, NJW 1999, 1925.

Zu den sog. Hörfunkrechten:
aus der Rechtsprechung *BGH* NJW 2006, 377; *OLG Hamburg* NJW-RR 2003, 1485; *LG Hamburg* SpuRt 2002, 202; und aus der Literatur *v. Coelln,* Die Hörfunkberichterstattung aus dem Stadion, AfP Sonderheft 2007, 55; *ders.*, Hörfunkberichtserstattung aus dem Stadion: Ein Konflikt zwischen Medienfreiheit und Vermarktungsrechten, SpuRt 2006, 134; sowie *Strauss*, Hörfunkrechte des Sportveranstalters, 2006; umfassend zu den Rechtsfragen der Sportberichterstattung: *Laier,* Die Berichterstattung über Sportereignisse, 2007.

Zur Frage nach der Zulässigkeit einer Lizenzgebühr für die Verbreitung von Live-Tickern:
*v. Coelln,* AfP Sonderheft 2007, 55; *Petersen,* Fußball im Rundfunk- und Medienrecht, 2001, S. 132f.; *Brinkmann,* Sport und Medien – Die Auflösung einer ursprünglichen Interessengemeinschaft?, MP 2000, 491; *Strauß,* Zulässigkeit der Sportberichterstattung im Live-Ticker, SpuRt 2007, 6.

# Europäisches Gemeinschaftsrecht

## Fall 3: Subventionen für einen Freizeitpark (1. Teil)

### A. Inhalt

Anfechtungsklage; Gestaltungsformen der Subventionsgewährung und ihre Auswirkungen auf die Rückabwicklung von Subventionsverhältnissen; Einfluss des Gemeinschaftsrechts, insbesondere der europäischen Beihilfeaufsicht, auf das nationale Verwaltungsrecht; Rücknahme eines begünstigenden Verwaltungsakts gem. § 48 VwVfG; öffentlich-rechtlicher Erstattungsanspruch gem. § 49a VwVfG.

### B. Sachverhalt

Die in den USA ansässige McFun Corp., die in den Vereinigten Staaten bereits 25 Freizeitparks betreibt, plant eine Ausweitung ihrer Geschäfte auf Europa und nimmt deshalb Verhandlungen mit mehreren westeuropäischen Städten wegen des Baus und des Betreibens eines solchen Parks auf. Nach Abschluss der verschiedenen Verhandlungen entschließt sich die McFun Corp., den Freizeitpark in der nordrhein-westfälischen Stadt Köln (K) zu bauen und zu betreiben. Die K ist über die Zusage sehr erfreut; sie verspricht sich von dem Projekt nicht nur eine Steigerung ihrer Attraktivität, sondern auch die Schaffung von mehreren hundert Arbeitsplätzen. In ihrem ordnungsgemäß verabschiedeten Haushaltsplan weist die K daraufhin einen Gesamtbetrag von 12 Millionen € als sog. verlorenen Zuschuss zur Anschubfinanzierung und zur Abdeckung etwaiger Verluste in den ersten fünf Betriebsjahren des Freizeitparks aus. Im Juni 2007 wird der Oberbürgermeister der K vom Stadtrat beauftragt, der inzwischen gegründeten McFun Deutschland GmbH (M) einen Subventionsbescheid in Höhe von 12 Millionen € zu erteilen und in diesem Bescheid auch die näheren Modalitäten des Zuschusses rechtlich verbindlich festzusetzen. Anfang Juli 2007 wird der entsprechende Subventionsbescheid vom Oberbürgermeister erlassen. Der Geschäftsführer der M fragt daraufhin beim zuständigen Referenten der Stadtverwaltung nach, ob der Zuschuss ordnungsgemäß bei der Europäischen Kommission angemeldet worden sei. Obwohl eine solche Anmeldung nicht vorgenommen wurde, bejaht der Referent die Frage, weil er „schlicht keine Lust" auf einen Disput mit dem Geschäftsführer der M über die Anmeldebedürftigkeit der finanziellen Zuwendung hat. Er selbst sieht vorliegend keine Anmeldebedürftigkeit, weil nach seiner Auffassung solche Zuschüsse an Wirtschaftsunternehmen keine Beihilfe im Sinne des Gemeinschaftsrechts darstellen.

Nachdem alle erforderlichen Genehmigungen vorliegen, beginnt die M im Oktober 2007 mit dem Bau des Freizeitparks. Im April 2008 wird der Park feierlich eröffnet. Schon wenige Monate später fordert die M die Auszahlung des Zuschusses in voller Höhe, weil sich nämlich herausgestellt hat, dass die gesamte Anlage viel zu großzügig geplant worden ist und dadurch erhebliche Verluste verursacht. Aufgrund dieser Verluste wird der ausgezahlte Betriebsmittelzuschuss innerhalb des ersten Betriebsjahres vollständig verbraucht.

Durch den Hinweis eines Konkurrenten der M aus dem Brühler Umland erfährt die Europäische Kommission im Sommer 2008 von der finanziellen Zuwendung und leitet ein förmliches Prüfverfahren ein. Im September 2008 erlässt die Kommission eine Entscheidung, in welcher sie feststellt, dass es sich bei dem Zuschuss um eine mit Art. 87 I EG nicht zu vereinbarende Beihilfe handele, die zudem wegen unterbliebener Notifizierung und verfrühter Auszahlung des Geldes gegen Art. 88 III 1 und 3 EG verstoße. Aufgrund dieser Feststellungen ordnet die Kommission die Rückforderung der gewährten Beihilfe an. Diese Entscheidung der Kommission wird der M noch im selben Monat durch die Bundesregierung mitgeteilt. Weder die Bundesregierung noch M erheben gegen die Entscheidung Klage vor dem EuGH oder dem EuG. Nach vorheriger Anhörung der M erlässt der Oberbürgermeister von K im Januar 2010 einen schriftlichen Bescheid, in dem er die Subventionsbewilligung vom Juli 2007 zurücknimmt und M zur Rückzahlung des Zuschusses in vollem Umfang bis zum 30. April 2010 verpflichtet. Zur Begründung verweist er auf die Entscheidung der Kommission. Zudem führt er aus, dass keinerlei Vertrauensaspekte zugunsten der M ersichtlich seien, nach denen von einer Rückforderung abgesehen werden könne.

M erhebt gegen diesen Bescheid umgehend Klage und begründet diese u. a. damit, dass der zuständige Mitarbeiter der Stadtverwaltung auf Nachfrage nachweislich eine bewusst falsche Auskunft erteilt hatte. Sie macht zudem geltend, dass der Zuschuss „im guten Glauben an die Rechtmäßigkeit des Verwaltungshandelns" schon lange vollständig zur Deckung der Verluste verbraucht worden sei.

**Bearbeitervermerk:** Prüfen Sie, ob die Klage der M vor dem örtlich zuständigen Verwaltungsgericht Köln Aussicht auf Erfolg hat. Konkret begehrt M mit der Klage die Aufhebung des Rücknahme- und des Rückzahlungsbescheides.

**Hinweis:** Beachten Sie bitte die Verordnung (EG) Nr. 659/1999 des Rates vom 22. März 1999 über besondere Vorschriften für die Anwendung von Art. 88 EG (VerfahrensVO) im Sartorius II Nr. 173. Auf kommunalrechtliche Fragen ist nicht einzugehen.

## Anhang

### Nordrhein-westfälisches Gesetz zur Ausführung der Verwaltungsgerichtsordnung (AGVwGO NRW) (Auszug)

#### § 5 Beteiligtenfähigkeit; Klagegegner

(1) Behörden sind fähig, am Verfahren vor den Gerichten der allgemeinen Verwaltungsgerichtsbarkeit beteiligt zu sein.

(2) Anfechtungsklagen und Verpflichtungsklagen sind gegen die Behörde zu richten, die den angefochtenen Verwaltungsakt erlassen oder den beantragten Verwaltungsakt unterlassen hat. Dies gilt nicht für Klagen im Sinne des § 52 Nr. 4 der Verwaltungsgerichtsordnung.

#### § 6 Vorverfahren

(1) Vor Erhebung einer Anfechtungsklage bedarf es einer Nachprüfung in einem Vorverfahren abweichend von § 68 Abs. 1 Satz 1 der Verwaltungsgerichtsordnung nicht, wenn der Verwaltungsakt während des Zeitraums vom 1. November 2007 bis zum 31. Oktober 2012 bekannt gegeben worden ist. Vor Erhebung einer Verpflichtungsklage bedarf es einer Nachprüfung in einem Vorverfahren abweichend von § 68 Abs. 2 der Verwaltungsgerichtsordnung nicht, wenn die Ablehnung der Vornahme des Verwaltungsaktes innerhalb des in Satz 1 bezeichneten Zeitraumes bekannt gegeben worden ist.

(2)–(4) [...]

## C. Lösung

Die Klage der M hat Erfolg, wenn der Verwaltungsrechtsweg eröffnet und die Klage zulässig und begründet ist. 1

### I. Verwaltungsrechtsweg und zuständiges Gericht[1]

### 1. Verwaltungsrechtsweg

Der Verwaltungsrechtsweg ist gem. § 40 I 1 VwGO eröffnet, wenn es sich um eine öffentlich-rechtliche Streitigkeit handelt, die nicht verfassungsrechtlicher Art und keinem anderen Gericht zugewiesen ist. Für eine verfassungsrechtliche Streitigkeit oder eine Sonderzuweisung ist vorliegend nichts ersichtlich. 2

Öffentlich-rechtlich ist eine Streitigkeit nach der *modifizierten Subjektstheorie*, wenn es sich bei den das Rechtsverhältnis begründenden streitentscheidenden Normen um solche handelt, die einen Träger öffentlicher Gewalt ausschließlich ermächtigen oder verpflichten.[2] 3

Bei der Vergabe von Subventionen ist die Zuordnung zum öffentlichen Recht oder zum Zivilrecht abhängig von der *konkreten rechtlichen Ausgestaltung* des *Subventionsverhältnisses.* Es handelt sich um staatliche Leistungsverwaltung, die – mit Ausnahme des Haushaltsrechts – regelmäßig ohne gesetzliche Grundlage erfolgt[3], und bei der die Behörde ein Wahlrecht besitzt, ob sie sich bei der Subventionsvergabe öffentlich-rechtlicher Handlungsinstrumente (Verwaltungsakt, öffentlich-rechtlicher Vertrag) oder privatrechtlicher Gestaltungsformen (zivilrechtlicher Vertrag) bedient.[4] Abhängig ist die konkrete rechtliche Ausgestaltung zudem von der Art der Subvention: Besteht die Subvention in der *Gewährung eines Kredits*, dann ist das Rechtsverhältnis regelmäßig zweistufig ausgestaltet *(Zweistufen-Theorie)*, auf der ersten Stufe in Form eines Verwaltungsaktes über das „Ob" der Kreditvergabe (Bewilligungsbescheid), auf der zweiten Stufe als dem Privatrecht zugehöriger Darlehensvertrag (§ 488 BGB) über die näheren Modalitäten der Darlehensvergabe 4

---

[1] **Beachte:** Die Punkte *Eröffnung des Verwaltungsrechtswegs* und *zuständiges Gericht* werden vor der eigentlichen *Zulässigkeit* geprüft. Der Grund liegt darin, dass im Falle des Nichtvorliegens einer oder sogar beider Voraussetzungen die jeweilige Klage nicht als unzulässig abgewiesen, sondern von Amts wegen (ohne Antrag des Klägers) in den richtigen Rechtsweg bzw. an das zuständige Gericht verwiesen wird. Vgl. § 17a II GVG i. V. m. § 173 VwGO (Rechtsweg) und § 17a II GVG i. V. m. § 83 VwGO (Gerichtszuständigkeit).

[2] *Ehlers,* in: Schoch/Schmidt-Aßmann/Pietzner, VwGO (Stand: 16. Ergänzungslieferung 2008), § 40 Rn. 235; *Maurer,* AllgVerwR, § 3 Rn. 17; vgl. auch BVerwGE 71, 183 (186); *OVG Münster* NVwZ 1984, 522. – **Beachte:** Zur Unterscheidung zwischen öffentlich-rechtlichen und privatrechtlichen Streitigkeiten können neben der *modifizierten Subjektstheorie* auch die sog. *Subordinations-* sowie die *Interessentheorie* herangezogen werden (zu beiden vgl. *Schenke*, VerwPrR, Rn. 99ff., sowie *Maurer*, AllgVerwR, § 3 Rn. 15ff.). Für die Klausur ratsam und völlig ausreichend ist die Anwendung der *modifizierten Subjektstheorie*. Eine breite Auseinandersetzung mit den einzelnen Theorien ist in der Regel nicht angebracht.

[3] **Beachte:** Ob auch im Rahmen der staatlichen Subventionsgewährung der Grundsatz des Gesetzesvorbehalts (Rechtsstaatsprinzip) gilt, ist umstritten; vgl. dazu noch WuV-Frage Nr. 1 im Anhang zu Fall 4.

[4] Zur sog. *Formenwahlfreiheit* der Verwaltung vgl. *Frotscher/Kramer,* Wirtschaftsverfassungs- und Wirtschaftsverwaltungsrecht, Rn. 45ff., 566ff.; *Kahl/Diederichsen,* in: Schmidt/Vollmöller, Kompendium Öfftl. WirtR, § 7 Rn. 59ff.

(„Wie").[5] Davon zu unterscheiden ist der sog. *verlorene Zuschuss*, bei dem eine Rückzahlung der finanziellen Zuwendung von vornherein nicht beabsichtigt ist. Einer Vereinbarung der Rückzahlungsmodalitäten bedarf es hier nicht, so dass regelmäßig eine einstufige Ausgestaltung ausreicht. Diese unterfällt den Regeln des öffentlichen Rechts, weil die privatrechtlichen Vorschriften zur Schenkung (§§ 516ff. BGB) auf dieses Rechtsverhältnis keine Anwendung finden können. Der Staat unterliegt den haushaltsrechtlichen Grundsätzen der Wirtschaftlichkeit und Sparsamkeit, hat also nichts „zu verschenken".[6] Außerdem ist zu berücksichtigen, dass der Staat mit der Subvention eine bestimmte Zwecksetzung verbindet, deren Nichterreichung regelmäßig dazu führt, dass die Finanzmittel zurückgefordert werden müssen. Die Anwendung des zivilrechtlichen Schenkungsrechts ist, trotz der Möglichkeit der Auflage (§ 525 BGB), dafür ungeeignet. Dem verlorenen Zuschuss liegt deshalb eine *öffentlich-rechtliche Handlungsform* zugrunde, in der Regel ein *Verwaltungsakt*[7], weil die Behörde dadurch das Rechtsverhältnis *einseitig* ausgestalten kann.

5 Für eine öffentlich-rechtliche Gestaltung des Subventionsverhältnisses spricht auch der Sachverhalt, wonach der Oberbürgermeister von K einen Bewilligungsbescheid erlässt, in dem auch die näheren Modalitäten des Zuschusses rechtlich verbindlich festgesetzt sind. Zu einer darüber hinaus gehenden privatrechtlichen Vereinbarung zwischen K und M ist nichts ersichtlich.

Damit unterliegt die *Subventionsvergabe* von K an M dem *öffentlichen Recht*. Für die *Rückabwicklung* dieses Rechtsverhältnisses als *actus contrarius* zur Subventionsvergabe kann nichts anderes gelten; das Rückabwicklungsverhältnis teilt die Rechtsnatur der Subventionsgewährung, unterliegt mithin ebenfalls dem öffentlichen Recht *(Kehrseiten-Theorie).*

Der Verwaltungsrechtsweg ist somit eröffnet.

### 2. Zuständiges Gericht

6 Gemäß § 45 VwGO ist das Verwaltungsgericht sachlich zuständig. Örtlich zuständig ist das VG Köln gem. § 52 Nr. 3 VwGO i.V.m. § 1 II lit. e) AGVwGO NRW.

## II. Zulässigkeit der Klage

### 1. Statthaftigkeit

7 Statthafte Klageart könnte die Anfechtungsklage gem. § 42 I, 1. Alt. VwGO sein. M wendet sich sowohl gegen den Rücknahmebescheid als auch gegen den Rückzahlungsbescheid. Beide Bescheide erfüllen die Voraussetzungen des § 35 S. 1 VwVfG und sind deshalb als Verwaltungsakte zu qualifizieren.[8] Richtige Klageart ist damit in beiden Fällen die Anfechtungsklage nach § 42 I, 1. Alt. VwGO.

---

[5] Zur *Zweistufen-Theorie* s. noch WuV-Frage Nr. 3 im Anhang zu Fall 4.

[6] *Kahl/Diederichsen,* in: Schmidt/Vollmöller, Kompendium Öfftl. WirtR, § 7 Rn. 60.

[7] Vgl. *Frotscher/Kramer,* Wirtschaftsverfassungs- und Wirtschaftsverwaltungsrecht, Rn. 569; *Kahl/Diederichsen,* in: Schmidt/Vollmöller, Kompendium Öfftl. WirtR, § 7 Rn. 60, jeweils m.w.N.

[8] **Beachte:** Zum Prüfungspunkt der statthaften Klageart erübrigen sich im vorliegenden Fall weitere Ausführungen. Es liegen zweifelsfrei zwei Verwaltungsakte vor. Dabei ist es unerheblich, dass beide Verwaltungsakte in einer Urkunde festgehalten sind, da die Rücknahme des Subventionsbescheids und auch die Rückzahlungsanordnung jeweils eigenständige rechtliche Regelungen darstellen.

### 2. Klagebefugnis

M müsste gem. § 42 II VwGO klagebefugt sein. M ist Adressat zweier belastender Verwaltungsakte. Bei unterstellter Rechtswidrigkeit dieser Verwaltungsakte läge zumindest eine Verletzung der allgemeinen Handlungsfreiheit gem. Art. 2 I GG vor. Nach der sog. *Adressatentheorie* ist M somit auch klagebefugt.[9] 8

### 3. Vorverfahren

Grundsätzlich ist eine Anfechtungsklage nur zulässig, wenn zuvor ein Widerspruchsverfahren ordnungsgemäß, aber erfolglos durchgeführt worden ist (§ 68 I 1 VwGO). Dies gilt allerdings dann nicht, wenn eine gesetzliche Ausnahme vorliegt, nach der das Widerspruchsverfahren entbehrlich ist (§ 68 I 2 VwGO). Eine entsprechende gesetzliche Ausnahme findet sich in der landesrechtlichen Vorschrift des § 6 I AGVwGO NRW[10], wonach das Vorverfahren im Sinne der §§ 68ff. VwGO entfällt, wenn der Verwaltungsakt während des Zeitraums vom 1. November 2007 bis zum 31. Oktober 2012 bekannt gegeben worden ist.[11] Hierunter fallen auch die streitgegenständlichen Verwaltungsakte (Rücknahmebescheid, Rückzahlungsbescheid) vom Januar 2010. Einer der in § 6 II AGVwGO NRW abschließend aufgezählten Sonderfälle, für die weiterhin ein Vorverfahren obligatorisch bleibt, ist nicht einschlägig. Auch § 6 III 1 AGVwGO NRW erfasst die vorliegende Situation nicht. Die Durchführung eines Vorverfahrens war daher jedenfalls gemäß § 6 I AGVwGO NRW nicht nur entbehrlich, sondern sogar unstatthaft. 9

### 4. Klagefrist

Laut Sachverhalt ist von einer fristgerechten Klageerhebung nach § 74 I 2 VwGO auszugehen. 10

### 5. Richtiger Klagegegner

Gemäß § 78 I Nr. 1 VwGO ist die Klage gegen die Körperschaft zu richten, deren Behörde den angefochtenen Verwaltungsakt erlassen hat (sog. *Rechtsträgerprinzip*), oder – sofern das Landesrecht dies bestimmt – gem. § 78 I Nr. 2 VwGO gegen die Behörde selbst (sog. *Behördenprinzip*).[12] Der Gesetzgeber in NRW hat von der Möglichkeit, das Behördenprinzip einzuführen, Gebrauch gemacht (§ 5 II 1 AGVwGO NRW).[13] Der Oberbürgermeister von K ist deshalb als die Behörde, welche den an- 11

---

[9] Vgl. zur Adressatentheorie: *Hufen*, VerwPrR, § 14 Rn. 60.

[10] Nordrhein-westfälisches Gesetz zur Ausführung der Verwaltungsgerichtsordnung (AGVwGO NRW), Textsammlung *von Hippel/Rehborn*, Nr. 252.

[11] **Beachte:** Zur weitgehenden Abschaffung des Vorverfahrens im Freistaat Bayern s. noch Fall 5. Zu § 6 AGVwGO NRW vgl. *Kamp*, NWVBl. 2008, 41 ff.

[12] **Beachte:** Die Einordnung des § 78 I Nr. 1 VwGO ist umstritten; vgl. *Hufen*, VerwPrR, § 12 Rn. 29ff.; *Würtenberger*, VerwPrR, Rn. 599. In den süddeutschen Ländern wird § 78 I Nr. 1 VwGO vorwiegend als Regelung der (in der Begründetheit zu prüfenden) Passivlegitimation angesehen, während er z.B. in NRW eher als Regelung der (in der Zulässigkeit zu prüfenden) passiven Prozessführungsbefugnis (richtiger Klagegegner) qualifiziert wird. In der vorliegenden Fallsammlung wird § 78 I Nr. 1 VwGO im Rahmen der passiven Prozessführungsbefugnis geprüft, unabhängig davon, ob der jeweilige Fall nach dem Landesrecht von NRW oder von Bayern zu lösen ist. Hingegen ist § 78 I Nr. 2 VwGO ein Anwendungsfall der Prozessstandschaft bzw. passiven Prozessführungsbefugnis; so zutreffend *Würtenberger*, VerwPrR, Rn. 600.

[13] Anders ist dies z.B. in Bayern. In Ermangelung einer ausdrücklichen landesgesetzlichen Regelung des Behördenprinzips (§ 78 I Nr. 2 VwGO) gilt in Bayern das in der VwGO als Grundprinzip vorgesehene Rechtsträgerprinzip (§ 78 I Nr. 1 VwGO). Vgl. dazu u.a. Fall 5.

gegriffenen Verwaltungsakt erlassen hat, richtiger Beklagter gem. § 78 I Nr. 2 VwGO i. V. m. § 5 II 1 AGVwGO NRW.

### 6. Beteiligten- und Prozessfähigkeit

#### a) Beteiligtenfähigkeit

12 Beteiligtenfähigkeit ist die Fähigkeit, als Subjekt eines Prozessrechtsverhältnisses, also insbesondere als Kläger oder Beklagter (vgl. § 63 VwGO), an einem Verwaltungsstreitverfahren teilzunehmen. Die Klägerin M ist eine juristische Person des Privatrechts (GmbH). Nach § 61 Nr. 1, 2. Alt. VwGO i. V. m. § 13 I GmbHG ist M beteiligtenfähig.

Die Beteiligtenfähigkeit auf der Beklagtenseite richtet sich nach § 61 Nr. 3 VwGO i. V. m. § 5 I AGVwGO NRW.[14] Hiernach sind in NRW alle Behörden fähig, am Verfahren vor den Gerichten der allgemeinen Verwaltungsgerichtsbarkeit beteiligt zu sein. Im vorliegenden Fall stellt der Oberbürgermeister[15] in seiner Funktion als Hauptverwaltungsbeamter die allgemeine Behörde der Gemeinde dar (vgl. § 62 II 2, 3 und § 63 GO NRW) und ist als Beklagter beteiligtenfähig.

#### b) Prozessfähigkeit

13 Prozessfähigkeit ist die Fähigkeit, einen Prozess selbst oder durch einen Bevollmächtigten zu führen und wirksame Verfahrenshandlungen vorzunehmen. Für die M als GmbH handelt vor Gericht gem. § 62 III VwGO i. V. m. § 35 GmbHG ihr Geschäftsführer. Für die Behörde handelt nach § 62 III VwGO der Oberbürgermeister als Behördenleiter bzw. ein von ihm Beauftragter (vgl. § 63 I GO NRW).

### 7. Form

14 Die Klage müsste unter Beachtung der §§ 81, 82 VwGO formgerecht erhoben worden sein. Davon ist mangels gegenteiliger Hinweise im Sachverhalt auszugehen.

**Zwischenergebnis:** Die Klage der M ist zulässig.

### III. Besonderheiten des Verfahrens: objektive Klagehäufung

15 Vorliegend handelt es sich um zwei verschiedene Klagebegehren. Bei Vorliegen der Voraussetzungen des § 44 VwGO können diese verschiedenen Klagebegehren zusammen verfolgt werden (sog. *objektive Klagehäufung*).

Die Klagen richten sich jeweils gegen den Oberbürgermeister als Erlassbehörde der angefochtenen Verwaltungsakte (§ 78 I Nr. 2 VwGO i. V. m. § 5 II 1 AGVwGO NRW), und sie fallen beide in die Zuständigkeit desselben Gerichts gem. §§ 45, 52 VwGO.

Beide Klagebegehren stehen zudem in einem sachlichen Zusammenhang, weil der Rückzahlungsanspruch nur gegeben ist, wenn die Rücknahme des Bewilligungsbescheids rechtmäßig ist. Diese Verknüpfung ergibt sich daraus, dass der Bewilli-

---

[14] Zu beachten ist diesbezüglich die Ermächtigung in § 61 Nr. 3 VwGO. Soweit im jeweiligen Landesrecht von dieser Ermächtigung kein Gebrauch gemacht worden ist (wie z. B. in Bayern), sind allein die jeweiligen Rechtsträger der Behörde (sog. Verwaltungsträger) als juristische Personen des öffentlichen Rechts nach § 61 Nr. 1 Alt. 2 VwGO beteiligtenfähig.

[15] **Beachte:** In kreisfreien Städten in NRW führt der Bürgermeister die Bezeichnung Oberbürgermeister, vgl. § 40 II 2 GO NRW.

gungsbescheid der Rechtsgrund für die mit dem verlorenen Zuschuss verbundene Vermögensverschiebung ist.

## IV. Begründetheit der Klage hinsichtlich der Rücknahme des Bewilligungsbescheides[16]

Die Anfechtungsklage ist hinsichtlich der Rücknahme des Bewilligungsbescheids begründet, wenn der Verwaltungsakt rechtswidrig und der Kläger dadurch in seinen Rechten verletzt ist (§ 113 I 1 VwGO). 16

### 1. Rechtsgrundlage

Da die Rücknahme des Subventionsbescheides ein belastender Verwaltungsakt ist, müsste für diesen eine wirksame gesetzliche Ermächtigungsgrundlage bestehen (Grundsatz des Gesetzesvorbehalts, Art. 20 III GG). Als Rechtsgrundlage für die Rücknahme des Bewilligungsbescheids kommt § 48 VwVfG in Betracht. Zunächst müsste diese Vorschrift überhaupt im vorliegenden Fall anwendbar sein. Dies ist ausgeschlossen bei Eingreifen einer spezialgesetzlichen Rücknahmevorschrift (Grundsatz der Subsidiarität). Weder das Recht der Europäischen Union[17] noch das Haushaltsrecht des Landes NRW oder sonstige Gesetze enthalten jedoch besondere Rücknahmenormen für (gemeinschafts-) rechtswidrige Bewilligungsbescheide. Damit ist § 48 VwVfG im konkreten Fall anwendbar *(Grundsatz der verfahrensrechtlichen Autonomie der Mitgliedstaaten).*[18] 17

### 2. Formelle Rechtmäßigkeit

Hinsichtlich der formellen Rechtmäßigkeit des Rücknahmebescheids bestehen keine Bedenken, insbesondere wurde M vor Erlass des Bescheides nach § 28 VwVfG angehört. 18

### 3. Materielle Rechtmäßigkeit

Die Rücknahme des Bewilligungsbescheids ist nur dann rechtmäßig, wenn die Voraussetzungen des § 48 VwVfG erfüllt sind. 19

#### a) Rechtswidriger Verwaltungsakt

Bei dem Bewilligungsbescheid handelt es sich, wie bereits festgestellt, um einen Verwaltungsakt. Dieser Verwaltungsakt müsste rechtswidrig sein. Insoweit ist die 20

---

[16] **Beachte:** In der Begründetheit bietet es sich an, zwei klar getrennte Prüfungen vorzunehmen. Dementsprechend wird hier zunächst die Begründetheit hinsichtlich der Rücknahme des Bewilligungsbescheids geprüft und dann im Anschluss die Begründetheit hinsichtlich des Rückforderungsbescheides.

[17] Vgl. *EuGH* Slg. 1997, I-1591 = JZ 1997, 722 = NJW 1998, 47 (Tz. 24): „Die Rückforderung der Beihilfe findet grundsätzlich nach Maßgabe des einschlägigen nationalen Rechts statt; jedoch darf dessen praktische Anwendung die gemeinschaftsrechtlich vorgeschriebene Rückforderung nicht praktisch unmöglich machen."

[18] Vgl. zur prinzipiellen Anwendbarkeit des § 48 VwVfG in diesen Fällen: *Sachs,* in: Stelkens/Bonk/Sachs, VwVfG, § 48 Rn. 21; *Kopp/Ramsauer,* VwVfG, § 48 Rn. 12; *Schwarz,* Die Verwaltung 34 (2001), 397 (410f.); *BVerwG* NJW 1998, 3728 (3729); *VGH Mannheim* NVwZ 1998, 87 (88); *Stern,* JuS 1998, 769 (773); *Erichsen/Brügge,* Jura 1999, 155 (156); *Oldiges,* NVwZ 2001, 626 (631); *Gellermann,* DVBl. 2003, 481 (482); *Hildebrandt/Castillon,* NVwZ 2006, 298 (299); *Ludwigs,* Jura 2007, 612 (613); kritisch *Sommermann,* DVBl. 1996, 889 (894): Grundlage sei unmittelbar die Kommissionsentscheidung.

Entscheidung der Kommission über die formelle und materielle Gemeinschaftsrechtswidrigkeit der Subventionsgewährung auch für das Verwaltungsgericht rechtlich bindend, da diese Entscheidung, wenn sie weder von dem betroffenen Mitgliedstaat noch vom Subventionsempfänger vor dem *EuGH* oder dem *EuG* angegriffen worden ist[19], Tatbestandswirkung entfaltet.[20] Der Bewilligungsbescheid ist damit rechtswidrig.

### b) Möglicher Ausschluss der Rücknahme wegen Vertrauensschutzes des Begünstigten

21 Gemäß § 48 I 2 VwVfG darf ein Verwaltungsakt, der ein Recht oder einen rechtlich erheblichen Vorteil begründet oder bestätigt hat (sog. *begünstigender Verwaltungsakt*), nur unter den Einschränkungen der Absätze 2 bis 4 der Vorschrift zurückgenommen werden. Bei dem Bewilligungsbescheid vom Juli 2007 handelt es sich um einen begünstigenden Verwaltungsakt; somit ist zunächst der Ausschlusstatbestand des § 48 II VwVfG zu prüfen.[21]

Der rechtswidrige Verwaltungsakt müsste nach § 48 II 1 VwVfG eine einmalige oder laufende Geldleistung oder teilbare Sachleistung gewähren oder hierfür Voraussetzung sein. Diese Voraussetzung ist durch die Gewährung einer einmaligen Geldleistung im vorliegenden Fall erfüllt.

#### aa) Vertrauen der M auf den Bestand des Verwaltungsaktes

22 Nach § 48 II 1 VwVfG darf ein rechtswidriger Verwaltungsakt nicht zurückgenommen werden, soweit der durch ihn Begünstigte auf den Bestand des Verwaltungsaktes tatsächlich vertraut hat und sein Vertrauen unter Abwägung mit dem öffentlichen Interesse an einer Rücknahme des rechtswidrigen Verwaltungsakts überwiegt und damit schutzwürdig ist. Von einem solchen tatsächlichen Vertrauen ist immer dann auszugehen, wenn eine Vertrauensbetätigung vorliegt, insbesondere durch den Verbrauch der erhaltenen Leistung.[22]

23 Die M hat ihr tatsächliches Vertrauen dadurch betätigt, dass sie die gesamte Subvention zur Deckung der entstandenen Verluste eingesetzt hat.

#### bb) Schutzwürdigkeit des Vertrauens

24 Dieses tatsächliche Vertrauen müsste auch schutzwürdig sein. Eine möglich Schutzwürdigkeit richtet sich nach der differenzierten Regelung des § 48 II 2, 3 VwVfG.

---

[19] **Beachte:** Sowohl der betroffene Mitgliedstaat als auch der Subventionsempfänger können die Entscheidung der Kommission grundsätzlich innerhalb einer Frist von zwei Monaten mit der Nichtigkeitsklage angreifen, vgl. Art. 230 V EG. Für die Klagen natürlicher und juristischer Personen (z. B. beihilfebegünstigte Unternehmen oder deren Konkurrenten) gegen die EG-Organe ist das EuG zuständig, für Streitigkeiten zwischen einem Mitgliedstaat und einem EG-Organ ist hingegen der *EuGH* zuständig.

[20] BVerwGE 92, 81 (83); *OVG Münster* NVwZ 1993, 79 (80) = JZ 1992, 1080; *Kopp/Ramsauer*, VwVfG, § 48 Rn. 13; *Happe*, NVwZ 1993, 32 (34); *Suerbaum*, VerwArch. 91 (2000), 169 (184). Vgl. auch Art. 249 IV EG, wonach eine Entscheidung in allen ihren Teilen für diejenigen verbindlich ist, die sie bezeichnet.

[21] **Beachte:** § 48 III VwVfG scheidet hier als Prüfungsmaßstab von vornherein aus, weil davon nur solche Verwaltungsakte erfasst sind, die keine Gewährung von Sach- oder Geldleistungen betreffen. Zudem zielt § 48 III VwVfG mit seiner Rechtsfolge nicht auf den Ausschluss der Rücknahme, sondern nur auf den Vermögensschutz in Form eines Entschädigungsanspruchs.

[22] Vgl. *Kopp/Ramsauer*, VwVfG, § 48 Rn. 94 ff.

**(1) Regelvermutung des § 48 II 2 VwVfG**

Nach § 48 II 2 VwVfG ist das Vertrauen in der Regel schutzwürdig, wenn der Begünstigte bereits gewährte Leistungen verbraucht oder Vermögensdispositionen getroffen hat, die er nicht mehr oder nur unter unzumutbaren Nachteilen rückgängig machen kann (sog. *Regelvermutung*). Im vorliegenden Fall ist aufgrund der Verwendung der Subventionsleistung zur Deckung der eingetretenen Verluste durch die M die Voraussetzung der Regelvermutung erfüllt. Hiernach wäre eine Rücknahme des Bewilligungsbescheides nach § 48 II 2 VwVfG ausgeschlossen. **25**

(a) Etwas anderes könnte sich aber daraus ergeben, dass der Bewilligungsbescheid gegen das Europäische Gemeinschaftsrecht nach Art. 87 I und Art. 88 III EG verstößt. Durch die Rücknahme des Bescheids soll die Gemeinschaftsrechtskonformität des Handelns der Stadt K wiederhergestellt werden. Zwar beruht die differenzierte Regelung in § 48 II VwVfG auf einem vom einfachen Gesetzgeber getroffenen Ausgleich gleichwertiger, aus dem Rechtsstaatsprinzip abgeleiteter Verfassungsprinzipien, nämlich dem Grundsatz der Gesetzmäßigkeit des Verwaltungshandelns auf der einen Seite und dem Rechtsgedanken des Vertrauensschutzes auf der anderen Seite.[23] Jedoch haben die sich aus dem Gemeinschaftsrecht ergebenden Maßgaben insoweit keine Berücksichtigung erfahren. Nach dem *Grundsatz des Anwendungsvorrangs* des Gemeinschaftsrechts genießt im Kollisionsfall das Gemeinschaftsrecht gegenüber nationalem Recht (einschließlich dem Verwaltungsverfahrensrecht) Anwendungsvorrang.[24] Zumindest ist, solange der Wortlaut der nationalen Vorschrift eine solche Auslegung noch zulässt, das nationale Recht so zu interpretieren, dass es mit dem Gemeinschaftsrecht nicht in Konflikt gerät (sog. *Grundsatz der gemeinschaftsrechtskonformen Auslegung*).[25]

Bei der Anwendung des § 48 VwVfG sind außerdem zwei weitere Grundsätze als rechtlich verbindliche Maßgaben des Gemeinschaftsrechts zu beachten: Zum einen der *Äquivalenzgrundsatz* (Grundsatz der Gleichwertigkeit), wonach die Vorschriften des mitgliedstaatlichen Rechts nicht ungünstiger gestaltet sein dürfen als für die Fälle, die lediglich das innerstaatliche Recht betreffen. Zum anderen ist der *Effektivitätsgrundsatz* (Grundsatz der Effektivität des Gemeinschaftsrechts, effet utile-Prinzip) zu berücksichtigen. Danach darf das mitgliedstaatliche Recht die Ausübung der von der Gemeinschaftsrechtsordnung verliehenen Rechte nicht praktisch unmöglich machen oder eine Ausübung übermäßig erschweren.[26] Nach diesem Grundsatz ist das Interesse der Gemeinschaft an der Rückforderung einer gemeinschaftsrechtswidrigen staatlichen Beihilfe bei der Anwendung einer Vorschrift, die die **26**

---

[23] Vgl. *Sachs* in: Stelkens/Bonk/Sachs, VwVfG, § 48 Rn. 28 ff.

[24] Vgl. *Oppermann*, Europarecht, Rn. 632 ff. – **Beachte:** Anwendungsvorrang des Gemeinschaftsrechts bedeutet, dass die nationale Rechtsnorm im Konfliktfall nicht zur Anwendung gelangt. Der Grundsatz gilt sowohl für das europäische Primärrecht als auch für das Sekundärrecht (Verordnungen und Richtlinien). Eine Nichtigkeit der nationalen Vorschrift ist damit nicht verbunden, da vom Grundsatz des Anwendungsvorrangs nur die Konfliktfälle erfasst werden, die nationale Vorschrift ihren Geltungsanspruch für Sachverhalte ohne Bezug zum Gemeinschaftsrecht aber umfassend beibehält.

[25] Vgl. *Müller*, Die Aufhebung von Verwaltungsakten unter dem Einfluß des Europarechts, 2000, S. 172; *Remlinger*, Die Einwirkung des Gemeinschaftsrechts auf die Rückabwicklung rechtswidriger Beihilfeverhältnisse, 2001, S. 98 ff.; *Blanke*, Vertrauensschutz im deutschen und europäischen Verwaltungsrecht, 2000, S. 550 ff.; *Zuleeg*, VVDStRL 53 (1994), 154 (165 ff.).

[26] *Sachs*, in: Stelkens/Bonk/Sachs, VwVfG, § 48 Rn. 24; *Scheuing*, Die Verwaltung 34 (2001), 107 (109); *Suerbaum*, VerwArch. 91 (2000), 169 (175 ff.).

Rücknahme eines rechtswidrigen Verwaltungsakts von einer Interessenabwägung abhängig macht, umfassend zu berücksichtigen.[27]

27 (b) Strittig ist, zu welchen Konsequenzen der *Effektivitätsgrundsatz* bei der Rücknahme gemeinschaftsrechtswidriger Subventionsbescheide nach § 48 VwVfG führt.

28 Das *BVerwG* lässt die Regelvermutung zugunsten der Begünstigten in § 48 II 2 VwVfG in Fällen wie dem vorliegenden völlig außer Acht, ohne auf die Ausschlussgründe in Satz 3 dieser Vorschrift einzugehen.[28] Offensichtlich hält das Gericht dieses Vorgehen mit Rücksicht auf den Grundsatz des Anwendungsvorrangs des Gemeinschaftsrechts für geboten. Demnach „kann ein etwaiges Vertrauen eines Subventionsempfängers – abweichend von der Regel des § 48 II VwVfG – im Hinblick auf das durch die Einwirkung des Gemeinschaftsrechts gesteigerte öffentliche Rücknahmeinteresse unabhängig von den Voraussetzungen des § 48 II 3 VwVfG schutzunwürdig sein [...]. Das Vertrauensschutzinteresse des Begünstigten tritt angesichts des besonderen Gewichts des Rücknahmeinteresses grundsätzlich schon dann zurück, wenn die staatliche Beihilfe ohne Beachtung des in Art. 88 EG zwingend vorgeschriebenen Überwachungsverfahrens, also ohne die Kontrolle der EG-Kommission, gewährt wurde. Denn die sichere Grundlage für ein Vertrauen auf die materielle Rechtmäßigkeit der Beihilfe besteht nur, wenn das Überwachungsverfahren als Voraussetzung der Ordnungsmäßigkeit der Beihilfe eingehalten worden ist. Einem sorgfältigen Wirtschaftsunternehmen ist es [...] regelmäßig möglich, sich zu vergewissern, ob diese Voraussetzung erfüllt ist. Ist das vorgeschriebene Überwachungsverfahren [...] nicht durchgeführt worden, ist das Vertrauen des Beihilfeempfängers daher nur ausnahmsweise schutzwürdig, wenn dafür besondere Umstände sprechen." Ohne Berücksichtigung der gesetzlichen Systematik in § 48 II 2, 3 VwVfG kehrt das *BVerwG* die Regelvermutung damit in ihr Gegenteil: Bei einer nicht angemeldeten, formell gemeinschaftswidrigen Beihilfe besteht hiernach in der Regel eine Vermutung für die Schutzunwürdigkeit des Vertrauens des Begünstigten.[29]

29 Nach *h. M.* ist hingegen die in § 48 II 2, 3 VwVfG vorgegebene Systematik einzuhalten.[30] Soweit sich die gemeinschaftsrechtlichen Vorgaben noch im Rahmen einer gemeinschaftsrechtskonformen Auslegung in dieses System „einpassen" lassen, ist es danach nicht erforderlich, von einer Anwendung dieser Vorschrift gänzlich abzusehen. Dies wird weder vom Gemeinschaftsrecht selbst noch von der Rechtsprechung des *EuGH* vorgegeben. Vielmehr enthält § 48 II 3 VwVfG insbesondere in Nr. 3 einen die Schutzwürdigkeit des Vertrauens ausschließenden Grund, der auch für die gemeinschaftsrechtlichen Anforderungen hinreichend offen ist.

30 Der *Effektivitätsgrundsatz* des Gemeinschaftsrechts gebietet allein, dass das nationale Recht die gemeinschaftsrechtlich gebotene Rücknahme des Bewilligungsbescheids und die Rückerstattung der Beihilfe nicht praktisch unmöglich machen oder übermäßig erschweren darf. Für den Fall, das sich dieses Gebot bereits durch eine gemeinschaftsrechtskonforme Auslegung der einschlägigen nationalen Rechtsnorm verwirklichen lässt, bleibt für eine gänzliche Nichtanwendung der nationalen Vorschrift keine Rechtfertigung. Der insofern gebotene Respekt vor dem nationalen parlamentarischen Gesetzgeber verlangt vielmehr bei der Rechtsanwendung eine Vorgehensweise, bei der die gesetzgeberische Entscheidung soweit wie möglich berücksichtigt wird.

Es ist deshalb auch bei der vorliegenden gemeinschaftsrechtswidrigen Beihilfe mit der herrschenden Meinung an der Systematik des § 48 II 2, 3 VwVfG festzuhalten.

---

[27] Vgl. *EuGH* Slg. 1997, I-1591 = JZ 1997, 722 = NJW 1998, 47 (Tz. 24).

[28] BVerwGE 106, 328 (336) = NJW 1998, 3728 (3730) unter Hinweis auf BVerwGE 92, 81 (84ff.). Vgl. auch *Sachs,* in: Stelkens/Bonk/Sachs, VwVfG, § 48 Rn. 171f.

[29] Vgl. *Schwarz,* Die Verwaltung 34 (2001), 397 (417), wonach das *BVerwG* über eine einfache Modifikation der gesetzlichen Regelvermutung weit hinausgeht; a. A. *Sinnaeve,* Die Rückforderung gemeinschaftsrechtswidriger nationaler Beihilfen, 1997, S. 162f.

[30] Vgl. *Fastenrath,* JZ 1992, 1082 (1083); *Dickersbach,* NVwZ 1993, 846 (852); *Schulze,* EuZW 1993, 279 (282f.); *Baldus,* JA 1994, 311 (319f.); *Pache,* NVwZ 1994, 318 (322).

Somit greift zugunsten der M grundsätzlich die Regelvermutung des § 48 II 2 VwVfG ein. Das Vertrauen der M wäre somit schutzwürdig.

**(2) Ausschluss der Schutzwürdigkeit, § 48 II 3 VwVfG**

Die insofern grundsätzlich bestehende Schutzwürdigkeit könnte jedoch nach § 48 II 3 Nr. 3 VwVfG ausgeschlossen sein. Nach dieser Vorschrift kann sich der Begünstigte auf Vertrauen nicht berufen, wenn er die Rechtswidrigkeit kannte oder aufgrund grober Fahrlässigkeit nicht kannte. Grobe Fahrlässigkeit ist gegeben, wenn die gebotene Sorgfalt, die im konkreten Fall vom Begünstigten erwartet werden kann, in besonders schwerer Weise oder in besonders schwerem Maße verletzt worden ist.[31] 31

Das Merkmal der „groben Fahrlässigkeit" ist inhaltlich hinreichend dynamisch, um auch den durch das Gemeinschaftsrecht vorgegebenen Voraussetzungen gerecht zu werden. Demnach ist von einer groben Fahrlässigkeit auszugehen, wenn der Begünstigte sich in keiner Weise erkundigt hat, ob eine Notifizierung gemäß Art. 88 III 1 GG erfolgt ist.[32] Eine Überwachung der staatlichen Beihilfen durch die Kommission ist in Art. 88 EG zwingend vorgeschrieben. Deshalb darf ein begünstigtes Unternehmen auf die Ordnungsmäßigkeit der Beihilfe grundsätzlich nur dann vertrauen, wenn die Beilhilfe unter Einhaltung des vorgesehenen Verfahrens gewährt wurde. Nach der Rechtsprechung des *EuGH* ist es einem Gewerbetreibenden grundsätzlich möglich, sich zu vergewissern, ob das vorgesehene Verfahren eingeleitet und durchgeführt wird.[33] Es handelt sich dabei zwar um keine Rechtspflicht, wohl aber um eine Obliegenheit.[34] 32

Im vorliegenden Fall hat der Geschäftsführer der M sich beim zuständigen Referenten der Stadtverwaltung erkundigt, ob eine ordnungsgemäße Anmeldung der Beihilfe bei der Kommission erfolgt sei. Dies wurde vom Referenten wahrheitswidrig bejaht. Ob die an die M zu stellenden Sorgfaltspflichten dadurch eingehalten wurden, hängt davon ab, welche Anforderungen hieran zu stellen sind. Unter Berücksichtigung des zwingenden Charakters des gemeinschaftsrechtlichen Überwachungsverfahrens sind die Anforderungen generell deutlich höher anzusetzen als bei rein innerstaatlichen Sachverhalten.[35]

Eine Vergewisserung bei staatlichen Stellen wird regelmäßig nicht ausreichen. Vielmehr muss sich der Begünstigte bei der Kommission selbst in geeigneter Weise über die ordnungsgemäße Anmeldung und die Einhaltung des gesamten Verfahrens informieren.[36] Bei der Feststellung der erforderlichen Sorgfalt spielen zudem auch die Größe des Unternehmens und die konkrete Höhe der gewährten Beihilfe eine Rolle.[37] 33

---

[31] *Kopp/Ramsauer*, VwVfG, § 48 Rn. 121 ff.

[32] Vgl. *Fastenrath*, JZ 1992, 1082 (1083); *Sinnaeve*, Die Rückforderung gemeinschaftsrechtswidriger nationaler Beihilfen, S. 163, m. w. N.; a. A. *Pache*, NVwZ 1994, 322 f.

[33] Vgl. *EuGH* Slg. 1997, I-1591 = JZ 1997, 722 = NJW 1998, 47 (Tz. 25).

[34] Vgl. *Scheuing*, Die Verwaltung 34 (2001), 107 (129 f.).

[35] Vgl. BVerwGE 106, 328 (335) = NJW 1998, 3728 (3730). Das *BVerwG* führt aus, dass der *EuGH* (Slg. 1997, I-1591 = JZ 1997, 722 = NJW 1998, 47) mit seiner Formulierung die Konsequenz aus der in Wirtschaftskreisen als allgemein bekannt vorauszusetzenden Tatsache zieht, dass nationale Beihilfen nach Art. 88 III EG der Kommission gegenüber anzuzeigen sind und insofern der Kontrolle der Kommission unterliegen.

[36] Vgl. vertiefend zur Täuschungs- und Kollusionsgefahr im Verhältnis des Begünstigten zu den staatlichen Stellen: *Scheuing*, Die Verwaltung 34 (2001), 107 (131).

[37] Vgl. *Baldus*, JA 1994, 311(320 f.); *Fastenrath*, JZ 1992, 1082 (1083); *Happe*, NVwZ 1993, 32 (35).

34 Im vorliegenden Fall wurde eine Beihilfe in Höhe von 12 Millionen € gewährt. Bei einer solchen Größenordnung muss es sich dem begünstigten Wirtschaftsunternehmen geradezu aufdrängen, dass die Beihilfe notifizierungsbedürftig ist.[38] Von einem europäischen Unternehmen, welches einen Freizeitpark in großem Stil plant und zudem als Tochterfirma eines amerikanischen Unternehmens auftritt, das bereits 25 derartige Freizeitparks in den USA betreibt, kann ohne Einschränkung erwartet werden, den gemeinschaftsrechtlichen Anforderungen gerecht zu werden. Überdies ergibt sich bereits aus dem Sachverhalt, dass der Geschäftsführer der M über die Notifizierungsnotwendigkeit durchaus im Bilde war. Dann hätte er sich aber nicht auf die Auskunft des Verwaltungsmitarbeiters verlassen dürfen, sondern hätte sich seiner Informationsobliegenheit entsprechend bei der Kommission über den Stand des Verfahrens selbst erkundigen, zumindest aber entsprechenden Rechtsrat einholen müssen.

Da die M alle diesbezüglichen Maßnahmen unterlassen hat, ist im Ergebnis davon auszugehen, dass sie die Rechtswidrigkeit infolge grober Fahrlässigkeit nicht kannte. Gemäß § 48 II 3 Nr. 3 VwVfG ist sie somit nicht schutzwürdig. Der Rücknahme des Bewilligungsbescheids steht deshalb kein schutzwürdiges Vertrauen der M entgegen.

#### c) Möglicher Ausschluss der Rücknahme wegen Verfristung

35 Die Rücknahme des Bewilligungsbescheids könnte nach § 48 IV 1 VwVfG verfristet sein. Nach dieser Vorschrift ist eine Rücknahme nur innerhalb eines Jahres nach dem Zeitpunkt zulässig, zu dem die Behörde von den die Rücknahme des rechtswidrigen Verwaltungsaktes rechtfertigenden Tatsachen Kenntnis erhalten hat. Diesbezüglich ist auf den Zeitpunkt der sog. Negativentscheidung der Kommission abzustellen.[39] K hat erstmalig im September 2008 aufgrund der Negativentscheidung der Kommission Kenntnis von den entsprechenden Tatsachen erhalten. Die Entscheidung der Kommission wurde nach Ablauf der zweimonatigen Klagefrist gemäß Art. 230 V EG auch bestandskräftig.[40] Selbst bei einem Abstellen auf den Zeitpunkt der Bestandskraft war die Rücknahmefrist zum Zeitpunkt des Erlasses des Rücknahmebescheids im Januar 2010 auf jeden Fall abgelaufen. Der Ausnahmetatbestand des § 48 IV 2 i. V.m. II 3 Nr. 1 VwVfG greift vorliegend nicht ein, weil M den Bewilligungsbescheid weder durch arglistige Täuschung noch durch Drohung oder Bestechung erwirkt hat.

36 Einer Anwendung des § 48 IV 1 VwVfG könnten jedoch gemeinschaftsrechtliche Aspekte entgegen stehen. Nach Ansicht des *EuGH* ist der Empfänger einer rechtswidrig gewährten Beihilfe nicht mehr im Ungewissen, sobald die Kommission eine

---

[38] **Beachte:** Von der Notifizierungspflicht ausgenommen sind bestimmte Gruppen von Beihilfen, die von der Kommission in mehreren Gruppenfreistellungsverordnungen (GVOen) auf der Grundlage der VO (EG) Nr. 994/98 des Rates vom 7. 5. 1998 – sog. Freistellungsverordnung (Sart. II Nr. 172) – näher bestimmt worden sind. Die wichtigste GVO ist die *De minimis*-Verordnung (Abl. EU Nr. L 379 v. 28. 12. 2006), wonach nur geringfügige staatlicher Zuwendungen nicht den Tatbestand des Art. 87 I EG erfüllen; vgl. dazu *Nordmann,* EuZW 2007, 752.

[39] Vgl. BVerwGE 92, 81 (87f.); *OVG Münster* NVwZ 1993, 79 (8) = JZ 1992, 1080 (1082), wonach auf den Zeitpunkt der Kommissionsentscheidung abzustellen ist. Zu den Voraussetzungen einer solchen Negativentscheidung siehe Art. 7 V VerfahrensVO.

[40] Vgl. *BVerwG* NVwZ 1995, 703 (704); *VGH Mannheim* NVwZ 1998, 87 (89); *OVG Koblenz* JZ 1992, 1084 (1086), wonach auf den Zeitpunkt der Bestandskraft der Kommissionsentscheidung abzustellen ist.

Entscheidung erlassen hat, in der die Beihilfe für mit dem Gemeinsamen Markt unvereinbar erklärt und ihre Rückforderung verlangt wird.[41] Demnach kann der Grundsatz der Rechtssicherheit der Rückforderung der Beihilfe nicht entgegenstehen, wenn allein aufgrund des verspäteten Handelns der nationalen Behörden die Anordnung der Rückforderung nach Ablauf der Frist ergeht. Andernfalls würde eine Rückforderung der zu Unrecht gezahlten Beträge praktisch unmöglich gemacht und den Gemeinschaftsvorschriften über die staatlichen Beihilfen jede praktische Wirksamkeit genommen, was mit dem *Effektivitätsgrundsatz* (s.o.) nicht zu vereinbaren sei. Diese insoweit bindende Rechtsansicht wurde von der nationalen Rechtsprechung bestätigt.[42] Und das *BVerfG* hat festgestellt, dass diese Rechtsansicht nicht gegen die Verfassungsprinzipien des Vertrauensschutzes und der Rechtssicherheit verstößt.[43] Der Vertrauensschutz des Begünstigten wird durch die Vorgaben des *EuGH* auch nicht gänzlich aufgehoben. Vielmehr wird der Vertrauensschutz nunmehr auf der Gemeinschaftsebene – wenngleich mit einem geringeren Schutzstandard – gewährleistet und in das Verfahren der Nichtigkeitsklage (Art. 230 IV EG) verlagert, wodurch den rechtsstaatlichen Anforderungen Genüge getan ist.[44]

§ 48 IV 1 VwVfG ist demnach aufgrund der gemeinschaftsrechtlichen Maßgaben nicht anwendbar.

### d) Möglicher Ausschluss der Rücknahme wegen des Grundsatzes von Treu und Glauben

Der Rücknahme des Bewilligungsbescheids könnte der auch im Verwaltungsrecht anwendbare Grundsatz von Treu und Glauben nach § 242 BGB entgegenstehen.[45] Der Rechtsgedanke von Treu und Glauben lässt sich in zwei Unterprinzipien erfassen, nämlich zum einen in Form des Rechtsinstituts der Verwirkung[46] und zum anderen in seiner Ausprägung als Verbot unzulässiger Rechtsausübung.[47] 37

#### aa) Verwirkung

Die Behörde verwirkt ein Recht, wenn sie dieses Recht über einen längeren Zeitraum nicht geltend macht (sog. *Zeitmoment*), und zudem beim Bürger durch zusätzliche Umstände den (vertrauensbegründenden) Eindruck erweckt, von diesem Recht zukünftig keinen Gebrauch machen zu wollen (sog. *Umstandsmoment*).[48] 38

Fraglich ist, ob die K im vorliegenden Fall ihr Recht auf Rücknahme des Bewilligungsbescheids verwirkt hat. Angesichts der nur kurzfristigen Überschreitung der ohnehin zum Ausschluss der Rücknahme führenden Jahresfrist nach § 48 IV VwVfG bestehen bereits erhebliche Bedenken, ob das sog. Zeitmoment erfüllt ist. 39

---

41 *EuGH* Slg. 1997, I-1591 = JZ 1997, 722 = NJW 1998, 47 (Tz. 36f.); vgl. dazu *Sachs*, in: Stelkens/Bonk/Sachs, VwVfG, § 48 Rn. 239ff.

42 BVerwGE 106, 328 (332ff.) = NJW 1998, 3728 (3729f.).

43 *BVerfG* NJW 2000, 2015 (2016) = EuGRZ 2000, 175 (176f.) = BayVBl. 2000, 655 (656); vgl. auch die diesbezüglichen Anmerkungen von *Lindner*, BayVBl. 2000, 656ff.; *Bausback*, BayVBl. 2000, 658f.; *Gündisch*, NVwZ 2000, 1125f.

44 BVerwGE 106, 328 (335) = NJW 1998, 3728 (3730).

45 Zu diesem Grundsatz vgl. *Maurer*, AllgVerwR, § 3 Rn. 28ff.

46 Vgl. BVerwGE 44, 339 (343); *BVerwG* NVwZ 1995, 703 (706).

47 Vgl. BVerwGE 44, 339 (343f.): Verwirkung als Hauptanwendungsfall des *venire contra factum proprium* (Verbot des widersprüchlichen Verhaltens).

48 Vgl. *Wolff/Bachof/Stober/Kluth*, VerwR I, § 37 Rn. 15.; *Kopp/Ramsauer*, VwVfG, § 53 Rn. 45.

Ein treuwidriges Verhalten der Behörde (Umstandsmoment) ließe sich darüber hinaus allenfalls in der bewussten Falschauskunft des Referenten erkennen. Die wahrheitswidrige Behauptung, der Zuschuss sei ordnungsgemäß bei der Europäischen Kommission angezeigt worden, begründet jedoch kein Vertrauen auf die zukünftige Nichtrücknahme des Bewilligungsbescheids im Falle der Rechtswidrigkeit.[49]

Im Ergebnis ist eine Verwirkung der Rücknahmeberechtigung damit nicht gegeben.

**bb) Verbot unzulässiger Rechtsausübung (Rechtsmissbrauchsverbot)**

40 Das Verbot unzulässiger Rechtsausübung griff nach früher Rechtsprechung u.a. dann ein, wenn die Gründe für die vorzunehmende Rechtshandlung – vorliegend die Rücknahme des Bewilligungsbescheids – ausschließlich oder zumindest ganz überwiegend der Risiko- und Verantwortungssphäre der Verwaltung zuzurechnen waren, insbesondere wenn die Behörde für die Rechtswidrigkeit eines Bewilligungsbescheids ganz überwiegend verantwortlich war.[50] Nach einheitlicher Rechtsprechung des *EuGH*[51] und des *BVerwG*[52] steht die Tatsache, dass die Behörde die hauptsächliche Verantwortung für die Rechtswidrigkeit der Beihilfebewilligung trägt, einer Aufhebung des Bescheids jedoch nicht entgegen. Dies ändert nämlich nichts an der mangelnden Schutzwürdigkeit des Vertrauens des Subventionsempfängers (s.o.).

Die Rücknahme des rechtswidrigen Bewilligungsbescheids ist somit nicht durch den Rechtsgrundsatz von Treu und Glauben ausgeschlossen.

**e) Ermessen**

41 Nach § 48 I 1 VwVfG wird der Behörde hinsichtlich der Frage, ob und inwieweit der rechtswidrige Verwaltungsakt zurückgenommen wird, ein Ermessen eingeräumt („kann"). Aufgrund entsprechender Ermessenserwägungen kann von einer Rücknahme im Einzelfall ganz oder teilweise abgesehen werden. Diesbezüglich ist aber wiederum auf den *Effektivitätsgrundsatz* (s.o.) abzustellen. Bei staatlichen Beihilfen, die für mit dem Gemeinsamen Markt unvereinbar erklärt werden, beschränkt sich die Rolle der nationalen Behörden auf die Durchführung der Kommissionsent-

[49] Deutlich *EuGH* EuZW 2008, 503 (Tz. 24), m.w.N.: „Nach ständiger Rechtsprechung kann sich ein Mitgliedstaat, dessen Behörden eine Beihilfe unter Verletzung der Verfahrensbestimmungen des Art. 88 EG gewährt haben, [...] nicht unter Berufung auf das geschützte Vertrauen der Begünstigten der Verpflichtung entziehen, die erforderlichen Maßnahmen zur Durchführung einer Entscheidung der Kommission zu ergreifen, die die Rückforderung dieser Beihilfe anordnet. Andernfalls wären die Art. 87 und 88 EG insoweit wirkungslos, als die nationalen Behörden sich auf ihr eigenes rechtswidriges Verhalten stützen könnten, um Entscheidungen der Kommission nach diesen Vertragsbestimmungen ihrer Wirkung zu berauben."

[50] So noch *BVerwG* NVwZ 1995, 703 (706). Es handelt sich dabei um die Fallgruppe der *exceptio doli praeteriti*, nach der ein durch unredliches Verhalten erworbenes Recht (hier: das Aufhebungsrecht der Behörde) wegen dieser Unredlichkeit nicht geltend gemacht werden darf; vgl. *Müller*, Die Aufhebung von Verwaltungsakten unter dm Einfluss des Europarechts, 2000, S. 252.

[51] *EuGH* Slg. 1997, I-1591 = JZ 1997, 722 = NJW 1998, 47 (Tz. 41): „Die Verpflichtung des Begünstigten, sich zu vergewissern, dass das Verfahren des Art. 88 III EG eingehalten wurde, kann nicht vom Verhalten der Behörde abhängen, auch wenn diese für die Rechtswidrigkeit des Bescheids in einem Maße verantwortlich war, dass die Rücknahme als Verstoß gegen Treu und Glauben erscheint."

[52] BVerwGE 106, 328 (338) = NJW 1998, 3728 (3731).

scheidung. Insofern wird das Ermessen der nationalen Behörden bezüglich der Rücknahme eines Bewilligungsbescheids auf Null reduziert.[53]

**Zwischenergebnis:** Die Rücknahme des Bewilligungsbescheids findet ihre Rechtsgrundlage in § 48 VwVfG und ist vorliegend rechtmäßig. Die Anfechtungsklage der M gegen den Rücknahmebescheid ist somit unbegründet.

### V. Begründetheit der Klage hinsichtlich des Rückforderungsbescheids

Die Anfechtungsklage ist hinsichtlich des Rückforderungsbescheids begründet, so- 42
weit dieser Verwaltungsakt rechtswidrig und der Kläger dadurch in seinen Rechten verletzt ist (§ 113 I 1 VwGO).

#### 1. Rechtsgrundlage

Als Rechtsgrundlage für den Rückforderungsbescheid kommt § 49a VwVfG in Be- 43
tracht, der gegenüber dem (allgemeinen) öffentlich-rechtlichen Erstattungsanspruch *lex specialis* ist.[54]

#### 2. Formelle Rechtmäßigkeit

Bezüglich der formellen Rechtmäßigkeit des Rückforderungsbescheids bestehen 44
keine Bedenken. Die zu erstattende Leistung wurde zudem – wie von § 49a I 2 VwVfG vorgesehen – durch schriftlichen Verwaltungsakt festgesetzt.

#### 3. Materielle Rechtmäßigkeit

Fraglich ist, ob der Rückforderungsbescheid materiell rechtmäßig ist. 45

#### a) Voraussetzungen des Erstattungsanspruchs

Wird ein Verwaltungsakt mit Wirkung für die Vergangenheit zurückgenommen, 46
sind bereits erbrachte Leistungen nach § 49a I 1 VwVfG zu erstatten. Eine solche rechtmäßige Rücknahme gem. § 48 VwVfG ist im vorliegenden Fall gegeben (s.o.). Die Geltendmachung des Erstattungsanspruchs ist eine gebundene Entscheidung, es besteht insofern keinerlei Ermessensspielraum („*sind* bereits erbrachte Leistungen *zu erstatten*"). Die M ist somit grundsätzlich nach § 49a I 1 VwVfG zur Erstattung der 12 Millionen € verpflichtet.

#### b) Umfang des Erstattungsanspruchs

Fraglich ist im vorliegenden Fall, ob M den Einwand der Entreicherung geltend 47
machen kann, da der Subventionsbetrag in vollem Umfang zur Schuldentilgung verwendet wurde und damit im Vermögen der M nicht mehr vorhanden ist.

Gemäß § 49a II 1 VwVfG gelten hinsichtlich des Umfangs des Erstattungsanspru- 48
ches die Vorschriften des Bürgerlichen Gesetzbuches über die Herausgabe einer ungerechtfertigten Bereicherung entsprechend. Damit kommt § 818 III BGB hin-

---

[53] *EuGH* NVwZ 2002, 195; NJW 1998, 47 (48f.); NJW 1984, 2024 (2025); BVerwGE 92, 81 (87); *BVerwG* NVwZ 1995, 705 (706); *Sachs,* in: Stelkens/Bonk/Sachs, VwVfG, § 48 Rn. 96ff.; *Dickersbach,* NVwZ 1996, 962 (970); *Erichsen/Brügge,* Jura 1999, 155 (162); *Brenner/Huber,* DVBl. 1999, 764 (773); *Sydow,* JuS 2005, 97 (102); *Rennert,* DVBl. 2007, 400 (403).

[54] Vgl. *Detterbeck/Windthorst/Sproll,* StHR, 2000, § 26 Rn. 3.

sichtlich einer möglichen Entreicherung analog zur Anwendung. Nach § 818 III BGB ist eine Verpflichtung zur Herausgabe oder zum Wertersatz ausgeschlossen, soweit der Empfänger nicht mehr bereichert ist.

49 Bereits nach zivilrechtlichen Grundsätzen ist kein Fall einer Entreicherung gegeben, wenn der Bereicherungsschuldner das Erlangte zur Schuldentilgung eingesetzt hat, weil die Befreiung von einer Verbindlichkeit eine fortbestehende Bereicherung darstellt.[55] Auch der *EuGH* sieht vorliegend keinen Fall der Entreicherung.[56] Gerade bei staatlichen Beihilfen begründet ein Wegfall der Bereicherung keinen atypischen Fall. Ein Wegfall der Bereicherung ist vielmehr als Regelfall anzusehen, weil diese Art von Beihilfen im Allgemeinen gerade solchen Unternehmen gewährt wird, die sich in finanziellen Schwierigkeiten befinden, und deren Bilanz im Zeitpunkt der Rückforderung nicht mehr den aus der Beihilfe unbestreitbar resultierenden Vermögenszuwachs erkennen lässt. Einem Unternehmen, das nach der Gewährung einer Beihilfe Verluste erleidet, können gleichwohl aus seinem einstweiligen Fortbestand weiterhin Vorteile erwachsen, die sich der Begünstigte trotz Wegfalls der monetären Bereicherung anrechnen lassen muss. Zu berücksichtigen sind diesbezüglich insbesondere Vorteile aufgrund der Wahrung der Marktposition, des Rufes oder des Kundenkreises. Im Ergebnis liegt somit auch nach der Rechtsprechung des *EuGH* kein Wegfall der Bereicherung vor, welchen die M dem Rückerstattungsanspruch entgegen halten könnte.[57]

**Zwischenergebnis:** Der auf § 49a VwVfG beruhende Rückzahlungsbescheid ist rechtmäßig. Die Anfechtungsklage ist damit unbegründet.

### Ergebnis

Sowohl die Anfechtungsklage gegen den Rücknahmebescheid als auch die Anfechtungsklage gegen den Rückzahlungsbescheid ist unbegründet.

## D. Wiederholungs- und Vertiefungsfragen

### Frage 1: Können Konkurrenten des unter Verstoß gegen Art. 88 III 3 EG subventionierten Unternehmens die Aufhebung des Bewilligungsbescheids vor nationalen Gerichten beantragen?

50 a) Fraglich ist zunächst, ob die nationalen Gerichte überhaupt zuständig sind, staatliche Subventionsmaßnahmen am Maßstab des EG-Rechts zu prüfen. Die Art. 87ff. EG sind differenziert ausgestaltet mit der Maßgabe, dass die Kommission und die nationalen Gerichte sich im beihilferechtliche Kontrollsystem ergänzen.[58]

---

[55] Vgl. Palandt/*Sprau,* BGB, 68. Aufl. 2009, § 818 Rn. 38.

[56] Vgl. *EuGH* Slg. 1997, I-1591 = JZ 1997, 722 = NJW 1998, 47 (Tz. 51)

[57] **Beachte:** Geht ein Bearbeiter entgegen dem hier dargelegten Lösungsweg vom Wegfall der Bereicherung aus, dann ist konsequent weiter zu prüfen, ob der Ausschlusstatbestand des § 49a II 2 VwVfG eingreift: Ein Berufen auf den Wegfall der Bereicherung ist nach dieser Vorschrift dann nicht möglich, soweit der Begünstigte die Umstände, die zur Rücknahme des Verwaltungsakts geführt haben, kannte oder infolge grober Fahrlässigkeit nicht kannte. Im Ergebnis ist hier aufgrund derselben Überlegungen und Argumente, die bereits im Rahmen des § 48 II VwVfG zum Entfallen des Vertrauensschutzes angestellt worden sind, festzuhalten, dass M sich auch nach diesem Lösungsweg aufgrund § 49a II 2 VwVfG nicht auf den Wegfall der Bereicherung berufen kann.

[58] Zum Folgenden: *EuGH* NVwZ 2007, 64 (Tz. 35ff.) – Transalpine Ölleitung.

aa) Für die Beurteilung der *materiell-rechtlichen Vereinbarkeit* staatlicher Beihilfen mit dem Gemeinsamen Markt (Art. 87 I EG) ist ausschließlich die *Kommission* zuständig (Entscheidungsmonopol), die dabei der Kontrolle des *EuGH* und des *EuG* unterliegt. Das Entscheidungsmonopol der Kommission ergibt sich bereits daraus, dass Art. 87 I EG nicht unmittelbar anwendbar ist und deshalb des Vollzugs durch die Kommission bedarf. Außerdem kann die Kommission eine Entscheidung erlassen, mit welcher dem betroffenen Mitgliedstaat aufgegeben wird, die *rechtswidrige Beihilfe* einstweilig zurückzufordern, bis die Kommission eine Entscheidung über die Vereinbarkeit der Beihilfe mit dem Gemeinsamen Markt erlassen hat (Art. 11 II VerfahrensVO, sog. Rückforderungsanordnung). „Rechtswidrige Beihilfen" sind solche, die unter Verstoß gegen Art. 88 III EG eingeführt worden sind (Art. 1 lit. f VerfahrensVO), d.h. *formell rechtswidrige* Beihilfen. Die rechtlichen Anforderungen an eine Rückforderungsanordnung der Kommission sind allerdings sehr restriktiv; u.a. muss „ein erheblicher und nicht wiedergutzumachender Schaden für einen Konkurrenten [...] ernsthaft zu befürchten" sein. Auch insoweit unterliegt die Kommission selbstverständlich der Rechtmäßigkeitskontrolle durch die europäischen Gerichte. 51

bb) Die *nationalen Gerichte* besitzen *keine Zuständigkeit* für die *materiell-rechtliche Prüfung*, ob die Beihilfe mit dem Gemeinsamen Markt vereinbar ist (Art. 87 I EG). Im Unterschied zu Art. 87 I EG ist Art. 88 III EG jedoch unmittelbar anwendbares Gemeinschaftsrecht[59], das auch die nationalen Gerichte anwenden dürfen und müssen.[60] Die nationalen Gerichte entscheiden über die Wahrung der Rechte des Einzelnen bei Verstößen gegen die Verpflichtung aus Art. 88 III EG, staatliche Beihilfen der Kommission im Voraus zu melden[61] *(Notifizierungsgebot)*, und diese nicht vor dem Abschluss der Konformitätskontrolle durch die Kommission umzusetzen *(Durchführungsverbot)*, d.h. über *formell rechtswidrige Beihilfen*. In diesem Rahmen hat das nationale Gericht auch die Befugnis, den Begriff der Beihilfe – nach Maßgabe der *EuGH*-Rechtsprechung – auszulegen; es muss insbesondere prüfen, ob die fragliche Maßnahme einen Vorteil darstellt und ob sie selektiv ist, d.h. ob sie bestimmte Unternehmen oder bestimmte Erzeuger i.S.v. Art. 87 I EG begünstigt.[62] Bestehen insoweit Zweifel, so kann das nationale Gericht dem *EuGH* die Rechtsfrage zur Entscheidung vorlegen (Art. 234 EG). 52

Soweit es sich um die *Frage* der *formellen Gemeinschaftsrechtswidrigkeit* handelt, sind die nationalen Gerichte somit zuständig, in Deutschland im Falle der Subventionsvergabe in einer öffentlich-rechtlichen Handlungsform (Verwaltungsakt oder Verwaltungsvertrag) die Verwaltungsgerichtsbarkeit (§ 40 I 1 VwGO).

b) Die nationalen Gerichte können von den Konkurrenten des Beihilfebegünstigten mit der Begründung angerufen werden, die Beihilfegewährung sei unter Verstoß gegen Art. 88 III 3 EG (Durchführungsverbot) erfolgt.[63] Aufgabe der Gerichte ist es, die Rechte des Einzelnen dagegen zu schützen, dass staatliche Stellen das Durch- 53

---

[59] *EuGH* Slg. 1973, 1471 (Tz. 8f.) – Lorenz/Deutschland.

[60] In Betracht kommt eine Zuständigkeit nationaler Gerichte auch für die Anwendung von Gruppenfreistellungsverordnungen (GVOen), die auf der Grundlage der VO (EG) 994/98 (Sart. II Nr. 172) erlassen worden sind; vgl. dazu *Ruthig/Storr*, Öfftl. WirtR, Rn. 948; *Triantafyllou*, EuR 2003, 480 (485).

[61] *EuGH* EuZW 2004, 87 (Tz. 75) – van Calster; NVwZ 2007, 64 (Tz. 38) – Transalpine Ölleitung.

[62] Vgl. *EuGH* NVwZ 2007, 64 (Tz. 39) – Transalpine Ölleitung; vgl. auch *EuGH* EuZW 2007, 511 (Tz. 50) – Lucchini.

[63] *EuGH* Slg. 1991, I-5505 (Tz. 12) – FNCE; Slg. 1996, I-3547 (Tz. 39f.) – SFEI.

führungsverbot vor dem Erlass der Kommissionsentscheidung, mit der die Beihilfen ggf. genehmigt werden, verletzen.[64] Dabei geht es insbesondere um den Schutz derjenigen, die von der mit der Gewährung der rechtswidrigen Beihilfe hervorgerufenen Wettbewerbsverzerrung betroffen sind. Das Verfahren vor den nationalen Gerichten richtet sich allein nach dem mitgliedstaatlichen Recht; Gemeinschaftsrecht besteht insoweit nicht. Auch die VerfahrensVO enthält keine Vorschriften über die Befugnisse und Verpflichtungen der nationalen Gerichte. Gebunden sind sie aber an die Bestimmungen des EG-Vertrags in ihrer Auslegung durch den *EuGH.* Dazu gehört auch, dass die Bedingungen nicht weniger günstig sein dürfen als diejenigen, die Rechte betreffen, die ihren Ursprung in der innerstaatlichen Rechtsordnung haben *(Äquivalenzgrundsatz),* und sie dürfen die Ausübung der durch die Gemeinschaftsrechtsordnung verliehenen Rechte nicht praktisch unmöglich machen oder übermäßig erschweren *(Effektivitätsgrundsatz).* Die nationalen Gerichte müssen sicherstellen, dass aus dem Rechtsverstoß „entsprechend ihrem nationalen Recht sämtliche Folgerungen sowohl bezüglich der Gültigkeit der Rechtsakte zur Durchführung der Beihilfemaßnahmen als auch bezüglich der Rückforderung der finanziellen Unterstützungen, die unter Verletzung dieser Bestimmung oder eventueller vorläufiger Maßnahmen gewährt wurden, gezogen werden."[65]

**Frage 2: Stellen Sie sich vor, das nationale Gericht ordnet auf Klage eines Konkurrenten die Rückforderung der bereits ausgezahlten Beihilfe wegen Verstoßes gegen Art. 88 III 3 EG an. Später erklärt die Kommission die Beihilfe für mit dem Gemeinsamen Markt vereinbar, d.h. für materiell rechtmäßig gem. Art. 87 I EG. Wird der Verfahrensverstoß (Art. 88 III 3 EG) dadurch rückwirkend „geheilt"?**

**54** Da es sich bei der Verletzung des Durchführungsverbots (Art. 88 III 3 EG) um einen rein verfahrensrechtlichen Verstoß handelt, Form- und Verfahrensvorschriften aber regelmäßig nur „dienende" Funktion besitzen, liegt der Gedanke nahe, dass die Vereinbarkeitserklärung der Kommission (sog. *Positiventscheidung*, vgl. Art. 7 III VerfahrensVO) eine den Verfahrensverstoß heilende Wirkung besitzt.

Der *EuGH* lehnt die rückwirkende „Heilungsfunktion" einer Positiventscheidung der Kommission jedoch nachdrücklich ab: „Eine Entscheidung der Kommission, mit der eine nicht angemeldete Beihilfe für mit dem Gemeinsamen Markt vereinbar erklärt wird, hat nicht die Heilung der unter Verstoß gegen das Verbot des Art. 88 III 3 EG ergangenen und deshalb ungültigen Durchführungsmaßnahmen zur Folge, da sie andernfalls die unmittelbare Wirkung dieser Vorschrift beeinträchtigen und die Interessen der Einzelnen, deren Wahrung Aufgabe der nationalen Gerichte ist, verletzen würde. Jede andere Auslegung würde die Missachtung dieser Vorschrift durch den betreffenden Mitgliedstaat begünstigen und der Vorschrift ihre praktische Wirksamkeit nehmen."[66] Die Kommission sei auch nicht befugt zu entscheiden, dass eine unter Verstoß gegen Art. 88 III 3 EG durchgeführte Beihilferegelung mit ex tunc-Wirkung rechtmäßig sei.[67]

---

[64] *EuGH* NVwZ 2007, 64 (Tz. 44) – Transalpine Ölleitung; dort (Tz. 35, 45 ff.) auch zum Folgenden.
[65] *EuGH* NVwZ 2007, 64 (Tz. 47) – Transalpine Ölleitung.
[66] *EuGH* NVwZ 2007, 64 (Tz. 41) – Transalpine Ölleitung; EuZW 2004, 87 (Tz. 63) – van Calster.
[67] Vgl. *EuGH* EuZW 2004, 87 (Tz. 73) – van Calster.

Das nationale Gericht trifft allerdings keine Pflicht, die Rückforderung einer unter Verstoß gegen Art. 88 III 3 EG gewährten Beihilfe anzuordnen, wenn die Kommission *zuvor* bereits eine abschließende Entscheidung getroffen hat, mit der die Beihilfe gem. Art. 87 I EG für mit dem Gemeinsamen Markt vereinbar erklärt wird. Nach dem Gemeinschaftsrecht ist das nationale Gericht nur verpflichtet, dem Beihilfeempfänger aufzugeben, für die Dauer der Rechtswidrigkeit Zinsen zu zahlen. Der Grund besteht darin, dass in diesem Fall der nicht gerechtfertigte Vorteil zum einen in der Nichtzahlung von Zinsen besteht, die der Beihilfeempfänger wegen der verfrühten Auszahlung bis zum Erlass der Kommissionsentscheidung für den Betrag auf dem Markt hätte entrichten müssen; zum anderen besteht der Vorteil in der Verbesserung der Wettbewerbssituation des Beihilfeempfängers während der Dauer der formellen Rechtswidrigkeit.[68] Diese Vorteile werden durch die Verurteilung zu einer marktgerechten Verzinsung für den fraglichen Zeitraum hinreichend kompensiert. Das schließt nicht aus, dass das nationale Recht darüber hinaus auch die Rückforderung der formell rechtswidrigen Beihilfe anordnet, unbeschadet des Rechts des Mitgliedstaats, diese später erneut zu gewähren. Dasselbe gilt für die Zuerkennung von Schadensersatzansprüchen zugunsten des klagenden Mitbewerbers, sofern das nationale Recht dies vorsieht.[69]

**Frage 3: Ist die Rücknahme eines Subventionsbescheides gem. § 48 VwVfG auch bei lediglich formeller Gemeinschaftsrechtswidrigkeit möglich?**

Die Kommission hat das Entscheidungsmonopol über die Vereinbarkeit einer mit- 55
gliedstaatlichen Beihilfe mit Art. 87 I EG (*materielle Gemeinschaftsrechtswidrigkeit*, s.o.); deshalb sind die nationalen Behörden und Gerichte zu einer solchen materiellrechtlichen Entscheidung nicht befugt. Liegt hingegen (auch) ein Verstoß gegen das *Notifizierungsgebot* (Art. 88 III 1 EG) und/oder das *Durchführungsverbot* (Art. 88 III 3 EG) vor, aber (noch) keine Kommissionsentscheidung, dann ist der Bewilligungsbescheid lediglich *formell gemeinschaftsrechtswidrig* (s.o.). Die *Kommission* hat in diesem Fall nur die Möglichkeit, eine *einstweilige* Rückzahlungsanordnung zu erlassen (Art. 11 II VerfahrensVO). Es kommt allerdings in Betracht, dass ein aufgrund eines Verstoßes gegen Art. 88 III EG formell gemeinschaftsrechtswidriger Beihilfebescheid unter den Voraussetzungen des § 48 I 1 VwVfG von der zuständigen nationalen Behörde aufgehoben und die Rückzahlung des Geldes gem. § 49a VwVfG angeordnet wird. Das setzt voraus, dass auch die formelle Gemeinschaftsrechtswidrigkeit des Bescheides zur Rechtswidrigkeit gem. § 48 I 1 VwVfG führt.

In der *Literatur*[70] ist einige Zeit die Ansicht vorherrschend gewesen, eine Rechts- 56
widrigkeit gem. § 48 I 1 VwVfG liege nur in den Fällen der materiellen Gemeinschaftsrechtswidrigkeit vor. Vor allem der Notifizierungspflicht (Art. 88 III 1 EG)

---

[68] *EuGH* EuZW 2008, 145 = GewArch. 2008, 247 (Tz. 50ff., 55) – CELF ./. SIDE; vgl. dazu *Lindner*, GewArch. 2008, 236 (238f.).

[69] *EuGH* EuZW 2008, 145 = GewArch. 2008, 247 (Tz. 53) – CELF ./. SIDE. Ausführlich und kritisch zur BGH-Rechtsprechung, die bei einer unter Verstoß gegen Art. 88 III 3 EG gewährten Beihilfe von der Nichtigkeit des Subventionsvertrages gem. § 134 BGB ausgeht: *Fiebelkorn/Petzold*, EuZW 2009, 323ff., m.w.N.; *Bartosch*, EuZW 2008, 235 (239f.).

[70] Vgl. *Triantafyllou*, NVwZ 1992, 436 (439); *Knösels*, VerwRdsch. 1990, 159f.; *Stober*, JZ 1992, 1087; *Dickersbach*, NVwZ 1993, 846 (849); *ders.*, NVwZ 1996, 962 (967); *Kokott*, DVBl. 1993, 1235 (1236). Differenzierend *Sachs*, in: Stelkens/Bonk/Sachs, VwVfG, § 48 Rn. 22: Jedenfalls dann, wenn die Kommission einen materiellen Verstoß gegen das Gemeinschaftsrecht verneine, sei eine Rückabwicklung der inhaltlich unbedenklichen Beihilfe „kaum sachgerecht".

wurde insoweit lediglich eine dienende Funktion zuerkannt.[71] Die bloß formelle Rechtswidrigkeit eines Bescheids sage zudem nichts darüber aus, ob die Beihilfe mit dem Gemeinsamen Markt vereinbar sei, weil die formelle Gemeinschaftsrechtswidrigkeit durch die materielle Gemeinschaftsrechtskonformität geheilt werden könne. Eine Rücknahme des Subventionsbescheids sei erst dann zulässig, wenn die Kommission die materielle Gemeinschaftsrechtswidrigkeit festgestellt habe. Diesem Argument steht aber bereits entgegen, dass Art. 88 III EG in den Mitgliedstaaten unmittelbar geltendes Recht ist, und deshalb ein Verstoß die Beihilfe auch nach innerstaatlichem Recht rechtswidrig macht.[72]

**57** Die *Gegenansicht* lässt deshalb auch bei bloß formeller Gemeinschaftsrechtswidrigkeit eine Rücknahme nach § 48 VwVfG zu.[73] Zur Begründung wird darauf verwiesen, dass sonst die praktische Wirksamkeit *(effet utile)* des Art. 88 III EG unterlaufen werden könnte und sich der Verstoß gegen diese Vorschriften unter Umständen später nicht vollständig ausgleichen lasse. Insoweit ist vor allem beachtlich, dass das unter Verstoß gegen das Durchführungsverbot des Art. 88 III 3 EG begünstigte Unternehmen durch die vorzeitige Auszahlung der Subvention einen rechtswidrigen Wettbewerbsvorteil erhält.[74] Eine Heilungswirkung kann insoweit auch einer späteren Positiventscheidung der Kommission nicht zukommen (vgl. Frage 2).

Ein formell gemeinschaftsrechtswidriger Subventionsbescheid ist somit rechtswidrig i.S.v. § 48 I 1 VwVfG; eine Rücknahme des Bescheids ist grundsätzlich möglich.

**Frage 4: Ergeben sich bei einer bloß formellen Gemeinschaftsrechtswidrigkeit der Subvention Unterschiede zur Lösung von Fall 3 bei der Ermessensprüfung?**

**58** Hat die Kommission die materielle Gemeinschaftsrechtswidrigkeit der Subvention durch eine sog. *Negativentscheidung* (vgl. Art. 7 V VerfahrensVO) festgestellt und eine Rückforderungsentscheidung nach Art. 14 VerfahrensVO erlassen, dann ist das Ermessen der nationalen Behörde im Rahmen von § 48 I VwVfG (Rücknahmeermessen) auf Null reduziert (vgl. Fall 3).[75] Fraglich ist, ob dies auch gilt, wenn die Subvention nur formell gemeinschaftsrechtswidrig ist.

**59** Nach einer Ansicht in der *Literatur*[76] ist die Rücknahme eines Bewilligungsbescheids wegen allein formeller Rechtsfehler jedenfalls dann unverhältnismäßig und damit ein Ermessensfehler, wenn die Kommission später die materielle Rechtmäßigkeit der Beihilfe feststellt.

**60** Nach der *Gegenansicht*[77] hat die Frage der materiellen Vereinbarkeit mit dem Gemeinschaftsrecht grundsätzlich keine Auswirkungen auf die Ermessenserwägungen

---

[71] Vgl. *Triantafyllou,* DÖV 1999, 51 (57); *Suerbaum,* VerwArch. 91 (2000), 169 (183).

[72] *Oldiges,* NVwZ 2001, 626 (633); wohl auch *Ehlers,* GewArch. 1999, 305 (307). Vgl. auch *EuGH* Slg. 1996, I-3572 (Tz. 39f., 68ff.); *EuGH* Slg. 1991, I-5505 (Tz. 12, 16); *Kahl/Diederichsen,* in: Schmidt/Vollmöller, Kompendium Öfftl. WirtR, § 7 Rn. 129.

[73] *Oldiges,* NVwZ 2001, 626 (633); *Ehlers,* GewArch. 1999, 305 (307); *Remlinger,* Die Einwirkung des Gemeinschaftsrechts auf die Rückabwicklung rechtswidriger Beihilfeverhältnisse, 2001, S. 224ff.; früher bereits *Jestaedt,* EuZW 1993, 49 (51); *Richter,* Rückforderung staatlicher Beihilfen nach §§ 48, 49 VwVfG bei Verstoß gegen Art. 92ff. EGV, 1995, S. 92ff.; *Erichsen/Buchwald,* Jura 1995, 84 (89).

[74] *Remmert,* EuR 2000, 469 (476); *Ehlers,* GewArch. 1999, 305 (307): „So kann rückwirkend kaum die dieselbe Wettbewerbssituation wie zuvor hergestellt werden."

[75] Vgl. *Ehlers,* GewArch. 1999, 305 (307); *Oldiges,* NVwZ 2001, 626 (633).

[76] *Knösels,* VerwRdsch. 1990, 159; *Stober,* JZ 1992, 1087 (1087).

[77] *Ehlers,* GewArch. 1999, 305 (307).

der nationalen Behörde. Diese darf den Bewilligungsbescheid zurücknehmen, muss es aber nicht.

Letztlich erscheint eine *differenzierende Lösung* vorzugswürdig, die sich an den inhaltlichen Maßgaben des Art. 11 VerfahrensVO ausrichtet. Diese Vorschrift wendet sich zwar nur an die Kommission; die in ihr enthaltenen Aspekte sind aber gleichwohl von allgemeiner Bedeutung und deshalb als maßgebliche Abwägungsbelange auch für die Ermessensentscheidung der nationalen Behörde beachtlich.[78] Nach Art. 11 II VerfahrensVO ist eine einstweilige Rückforderungsanordnung der Kommission nur dann zulässig, wenn der Beihilfecharakter der Maßnahme außer Zweifel steht, ein Tätigwerden dringend geboten ist und auch bei nur einstweiliger Belassung der Beihilfe „ein erheblicher und nicht wiedergutzumachender Schaden für einen Konkurrenten [...] ernsthaft zu befürchten" ist. Durch die Berücksichtigung dieser Kriterien im Rahmen der behördlichen Ermessensentscheidung wird nicht nur der materiellen Relevanz des Verfahrensverstoßes Rechnung getragen[79], sondern auch der Gesichtspunkt des unrechtmäßigen Wettbewerbsvorteils mit einbezogen. Sofern das auch nur vorübergehende Behaltendürfen der Subvention dem Begünstigten gegenüber seinen Konkurrenten einen nicht tragbaren Wettbewerbsvorteil verschaffen würde, ist von einer Ermessensreduzierung auf Null auszugehen. 61

Die nationale Behörde hat ihr Rücknahmeermessen unter Berücksichtigung dieser Kriterien auszuüben. Auch eine spätere Positiventscheidung der Kommission ändert nichts an einer im Übrigen ermessensfehlerfreien Rücknahmeentscheidung.

## E. Wiederholungs- und Vertiefungshinweise

Überblick zum deutschen Subventions- und EG-Beihilfenrecht:
*Kühling/el-Barudi,* Grundzüge des Rechts der Wirtschaftsförderung, Jura 2006, 672; *Mähring*, Grundzüge des EG-Beihilfenrechts, JuS 2003, 448; *Ruthig/Storr,* Öfftl. WirtR, Rn. 741 ff. (Subventionsrecht), Rn. 892 ff. (europäisches Beihilfenrecht); *Ziekow,* Öfftl. WirtR, § 6 (S. 68 ff.); *Kahl/Diederichsen,* in: Schmidt/Vollmöller, Kompendium Öfftl. WirtR, § 7 (S. 215 ff.); *Schliesky,* Öfftl. WirtR, S. 75 ff. (EG-Beihilfenrecht), S. 124 ff. (Wirtschaftsförderung).

Zum Beihilfeverfahrensrecht:
*Ludwigs,* Die Verordnung (EG) Nr. 659/1999 und die neuere Rechtsprechung der Gemeinschaftsgerichte zum Beihilfeverfahrensrecht, Jura 2006, 41; *Lumma,* Die Stellung Dritter in der Beihilfekontrolle, EuZW 2004, 457; *Triantafyllou,* Rechtsschutzmöglichkeiten im europäischen Beihilfewesen, EuR 2003, 480.

Zur beihilferechtlichen Kontrolle durch nationale Gerichte:
*Ruthig/Storr,* Öfftl. WirtR, Rn. 815 f.; *Ziekow,* Öfftl. WirtR, § 6 Rn. 102 ff.; *Bartosch,* Die Durchsetzung der Beihilferechtswidrigkeit staatlicher Maßnahmen vor nationalen Gerichten, EuZW 2005, 396; *ders.,* Die private Durchsetzung des gemeinschaftlichen Beihilfeverbots, EuZW 2008, 235; *Fiebelkorn/Petzold,* Durchführungsverbot gemäß Art. 88 III 3 EG, Rückforderungsverpflichtung und Nichtigkeitsfolge: Ist die BGH-Rechtsprechung praxisgerecht?, EuZW 2009, 323; *Heidenhain,* Rechtsfolgen eines Verstoßes gegen das Durchführungsverbot des Art. 88 III 3 EG – Bemerkungen zu *BGH,* EuZW 2003, 444 und EuZW 2004, 252; EuZW 2005, 135; *Martin-Ehlers/Strohmayr,* Private Rechtsdurchsetzung im EG-Beihilfenrecht –

---

[78] Zurückhaltender *Ziekow,* Öfftl. WirtR, § 6 Rn. 120, m. w. N.
[79] *Oldiges,* NVwZ 2001, 626 (633).

Konkurrentenklagen vor deutschen Zivilgerichten, EuZW 2008, 745; *Soltész,* Der Rechtsschutz des Konkurrenten gegen gemeinschaftswidrige Beihilfen, EuZW 2001, 202.

Zur Frage, inwieweit bei § 48 I VwVfG eine gemeinschaftsrechtlich begründete Rücknahmepflicht nach Eintritt der Bestandskraft des Verwaltungsakts besteht: *EuGH* Slg. 2006, I-8559 – Arcor; *EuGH* EuZW 2008, 148 – Kempter; *BVerwG* NVwZ 2007, 709; *BVerfG* NVwZ 2008, 550; *Englisch,* Anspruch auf Rücknahme gemeinschaftsrechtswidriger belastender Verwaltungsakte nach Eintritt der Bestandskraft?, Die Verwaltung 41 (2008), 99; *Gärditz,* Die Bestandskraft gemeinschaftswidriger Verwaltungsakte zwischen Kasuistik und Systembildung, NWVBl. 2006, 441; *Haack,* Die Bestandskraft gemeinschafsrechtswidriger Verwaltungsakte, Jura 2008, 739; *Herrmann/Kruis,* Die Rückforderung vertraglich gewährter gemeinschaftswidriger Beihilfen unter Beachtung des Gesetzesvorbehalts, EuR 2007, 141; *Kremer,* Gemeinschaftsrechtliche Grenzen der Rechtskraft, EuR 2007, 470; *Ludwigs,* Die Arcor-Entscheidung des *EuGH:* Ein Beitrag zur Stärkung der mitgliedstaatlichen Verfahrensautonomie, NVwZ 2007, 549; *Rennert,* Bestandskraft rechtswidriger Verwaltungsakte und Gemeinschaftsrecht, DVBl. 2007, 400; *Ruffert,* Anmerkung: Rücknahme bestandskräftiger gemeinschaftsrechtswidriger Verwaltungsakte, JZ 2007, 404.

# Fall 4: Subventionen für einen Freizeitpark (2. Teil)

## A. Inhalt

Allgemeine Leistungsklage; Subventionsgewährung durch Verwaltungsvertrag und Auswirkung auf die Rückabwicklung des Subventionsverhältnisses; Einfluss des Gemeinschaftsrechts, insbesondere der europäischen Beihilfeaufsicht, auf das nationale Verwaltungsrecht; allgemeiner öffentlich-rechtlicher Erstattungsanspruch.

## B. Sachverhalt

Der Sachverhalt entspricht der Aufgabenstellung in Fall 3. Allerdings beauftragt der Stadtrat von K den Oberbürgermeister diesmal ausdrücklich, mit M über die Subventionsmodalitäten zu verhandeln und ausschließlich eine vertragliche Vereinbarung zu treffen. Der Oberbürgermeister von K und der Geschäftsführer der M unterzeichnen daraufhin einen „Kreditvertrag". Danach ist der zu gewährende Kredit nach einer Laufzeit von 50 Jahren in einem einmaligen Betrag zur Rückzahlung fällig. Eine Verzinsung des Kredits ist nach der Vereinbarung nicht vorgesehen. Ein Subventionsbescheid geht der vertraglichen Vereinbarung nicht voraus. Nach der Negativentscheidung der Kommission vom September 2008 fürchtet der Oberbürgermeister um den guten Ruf der Stadt K im europäischen Ausland. Um ebenso entschlossen wie bei der Gewährung des Kredits aufzutreten, erhebt die Stadt K vor dem örtlich zuständigen Verwaltungsgericht Klage mit dem Antrag, M zur Rückzahlung der 12 Millionen € zu verurteilen.

**Bearbeitervermerk:** Untersuchen Sie die Erfolgsaussichten der verwaltungsgerichtlichen Klage der Stadt K.

**Hinweis:** Beachten Sie bitte die Verordnung (EG) Nr. 659/1999 des Rates vom 22. März 1999 über besondere Vorschriften für die Anwendung von Art. 88 EG (VerfahrensVO) im Sartorius II Nr. 173.

## C. Lösung

Die Klage der Stadt K hat Erfolg, wenn der Verwaltungsrechtsweg eröffnet und die Klage zulässig und begründet ist. 1

### I. Verwaltungsrechtsweg und zuständiges Gericht

#### 1. Verwaltungsrechtsweg

Der Verwaltungsrechtsweg müsste eröffnet sein. Dies ist gem. § 40 I 1 VwGO der Fall, wenn es sich um eine öffentlich-rechtliche Streitigkeit nicht verfassungsrechtlicher Art handelt, die keinem anderen Gericht zugewiesen ist. Für eine verfassungsrechtliche Streitigkeit oder eine Sonderzuweisung ist nichts ersichtlich. 2

3 Eine Streitigkeit ist dann öffentlich-rechtlich, wenn das Rechtsverhältnis, aus dem der Klageanspruch hergeleitet wird, seiner Natur nach dem öffentlichen Recht angehört.[1] Vorliegend geht es um die Rückabwicklung eines Subventionsverhältnisses. Die Einordnung des Rückabwicklungsverhältnisses als öffentlich-rechtlich oder privatrechtlich richtet sich nach der Rechtsnatur des zugrunde liegenden Rechtsverhältnisses, hier des Subventionsrechtsverhältnisses (*Kehrseiten-Theorie*, *actus contrarius*-Grundsatz).

4 Subventionen können sowohl in den Handlungsformen des öffentlichen Rechts als auch des Privatrechts vergeben werden. Die Verwaltung besitzt insofern ein Wahlrecht.[2] Bei einer zweistufigen Ausgestaltung einer Subventionsvergabe (sog. *Zweistufen-Theorie*) können in einem Subventionsrechtsverhältnis auch beide Handlungsformen zur Anwendung kommen.[3]

5 Im vorliegenden Fall haben sich der Stadtrat und der Oberbürgermeister ersichtlich für eine einstufige Ausgestaltung des Subventionsverhältnisses entschieden, und dies in der Form eines Vertrages. Die Tatsache, dass die Subventionsmodalitäten ausgehandelt werden sollten, spricht dafür, dass K und M sich insoweit auf die Ebene der Gleichordnung begeben wollten. Es wurde gerade kein Verwaltungsakt zwischengeschaltet.

Fraglich ist somit allein, ob vorliegend von einem privatrechtlichen Darlehensvertrag gem. § 488 BGB oder von einem öffentlich-rechtlichen Vertrag gem. § 54 VwVfG auszugehen ist. Für eine Qualifizierung als privatrechtlicher Vertrag spricht der Vertragsgegenstand, der – als „Kreditvertrag" bezeichnet – auf die Gewährung eines Darlehens von K an M gerichtet ist. Solche Verträge unterstehen in der Regel dem Privatrecht.[4]

6 Entscheidend ist aber nicht die Bezeichnung des Vertrages, sondern allein dessen konkreter Inhalt. Bemerkenswert ist insofern die lange Laufzeit von 50 Jahren, in welcher weder eine Tilgung stattfinden soll noch eine Verzinsung des gewährten Betrages. Vielmehr ist der zinslose Gesamtbetrag in einer einmaligen Zahlung nach 50 Jahren zu erbringen. Wirtschaftlich betrachtet ist ein zinsloses „Darlehen" mit dieser Laufzeit und in dieser Höhe einem verlorenen Zuschuss gleichzustellen.[5] Bei einem solchen verlorenen Zuschuss ist die Geldleistung nicht zurückzuerstatten, sie ist für den Subventionsgeber „verloren". Ein verlorener Zuschuss wird typischerweise einstufig in der Form eines Verwaltungsaktes vergeben. An die Stelle eines solchen Verwaltungsakts kann aber auch ein öffentlich-rechtlicher Vertrag treten.[6] Entscheidend ist, dass die einstufige Ausgestaltung des verlorenen Zuschusses immer dem öffentlichen Recht zuzuordnen ist, unabhängig davon, ob es sich um eine einseitige Regelung durch Verwaltungsakt oder um eine zweiseitige Regelung durch Verwaltungsvertrag handelt. Zudem spricht in Zweifelsfällen eine Vermutung dafür, dass die Erfüllung einer öffentlichen Aufgabe in den Handlungsformen des öffentlichen Rechts erfolgt.[7] Die Subventionsvergabe beruht mithin auf einem verwaltungsrechtlichen Vertrag nach § 54 VwVfG, so dass auch das Rückabwicklungsverhältnis sich nach öffentlichem Recht richtet.

Der Verwaltungsrechtsweg ist somit gem. § 40 I 1 VwGO eröffnet.

---

1 Vgl. *Kopp/Schenke,* VwGO, § 40 Rn. 6.
2 Vgl. *Ehlers,* GewArch. 1999, 305 f.
3 Zur sog. Zweistufen-Theorie s. noch WuV-Frage Nr. 3 im Anhang zu diesem Fall.
4 Vgl. *Maurer,* AllgVerwR, § 17 Rn. 23.
5 Vgl. *OVG Münster* NVwZ 1984, 522 (523), unter Hinweis auf *BVerwG* NJW 1969, 809.
6 Vgl. *Maurer,* AllgVerwR, § 17 Rn. 29.
7 Vgl. *Kopp/Ramsauer,* VwVfG, § 1 Rn. 11 a.

### 2. Zuständiges Gericht

Gemäß § 45 VwGO ist das Verwaltungsgericht sachlich zuständig. Örtlich zuständig ist das *VG Köln* gem. § 52 Nr. 5 VwGO i.V.m. § 1 II lit. e) AGVwGO NRW. 7

## II. Zulässigkeit der Klage

### 1. Statthaftigkeit

Als statthafte Klageart kommt die allgemeine Leistungsklage in Betracht. Diese Klageart hat in der VwGO keine explizite Regelung erfahren, wird jedoch in verschiedenen Vorschriften als gegeben vorausgesetzt (vgl. § 43 II 1, § 111 VwGO). Die allgemeine Leistungsklage ist sowohl in der Rechtspraxis als auch in der Rechtswissenschaft allgemein anerkannt.[8] Mit der allgemeinen Leistungsklage kann jede Leistung begehrt werden, die nicht im Erlass eines Verwaltungsaktes besteht, also vornehmlich die Vornahme eines Realaktes.[9] Vorliegend ist das Klagebegehren der Stadt K auf die tatsächliche Zahlung eines Geldbetrages durch M gerichtet. Richtige Klageart ist somit die allgemeine Leistungsklage. 8

### 2. Klagebefugnis

Da die allgemeine Leistungsklage keine nähere Regelung in der VwGO erfahren hat, ist fraglich, ob für diese Klageart besondere Sachurteilsvoraussetzungen[10] bestehen. Unstreitig findet § 42 II VwGO, der eine Klagebefugnis bei Anfechtungs- und Verpflichtungsklagen fordert, analoge Anwendung auch auf die allgemeine Leistungsklage, da der Sinn und Zweck dieser Vorschrift, nämlich der Ausschluss von Popularklagen, hier gleichermaßen gilt.[11] Es darf nicht gänzlich ausgeschlossen sein, dass K der geltend gemachte Zahlungsanspruch gegen M zusteht. Ein Rechtsanspruch auf die Geldzahlung in Form eines öffentlich-rechtlichen Erstattungsanspruches ist vorliegend durchaus im Bereich des Möglichen. Die Klagebefugnis der K ist somit gegeben. 9

### 3. Vorverfahren und Klagefrist

Weitere besondere Sachurteilsvoraussetzungen bestehen für die allgemeine Leistungsklage nicht. Deshalb ist weder ein Widerspruchverfahren gem. §§ 68ff. VwGO durchzuführen noch eine Klagefrist gem. § 74 VwGO einzuhalten.[12] 10

### 4. Beteiligten- und Prozessfähigkeit

#### a) Beteiligtenfähigkeit

Beteiligtenfähig ist die Stadt K selbst (§ 61 Nr. 1, 2. Alt. VwGO); die Beteiligtenfähigkeit der M ergibt sich aus § 61 Nr. 1, 2. Alt. VwGO (GmbH als juristische Person des Privatrechts, § 13 I GmbHG). 11

---

[8] Vgl. *Hufen,* VerwPrR, § 17 Rn. 1ff.; *Würtenberger,* VerwPrR, Rn. 375ff.

[9] Vgl. *Hufen,* VerwPrR, § 17 Rn. 2ff.; *Würtenberger,* VerwPrR, Rn. 376.

[10] **Beachte:** Von besonderen Sachurteilsvoraussetzungen spricht man im Hinblick auf die Voraussetzungen, die nur bei einer bestimmten Klageart erfüllt sein müssen, während die allgemeinen Sachurteilsvoraussetzungen (z.B. Beteiligten- und Prozessfähigkeit, ordnungsgemäße Klageerhebung, Rechtsschutzbedürfnis) für alle Klagen gleichermaßen gelten, vgl. *Hufen,* VerwPrR, § 10 Rn. 5.

[11] Vgl. *Schenke,* VerwPrR, Rn. 492.

[12] Vgl. *Hufen,* VerwPrR, § 17 Rn. 9f.

### b) Prozessfähigkeit

12 Für die klagende Stadt K handelt der Oberbürgermeister als Behördenleiter bzw. ein von ihm Beauftragter (§ 62 III VwGO; vgl. auch § 63 I GO NRW). Für die M (GmbH) handelt vor Gericht gem. § 62 III VwGO i.V.m. § 35 GmbHG ihr Geschäftsführer.

### 5. Rechtsschutzbedürfnis

13 Als allgemeine Sachurteilsvoraussetzung ist noch das Rechtsschutzbedürfnis zu prüfen. Das Rechtsschutzbedürfnis fehlt u.a. dann, wenn der Rechtsinhaber sein Recht auch ohne Inanspruchnahme des Gerichts durchsetzen kann.[13] Fraglich ist, ob die Stadt K sich durch den Erlass eines Verwaltungsaktes selbst (durch einseitiges hoheitliches Handeln) einen Titel verschaffen kann. In einem solchen Fall bestünde für eine allgemeine Leistungsklage vor dem Verwaltungsgericht kein Rechtsschutzbedürfnis.[14]

14 Vorliegend wurde durch einen verwaltungsrechtlichen Vertrag ein Gleichordnungsverhältnis zwischen der Stadt K und einem Privaten (M) begründet. In einem solchen Gleichordnungsverhältnis besitzt die Stadt grundsätzlich keine Befugnis, die weitere Gestaltung des Rechtsverhältnisses einseitig durch Verwaltungsakt zu regeln.[15] Eine Ausnahme ist nur für die Fälle anerkannt, in denen eine besondere gesetzliche Grundlage für ein Handeln der Verwaltung durch Verwaltungsakt besteht.

15 Das nationale Verwaltungsrecht sieht eine solche Sonderregelung nicht vor. Möglicherweise ergibt sich eine Verwaltungsaktbefugnis der Behörde aber aus Art. 14 III 1 VerfahrensVO. Danach „erfolgt die Rückforderung [einer Beihilfe] unverzüglich und nach den Verfahren des betreffenden Mitgliedstaats, sofern hierdurch die sofortige und tatsächliche Vollstreckung der Kommissionsentscheidung ermöglicht wird." Einer Ansicht[16] nach kann die sofortige und tatsächliche Vollstreckung der Kommissionsentscheidung nur durch den Erlass eines sofort vollziehbaren Verwaltungsakts erreicht werden, da ein Titelerwerb durch eine möglicherweise langwierige Klage dem Gemeinschaftsinteresse an einer Beseitigung des ungerechtfertigten Wettbewerbsvorteils nicht Rechnung tragen würde. Danach hätte Art. 14 III VerfahrensVO auch die Funktion, der nationalen Behörde eine Verwaltungsaktbefugnis zuzuerkennen. Dabei wird jedoch übersehen, dass sich aus dieser Vorschrift des sekundären Gemeinschaftsrechts kein zwingendes Gebot einer einseitigen öffentlich-rechtlichen Rückforderung ergibt; vielmehr ist ausdrücklich die Möglichkeit einer Rückabwicklung der Beihilfe im Wege einer Klage vorgesehen („im Fall eines Verfahrens vor nationalen Gerichten", Art. 14 III 2 VerfahrensVO). Die klageweise

---

[13] Vgl. *Schenke*, VerwPrR, Rn. 592.

[14] Vgl. *Hufen*, VerwPrR, § 17 Rn. 11; *Schenke*, VerwPrR, Rn. 592. Etwas anderes gilt nur dann, wenn der Beklagte schon zu erkennen gegeben hat, dass er gegen den Verwaltungsakt auf jeden Fall verwaltungsgerichtliche Klage erheben wird. Denn dann kommt es ohnehin zu einer gerichtlichen Auseinandersetzung, so dass der Erlass eines Verwaltungsaktes der Behörde keinen unmittelbaren Vorteil bringt.

[15] Vgl. *Schlette*, Die Verwaltung als Vertragspartner, 2000, S. 628 m.w.N.

[16] *OVG Berlin-Brandenburg* NVwZ 2006, 104 (105), das die Verwaltungsaktbefugnis der Behörde sogar für die Rückabwicklung eines privatrechtlichen Subventionsvertrages angenommen hat; die Literatur steht dieser Entscheidung weithin kritisch gegenüber; vgl. *Uwer/Wodarz*, DÖV 2006, 989ff.; *Hildebrandt/Castillon*, NVwZ 2006, 298ff.; *Arhold*, EuZW 2006, 94ff.; *Vögler*, NVwZ 2007, 294ff.; *Ludwigs*, Jura 2007, 612ff.

Geltendmachung des Anspruchs ist auch keinesfalls praktisch unmöglich oder erheblich erschwert und verstößt daher nicht gegen das gemeinschaftsrechtliche Effizienzgebot. Aus Art. 14 III VerfahrensVO ergibt sich somit keine Verwaltungsaktbefugnis der K.

Die Stadt K kann ihren Anspruch nur auf dem Weg der allgemeinen Leistungsklage durchsetzen. Ein Rechtsschutzbedürfnis der K ist damit gegeben.

**Zwischenergebnis:** Die Leistungsklage der K gegen M ist zulässig.

### III. Begründetheit der Klage

Die allgemeine Leistungsklage ist begründet, wenn K gegen M einen Anspruch auf Zahlung von 12 Millionen € hat. Anspruchsgrundlage könnte hier ein öffentlich-rechtlicher Erstattungsanspruch sein. 16

#### 1. Geltungsgrund und Anwendbarkeit

Der allgemeine öffentlich-rechtliche Erstattungsanspruch ist gesetzlich nicht geregelt. Er beruht auf dem Grundsatz der Gesetzmäßigkeit der Verwaltung gem. Art. 20 III GG, der die Rückgängigmachung von Vermögensverschiebungen verlangt, die mit dem Recht nicht (mehr) übereinstimmen. Der öffentlich-rechtliche Erstattungsanspruch ist als allgemeiner Rechtsgrundsatz des Verwaltungsrechts mittlerweile gewohnheitsrechtlich anerkannt und stellt ein eigenständiges Rechtsinstitut des öffentlichen Rechts dar.[17] Die Verweisung in § 62 S. 2 VwVfG auf die Vorschriften des Bürgerlichen Gesetzbuches (hier: §§ 812ff. BGB) greift nicht ein, weil das öffentliche Recht insoweit eine ungeschriebene Sonderregelung in Form des öffentlich-rechtlichen Erstattungsanspruchs enthält. 17

Der allgemeine öffentlich-rechtliche Erstattungsanspruch kommt nicht zur Anwendung, wenn er von einer spezialgesetzlichen Regelung verdrängt wird. Eine solche spezialgesetzliche Regelung stellt § 49a VwVfG dar.[18] Nach ihrem ausdrücklichen Wortlaut setzt die Vorschrift aber die *Aufhebung* oder die *Unwirksamkeit* eines *Verwaltungsakts* voraus. Für die Rückabwicklung der auf einem verwaltungsrechtlichen Vertrag beruhenden Vermögensverschiebung ist diese Vorschrift hingegen ohne Belang. Der allgemeine öffentlich-rechtliche Erstattungsanspruch ist somit anwendbar. 18

#### 2. Voraussetzungen des Erstattungsanspruchs

Der allgemeine öffentlich-rechtliche Erstattungsanspruch setzt eine durch Leistung oder in sonstiger Weise erfolgte rechtsgrundlose Vermögensverschiebung auf dem Gebiet des öffentlichen Rechts voraus.[19] 19

##### a) Vermögensverschiebung

Eine Vermögensverschiebung hat stattgefunden. K ist durch die Auszahlung der 12 Millionen € entreichert und M um denselben Betrag bereichert. 20

---

[17] Vgl. *Detterbeck/Windthorst/Sproll,* StHR, § 23 Rn. 2 f.

[18] Vgl. *Detterbeck/Windthorst/Sproll,* StHR, § 26 Rn. 3; siehe hierzu Fall 3.

[19] Vertiefend zu den Anspruchsvoraussetzungen vgl. *Detterbeck/Windthorst/Sproll,* StHR, § 24 Rn. 1ff.

**b) Leistung auf dem Gebiet des öffentlichen Rechts**

21 Die Vermögensverschiebung geschah zudem durch eine bewusste und zweckgerichtete Mehrung des Vermögens der M, mithin durch Leistung. Da der Leistung ein verwaltungsrechtlicher Vertrag zugrunde lag, handelt es sich auch um eine Leistung auf dem Gebiet des öffentlichen Rechts.

**c) Rechtsgrundlosigkeit der Leistung**

22 Die Vermögensverschiebung müsste ohne Rechtsgrund erfolgt sein. Als Rechtsgrund kommt vorliegend der verwaltungsrechtliche Vertrag in Betracht. Von einer wirksamen Einigung durch Angebot und Annahme gem. § 62 S. 2 VwVfG i.V.m. §§ 145ff. BGB analog zwischen K und M ist mangels anderslautender Hinweise im Sachverhalt auszugehen. Der verwaltungsrechtliche Vertrag entfällt als Rechtsgrund der Vermögensverschiebung nur dann, wenn er nichtig und damit ex tunc unwirksam ist. Allein die Rechtswidrigkeit des Vertrages wegen eines Verstoßes gegen gesetzliche Vorschriften führt noch nicht zur Nichtigkeit. Vielmehr muss einer der Nichtigkeitsgründe des § 59 VwVfG oder eine sonstige die Unwirksamkeit des Vertrages anordnende Vorschrift eingreifen.[20]

**aa) Fehlende Zustimmung einer Behörde oder eines Dritten gem. § 58 VwVfG**

23 Als sonstige Vorschrift kommt zunächst § 58 VwVfG in Betracht.[21] Danach wird ein verwaltungsrechtlicher Vertrag, der nach § 58 I VwVfG in Rechte eines Dritten eingreift oder nach § 58 II VwVfG der Mitwirkung einer anderen Behörde bedarf, erst wirksam, wenn der Dritte zustimmt bzw. die Behörde in der vorgeschriebenen Form mitwirkt.[22]

24 (1) Im Regelfall greift die Vergabe einer Subvention nicht i.S.v. § 58 I VwVfG in Rechte Dritter ein. Mangels einfachgesetzlicher Einräumung von Abwehrrechten der Konkurrenten bleibt insoweit nur der Rückgriff auf grundrechtliche Gewährleistungen. Jedoch schützen weder Art. 12 I GG noch Art. 2 I GG einen Unternehmer davor, dass ihm durch staatliche (Subventions-)Maßnahmen neue Konkurrenz

---

[20] **Beachte:** In der Literatur wird z.T. noch eine unmittelbar gemeinschaftsrechtlich begründete Nichtigkeit des verwaltungsrechtlichen Vertrages für möglich gehalten, vgl. *Ehlers*, DVBl. 1991, 605 (613); *Pechstein*, EuZW 1998, 495 (496). Diese Ansicht kann nicht überzeugen, weil sich die Rechtsfolgen von Gemeinschaftsrechtsverstößen allein nach nationalem Recht bemessen; vgl. *Oldiges*, NVwZ 2001, 626 (634f.); *Remmert*, EuR 2000, 469 (473).

[21] **Beachte:** Klausurtechnisch ist es nicht zu beanstanden, wenn ein Bearbeiter vorrangig die Nichtigkeitsgründe des § 59 VwVfG prüft, weil diese von vornherein zur Nichtigkeit des Vertrages führen und – soweit einer dieser Nichtigkeitsgründe einschlägig ist – es dann eines Eingehens auf § 58 VwVfG nicht mehr bedarf; vgl. *Oldiges*, NVwZ 2001, 626 (635); a.A. *Schneider*, NJW 1992, 1197 (1200). Der in der obigen Lösung eingeschlagene Weg entspricht dem Bedürfnis einer umfassenden Darstellung des Rechtsproblems und berücksichtigt zudem den Grundsatz, dass Fragen der Nichtigkeit aus formellen Gründen (wozu § 58 VwVfG zu rechnen ist) vor Fragen der Nichtigkeit aus materiellen Gründen (welche sich insbesondere aus § 59 VwVfG ergeben) zu prüfen sind.

[22] **Beachte:** Bis zur Zustimmung oder Mitwirkung ist der Vertrag schwebend unwirksam. Erst mit Ablehnung der Zustimmung oder mit der Ablehnung der Genehmigung wird der Vertrag endgültig unwirksam (nichtig); vgl. *Kopp/Ramsauer*, VwVfG, § 58 Rn. 19; *Remmert*, EuR 2000, 469 (473).

erwächst. Die Begünstigung eines Unternehmers ist nach h. M.[23] nur dann als Eingriff in die Wettbewerbsfreiheit des Konkurrenten anzusehen, wenn eine „schwere und unerträgliche" Grundrechtsbeeinträchtigung vorliegt. Auch für einen Verstoß gegen den Grundsatz der Gleichbehandlung nach Art. 3 I GG ist nichts ersichtlich.

(2) Möglicherweise liegt aber ein Verstoß gegen § 58 II VwVfG vor. Der Abschluss des Verwaltungsvertrages ist im vorliegenden Fall an die Stelle eines sonst bei sog. verlorenen Zuschüssen üblichen Verwaltungsakts in der Form eines Bewilligungsbescheids getreten. Fraglich ist aber, ob für einen etwaigen Bewilligungsbescheid „die Zustimmung oder das Einvernehmen einer anderen Behörde erforderlich" gewesen wäre. Als Behörde i. d. S. könnte die Europäische Kommission anzusehen sein. Nach Art. 88 III 1 EG ist eine Beihilfe der Kommission zu notifizieren (sog. *Notifizierungsgebot*). Zudem darf nach Art. 88 III 3 EG der jeweilige Mitgliedstaat eine Subventionsbewilligung nicht durchführen, bevor die Kommission diesbezüglich eine abschließende Entscheidung erlassen hat (sog. *Durchführungsverbot*). Die Kommission hat das Entscheidungsmonopol für die Überprüfung der Beihilfe auf ihre Vereinbarkeit mit dem Gemeinsamen Markt (Art. 87 I EG). **25**

Zum Teil wird die Kommission aufgrund dieser Funktion in der Literatur als „Behörde" i. S. v. § 58 II VwGO qualifiziert.[24] Der Entscheidungsvorbehalt zugunsten der Kommission sei eine Mitwirkungsnotwendigkeit i. S. v. § 58 II VwVfG. Zu berücksichtigen ist allerdings, dass das VwVfG des Bundes und die weithin inhaltsgleichen Regelungen der Länder nur für deutsche Behörden gelten, vgl. § 1 I VwVfG. Nach dieser Ansicht wird dadurch aber lediglich der Bindungsadressat bezeichnet.[25] Dies schließe nicht aus, dass das VwVfG auch Beteiligungsrechte der Kommission im Einzelfall schütze. Nach § 1 IV VwVfG ist „jede Stelle, die Aufgaben der öffentlichen Verwaltung wahrnimmt" eine Behörde im Sinne des VwVfG. Bei einem reinen Wortlautverständnis lässt sich nach dieser Ansicht auch die Kommission, die zweifellos Aufgaben der öffentlichen Verwaltung wahrnimmt, als Behörde verstehen.[26] **26**

Es ist hier aber zu berücksichtigen, dass § 58 II VwVfG zusätzlich verlangt, dass die Behörde beim Erlass des Verwaltungsakts „mitwirkt". Die Kommission wirkt aber gerade nicht an einem nationalen Verwaltungsverfahren mit, sondern trifft ihre Entscheidungen in einem eigenständigen gemeinschaftsrechtlichen Verwaltungsverfahren.[27] Selbst wenn man die Kommission als eine Behörde ansehen würde, kommt § 58 II VwVfG damit nicht zur Anwendung. Der vorliegende Subventionsvertrag ist deshalb nicht nach § 58 II VwVfG unwirksam.

---

[23] So BVerwGE 65, 167 (174); ähnlich *Ziekow,* Öfftl. WirtR, § 6 Rn. 16: wenn der Wettbewerb „in unerträglichem Maße" eingeschränkt wird; großzügiger *Ruthig/Storr,* Öfftl. WirtR, Rn. 784. Vgl. zu diesem Problem auch die WuV-Frage Nr. 1 im Anhang zu diesem Fall. Zur Frage, ob es im Rahmen von § 58 I VwVfG eine Rolle spielt, dass die Konkurrenten des Beihilfebegünstigten aus Art. 88 III 3 EG eigene Rechte herleiten können, vgl. *Gellermann,* DVBl. 2003, 481 (485).

[24] Vgl. *Habersack* ZHR 1995, 663 (683); *Schneider,* NJW 1992, 1197 (1199 f.); *Blanke,* Vertrauensschutz im deutschen und europäischen Verwaltungsrecht, 2001, S. 557 ff.; *Schlette,* Die Verwaltung als Vertragspartner, 2000, S. 556.

[25] Vgl. *Schneider,* NJW 1992, 1197 (1199).

[26] Vgl. *Schneider,* NJW 1992, 1197 (1199).

[27] *Ehlers,* GewArch. 1999, 305 (318); *Gellermann,* DVBl. 2003, 481 (484); vgl. auch *Sinnaeve,* Die Rückforderung gemeinschaftsrechtswidriger nationaler Beihilfen, S. 105; a. A. *Blanke,* Vertrauensschutz im deutschen und europäischen Verwaltungsrecht, S. 557 f. Gegen eine analoge Anwendung des § 58 II VwVfG: *Maurer,* AllgVerwR, § 14 Rn. 43.

### bb) Nichtigkeit gem. § 59 I VwVfG i.V.m. 134 BGB

27 Da kein besonderer Nichtigkeitsgrund gem. § 59 II VwVfG ersichtlich ist, kann sich eine Nichtigkeit des Subventionsvertrags nur aus § 59 I VwVfG ergeben. Nach dieser Vorschrift ist ein öffentlich-rechtlicher Vertrag nichtig, wenn sich die Nichtigkeit aus der entsprechenden Anwendung von Vorschriften des Bürgerlichen Gesetzbuches ergibt. In Betracht kommt hier eine Anwendung des § 134 BGB. Nach § 134 BGB ist ein Rechtsgeschäft nichtig, wenn es gegen ein gesetzliches Verbot verstößt, solange sich aus dem Gesetz nicht etwas anderes ergibt. Ein gesetzliches Verbot kann sich auch aus dem Gemeinschafsrecht ergeben.[28]

#### (1) Erfordernis eines qualifizierten Rechtsverstoßes

28 Bei der entsprechenden Anwendung des § 134 BGB auf verwaltungsrechtliche Verträge ist es erforderlich, dass der Rechtsverstoß zu einer sog. *qualifizierten Rechtswidrigkeit* führt.[29] Eine solche qualifizierte Rechtswidrigkeit ist gegeben, wenn eine zwingende Rechtsnorm den Vertragsinhalt an sich missbilligt und sich entweder an beide Vertragspartner richtet oder der Zweck der Verbotsnorm die Nichtigkeit erfordert. Betrifft die verletzte Norm allein Form- oder Verfahrensfragen, ist in der Regel nur von einer einfachen Rechtswidrigkeit auszugehen.[30] Die der M gewährte Beihilfe verstößt nach der bestandskräftigen Entscheidung der Kommission gegen Art. 87 I EG. Fraglich ist, ob Art. 87 I EG und/oder die Negativentscheidung als Verbotsnorm i.S.v. § 134 BGB[31] angesehen werden kann.

#### (2) Art. 87 I EG i.V.m. der Negativentscheidung als Verbotsgesetz

29 Art. 87 I EG ist nicht unmittelbar anwendbar.[32] Der Vollzug dieser Norm obliegt nach Art. 88 II, III EG vielmehr allein der Kommission. Zudem erfordert die Prüfung des Verbotstatbestands nicht nur eine Konkretisierung äußerst vager Rechtsbegriffe, sondern darüber hinaus eine umfassende Einbeziehung ökonomischer Zusammenhänge. Der bloße Verstoß gegen Art. 87 I EG führt deshalb nicht zur quali-

---

[28] BVerwGE 70, 41 (45); *Kopp/Ramsauer,* VwVfG, § 59 Rn. 9.

[29] **Beachte:** Würde bereits jeder zur (einfachen) Rechtswidrigkeit führende Rechtsverstoß nach § 59 I VwVfG i.V.m. § 134 BGB analog die Nichtigkeit des verwaltungsrechtlichen Vertrages zur Folge haben, wäre eine Normierung der besonderen Nichtigkeitsgründe des § 59 II VwVfG nicht erforderlich gewesen, da in diesem Falle alle rechtswidrigen Verträge nichtig wären. Vgl. hierzu BVerwGE 98, 58 (63): „Bei verwaltungsrechtlichen Verträgen führt nicht jeder Rechtsverstoß, sondern nur ein qualifizierter Fall der Rechtswidrigkeit zur Nichtigkeit.".

[30] *Hendler,* AllgVerwR, 3. Aufl. 2001, Rn. 470; *Maurer,* AllgVerwR, § 14 Rn. 42; *Kopp/Ramsauer,* VwVfG, § 59 Rn. 10.

[31] Keine Schwierigkeiten bereitet insoweit Art. 88 III EG, der – obwohl zumindest im Hinblick auf das Notifizierungsgebot (Art. 88 III 1 EG) verfahrensrechtlicher Natur – vom *BGH* bei privatrechtlichen Verträgen als Verbotsgesetz i.S.v. § 134 BGB angesehen worden ist; vgl. *BGH* EuZW 2003, 444 (445); EuZW 2004, 252 (253); EuZW 2004, 254; NVwZ 2007, 973; NJW-RR 2007, 1693. Die materielle Bedeutung sieht der *BGH* darin, dass das Durchführungsverbot des Art. 88 III 3 EG Wettbewerbsvorteile des Einzelnen verhindern solle, die dieser aus einer nicht auf dem vorgesehenen Weg gewährten Beihilfe ziehen könnte. Nichts anderes gilt – über § 59 I VwVfG – dann für Verwaltungsverträge, die gegen Art. 88 III 3 EG verstoßen; vgl. *Gellermann,* DVBl. 2003, 481 (484ff.); *Pechstein,* EuZW 2003, 447; *Kühling/el-Barudi,* Jura 2006, 672 (681); *Heidenhain,* EuZW 2005, 135; *ders.,* EuZW 2008, 324; *Gurlit,* in: Erichsen/Ehlers, AllgVerwR, § 31 Rn. 25. Kritisch zur Rechtsprechung: *Fiebelkorn/Petzold,* EuZW 2009, 323ff.; *Bartosch,* EuZW 2008, 235 (239f.).

[32] Vgl. *EuGH* Slg. 1977, 595 (Tz. 10); Slg.1990, I-351 (Tz. 15); BVerwGE 48, 211 (214).

fizierten Rechtswidrigkeit des Subventionsvertrages.[33] Zu berücksichtigen ist aber, dass durch die bestandskräftige Negativentscheidung der Kommission Art. 87 I EG nunmehr unmittelbar zur Anwendung kommt.[34] Durch die Negativentscheidung der Kommission wird Art. 87 I EG im Einzelfall konkretisiert und der Inhalt des Subventionsvertrages gemeinschaftsrechtlich missbilligt. Aus dieser konkretisierten Missbilligung des vorliegenden Subventionsvertrages ergibt sich eine qualifizierte Rechtswidrigkeit. Der Vertrag ist somit nach § 59 I VwVfG i.V.m. § 134 BGB analog nichtig.

**(3) Negativentscheidung der Kommission als Verbotsgesetz**

Ein Teil der Literatur erkennt allein die Negativentscheidung der Kommission als 30
Verbotsgesetz i.S.v. § 134 BGB an.[35] Nach dieser Ansicht legt nicht Art. 87 I EG, sondern allein und selbständig die Negativentscheidung der Kommission verbindlich fest, dass eine nationale Beihilfe mit dem Gemeinschaftsrecht unvereinbar ist und damit endgültig nicht gewährt werden darf bzw. zurückerstattet werden muss. Nach Art. 2 EGBGB kommt als Verbotsgesetz i.S.v. § 134 BGB zwar grundsätzlich nur eine abstrakt-generelle Regelung in Frage, aber Negativentscheidungen der Kommission im Rahmen der Beihilfeaufsicht seien als „Rechtssetzung für den Einzelfall“ einzustufen und deshalb trotz des individuell-konkreten Regelungsgehalts als ein solches Verbotsgesetz i.S.v. § 134 BGB anzusehen.[36]

Eine nach dieser Ansicht vorgenommene vollkommene Trennung zwischen Rechtsnorm (Art. 87 I EG) und Einzelfallentscheidung kann nicht überzeugen. Art. 87 I EG enthält vielmehr ein latentes Verbot, das durch die Negativentscheidung der Kommission lediglich zu einem definitiven Verbot erstarkt.[37] Eine isolierte Qualifizierung der Negativentscheidung als Verbotsgesetz i.S.v. § 134 BGB scheidet somit aus.

**Zwischenergebnis:** Der Subventionsvertrag ist gem. § 59 I VwVfG i.V.m. § 134 BGB analog wegen des Verstoßes gegen Art. 87 I EG i.V.m. der Negativentscheidung der Kommission nichtig. Es besteht damit kein Rechtsgrund für die Vermögensverschiebung und der Erstattungsanspruch der K ist dem Grunde nach gegeben.

**3. Umfang des Erstattungsanspruchs**

Fraglich ist, in welcher Höhe der Erstattungsanspruch der K besteht.

Herauszugeben ist das aus der Vermögensverschiebung tatsächlich Erlangte, mithin 31
der Gesamtbetrag in Höhe von 12 Millionen €. Zwar kann sich der Begünstigte

---

[33] Vgl. *Ehlers*, GewArch. 1999, 305 (318).

[34] Vgl. *Steindorff*, EuZW 1997, 7; *Ehlers*, GewArch. 1999, 305 (318); *Schroeder*, ZHR 1997, 805 (811f.); so wohl auch *EuGH* Slg. 1977, 595 (Tz. 10); *Schütterl*, EuZW 1993, 625 (627).

[35] Vgl. exemplarisch *Remmert*, EuR 2000, 469 (478f.).

[36] Im Ergebnis ebenso *Ehlers*, GewArch. 1999, 305 (318f.), wonach alle in Art. 249 EG genannten Handlungsformen einschließlich der Entscheidungen Rechtssetzungsakte darstellen.

[37] Zutreffend *Oldiges*, NVwZ 2001, 626 (635); *Gellermann*, DVBl. 2003, 481 (486) m.w.N.; a.A. *Gurlit*, in: Erichsen/Ehlers, AllgVerwR, § 31 Rn. 26: Das Verbotsgesetz müsse zum Zeitpunkt des Vertragsschlusses bestehen; es sei nicht ausreichend, dass Art. 87 I EG durch die Negativentscheidung rückwirkend zu einem Verbotsgesetz werde. Die Nichtigkeit des Verwaltungsvertrages soll sich danach aus § 59 I VwVfG i.V.m. einem ungeschriebenen Nichtigkeitsgrund ergeben. Gegen eine Nichtigkeit des Vertrages unmittelbar aufgrund des Gemeinschaftsrechts zutreffend *Gellermann*, DVBl. 2003, 481 (483f.).

grundsätzlich auf den Wegfall der Bereicherung berufen, doch gelten auch im Rahmen des allgemeinen öffentlich-rechtlichen Erstattungsanspruches dieselben rechtlichen Maßgaben wie bei der Sonderregelung in § 49a II VwVfG. Danach sind hier die durch die Gewährung der Beihilfe entstandenen Vorteile der M zu berücksichtigen. Zudem wurde die Subventionsleistung zur Tilgung von Verbindlichkeiten eingesetzt. Im Ergebnis ist damit ein Wegfall der Bereicherung zu verneinen.[38]

**Zwischenergebnis:** K hat einen öffentlich-rechtlichen Erstattungsanspruch gegen M in Höhe von 12 Millionen €.

### Ergebnis

Die Klage der K gegen M ist zulässig und begründet.

## D. Wiederholungs- und Vertiefungsfragen

**Frage 1: Gibt es in Deutschland eine gesetzliche Regelung für die Vergabe von Subventionen in Form finanzieller Zuwendungen an einzelne Wirtschaftsunternehmen? Bedürfen solche Subventionen einer gesetzlichen Grundlage, in der die Vergabekriterien näher bestimmt werden?**

32 a) Abgesehen von einzelnen gesetzlichen Regelungen für besondere Sektoren (z.B. Filmförderungsgesetz)[39] existieren in Deutschland keine expliziten gesetzlichen Vorgaben für die Subventionsgewährung in Form finanzieller Zuwendungen (sog. Leistungssubventionen).[40] In den Haushaltsplänen von Bund, Ländern und Gemeinden sind zwar regelmäßig entsprechende Mittel vorgesehen, doch kommt den *Haushaltsplänen* als Teil der Haushaltsgesetze bzw. der gemeindlichen Haushaltssatzung (vgl. §§ 78f. GO NRW) *keine rechtliche Außenwirkung* zu (vgl. Art. 3 II HGrG).[41] Sie regeln allein die Einnahmen und Ausgaben der jeweiligen Körperschaft, stellen die erforderlichen Mittel bereit und ermächtigen die Exekutive zur Vergabe der vorgesehenen Mittel. Sie betreffen mithin ausschließlich einen Teil der Innenbeziehungen. Ergänzt wird die Bereitstellung der Mittel im Haushaltsplan regelmäßig durch sog. *Subventionsrichtlinien,* die von den Behörden selbst erlassen und in denen die Kriterien für die Gewährung der finanziellen Zuwendungen näher bestimmt werden. Ihrem Rechtscharakter nach handelt es sich bei den Subventionsrichtlinien um sog. *Verwaltungsvorschriften,* deren Anwendung allein dazu dienen soll, *verwaltungsintern* eine einheitliche Handhabung der Subventionsvergabe sicherzustellen.

---

[38] Vgl. *EuGH* Rs. C-24/95, Slg. 1997, I-1591 = JZ 1997, 722 = NJW 1998, 47 (Tz. 51); BVerwGE 106, 328 (338) = NJW 1998, 3728 (3731). Vgl. hierzu bereits Fall 3.

[39] Weitere Beispiele bei *Ruthig/Storr,* Öfftl. WirtR, Rn. 775.

[40] Zum Subventionsbegriff sowie den unterschiedlichen Subventionsarten und -formen vgl. *Frotscher/Kramer,* Wirtschaftsverfassungs- und Wirtschaftsverwaltungsrecht, Rn. 528ff.; *Ruthig/Storr,* Öfftl. WirtR, Rn. 743ff., 751ff.; *Ziekow,* Öfftl. WirtR, § 6 Rn. 1ff.; *Kahl/Diederichsen,* in: Schmidt/Vollmöller, Kompendium Öfftl. WirtR, § 7 Rn. 1ff.; *Schliesky,* Öfftl. WirtR, S. 125ff. Zur Unterscheidung von Leistungssubventionen (Finanzhilfen) und Verschonungssubventionen vgl. *Maurer,* AllgVerwR, § 17 Rn. 4; *Ruthig/Storr,* Öfftl. WirtR, Rn. 752

[41] *BVerwG* NVwZ 2008, 1355 (1356) m.w.N.

b) Das Erfordernis einer materiell-gesetzlichen Grundlage, d.h. eines Gesetzes mit Außenwirkung, könnte sich aus dem *Grundsatz des Vorbehalts des Gesetzes* (Rechtsstaatsprinzip, Art. 20 III GG) ergeben. Allerdings gilt dieser Grundsatz uneingeschränkt nur für belastende Maßnahmen der Verwaltung gegenüber dem Bürger („Eingriffe in Freiheit und Eigentum")[42], d.h. für die sog. *Eingriffsverwaltung.* Bei der Zuwendung von Subventionen handelt es sich hingegen um den Bereich der sog. *Leistungsverwaltung,* die – jedenfalls vordergründig – dem begünstigten Wirtschaftsunternehmen lediglich Vorteile bringt. Ob der Gesetzesvorbehalt auch für die Subventionsgewährung gilt, ist umstritten.[43] 33

aa) Nach Ansicht der *Rechtsprechung*[44] *und eines Teils der Literatur*[45] ist den verfassungsrechtlichen Anforderungen des Vorbehalts des Gesetzes grundsätzlich bereits dann genügt, wenn überhaupt eine parlamentarische Willensbetätigung über Inhalt und Zweck der Subventionsvergabe vorliegt und die weiteren Voraussetzungen durch Verwaltungsvorschriften konkretisiert werden. Diese Voraussetzungen sind durch die oben dargestellte Praxis (Haushaltsplan und Subventionsrichtlinien) erfüllt. Begründet wird diese Ansicht damit, dass dem Gestaltungsanspruch des Parlaments in diesen Konstellationen durch das Budgetrecht hinreichend Rechnung getragen werde. Zudem sei der effektive Einsatz der Mittel am besten von der Verwaltung selbst einzuschätzen, die insoweit sachnäher sei und auch mit einer gewissen Flexibilität die Zwecksetzungen verfolgen könne.[46] 34

Ausnahmsweise fordert aber auch die *Rechtsprechung* eine materiell-gesetzliche Rechtsgrundlage für die Subventionsgewährung, nämlich für den Fall, dass mit der Subventionierung ein unmittelbarer Eingriff in bestimmte Grundrechte Dritter verbunden ist. So hat das *BVerwG*[47] staatliche Zuwendungen an einen privaten Verein, um dessen Warnungen vor einer Sekte zu finanzieren, ebenso für verfassungswidrig gehalten wie das *BVerfG*[48] die Vergabe von Pressesubventionen. Maßgeblich dafür waren spezifische Gründe der einschlägigen Grundrechte, nämlich bei der Religions- und Weltanschauungsfreiheit (Art. 4 I, II GG) das Gebot der religiös-weltanschaulichen Neutralität des Staates sowie bei der Pressefreiheit (Art. 5 I 2 GG) die staatliche Neutralitätspflicht im Hinblick auf die inhaltslenkende Wirkung der Zuwendung. „Art. 5 I 2 GG begründet im Förderungsbereich für den Staat [...] eine inhaltliche Neutralitätspflicht, die jede Differenzierung nach Meinungsinhalten verbietet. Dieser Neutralitätspflicht des Staates entspricht auf seiten des Trägers der Pressefreiheit ein subjektives Abwehrrecht gegen die mit staatlichen Förderungsmaßnahmen etwa verbundenen inhaltslenkenden Wirkungen sowie ein Anspruch auf Gleichbehandlung im publizistischen Wettbewerb."[49] 35

---

[42] Vgl. *Sachs,* in: ders., GG, Art. 20 Rn. 114.
[43] Für einen aktuellen Überblick zum Diskussionsstand vgl. *Kühling/el-Barudi,* Jura 2006, 672 (673ff.).
[44] BVerwGE 90, 112 (126); *BVerwG* DVBl. 2003, 139 (140); *OVG Münster* DVBl. 1990, 161; grundlegend bereits *BVerwG* DVBl. 1959, 573 (575); DVBl. 1963, 859; NJW 1977, 1838 (1839); BVerwGE 58, 45 (48).
[45] Prägnanter Überblick bei *Jarass,* NVwZ 1984, 473 (474); vgl. außerdem *Busch,* JuS 1992, 563 (564); *Bleckmann,* DVBl. 2004, 333 (338).
[46] Vgl. *Jarass,* NVwZ 1984, 473 (474) m.w.N.
[47] BVerwGE 90, 112 (122ff.); vgl. auch *Erichsen/Klüsche,* Jura 2000, 540 (542).
[48] BVerfGE 80, 124 (131ff.); zu Zeitungssubventionen vgl. auch *OVG Berlin* DVBl. 1975, 905; *VG Berlin* DVBl. 1975, 268.
[49] BVerfGE 80, 124 (134).

36 Zwar spricht das *BVerfG* von einem „Anspruch auf Gleichbehandlung im publizistischen Wettbewerb“, doch werden daraus keine weiteren grundrechtlichen Konsequenzen gezogen. Auffällig ist an dieser Rechtsprechung, dass die mit der Subventionierung einhergehende Beeinflussung des Wettbewerbs als rechtlicher Institution und der Wettbewerbsfreiheit (Art. 12 I GG) als seiner Funktionsvoraussetzung von vornherein ausgeblendet wird. Die „normale“ Subvention erscheint damit grundrechtsirrelevant. In diese Richtung geht auch ein Teil der Literatur[50], der einen Eingriff in die durch Art. 12 I GG geschützte Wettbewerbsfreiheit des Konkurrenten nur dann annimmt, „wenn seine wettbewerbliche Position in unerträglichem Maße eingeschränkt und das Unternehmen tatsächlich in seinen Wettbewerbsmöglichkeiten unzumutbar geschädigt wird.“

37 bb) Die *Literatur*[51] geht mittlerweile überwiegend davon aus, dass der Grundsatz des Vorbehalts des Gesetzes auch im Bereich der Leistungsverwaltung umfassende Geltung beansprucht. Ausgangspunkt ist die *Wesentlichkeitslehre* des *BVerfG*. Danach verpflichten das Rechtsstaatsprinzip und das Demokratieprinzip des Grundgesetzes den parlamentarischen Gesetzgeber, wesentliche Entscheidungen selbst zu treffen und nicht der Verwaltung zu überlassen.[52] Eine materiell-gesetzliche (parlamentarische) Grundlage ist insbesondere dann erforderlich, wenn es – mit Blick auf den jeweiligen Sachbereich und die Eigenart des betroffenen Regelungsgegenstandes – um die Einschränkung von grundrechtlichen Freiheiten und den Ausgleich zwischen kollidierenden Grundrechten geht.[53] In diesem Zusammengang ist zu berücksichtigen, dass die öffentliche Hand durch die Subventionsvergabe in ganz erheblichem Umfang eine wirtschaftspolitische Steuerung bezweckt und bewirkt. Als wirtschaftspolitische Maßnahme ist sie zwar nicht mit einem unmittelbaren Befolgungszwang für die Wirtschaftsteilnehmer verbunden; doch können sich die Unternehmen der Anreizfunktion der Subventionierung tatsächlich kaum entziehen, weil sie sonst befürchten müssen, auf dem Markt gegenüber ihren Mitbewerbern ins Hintertreffen zu geraten. Qualifiziert man – was nahe liegt – die Beeinflussung des Wettbewerbs als faktischen Eingriff in die Berufs- und Gewerbefreiheit (Art. 12 I GG) der auf dem selben Markt tätigen, aber nicht geförderten Unternehmen, dann handelt es sich um eine staatliche Maßnahme, die sowohl unter grundrechtlichen Gesichtspunkten (Art. 12 I, Art. 3 I GG) als auch aus rechtsstaatlichen Gründen einer parlamentsgesetzlichen Grundlage bedarf (bzw. bei gemeindlichen Subventionen einer Regelung durch den Gemeinderat).

### Frage 2: Welche Rechtsstellung hat ein Wirtschaftsunternehmen, das sich um eine staatliche Subvention bewirbt? Insbesondere: Kann es sich auf die inhaltlichen Maßgaben der Subventionsrichtlinien berufen?

38 a) Im Regelfall einer Subventionsvergabe fehlt es an einer gesetzlichen Regelung mit Außenwirkung, da das Haushaltsgesetz allein die Innenbeziehungen eines Verwaltungsträgers regelt und auch die Subventionsrichtlinien als Verwaltungsvorschriften ihre Rechtswirkungen allein im staatlichen Innenbereich entfalten (s. Antwort zu

---

[50] *Ziekow,* Öfftl. WirtR, § 6 Rn. 16.

[51] *Kahl/Diederichsen,* in: Schmidt/Vollmöller, Kompendium Öfftl. WirtR, § 7 Rn. 56f.; *Maurer,* AllgVerwR, § 6 Rn. 11; *Ehlers,* in: Erichsen/Ehlers, AllgVerwR, § 2 Rn. 42; *Schmidt,* in: Achterberg/Püttner/Würtenberger, BesVerwR I, § 1 Rn. 168; *Zuleeg,* DÖV 1984, 733 (734f.); *Bauer,* DÖV 1983, 53 (55 ff.).

[52] BVerfGE 116, 24 (58) m.w.N.

[53] Vgl. nur BVerfGE 108, 282 (311f.).

Frage 1). Das legt die Vermutung nahe, dass ein an der Subventionierung interessiertes Wirtschaftsunternehmen in Ermangelung eines Außenrechtssatzes mit Anspruchsqualität (subjektives Recht) von vornherein kein gerichtlich durchsetzbares Recht auf Subventionierung hat.[54] Doch darf nicht übersehen werden, dass das Verfassungsrecht, u. a. die Grundrechte, für die Verwaltung unmittelbar geltendes Recht darstellt (Art. 1 III GG, vgl. auch Art. 20 III GG).

b) Insbesondere Art. 3 I GG (allgemeiner Gleichheitssatz) bindet die Verwaltung auch in den Bereichen, in denen sie – in zulässiger Weise – ohne explizite materiellgesetzliche Grundlage agiert. Durch seine ständige und einheitliche Verwaltungspraxis schafft der Subventionsgeber den Vergleichsmaßstab, anhand dessen dann über *Art. 3 I GG* i. V. m. dem *Grundsatz der Selbstbindung der Verwaltung* auch die neu zu bescheidenden Subventionsanträge zu beurteilen sind. Es entsteht dadurch eine Art *gesetzesähnliche Rechtsbindung*, die sich jedoch von einer strikten Gesetzesbindung in mehrfacher Hinsicht unterscheidet: 39

aa) Eine Bindung über Art. 3 I GG bedeutet lediglich, dass die Behörde (Subventionsgeber) nicht ohne *sachlichen Grund* von der bisherigen Vergabepraxis abweichen darf *(Willkürverbot)*. Selbst in dem Fall, in dem die Verwaltungspraxis unmittelbar Subventionsrichtlinien umsetzt, die als Muss-Vorschriften formuliert sind, führt dies nicht zu einer gesetzesgleichen Bindung oder einer Ermessensreduzierung auf Null.[55] Entscheidend für das Außenrechtsverhältnis zum Subventionsempfänger ist nämlich nicht die Subventionsrichtlinie, sondern die tatsächliche Entscheidungspraxis. 40

bb) Eine Änderung der Vergabekriterien (Förderbedingungen) ist jederzeit ohne vorheriges Tätigwerden des Gesetzgebers allein durch die Modifikation der Verwaltungspraxis möglich. Dem steht in der Regel auch kein schutzwürdiges Vertrauen der (potentiellen) Subventionsempfänger entgegen.[56] Es liegt vielmehr im Ermessen der Verwaltung, mit Wirkung für die Zukunft die Vergabebedingungen zu ändern.[57] Sie verfügt dabei über ein – nur im Rahmen von Art. 3 I GG (sachlicher Grund) und den Vorgaben des Haushaltsplans kontrollierbares – weites Ermessen. 41

c) Die Bindung des Subventionsgebers gem. Art. 3 I GG i. V. m. dem Grundsatz der Selbstbindung der Verwaltung bedeutet jedoch keineswegs, dass dem Subventionsbewerber auch ein unmittelbares Leistungsrecht (subjektives Recht) auf Subventionsgewährung zusteht. Die Grundrechte, insbesondere die Freiheitsrechte, sind in ihrer Grundfunktion als Abwehrrechte des Bürgers gegen staatliches Handeln konzipiert. Sie gewähren in dieser Funktion aber grundsätzlich keine eigenständigen Leistungsrechte; anders ist dies allenfalls dann, wenn die Grundrechte z. B. staatliche Schutzpflichten begründen. Auch das Gleichheitsgrundrecht des Art. 3 I GG begründet *kein eigenständiges Leistungsrecht* in Form eines *unmittelbaren Rechts-* 42

[54] Dass der Haushaltsplan keine Rechtsansprüche begründet, betont unter Hinweis auf Art. 3 II HGrG: *BVerwG* NVwZ 2008, 1355 (1356); ebenso *VGH Kassel* NJW 2005, 1963.

[55] Vgl. *Ruthig/Storr*, Öfftl. WirtR, Rn. 795; *Maurer*, AllgVerwR, § 24 Rn. 23: rechtliche zulässige Abweichung von der allgemeinen Verwaltungspraxis „in besonders gelagerten atypischen Fällen".

[56] Vgl. *BVerwG* NVwZ 2006, 1184 (1188 f.); *Kahl/Diederichsen*, in: Schmidt/Vollmöller, Kompendium Öfftl. WirtR, § 7 Rn. 118; differenzierend *Ruthig/Storr*, Öfftl. WirtR, Rn. 798 m. w. N.

[57] Vgl. BVerwGE 104, 220 (223 f., 226 ff.); *BVerwG* NVwZ 2006, 1184 (1188); *Ziekow*, Öfftl. WirtR, § 6 Rn. 56.

*anspruchs*, sondern lediglich ein *Recht* auf *Teilhabe an einer Leistung*, die anderen Personen bereits gewährt wird, aufgrund der Selbstbindung der Verwaltung.[58] Ein Teilhabeanspruch entsteht unter den folgenden Voraussetzungen:

43 • *Es besteht bereits eine entsprechende Subventionspraxis:* Da der Teilhabeanspruch – jedenfalls im Grundsatz – über Art. 3 I GG an die *tatsächliche Verwaltungspraxis* anknüpft, entsteht er erst, wenn es in der Vergangenheit bereits zu einem entsprechenden Verwaltungshandeln gekommen ist. Problematisch ist der „erste Fall", d.h. der Antrag eines Bewerbers auf Gewährung einer Subvention, für die zwar entsprechende Mittel bereitstehen, und für die auch die näheren Maßgaben in einer Subventionsrichtlinie geregelt sind, die aber bisher noch keinen Anwendungsfall in der Verwaltungspraxis gefunden hat. Das *BVerwG*[59] hat zur Bewältigung dieser Frage die Rechtsfigur der „antizipierten Verwaltungspraxis" erdacht. Danach ist davon auszugehen, dass die Verwaltung sich zukünftig an die Maßgaben der Subventionsrichtlinie halten wird. Mit anderen Worten: In Ermangelung einer Verwaltungspraxis wird die Verwaltungsvorschrift zum Vergleichsmaßstab im Rahmen des Art. 3 I GG.

44 • *Der Subventionsbewerber muss alle Vergabebedingungen erfüllen:* Maßgeblich ist dafür die bisherige *Verwaltungspraxis.* Im Idealfall entsprechen sich die Anforderungen aus der Subventionsrichtlinie (Verwaltungsvorschrift) und das tatsächliche Handeln des Subventionsgebers (Verwaltungspraxis). Problematisch ist der Fall, in dem die Behörde sich in ihrer Subventionspraxis nicht an die Vorgaben der Subventionsrichtlinie hält. Die h.M.[60] stellt auch in diesem Fall allein auf die Verwaltungspraxis ab, weil die Verwaltungsvorschrift als bloßes Innenrecht der Behörde im Außenverhältnis zum Bürger oder zu einem Wirtschaftsunternehmen ohne unmittelbare rechtliche Relevanz sei (s.o.). Diese Auffassung ist nicht frei von Bedenken. Die Verwaltung schafft nämlich durch ihre Verwaltungspraxis selbst den rechtlichen Prüfungsmaßstab für die Teilhabeansprüche weiterer Subventionsbewerber. Eine *uneinheitliche Verwaltungspraxis,* bei der die Behörde bisher *keine einheitlichen Sachkriterien* zur Anwendung gebracht hat, würde dann – mangels rechtlicher Vergleichbarkeit der Einzelfälle – zum Entfallen des Teilhabeanspruchs führen. Der Behörde ist es aber untersagt, willkürliche Entscheidungen zu treffen. Deshalb liegt es nahe, Art. 3 I GG zumindest in den Fällen auf die Verwaltungsvorschrift zu beziehen, in denen die Verwaltungspraxis in der Vergangenheit keinen einheitlichen Kriterienkatalog ausgebildet hat. Diese Fallgestaltung ist nämlich der des „ersten Falles" mit der Antizipation der Verwaltungspraxis (s.o.) durchaus ähnlich.

45 • *Ordnungsgemäße Ermessensausübung durch den Subventionsgeber:* Jede Subventionsgewährung steht – wenn die o.g. Voraussetzungen erfüllt sind – im Ermessen des Subventionsgebers (§ 40 VwVfG). In diesem Zusammenhang ist es dem Subventionsgeber erlaubt, nach Maßgabe sachlicher Gründe (Art. 3 I GG) noch Differenzierungen vorzunehmen. Auch im Falle einer gleichartigen Verwaltungspraxis in der Vergangenheit ist damit eine Ermessensreduzierung auf Null nicht verbunden (s.o.). Im Einzelfall, in Abhängigkeit von der konkreten Sachverhaltskonstellation und unter dem Einfluss weiterer Grundrechtsgewährleistungen

---

[58] BVerwGE 104, 220 (223); *BVerwG* NVwZ 2006, 1184 (1188).

[59] BVerwGE 52, 193 (199); vgl. auch *Maurer,* AllgVerwR, § 24 Rn. 22. Ablehnend *Rodi,* Die Subventionsrechtsordnung, 2000, S. 525 m.w.N.

[60] Vgl. nur *Ziekow,* Öfftl. WirtR, § 6 Rn. 55.

(z. B. Art. 12 I GG)[61], ist eine Ermessensreduzierung auf Null aber auch nicht ausgeschlossen.

Fraglich ist, wie es sich auf den Teilhabeanspruch auswirkt, wenn die für die Finanzhilfe erforderlichen *Haushaltsmittel erschöpft* sind. Sieht man das zur Verfügung stehen der Haushaltsmittel als Voraussetzung des Teilhabeanspruchs[62], dann besteht nach Erschöpfung der Mittel auch kein Rechtsanspruch mehr auf diese Subvention. Das *BVerwG*[63] hat insoweit allerdings eine andere Differenzierung vorgenommen. Es hatte einen Fall zu entscheiden, in dem die Finanzhilfe auf der Grundlage eines Subventionsgesetzes erfolgte, und in dem Zusammenhang hervorgehoben, dass das Fehlen von Haushaltsmitteln einem gesetzlich begründeten Subventionsanspruch nicht entgegengesetzt werden könne. Daran ändere sich auch nichts dadurch, dass die Subventionsvergabe durch das Gesetz ins Ermessen der Verwaltung gestellt sei. Adressat der „Ermessensermächtigung" sei nämlich allein die Verwaltung, nicht aber der Haushaltsgesetzgeber. Dessen Aufgabe sei es vielmehr, in den Haushaltsplan die zur Erfüllung gesetzlicher Ansprüche erforderlichen Mittel einzustellen; notfalls müsse der Anspruch über- und außerplanmäßig erfüllt werden. Die Verwaltung dürfe zwar bei der Ausübung ihres Ermessens Haushaltsbelange berücksichtigen und dabei auch den Rahmen des einschlägigen Haushaltstitels in Rechnung stellen; im Außenverhältnis zum Subventionsbewerber sei sie an die Vorgaben des Haushaltsplans aber nicht gebunden. Der bloße Verweis auf fehlende Haushaltsmittel stelle deshalb nur dann eine hinlänglich begründete Ermessensausübung dar, wenn dies dem Zweck der im materiellen Subventionsgesetz enthaltenen Ermächtigung entspreche (§ 40 VwVfG). 46

**Frage 3: In welchen Gestaltungsformen kann die Subventionsgewährung erfolgen und wie wirkt sich die jeweilige Gestaltung auf die Rückabwicklung der Subvention aus?**

Obwohl die *Subventionsgewährung* der *Erfüllung öffentlicher Aufgaben* dient, da mit ihr ein bestimmter, im öffentlichen Interesse liegender Zweck wirtschafts- oder gesellschaftspolitischer Art verfolgt wird, hat die Verwaltung regelmäßig ein *Wahlrecht*, ob sie diese öffentliche Aufgabe in *öffentlich-rechtlicher* oder *privatrechtlicher Handlungsform* wahrnehmen will.[64] Für welche Handlungsform die Verwaltung 47

---

[61] Vgl. *BVerwG* NVwZ 2008, 1355 (1357), das freilich auch darauf hinweist, dass der Subventionsgeber zur Herstellung vollständiger Wettbewerbsgleichheit nicht unter allen Umständen verpflichtet ist. Eine wettbewerbsrelevante Ungleichbehandlung stelle zwar einen Grundrechtseingriff dar, der jedoch durch hinlängliche Gemeinwohlgründe gerechtfertigt sein könne.

[62] So *Ziekow*, Öfftl. WirtR, § 6 Rn. 55.

[63] *BVerwG* NVwZ 2008, 1355 (1356). Dort auch zur Frage, wie ein *Haushaltsvorbehalt* in einem *materiellen Gesetz* zu verstehen ist: „In solchen Fällen bedarf es der sorgfältigen Prüfung, wie weit dieser Haushaltsvorbehalt reicht. Regelmäßig will der Gesetzgeber des materiellen Subventionsgesetzes dem Haushaltsgesetzgeber damit lediglich die Befugnis einräumen, den finanziellen Rahmen der Förderung zu konkretisieren, ihre näheren Modalitäten insbesondere in zeitlicher Hinsicht festzulegen und die Förderung so mit den anderen öffentlichen Aufgaben zu koordinieren. Der Befugnis, über eine Beendigung, also das ‚Ob' der Förderung überhaupt zu entscheiden, will er sich regelmäßig nicht begeben; eine solche ‚Blankovollmacht' an den Haushaltsgesetzgeber wäre – bei Bundesgesetzen schon wegen des besonders geregelten Gesetzgebungsverfahrens (Art. 110 III GG) und mit Blick auf die Mitwirkungsrechte des Bundesrates – auch verfassungsrechtlich problematisch."

[64] Zum Grundsatz der Formenwahlfreiheit bei der Veranstaltung von Volksfesten etc. durch eine Gemeinde vgl. noch WuV-Frage Nr. 4 im Anhang zu Fall 10.

sich im Einzelfall entschieden hat, ist aber oftmals nicht klar ersichtlich. Deshalb haben Rechtsprechung und Literatur ein paar *rechtspraktische Grundsätze* ausgebildet, um eine Einordnung zu erleichtern und den Beteiligten eine gewisse Rechtssicherheit zu geben.

48 a) Handelt es sich bei der Subvention um einen sog. *verlorenen Zuschuss*, dessen Kennzeichen darin besteht, dass eine Rückzahlung der finanziellen Zuwendung von vornherein nicht beabsichtigt ist (vgl. Fälle 3 und 4), dann bedient sich die Verwaltung regelmäßig der Handlungsformen des öffentlichen Rechts. Das zivilrechtliche Vertragsinstrumentarium passt auf diese Konstellation schon deshalb nicht, weil der verlorene Zuschuss keine Schenkung ist; die öffentliche Hand ist an die haushaltsrechtlichen Grundsätze der Wirtschaftlichkeit und Sparsamkeit gebunden und hat deshalb nichts „zu verschenken".[65]

49 aa) Bei der Wahl zwischen den *öffentlich-rechtlichen Handlungsform* greift der staatliche Subventionsgeber regelmäßig auf den *Verwaltungsakt* (§ 35 S. 1 VwVfG) zurück[66], weil die Behörde dadurch die einzelnen Modalitäten des verlorenen Zuschusses *einseitig* festlegen kann (z.B. durch Nebenbestimmungen, vgl. § 36 VwVfG). Die *Rückabwicklung* eines solchen Subventionsverhältnisses unterliegt dann ebenfalls dem öffentlichen Recht, da es sich bei der Rückabwicklung um den *actus contrarius* zur Subventionsgewährung handelt *(Kehrseiten-Theorie)*. In Ermangelung spezialgesetzlicher Regelungen ist der ursprüngliche Bewilligungsbescheid – sofern er nicht z.B. wegen des Eintritts einer auflösenden Bedingung unwirksam geworden ist – nach Maßgabe der §§ 48f. VwVfG aufzuheben, so dass der Rechtsgrund für die Vermögensverschiebung entfällt. Die Rückerstattung ist durch Verwaltungsakt geltend zu machen und richtet sich nach § 49a VwVfG (vgl. zu den Einzelheiten Fall 3).

50 bb) Entscheidet sich die Verwaltung, an Stelle eines Verwaltungsaktes einen *Verwaltungsvertrag* (§§ 54ff. VwVfG) mit dem Subventionsempfänger abzuschließen (vgl. Fall 4), dann ist das Rückabwicklungsverhältnis ebenfalls dem öffentlichen Recht zugehörig (*Kehrseiten-Theorie*, s.o.). Keine Anwendung finden allerdings die §§ 48–49a VwVfG, da diese zwingend einen Verwaltungsakt als Grundlage der Subventionsgewährung voraussetzen. Als Rechtsgrundlage für einen Rückerstattungsanspruch des staatlichen Subventionsgebers steht der (ungeschriebene) *allgemeine öffentlich-rechtliche Erstattungsanspruch* zur Verfügung. Dieser setzt u.a. die Rechtsgrundlosigkeit der Vermögensverschiebung voraus, d.h. die Nichtigkeit des öffentlich-rechtlichen Vertrages (insbesondere gem. § 59 II und § 59 I VwVfG i.V.m. § 134 BGB). Die bloße Rechtswidrigkeit des Vertrages reicht dazu nicht aus (vgl. dazu ausführlich Fall 4).

51 b) Im Unterschied zum verlorenen Zuschuss liegt der Subventionsgewährung durch *zinsgünstiges* oder sogar *zinsloses Darlehen* nach h.M.[67] regelmäßig eine andere

---

[65] *Kahl/Diederichsen*, in: Schmidt/Vollmöller, Kompendium Öfftl. WirtR, § 7 Rn. 60.

[66] Vgl. *Frotscher/Kramer*, Wirtschaftsverfassungs- und Wirtschaftsverwaltungsrecht, Rn. 569; *Kahl/Diederichsen*, in: Schmidt/Vollmöller, Kompendium Öfftl. WirtR, § 7 Rn. 60, jeweils m.w.N.; *Maurer*, AllgVerwR, § 17 Rn. 29.

[67] Vgl. BVerwGE 1, 308 (310); 7, 180 (182); 13, 47 (52); 35, 170 (171 f.); 41, 127; 45, 13 (14); *BVerwG* NJW 2006, 536 (537); BGHZ 40, 206 (210); 52, 155 (160 ff.); 61, 296 (299); *BGH* NJW 1997, 328; DVBl. 2006, 118; *Frotscher/Kramer*, Wirtschaftsverfassungs- und Wirtschaftsverwaltungsrecht, Rn. 568; *Kahl/Diederichsen*, in: Schmidt/Vollmöller, Kompendium Öfftl. WirtR, § 7 Rn. 62 jeweils m.w.N.; *Ruthig/Storr*, Öfftl. WirtR, Rn. 804. Ange-

rechtliche Konstruktion zugrunde, nämlich die sog. *Zweistufen-Theorie.* Diese ist jedoch erheblicher Kritik ausgesetzt. Dabei ist zu berücksichtigen, dass diese Theorie (und die Kritik an ihr) nur dann relevant wird, wenn sich aus dem einschlägigen Lebenssachverhalt keine eindeutige Zuordnung zu einer bestimmten öffentlich-rechtlichen oder privatrechtlichen Handlungsform vornehmen lässt. Es handelt sich nur um eine „dogmatische Hilfskonstruktion".[68]

aa) Nach der *Zweistufen-Theorie* entscheidet die Behörde auf der *1. Stufe* über das *„Ob"* der Subventionsgewährung an einen bestimmten Subventionsempfänger und die grundlegenden Vergabevoraussetzungen durch *Verwaltungsakt (Bewilligungsverhältnis);* hinzu tritt auf der *2. Stufe* ein *privatrechtlicher Darlehensvertrag* (§§ 488ff. BGB) über das *„Wie"* der Vertragsabwicklung *(Abwicklungsverhältnis).* Die Rückabwicklung eines nach Maßgabe der Zweistufen-Theorie vergebenen Darlehens richtet sich ebenfalls nach der *Kehrseiten-Theorie* (s.o.), doch ergeben sich oftmals Zuordnungsschwierigkeiten bei der Frage, ob es sich um die Rückabwicklung des öffentlich-rechtlichen Bewilligungsverhältnisses oder des privatrechtlichen Abwicklungsverhältnisses handelt. Diese Zuordnung wirkt sich in zweifacher Weise aus: zum einen beim Rechtsweg – entweder Verwaltungsrechtsweg (§ 40 I 1 VwGO) oder Zivilrechtsweg (§ 13 GVG); zum anderen bei der Rechtsgrundlage für den Rückerstattungsanspruch – entweder § 49a VwVfG oder der zivilrechtliche Bereicherungsanspruch (§§ 812ff. BGB). Unsicherheiten bei der konkreten Zuordnung des Rückabwicklungsverhältnisses ergeben sich vor allem daraus, dass die beiden Stufen in der Lebenswirklichkeit regelmäßig gar nicht klar voneinander getrennt werden (die Annahme eines Darlehensvertrages hat oftmals eher fiktiven Charakter) und infolge dessen auch die rechtliche Verknüpfung des Bewilligungs- und des Abwicklungsverhältnisses unklar bleibt.[69] 52

bb) Um diesen Defiziten der Zweistufen-Theorie zu begegnen, hat die Literatur[70] *Lösungsalternativen* entwickelt für solche Fallgestaltungen, in denen eine eindeutige Qualifizierung der für die Darlehensgewährung gewählten Handlungsform nicht möglich ist. *Gemeinsam* ist allen Alternativen die *Einstufigkeit* des *Rechtsverhältnisses.* So lässt sich – abhängig vom Einzelfall – ein derartiges Subventionsverhältnis auch (1) einseitig öffentlich-rechtlich durch *Verwaltungsakt* (§ 35 S. 1 VwVfG) begründen oder es kann ihm (2) ein *Verwaltungsvertrag* (§§ 54ff. VwVfG) zugrunde liegen. Es würde sich in beiden Konstellationen um eine Art „öffentlich-rechtliches Darlehensverhältnis"[71] handeln, für dessen Rückabwicklung dieselben Maßgaben wie bei der Rückabwicklung eines verlorenen Zuschusses gälten. Möglich ist aber auch (3) die einstufige Ausgestaltung als *privatrechtlicher Darlehensvertrag* (§ 488 BGB). Über das Privatrecht hinaus unterstünde ein solcher Vertrag auch den *Grundsätzen des Verwaltungsprivatrechts,* was zumindest eine Bindung an die Grundrechte, vor allem den Gleichheitsgrundsatz (Art. 3 I GG), impliziert.[72] Ein 53

wendet wird die Zweistufen-Theorie zudem auf die staatliche Übernahme von Bürgschaften; vgl. dazu *Maurer,* AllgVerwR, § 17 Rn. 30.

[68] So zutreffend *Ruthig/Storr,* Öfftl. WirtR, Rn. 806.

[69] Zu den einzelnen Kritikpunkten s. nur *Maurer,* AllgVerwR, § 17 Rn. 14ff.; zum Problem auch *Kühling/el-Barudi,* Jura 2006, 672 (675 ff.) m.w.N.

[70] Überblick bei *Kahl/Diederichsen,* in: Schmidt/Vollmöller, Kompendium Öfftl. WirtR, § 7 Rn. 63; *Maurer,* AllgVerwR, § 17 Rn. 20 ff. jeweils m.w.N.

[71] *Maurer,* AllgVerwR, § 17 Rn. 21 f.

[72] Zu einer einstufigen verwaltungsprivatrechtlichen Gestaltung vgl. *BGH* NVwZ 2007, 246 (248).

privatrechtlicher Darlehensvertrag *scheidet* aber *als Regelfall aus,* weil es sich bei der Subventionsvergabe um die Wahrnehmung einer öffentlichen Aufgabe handelt, und insoweit eine Vermutung dafür spricht, dass die Verwaltung sich dann auch einer Handlungsform des öffentlichen Rechts bedient.[73]

54 c) Das *BVerwG*[74] hatte einen Fall zu entscheiden, in dem sich die Verwaltung (Subventionsgeber) und der Subventionsempfänger bewusst für eine zweistufige Ausgestaltung entschieden hatten. Der Subventionsempfänger hatte ein zinsloses Darlehen i.H.v. 4 Millionen € für die Errichtung einer Tiefgarage erhalten. Grundlage der Subvention war zunächst ein Bescheid der Behörde, durch den das zinslose Darlehen bewilligt wurde. In dem Bescheid hieß es, die Darlehensgewährung sowie die Rückzahlungsbedingungen würden im Einzelnen in einem Darlehensvertrag geregelt; die Wirksamkeit der Bewilligung sei durch den Abschluss des Darlehensvertrages aufschiebend bedingt. Später schlossen Subventionsgeber und -empfänger einen Darlehensvertrag über die Gewährung eines zinslosen Darlehens als Anteilsfinanzierung zur Errichtung der Tiefgaragenstellplätze. Der Subventionsgeber erhielt das Recht zur fristlosen Kündigung des Darlehensvertrages, wenn der Bewilligungsbescheid ganz oder teilweise aufgehoben oder aus sonstigen Gründen ganz oder teilweise unwirksam werde. Nach Auszahlung der Darlehenssumme erfuhr der Subventionsgeber davon, dass der Subventionsempfänger im Zeitraum zwischen dem Erlass des Bewilligungsbescheids und dem Abschluss des Darlehensvertrages die zu errichtende Tiefgarage sowie einen entsprechenden Miteigentumsanteil am Grundstück an einen Dritten veräußert hatte. Daraufhin forderte der Subventionsgeber den Subventionsempfänger durch Bescheid zur Rückzahlung des Darlehens auf und focht zugleich den Darlehensvertrag wegen arglistiger Täuschung an.

55 aa) Im Unterschied zur Vorinstanz hat das *BVerwG* den Rückzahlungsanspruch nicht dem öffentlichen Recht (§ 49a VwVfG) zugeordnet, sondern als zivilrechtlichen Anspruch (§§ 812ff. BGB) qualifiziert. Die *unmittelbare Grundlage* für die Auszahlung des Darlehens bilde der *Darlehensvertrag,* nicht der Bewilligungsbescheid. Aus dem Bewilligungsbescheid folge allein ein Anspruch auf Abschluss des Darlehensvertrages. Da die Rückforderung das Gegenstück *(actus contrarius)* zur Auszahlung sei, teile sie deren Rechtscharakter. Nach Ansicht des *BVerwG* ändert sich an dieser Einordnung auch nichts durch die Tatsache, dass die Hingabe des Darlehens einen klassischen Fall der Anwendung der Zweistufen-Theorie darstellt. Maßgeblich ist insoweit die besondere inhaltliche Verknüpfung von Bewilligungs- und Abwicklungsverhältnis, indem einerseits der Bewilligungsbescheid unter die aufschiebende Bedingung des Zustandekommens eines Darlehensvertrages gestellt und andererseits dem Darlehensgeber ein fristloses Kündigungsrecht für den Fall der Aufhebung oder sonstigen Unwirksamkeit des Bewilligungsbescheides eingeräumt wurde. Ein Wegfall des Bewilligungsbescheids hat damit noch nicht automatisch die Unwirksamkeit des Darlehensvertrages zur Folge. Solange der Subventionsgeber von seinem Kündigungsrecht keinen Gebrauch gemacht habe, so das *BVerwG,* bleibe deshalb eine Rechtsgrundlage für das Behaltendürfen der Darlehenssumme bestehen. Außerdem ermögliche es diese Sicht, Störungen der Rechtsbeziehungen, die auf der Ebene des Darlehensvertrages eintreten (hier durch dessen Kündigung aufgrund arglistiger Täuschung, §§ 123, 142 BGB), auch auf dieser Ebene zu berücksichtigen und darüber bestehende Streitigkeiten vor den dafür zuständigen Zivilgerichten auszutragen.

---

[73] *OLG Naumburg* NVwZ 2001, 354 (355); *Ruthig/Storr*, Öfftl. WirtR, Rn. 808.

[74] *BVerwG* NJW 2006, 536ff.

bb) Es liegt auf den ersten Blick in der Konsequenz dieser Entscheidung, dass im Falle eines nach Maßgabe der Zweistufen-Theorie vergebenen zinslosen oder zinsgünstigen Darlehens die Rückabwicklung regelmäßig nach zivilrechtlichen Vorschriften (insbesondere §§ 812ff. BGB) erfolgen wird, nicht aber über § 49a VwVfG oder den allgemeinen öffentlich-rechtlichen Erstattungsanspruch. Zuständig sind damit allein die Zivilgerichte (§ 13 GVG). Doch ist vor der schematischen Anwendung einer solchen „Regel" zu warnen. Es gibt nämlich durchaus zweistufig ausgestaltete Subventionsverhältnisse, bei denen die Prägung durch die 1. Stufe (Bewilligungsbescheid) so stark ist, dass auf der 2. Stufe (Darlehensvertrag) allenfalls noch einzelne, nachrangige Abwicklungsfragen zu klären sind. Ein Beispiel für ein solches *unechtes zweistufiges Rechtsverhältnis* ist der *Bildungskredit für Schüler und Studierende in fortgeschrittenen Ausbildungsphasen,* dessen eigentliche Rechtsgrundlage ein Bewilligungsbescheid des Bundesverwaltungsamtes ist, der zugleich ein Angebot zum Abschluss eines Darlehensvertrages mit der Kreditanstalt für Wiederaufbau (KfW) enthält. Bewilligungsbescheid und Vertragsangebot werden unwirksam, wenn der Darlehensvertrag nicht innerhalb eines Monats angenommen und unterschrieben bei der KfW eingegangen ist. Der Inhalt des Darlehensvertrages wird durch den Bewilligungsbescheid zwingend vorgegeben. Eine Rückabwicklung würde sich – trotz der formalen Zweistufigkeit – nach den öffentlich-rechtlichen Rückabwicklungsvorschriften richten, insbesondere § 49a VwVfG.[75] 56

## E. Wiederholungs- und Vertiefungshinweise

Zu den Rechtsfolgen eines Verstoßes gegen das Durchführungsverbot (Art. 88 III 3 EG) bei einer Subventionsvergabe insbesondere durch zivilrechtlichen Vertrag: *Bartosch,* Die private Durchsetzung des gemeinschaftlichen Beihilfenverbots, EuZW 2008, 235; *Fiebelkorn/Petzold,* Durchführungsverbot gemäß Art. 88 III 3 EG, Rückforderungsverpflichtung und Nichtigkeitsfolge: Ist die BGH-Rechtsprechung praxisgerecht?, EuZW 2009, 323; *Heidenhain,* Echo zum Aufsatz Bartosch in EuZW 2008, 235; EuZW 2008, 324; *Strievi/Werner,* Nichtigkeit eines beihilfegewährenden Vertrages nach § 134 BGB i.V. mit Art. 88 III 3 EG, JuS 2006, 106; *Schmidt-Räntsch,* Zivilrechtliche Wirkungen von Verstößen gegen das EU-Beihilferecht, NJW 2005, 106.

Zu den Rechtsfolgen eines Verstoßes gegen das Durchführungsverbot (Art. 88 III 3 EG) bei einem Verwaltungsvertrag: *Gurlit,* in: Erichsen/Ehlers, AllgVerwR, § 31 Rn. 25, m.w.N.

---

[75] Zur den Unterschieden bei der Rückabwicklung echter und unechter zweistufiger Rechtsverhältnisse (insbesondere am Beispiel des Bildungskredits) vgl. *Dorf,* NVwZ 2008, 375ff.

# Gewerbe- und Gewerbenebenrecht (u.a. Gaststättenrecht)

## Fall 5: Geschäftsmann auf Abwegen

### A. Inhalt

Anfechtungsklage; Klagefrist bei Zustellung durch Einschreiben (Fristberechnung); Fallgruppen der gewerberechtlichen Unzuverlässigkeit; einfache und erweiterte Gewerbeuntersagung (§ 35 I GewO).

### B. Sachverhalt

Anton Aberwitz (A) betreibt seit acht Jahren in der kreisfreien unterfränkischen Stadt Würzburg (Bayern) das Damenmodengeschäft „Isabelle". Er beschäftigt insgesamt fünf Verkäuferinnen. Obwohl die Umsätze ständig steigen und der Gewinn gut ist, befindet er sich seit zwei Jahren in argen Finanznöten. Seit dieser Zeit ist er mit einem Topmodel der Modebranche liiert, dessen Luxusbedürfnis er mehrmals im Jahr mit mehrwöchigen Welt- und Schiffstraumreisen, außerdem exquisiten Kleidern und schnittigen Sportwagen finanziert. Seine Steuerschulden im Rahmen der Einkommensbesteuerung für die Jahre 2006 und 2007 belaufen sich auf ca. 100.000 €. Im Juli 2009 entdeckt die Allgemeine Ortskrankenkasse (AOK) als zuständiger gesetzlicher Versicherungsträger, dass A seit Januar 2008 die von den Arbeitnehmerinnen einbehaltenen Sozialversicherungsbeiträge nicht abgeführt hat und sich der Gesamtbetrag auf etwa 60.000 € beläuft. Zudem melden sich bei der Polizei zwei ehemalige Verkäuferinnen, die glaubwürdig angeben, während ihrer Tätigkeit bei „Isabelle" über mehrere Wochen erheblichen sexuellen Belästigungen durch A ausgesetzt gewesen zu sein. Sie hätten sich den Übergriffen nur durch eine Kündigung des Arbeitsverhältnisses entziehen können. Von einer Belästigung der Kundinnen des A ist hingegen nichts bekannt. Die von der Staatsanwaltschaft eingeleiteten Ermittlungen sind noch nicht abgeschlossen.

Die Stadt Würzburg (W) erlässt am 24. September 2009 (Donnerstag), nachdem sie die insoweit zuständigen Stellen und Behörden sowie A selbst angehört hat, einen Bescheid, der noch am selben Tag zur Post gegeben wird und dessen Zustellung aufgrund behördlicher Anordnung mittels Einschreiben erfolgt. Der Bescheid, der eine ordnungsgemäße Rechtsbehelfsbelehrung enthält, geht A tatsächlich am nächsten Tag, dem 25. September 2009, zu. In dem Bescheid wird A „die Ausübung des bisherigen Gewerbes und aller anderen Gewerbe untersagt". In der Begründung verweist die Behörde auf § 35 GewO. Das Nichtabführen der Sozialversicherungsbeiträge belege hinreichend, dass A nicht die Gewähr für den ordnungsgemäßen Betrieb seines Gewerbes biete. Es handele sich dabei um Verfehlungen, die nicht als „branchentypisch" anzusehen, sondern in jedem Gewerbe möglich seien. Auch für die Zukunft sei nicht zu erwarten, dass A seinen Abgabenpflichten mit größerer Gewissenhaftigkeit nachkommen werde, nachdem dieser im Rahmen der Anhörung habe verlautbaren lassen, dass er „heute und in

Zukunft" nicht bereit sei, die Steuerrückstände auszugleichen und die einbehaltenen Sozialversicherungsbeiträge seiner Arbeitnehmerinnen an die zuständigen Stellen weiterzuleiten, „weil das Geld doch ohnehin nur in die Hände von verbeamteten Nichtstuern, korrupten Funktionären und arbeitsscheuem Gesindel fällt". Er selbst gedenke auch weiterhin, mit seinem bisherigen oder einem anderen Gewerbe „die wirtschaftlichen Grundlagen für ein Leben zwischen Champagner und Kaviar sicherzustellen". Seine Steuerrückstände seien, so die Behörde, zudem ein wichtiges Indiz für seine wirtschaftliche Leistungsunfähigkeit. Hinsichtlich der sexuellen Belästigung der weiblichen Angestellten läge ebenfalls eine Unvereinbarkeit mit gewerblicher Tätigkeit jeglicher Art vor. Aufgrund dessen sei es zum Schutz der Allgemeinheit und der im Betrieb Beschäftigten erforderlich, ihm die Ausübung aller Gewerbe zu untersagen. Andere Gesichtspunkte wie der Verlust der Arbeitsplätze im Betrieb des A seien zwar in die Überlegungen einbezogen worden, hätten aber angesichts der Schwere der Verfehlungen des A an der umfassenden Gewerbeuntersagung nichts zu ändern vermocht.

A legt das ihm zugestellte Schriftstück ungeöffnet in die Schreibtischschublade, weil er schon „Böses ahnt" und sich die Urlaubsstimmung für einen mehrwöchigen Segeltörn nicht verderben lassen möchte. Nach seiner Rückkehr öffnet er am 28. Oktober 2009 (Mittwoch) das Schriftstück. Empört über den Inhalt des Schreibens geht er noch am selben Tag unmittelbar zu Rechtsanwalt Ronaldo Ronaldini (R) mit der Bitte um Auskunft, ob eine verwaltungsgerichtliche Klage gegen die Stadt W mit dem Ziel, die Gewerbeuntersagungen aufheben zu lassen, Aussicht auf Erfolg hat.

**Bearbeitervermerk:** Das Gutachten des R ist zu entwerfen. Dabei ist auf alle im Sachverhalt aufgeworfenen Rechtsfragen einzugehen.

## Anhang

### Bayerisches Gesetz zur Ausführung der Verwaltungsgerichtsordnung (BayAGVwGO) (Auszug)

**Art. 15 [Vorverfahren].** (1) [...]

(2) Soweit in Abs. 1 nichts Abweichendes geregelt ist, entfällt das Vorverfahren nach § 68 VwGO.

(3) Die Abs. 1 und 2 gelten nur für Verfahren der Behörden des Freistaates Bayern, der Gemeinden und Gemeindeverbände und der sonstigen der Aufsicht des Freistaates Bayern unterstehenden juristischen Personen des öffentlichen Rechts. § 68 Abs. 1 Satz 2 Nrn. 1 und 2 VwGO sowie sonstige abweichende Regelungen in anderen Gesetzen und Rechtsverordnungen bleiben unberührt.

### Bayrische Verordnung zur Durchführung der Gewerbeordnung (BayGewV)

**§ 1 Sachliche Zuständigkeit.** (1) [...]

(2) Die Kreisverwaltungsbehörde ist zuständig

1. für den Vollzug der Titel II bis IV der Gewerbeordnung und der darauf beruhenden Rechtsverordnungen, soweit in den folgenden Absätzen 3 bis 8 oder in anderen Rechtsvorschriften nichts anderes bestimmt ist,
2. [...].

## C. Lösung

Eine verwaltungsgerichtliche Klage des A hat Erfolg, wenn der Verwaltungsrechtsweg eröffnet und die Klage zulässig und begründet ist. 1

### I. Verwaltungsrechtsweg und zuständiges Gericht

#### 1. Verwaltungsrechtsweg

Der Verwaltungsrechtsweg ist gem. § 40 I 1 VwGO eröffnet, wenn es sich um eine 2 öffentlich-rechtliche Streitigkeit nicht verfassungsrechtlicher Art handelt und keine (abdrängende) Sonderzuweisung eingreift. Streitgegenstand ist die Aufhebung der von der Stadt W erlassenen Gewerbeuntersagung. Diese ist geregelt in der gewerberechtlichen Vorschrift des § 35 GewO. Das Gewerberecht ist Teil des öffentlichen Rechts zur Gefahrenabwehr. Eine öffentlich-rechtliche Streitigkeit ist somit gegeben. Die beiden anderen Voraussetzungen sind ebenfalls erfüllt.

#### 2. Zuständiges Gericht

Sachlich zuständig ist gem. § 45 VwGO das Verwaltungsgericht. Die örtliche Zu- 3 ständigkeit richtet sich nach § 52 Nr. 3 S. 1 i.V.m. Art. 1 II Nr. 5 BayAGVwGO. Danach ist vorliegend das Verwaltungsgericht Würzburg örtlich zuständig.

### II. Zulässigkeit der Klage

#### 1. Statthaftigkeit

Die statthafte Klageart ist abhängig vom Begehren des Klägers. A begehrt die Auf- 4 hebung der Gewerbeuntersagung. Dabei ist allerdings zu differenzieren. Der Bescheid vom 24. September 2009 enthält nämlich zwei Regelungen: Zum einen wird A die Ausübung seines bisherigen Gewerbes (als Einzelhändler in der Textilbranche) untersagt; darüber hinaus wird ihm aber auch die Ausübung „aller anderen Gewerbe“ untersagt (sog. erweiterte Gewerbeuntersagung). Im Übrigen sind alle Voraussetzungen des § 35 S. 1 VwVfG erfüllt.[1]

Es handelt sich somit um zwei (belastende) Verwaltungsakte. Richtige Klageart ist in beiden Fällen die Anfechtungsklage gem. § 42 I, 1. Alt. VwGO.

#### 2. Klagebefugnis

Als Adressat der beiden belastenden Verwaltungsakte ist A in jedem Fall gem. § 42 II 5 VwGO klagebefugt (*Adressatentheorie*).[2] Er kann zumindest geltend machen, eine

---

[1] **Beachte:** Allein die Tatsache, dass beide Verfügungen durch einen einzigen Bescheid ergehen, darf noch nicht zu der Annahme verleiten, es handele sich um einen Verwaltungsakt mit mehreren Regelungen. Wer dennoch von nur einem Verwaltungsakt ausgeht, muss jedenfalls in der Begründetheit erkennen, dass dieser Verwaltungsakt zwei voneinander abzugrenzende, auf unterschiedliche Befugnisnormen gestützte Regelungen enthält. Es wäre dann konsequent, auf die Möglichkeit der sog. Teilanfechtung (vgl. § 113 I 1 VwGO: „soweit“) hinzuweisen.

[2] **Beachte:** Ob tatsächlich eine Rechtsverletzung vorliegt, ist eine Frage der Begründetheit der Klage. Für die Bejahung der Klagebefugnis reicht die substantiierte Geltendmachung einer Rechtsverletzung aus.

Rechtswidrigkeit der Verwaltungsakte würde ihn in seiner allg. Handlungsfreiheit (Art. 2 I GG) verletzen.

### 3. Vorverfahren

6 Besondere Sachurteilsvoraussetzung einer Anfechtungsklage ist gem. § 68 I 1 VwGO grundsätzlich die vorherige erfolglose Durchführung eines Widerspruchsverfahrens. Etwas anderes gilt jedoch, sofern eine gesetzliche Ausnahme vorliegt, nach der das Widerspruchsverfahren entbehrlich ist (§ 68 I 2 VwGO). Eine entsprechende gesetzliche Ausnahme findet sich in der landesrechtlichen Vorschrift des Art. 15 II, III BayAGVwGO, wonach das Vorverfahren im Sinne der §§ 68ff. VwGO entfällt für Verfahren der Behörden des Freistaat Bayerns, der Gemeinden, der Gemeindeverbände und der sonstigen der Aufsicht des Freistaats Bayern unterstehenden juristischen Personen des öffentlichen Rechts. Da zudem keiner der in Art. 15 I BayAGVwGO abschließend aufgezählten Sonderfälle einschlägig ist, ist die Durchführung eines Vorverfahrens nicht nur entbehrlich, sondern sogar unstatthaft.[3]

### 4. Richtiger Klagegegner

7 Nach dem Rechtsträgerprinzip des § 78 I Nr. 1 VwGO ist die Klage gegen die Körperschaft zu richten, deren Behörde den angefochtenen Verwaltungsakt erlassen hat.[4] Die beiden Verwaltungsakte wurden vom Gewerbeamt der Stadt W erlassen. Richtiger Beklagter ist somit die Stadt W (Gemeinde als öffentlich-rechtliche Körperschaft).[5]

### 5. Beteiligten- und Prozessfähigkeit

8 A ist gem. § 61 Nr. 1, 1. Alt. VwGO (natürliche Person) beteiligtenfähig und gem. § 62 I Nr. 1 VwGO prozessfähig. Die Stadt W ist beteiligtenfähig gem. § 61 Nr. 1, 2. Alt. VwGO (juristische Person des öffentlichen Rechts); ihre Prozessfähigkeit richtet sich nach Art. 62 III VwGO.

### 6. Form

9 Die Klage zum Verwaltungsgericht ist noch nicht erhoben. R wird – als Prozessbevollmächtigter des A (vgl. § 67 II 1 VwGO) – darauf zu achten haben, dass die Anforderungen der §§ 81f. VwGO eingehalten werden.

---

[3] **Beachte:** Mit Inkrafttreten des Gesetzes zur Änderung des Gesetzes zur Ausführung der Verwaltungsgerichtsordnung (AGVwGOÄndG) vom 22. 6. 2007 (GVBl. S. 390) wurde im Freistaat Bayern das Widerspruchsverfahren einer grundlegenden Reform unterzogen. Auf Grundlage eines vorangegangenen Pilotprojekts wurde das Widerspruchsverfahren im Freistaat Bayern mit Wirkung zum 1. 7. 2007 weitgehend abgeschafft, Art. 15 II, III BayAGVwGO. Nur für einzelne Bereiche, in denen das Vorverfahren eine signifikante Befriedungsfunktion aufweist, eröffnet Art. 15 I BayAGVwGO die fakultative Möglichkeit für den Rechtsschutzsuchenden, ein Vorverfahren durchzuführen. In diesen enumerativ aufgezählten Bereichen ist also weiterhin ein Widerspruchsverfahren als zusätzliche Rechtsschutzmöglichkeit optional zulässig, stellt jedoch keine obligatorische Klagevoraussetzung dar. Zu den neuen landesrechtlichen Regelungen des Widerspruchsverfahrens vgl. auch die in den Wiederholungs- und Vertiefungshinweisen im Anhang an diesen Fall aufgeführte Literatur.

[4] Zur Frage, ob § 78 I Nr. 1 VwGO eine Regelung der Passivlegitimation oder der passiven Prozessführungsbefugnis darstellt, s. bereits Fall 3.

[5] **Beachte:** Der Freistaat Bayern hat von der in § 78 I Nr. 2 VwGO eröffneten Möglichkeit, durch landesrechtliche Regelung die Behörde selbst als Klagegegner vorzusehen, keinen Gebrauch gemacht. Anders ist dies z. B. in NRW; vgl. dazu Fall 3.

### 7. Klagefrist

Der Untersagungsbescheid ging dem A mittels Einschreiben am 25. September 2009 zu. Da A den Rechtsanwalt erst am 28. Oktober 2009 aufsucht, kommt die Klageerhebung frühestens an diesem Tag in Betracht. Es bestehen allerdings Bedenken, ob eine Klageerhebung an diesem Tag noch die Klagefrist wahrt. Gemäß § 74 I 2 VwGO ist die Klage innerhalb eines Monats, nachdem der Verwaltungsakt dem Beschwerten bekannt gegeben worden ist, zu erheben. 10

Die Bekanntgabe eines Verwaltungsakts erfolgt grundsätzlich gem. § 41 I VwVfG. Für einen schriftlichen Verwaltungsakt, der durch die Post im Inland übermittelt wird, gilt die Sondervorschrift des § 41 II VwVfG mit einer Drei-Tage-Fiktion. Diese Vorschrift greift jedoch nicht ein, wenn die Bekanntgabe des Verwaltungsakts mittels Zustellung geschieht (vgl. § 41 V VwVfG). 11

Laut Sachverhalt erfolgte die Bekanntgabe der Gewerbeuntersagung aufgrund behördlicher Anordnung durch die Post als Zustellung mittels Einschreiben. Einschlägig könnte deshalb Art. 4 BayVwZVG sein. Dann müssten dessen Voraussetzungen[6] vorliegen.

#### a) Anwendung des Art. 4 I BayVwZVG

Gemäß Art. 1 I 1 BayVwZVG stellen die Behörden des Freistaates Bayern und die Körperschaften, Anstalten und Stiftungen des öffentlichen Rechts, die unmittelbar oder mittelbar seiner Aufsicht unterstehen (Behörden), „nach den Vorschriften dieses Hauptteils zu." Gemeint ist damit der Erste Hauptteil des Gesetzes (Art. 1–17 BayVwZVG), der sich mit dem „Zustellungsverfahren" befasst.[7] Zu den von der Vorschrift erfassten Körperschaften des öffentlichen Rechts gehören auch die Gemeinden.[8] 12

#### aa) Zustellungserfordernis

Zunächst muss ein Zustellungserfordernis bestehen. Gemäß Art. 1 V BayVwZVG[9] wird zugestellt, „wenn es durch Rechtsvorschrift oder durch behördliche Anordnung bestimmt ist." Bei einem Ausgangsbescheid besteht grundsätzlich – im Unter- 13

---

[6] **Beachte:** Die nachfolgenden Lösungsschritte sind sehr ausführlich dargestellt. Das wird in einer Klausur (zumal angesichts des Gesamtumfangs) selbstverständlich nicht erwartet. Wichtig ist vor allem, Art. 4 BayVwZVG als einschlägig zu erkennen, die Drei-Tage-Fiktion als Rechtsproblem zu erörtern (sog. Montagsregelung anwendbar?) und die Monatsfrist (richtig) zu berechnen. Art. 4 I, II 1 bis 4 BayVwZVG entspricht inhaltlich § 4 I, II 1 bis 4 VwZG (des Bundes).

[7] Der Zweite Hauptteil (Art. 18ff. BayVwZVG) befasst sich hingegen mit dem „Vollstreckungsverfahren".

[8] **Beachte:** Vorliegend handelt es sich um die Zustellung des Ausgangsbescheides, die von Art. 1 I 1 BayVwZVG geregelt wird. Geht es hingegen um die (zwingende, vgl. § 73 III 1 VwGO) Zustellung des Widerspruchsbescheides – sofern ein Widerspruchsverfahren gemäß Art. 15 BayAGVwGO überhaupt noch in Betracht kommt –, dann greift Art. 1 I 2 BayVwZVG ein: Im Widerspruchsverfahren (§ 73 III VwGO) wird nach den Vorschriften des Verwaltungszustellungsgesetzes (VwZG des Bundes) zugestellt. Dies ist in § 73 III 2 VwGO ausdrücklich geregelt. Zur Reform des Verwaltungszustellungsrechts des Bundes mit Wirkung zum 1. 2. 2006 vgl. *Rosenbach*, DVBl. 2005, 816ff.; *ders.*, NWVBl. 2006, 121ff; *Kremer*, NJW 2006, 332ff.; *Tegethoff*, NdsVBl. 2007, 1ff.

[9] **Beachte:** Art. 1 V BayVwZVG entspricht inhaltlich § 1 II VwZG (des Bundes).

schied zum Widerspruchsbescheid (vgl. § 73 III 1 VwGO) – keine gesetzliche Verpflichtung, die Bekanntgabe durch förmliche Zustellung zu bewirken (vgl. § 41 I VwVfG: Grundsatz der Formfreiheit der Bekanntgabe). Allerdings kann dies durch „behördliche Anordnung“ bestimmt werden. Das ist laut Sachverhalt geschehen. Dadurch wurde das Zustellungserfordernis begründet.

#### bb) Förmliche Zustellung gem. Art. 4 I BayVwZVG

14 Diese Vorschrift regelt die Zustellung durch die Post mittels Einschreiben. Eine solche Zustellung ist vorliegend erfolgt.

#### cc) *Rechtsfolge* des Art. 4 II 2 BayVwZVG: *Zustellungsfiktion*

15 Das Dokument „gilt [...] am dritten Tag nach der Aufgabe zur Post als zugestellt, es sei denn, dass es nicht oder zu einem späteren Zeitpunkt zugegangen ist.“ Der tatsächliche Zugang ist ein wesentlicher Aspekt der Bekanntgabe. Er ist bei einem schriftlichen Verwaltungsakt dann erfolgt, wenn die Voraussetzungen des § 130 BGB erfüllt sind. Insoweit ist es unerheblich, ob der Empfänger den Bescheid erst später geöffnet und gelesen hat.[10] Der tatsächliche Zugang ist für die Fristberechnung nach Art. 4 II 2 BayVwZVG jedoch irrelevant, wenn dieser vor dem Eintritt der Zugangsfiktion erfolgt ist (vgl. den „es sei denn“-Nebensatz). Somit kommt es allein auf die Drei-Tage-Fiktion an. Dass dem A das Schriftstück tatsächlich am 25. September 2009 zugegangen ist, ist deshalb im vorliegenden Fall nicht maßgeblich.

### b) Fristberechnung

16 Einschlägige Vorschriften für die Fristberechnung bei der Erhebung der Klage sind § 57 VwGO[11] und § 222 ZPO. Danach gelten für die Berechnung der Fristen grundsätzlich die §§ 187 bis 193 BGB entsprechend.

#### aa) Fristbeginn

17 Ist für den Anfang einer Frist ein Ereignis (hier: Eintreten der Zustellungsfiktion) maßgebend, dann wird bei der Berechnung der Frist der Tag nicht mitgerechnet, in welchen das Ereignis fällt (§ 187 I BGB). Der am 24. September 2009 zur Post gegebene Bescheid gilt (Drei-Tage-Fiktion) als am 27. September 2009 zugestellt.[12] Da dieser Tag bei der Fristberechnung nicht mitzählt, begann die Frist am 28. September 2009, 0.00 Uhr, zu laufen.

---

[10] Vgl. *Kopp/Ramsauer,* VwVfG, § 41 Rn. 44.

[11] **Beachte:** Der hinsichtlich der Fristberechnung im Widerspruchsverfahren bestehende Streit, ob § 57 VwGO analog gilt (sog. verwaltungsprozessuale Lösung) oder §§ 79, 31 VwVfG (sog. verwaltungsverfahrensrechtliche Lösung) anzuwenden sind (dazu *Hufen,* VerwPrR, § 6 Rn. 28), spielt für die Berechnung der Klagefrist keine Rolle. Im Rahmen des § 74 VwGO findet unstreitig § 57 VwGO Anwendung.

[12] **Beachte:** Auch für die Berechnung der Drei-Tage-„Frist“ gilt § 187 I BGB; vgl. *Kopp/ Ramsauer,* VwVfG, § 41 Rn. 44. Die Heranziehung dieser Vorschrift ist jedoch deshalb bedenklich, weil es sich bei der Drei-Tage-Fiktion nicht um eine Frist i.e.S. handelt (vgl. die nachfolgenden Ausführungen im Text). Das Ergebnis lässt sich vielmehr unmittelbar aus Art. 4 II 2 BayVwZVG ableiten („am dritten Tag *nach* der Aufgabe zur Post“).

Möglicherweise ergibt sich etwas anderes aber daraus, dass der 27. September ein Sonntag war. Etliche Fristvorschriften (vgl. § 31 III VwVfG, § 222 II ZPO, § 193 BGB) enthalten die Regelung, dass die Frist mit dem Ablauf des *nächstfolgenden Werktages* endet, wenn das Ende der Frist auf einen Sonntag, einen allgemeinen Feiertag oder einen Sonnabend fällt.

In der *Literatur*[13] wird vereinzelt die Ansicht vertreten, diese sog. Montagsregelung sei (direkt oder analog) in Fällen wie dem vorliegenden entsprechend heranzuziehen. Zur Begründung wird auf § 31 III VwVfG verwiesen. Die Formulierung „Ende einer Frist" erfasse auch die Drei-Tage-„Frist" im Rahmen der Zustellungsfiktion. Der Bescheid würde dann als am 28. September 2009 (Montag/Werktag) zugestellt „gelten". Danach hätte die Monatsfrist erst am 29. September 2009, 0.00 Uhr, zu laufen begonnen. 18

Die *h. M.*[14] wendet § 31 III VwVfG hingegen nur auf „echte" Fristen an. Der Drei-Tage-Zeitraum sei keine Frist im Sinne des Gesetzes. Die gesetzliche Regelung einer Fiktion habe mit einer Frist nichts gemein. Sie gelte zudem lediglich für die Berechnung des Fristendes, nicht aber für die Berechnung des Fristbeginns. Diese Vorschrift (dasselbe gilt für § 222 II ZPO und § 193 BGB) finde im vorliegenden Zusammenhang für die Bestimmung des Beginns der Monatsfrist deshalb keine Anwendung. 19

Die erstgenannte Ansicht verkennt den Unterschied zwischen einer gesetzlich geregelten Frist und einer gesetzlichen, nach Tagen berechneten Fiktion. Durch die Fiktion wird ein Termin, d.h. ein rechtserhebliches Datum, bestimmt, an dem eine bestimmte Rechtswirkung eintritt. Es handelt sich nicht um eine Frist im Sinne eines bestimmten Zeitraumes, innerhalb dessen eine bestimmte Handlung vorgenommen werden soll. Auf Termine ist § 31 III VwVfG nicht (auch nicht entsprechend) anwendbar.[15] Außerdem widerspräche eine Heranziehung des § 31 III VwVfG der Intention des Gesetzgebers, der aus Gründen der Praktikabilität bewusst eine pauschale Zeitdauer festgelegt hat.[16] 20

Es bleibt somit bei der Feststellung, dass die Klagefrist am 28. September 2009, 0.00 Uhr, zu laufen begann.

### bb) Fristende

Das Fristende bestimmt sich nach § 188 II BGB. Eine Frist, die nach Monaten bestimmt ist, endet im Fall des § 187 I BGB mit dem Ablauf desjenigen Tages des letzten Monats, welcher durch seine Benennung oder seine Zahl dem Tag entspricht, in den das Ereignis oder der Zeitpunkt fällt. Da der Tag, in den das Ereignis fiel, der 27. September 2009 war, endete die Frist am 27. Oktober 2009, 24.00 Uhr. Bei diesem Tag handelte es sich um einen Dienstag, der nirgends als gesetzlicher Feiertag gilt, so dass auch unter dem Gesichtspunkt der Montagsregelung (s. o.) ein Hinausschieben des Fristendes nicht in Betracht kommt. 21

---

[13] *Hennecke,* in: Knack, VwVfG, § 41 Rn. 19; ebenso *BFH* NJW 2004, 94.

[14] *BayVGH* NJW 1991, 1250 (1251) = BayVBl. 1990, 693; *VGH Mannheim* VBlBW 1992, 138; BFHE 146, 27 = NJW 1977, 216; *BFH* BayVBl. 1986, 413 = NVwZ 1986, 968; *Kopp/Ramsauer,* VwVfG, § 31 Rn. 32f.; *Kopp/Schenke,* VwGO, § 57 Rn. 10, § 70 Rn. 6d, § 73 Rn. 22b; offen gelassen von *BVerwG* NJW 1983, 2345 = BayVBl. 1983, 664; *OLG Düsseldorf* NWVBl. 1988, 28. Zum Ganzen *Rail,* BayVBl. 1986, 389ff.

[15] *Kopp/Ramsauer,* VwVfG, § 31 Rn. 30.

[16] Vgl. *BFH* BayVBl. 1986, 413.

Eine Klage des A am 28. Oktober 2009 wäre somit verfristet. Die Klage des A müsste als unzulässig abgewiesen werden.[17]

**Zwischenergebnis:** Die Anfechtungsklagen des A sind somit unzulässig.[18]

### III. Besonderheiten des Verfahrens: objektive Klagehäufung

22 Das angestrebte Gerichtsverfahren weist noch insoweit eine Besonderheit auf, als A zwei Klagebegehren geltend macht bzw. zwei Verwaltungsakte angreift (Anfechtung der Untersagung des ausgeübten Gewerbes sowie aller anderen Gewerbe). Beide Klagebegehren können gem. § 44 VwGO in Form der objektiven Klagehäufung zusammen verfolgt werden, weil sie sich gegen den selben Beklagten richten, im Zusammenhang stehen und dasselbe Gericht zuständig ist.

### IV. Begründetheit der Klage

23 Die Anfechtungsklagen sind begründet, wenn die Verwaltungsakte rechtswidrig sind und A dadurch in seinen Rechten verletzt wird (§ 113 I 1 VwGO).

#### 1. Formelle Rechtmäßigkeit der Verwaltungsakte[19]

#### a) Sachliche Zuständigkeit

24 Gemäß § 1 II Nr. 1 BayGewV[20] ist die Kreisverwaltungsbehörde sachlich zuständig für (u.a.) den Vollzug der Titel II bis IV der GewO.[21] Dazu zählen auch die Regelungen für das sog. stehende Gewerbe (Titel II, §§ 14 bis 52 GewO). Kreisverwaltungsbehörde ist gem. Art. 37 I 1 LKrO das Landratsamt als Staatsbehörde. Allerdings erfüllen gem. Art. 9 I BayGO die kreisfreien Gemeinden im übertragenen Wirkungskreis alle Aufgaben, die sonst vom Landratsamt als der unteren staatlichen Verwaltungsbehörde wahrzunehmen sind; sie sind insoweit Kreisverwaltungsbehörde.

Die Stadt W gehört laut Sachverhalt zu den kreisfreien Gemeinden. Ihr obliegt somit als Gemeinde die sachliche Zuständigkeit für den Vollzug der Regelungen über das stehende Gewerbe (§§ 35, 155 II GewO, § 1 II Nr. 1 BayGewV, Art. 9 I BayGO[22]).

#### b) Örtliche Zuständigkeit

25 Die örtliche Zuständigkeit richtet sich nach § 35 VII GewO. Zuständig ist danach die Behörde, in deren Bezirk der Gewerbetreibende eine gewerbliche Niederlassung

---

[17] **Beachte:** Für die Prüfung einer Wiedereinsetzung in den vorigen Stand (§ 60 VwGO, vgl. dazu Fall 8) fehlt es an jeglichem Anhaltspunkt im Sachverhalt. Soweit ein Bearbeiter der oben dargestellten Mindermeinung folgt, wäre die Monatsfrist erst am 28. Oktober 2009, 24.00 Uhr, abgelaufen. Die Klage vom selbem Tag wäre dann rechtzeitig erfolgt.

[18] **Beachte:** Aufgrund des Bearbeitervermerks, auf alle im Sachverhalt aufgeworfenen Rechtsfragen einzugehen, ist auch bei Unzulässigkeit die Begründetheit der Klage ausführlich zu begutachten. Vgl. dazu sowie zum oftmals verwendeten Begriff des „Hilfsgutachtens" die *Einleitung* (Regeln für die Klausurbearbeitung) zu dieser Fallsammlung.

[19] **Beachte:** Nachfolgend wird die Prüfung der formellen Rechtmäßigkeit für beide Verwaltungsakte gemeinsam vorgenommen, weil sich insoweit – bis auf die Frage der hinreichenden Bestimmtheit – keine Unterschiede ergeben. Es ist aber nicht zu beanstanden, wenn ein Bearbeiter die formelle Rechtmäßigkeit bei jedem Verwaltungsakt gesondert untersucht.

[20] Verordnung zur Durchführung der Gewerbeordnung (BayGewV), Textsammlung *Ziegler/Tremel* Nr. 315.

[21] S. dazu auch die Fälle 6 und 7.

[22] Bayerische Gemeindeordnung (BayGO), Textsammlung *Ziegler/Tremel* Nr. 280.

unterhält. Da die Niederlassung sich in W befindet, ist die Stadt W auch örtlich für den Vollzug der Gewerbeuntersagung zuständig.

### c) Verwaltungsverfahren

Hinsichtlich der ordnungsgemäßen Durchführung des Verwaltungsverfahrens bestehen keine durchgreifenden Bedenken. 26

#### aa) Allgemeines Anhörungserfordernis (§ 28 I VwVfG)

Eine Anhörung des A gem. § 28 I VwVfG ist laut Sachverhalt vor Erlass der Untersagungsverfügung erfolgt. 27

#### bb) Besonderes Anhörungserfordernis (§ 35 IV GewO)

Diese Vorschrift normiert ein besonderes Verfahrenserfordernis insofern, dass verschiedene Stellen, insbesondere sonstige Aufsichtsbehörden und Kammern (z.B. IHK), angehört werden „sollen". Dies ist laut Sachverhalt geschehen.[23] 28

### d) Bestimmtheitsgrundsatz

Der Bescheid könnte aber wegen eines Verstoßes gegen den Bestimmtheitsgrundsatz gem. § 37 I VwVfG rechtswidrig sein. Der Verwaltungsakt muss inhaltlich so hinreichend bestimmt sein, dass der Adressat erkennen kann, was er zu tun bzw. zu unterlassen hat.[24] Es fragt sich, ob die Behörde in ihrem Bescheid zur erweiterten Gewerbeuntersagung die allgemeine Formulierung des Gesetzes „alle Gewerbe" (§ 35 I 2 GewO) übernehmen darf. 29

Vorliegend kann die Behörde für den Fall einer umfassenden Gewerbeuntersagung gar nicht anders, als die Formulierung des Gesetzes zu übernehmen, um etwaige „Schlupflöcher" von vornherein auszuschließen. Es kommt hinzu, dass es dem Adressaten einer Gewerbeuntersagung zumutbar ist, sich über Inhalt und Tragweite der Untersagung durch einen gewerberechtlich Kundigen informieren zu lassen. Ein Verstoß gegen den verwaltungsverfahrensrechtlichen Bestimmtheitsgrundsatz (§ 37 I VwVfG) ist in dieser Formulierung deshalb nicht zu sehen.

Verfahrensfehler sind somit nicht gegeben. Beide Untersagungsverfügungen sind formell rechtmäßig.

## 2. Materielle Rechtmäßigkeit der Untersagung des ausgeübten Gewerbes

Rechtsgrundlage für die Untersagung eines ausgeübten stehenden Gewerbes ist § 35 I 1 GewO. Danach ist die Ausübung eines (konkreten) Gewerbes ganz oder teilweise zu untersagen, wenn Tatsachen vorliegen, welche die Unzuverlässigkeit des Gewerbetreibenden in Bezug auf dieses Gewerbe dartun, sofern die Untersagung zum Schutz der Allgemeinheit oder der im Betrieb Beschäftigten erforderlich ist. 30

---

[23] **Beachte:** Selbst ein Verstoß gegen diese Vorschrift ist in der Regel ohne prozessrechtliche Konsequenz, weil insofern regelmäßig der Verfahrensfehler gem. § 45 I Nr. 5, II VwVfG geheilt wird oder gem. § 46 VwVfG unbeachtlich ist; vgl. *Guckelberger*, Jura 2007, 598 (604); *Tettinger/Wank*, GewO, § 35 Rn. 216.

[24] Vgl. *BayVGH* NVwZ 2000, 454 (457); *Maurer*, AllgVerwR, § 10 Rn. 18; *Ehlers*, DV 2004, 255 (263).

### a) Anwendungsbereich des § 35 GewO: stehendes Gewerbe

#### aa) Begriff des „Gewerbes"

31 Bei der beruflichen Tätigkeit des A muss es sich um die Ausübung eines „Gewerbes" handeln. Die GewO enthält keine Legaldefinition des Gewerbes.[25] Nach allgemeiner Ansicht[26] ist „Gewerbe" i.S.d. GewO jede nicht sozial unwertige, auf Gewinnerzielung gerichtete und auf Dauer angelegte selbständige Tätigkeit mit Ausnahme der sog. Urproduktion[27], der freien Berufe[28] und der bloßen Verwaltung und Nutzung eigenen Vermögens.

A betreibt vorliegend ein Damenmodengeschäft, also ein Einzelhandelsgeschäft. Die Voraussetzungen der obigen Definition sind fraglos erfüllt.

#### bb) „Stehendes" Gewerbe

32 Dass es sich bei der nach § 35 GewO zu untersagenden Tätigkeit um ein „stehendes" Gewerbe handeln muss, ergibt sich nicht unmittelbar aus der Vorschrift selbst, wohl aber aus ihrem gesetzessystematischen Zusammenhang. Die Vorschrift steht in Titel II der GewO, der mit „Stehendes Gewerbe" überschrieben ist. Was darunter zu verstehen ist, wird im Gesetz allerdings nicht weiter ausgeführt. Stehendes Gewerbe ist nach allgemeiner Auffassung[29] jedes Gewerbe (s.o.), das weder Marktgewerbe (Titel IV) noch Reisegewerbe (Titel III) ist. Der Betrieb eines Einzelhandels, dessen Waren in der Niederlassung selbst zum Kauf angeboten werden, ist unzweifelhaft ein stehendes Gewerbe.

#### cc) Kein Eingreifen von Sondervorschriften

33 § 35 I GewO kommt nicht zur Anwendung, soweit für einzelne Gewerbe besondere Untersagungs- oder Betriebsschließungsvorschriften bestehen, die auf die Unzuverlässigkeit des Gewerbetreibenden abstellen, oder eine für das Gewerbe erteilte Zulassung wegen Unzuverlässigkeit des Gewerbetreibenden zurückgenommen oder widerrufen werden kann (§ 35 VIII 1 GewO).

Rücknahme oder Widerruf einer „Gewerbezulassung" (Verwaltungsakt) kommt schon deshalb nicht in Betracht, weil die Ausübung eines stehenden Gewerbes – mit Ausnahme der gesetzlich besonders geregelten Fälle (vgl. §§ 30ff. GewO) – grund-

---

[25] **Beachte:** § 6 GewO grenzt lediglich einzelne Bereiche aus dem Gewerbebegriff aus, ohne diesen positiv zu bestimmen. Auch die negative Begriffsbestimmung in dieser Vorschrift ist nicht abschließend; vgl. *Frotscher/Kramer,* Wirtschaftsverfassungs- und Wirtschaftsverwaltungsrecht, Rn. 260ff.

[26] St. Rspr.; vgl. nur *BVerwG* GewArch. 1995, 152 (153); NVwZ 2003, 603 (604); *Huber,* in: Schmidt-Aßmann/Schoch, BesVerwR, 3. Kap. Rn. 288; *Handan,* JA 2007, 249 (250f.); *Guckelberger,* Jura 2007, 598 (599f.). – **Beachte:** Es ist nicht erforderlich, dass die Bearbeiter den Begriff des „Gewerbes" zu definieren imstande sind, zumal dessen Voraussetzungen ohne weiteres vorliegen. Doch sollte der Anwendungsbereich des § 35 GewO hinsichtlich der Merkmale „Gewerbe" und „stehendes Gewerbe" zumindest angesprochen und kurz bejaht werden.

[27] Die Urproduktion dient der Erzeugung roher Naturprodukte (z.B. Land- und Forstwirtschaft oder Tierzucht); vgl. *Tettinger/Wank,* GewO, § 1 Rn. 42ff.

[28] Freie wissenschaftliche, künstlerische und schriftstellerische Tätigkeit höherer Art sowie persönliche Dienstleistungen, die eine höhere Bildung erfordern (z.B. Bildhauer oder Rechtsanwalt); vgl. *Tettinger/Wank,* GewO, § 1 Rn. 2.

[29] *Tettinger/Wank,* GewO, § 14 Rn. 11; *Frotscher/Kramer,* Wirtschaftsverfassungs- und Wirtschaftsverwaltungsrecht, Rn. 318.

sätzlich keiner Genehmigung bedarf, sondern allein anzeigepflichtig ist (vgl. § 14 I GewO).[30] Sonstige Sondervorschriften sind nicht ersichtlich.

**b) Gewerberechtliche Unzuverlässigkeit**

Im Mittelpunkt des § 35 I 1 GewO steht der Begriff der „Unzuverlässigkeit" des Gewerbetreibenden. Es handelt sich um einen unbestimmten Rechtsbegriff, welcher – trotz der mit der Einschätzung der Zuverlässigkeit verbundenen Prognose – der vollen verwaltungsgerichtlichen Kontrolle unterliegt.[31] Unzuverlässig ist ein Gewerbetreibender, der nach dem Gesamteindruck seines Verhaltens nicht die Gewähr dafür bietet, dass er sein Gewerbe zukünftig ordnungsgemäß betreiben wird.[32] Gemeint ist damit allein die fehlende persönliche Eignung im Hinblick auf das (konkret) ausgeübte Gewerbe.[33] 34

**aa) Gründe für die Unzuverlässigkeit**

Es müssen konkrete und nachweisbare Tatsachen vorliegen, aus denen sich die Unzuverlässigkeit des Gewerbetreibenden für das ausgeübte Gewerbe ergibt. 35

**(1) Mangelnde wirtschaftliche Leistungsfähigkeit**

Ein erster Grund für die Annahme einer Unzuverlässigkeit des A könnte darin zu sehen sein, dass er über den Zeitraum von zwei Jahren erhebliche Steuerschulden (ca. 100.000 €) angehäuft hat. Diese sind zwar „private" Schulden des A, die mit seiner gewerblichen Tätigkeit lediglich in einem mittelbaren Zusammenhang stehen. Das Tatbestandsmerkmal der Unzuverlässigkeit verlangt aber nicht, dass die für die Unzuverlässigkeitsprognose wesentlichen Tatsachen solche sein müssen, die mit der gewerblichen Tätigkeit in einem unmittelbaren Zusammenhang stehen.[34] Es ist allgemein anerkannt, dass Steuerschulden auf die Unzuverlässigkeit des Gewerbetreibenden schließen lassen.[35] Ob der Gewerbetreibende die wirtschaftliche Notlage verschuldet hat, ist nach ganz h.M.[36] irrelevant. Unerheblich ist zudem die Art der Steuerschuld.[37] 36

Allein aus den Steuerrückständen lässt sich aber nicht auf die Unzuverlässigkeit des A wegen wirtschaftlicher Leistungsunfähigkeit schließen. Denn dazu bedarf es eines Vergleichs der Steuerschulden mit den jährlichen Einnahmen (und dem Ge-

---

[30] **Beachte:** Die Gesetzessystematik ist irreführend, weil § 35 GewO unter dem Gliederungspunkt B. steht, der überschrieben ist mit „Gewerbetreibende, die einer besonderen Genehmigung bedürfen".

[31] So zutreffend *Schliesky*, Öfftl. WirtR, S. 224; *Tettinger/Wank*, GewO, § 35 Rn. 26 m.w.N. (auch zur Gegenansicht).

[32] BVerwGE 65, 1f.; *BVerwG* GewArch. 1995, 111; *BayVGH* GewArch. 2009, 311 (312); NVwZ 2003, 495; *OVG Lüneburg* GewArch. 2009, 263; *Tettinger/Wank*, GewO, § 35 Rn. 26; *Eifert*, JuS 2004, 565ff.; *Guckelberger*, Jura 2007, 598 (602ff.); *Pöltl*, KommJur 2004, 81 (86); *Scheidler*, GewArch. 2005, 445 (446).

[33] *Tettinger/Wank*, GewO, § 35 Rn. 28; *Handan*, JA 2007,249 (254).

[34] Vgl. *Huber*, in: Schmidt-Aßmann/Schoch, BesVerwR, 3. Kap. Rn. 311. Die der Unzuverlässigkeitsprognose zugrunde liegenden Tatsachen müssen allerdings „gewerbebezogen" sein, d.h. die Zuverlässigkeit des Gewerbetreibenden im Hinblick auf das konkret ausgeübte Gewerbe in Frage stellen.

[35] *OVG Weimar* GewArch. 2006, 472 (472f.); *VG Stuttgart* GewArch. 2004, 74 (74f.); *Tettinger/Wank*, GewO, § 35 Rn. 50ff. m.w.N.

[36] Vgl. BVerwGE 65, 1 (4); *OVG Weimar* GewArch. 2006, 472 (473); *VG Neustadt/Weinstraße* GewArch. 2007, 496; *Tettinger/Wank*, GewO, § 35 Rn. 33, 50 m.w.N.

[37] *Tettinger/Wank*, GewO, § 35 Rn. 50ff. m.w.N.

winn).[38] Aus dem Sachverhalt ist ersichtlich, dass die Umsätze ständig steigen und der Gewinn hoch ist. Konkrete Zahlen werden hingegen nicht genannt. Das Verdikt der Unzuverlässigkeit lässt sich jedenfalls nicht allein auf die Steuerschulden stützen.

#### (2) Nichtabführen der Sozialversicherungsbeiträge der Arbeitnehmer

37 Ein besonders schwerer und zudem im unmittelbaren Bezug zur Gewerbeausübung stehender Mangel des Gewerbetreibenden wird durch das Nichtabführen der Arbeitnehmerbeiträge zur Sozialversicherung dokumentiert.[39] Es handelt sich um Beiträge, die der Arbeitnehmer schuldet, der Arbeitgeber jedoch von vornherein vom Lohn einbehält und für den Arbeitnehmer abführt.

#### (3) Sexuelle Belästigung der weiblichen Arbeitnehmer

38 Die sexuelle Belästigung weiblicher Arbeitnehmer begründet ebenfalls die Unzuverlässigkeit des Gewerbetreibenden, soweit Frauen weiterhin in seinem Betrieb beschäftigt werden. Insoweit besteht ein unmittelbarer Bezug zum ausgeübten Gewerbe bereits deshalb, weil die weiblichen Arbeitnehmer aufgrund ihrer arbeitsvertraglichen Pflichten (mit Bindung an Ort und Zeit der Tätigkeit aufgrund der Weisungsbefugnis des Arbeitgebers) sich solchen Nachstellungen kaum entziehen können.

#### (4) Verweigerung zukünftiger ordnungsgemäßer Gewerbetätigkeit

39 Es kommt außerdem hinzu, dass A gegenüber dem Sachbearbeiter der Stadt W unmissverständlich erklärt hat, auch zukünftig die Steuerrückstände nicht auszugleichen und die Sozialversicherungsbeiträge seiner Mitarbeiterinnen nicht weiterzuleiten. Er verweigert somit bewusst eine ordnungsgemäße Gewerbetätigkeit für die Zukunft. Schon allein daraus ergibt sich ein zwingender Grund für die Annahme der Unzuverlässigkeit des A als Gewerbetreibender.

Die beharrlichen und im Einzelnen schwerwiegenden Verstöße des A gegen gesetzliche Vorschriften begründen ebenso wie die Verweigerung zukünftiger ordnungsgemäßer Gewerbetätigkeit seine Unzuverlässigkeit als Gewerbetreibender.

### bb) Nachweis der Tatsachen ohne Abschluss der strafrechtlichen Ermittlungen?

40 Die obigen Tatsachen, aus denen sich die Unzuverlässigkeit des A ergibt, beruhen nach der Darstellung im Sachverhalt auf gesicherten Erkenntnissen der Gewerbebehörde. Es handelt sich dabei aber jedenfalls teilweise (z.B. wegen sexueller Belästigung) um solche Tatsachen, die auch Gegenstand einer strafrechtlichen Verurteilung sein können. Es ist deshalb zu überlegen, ob die Tatsachen für die Gewerbeuntersa-

[38] **Beachte:** Dies ergibt sich aus dem rechtsstaatlichen Gebot der Verhältnismäßigkeit; vgl. *Tettinger/Wank,* GewO, § 35 Rn. 53f.; *Guckelberger,* Jura 2007, 598 (603).

[39] Vgl. *Tettinger/Wank,* GewO, § 35 Rn. 57ff.; *Heß,* in: Friauf, GewO (Stand: März 2007), § 35 Rn. 68; *Handan,* JA 2007, 249 (254). Es lässt sich in diesem Zusammenhang auch nicht argumentieren, die entsprechenden Behörden (Finanzamt, AOK) hätten die Informationen unter Verstoß gegen ihre Geheimhaltungspflichten (Steuer- bzw. Sozialgeheimnis) weiter gegeben. Zwar begründet § 11 I 1 GewO lediglich die Erhebungsbefugnis der zuständigen Behörde. Die Übermittlungsbefugnis der anderen Behörden ergibt sich allerdings aus Spezialgesetzen; vgl. *BVerwG* GewArch. 1988, 162f.; 1992, 22f.; *VGH Mannheim* GewArch. 1991, 112 (113); *Tettinger/Wank,* GewO, § 35 Rn. 56.

gung möglicherweise nur dann als „nachgewiesen" gelten dürfen, wenn zuvor eine strafrechtliche Verurteilung rechtskräftig erfolgt, zumindest aber das staatsanwaltschaftliche Ermittlungsverfahren abgeschlossen ist. Dafür könnte auch § 35 III GewO sprechen, wonach die Gewerbebehörde in einem Untersagungsverfahren u.a. hinsichtlich der Prognose der Unzuverlässigkeit (vgl. § 35 III 1 Nr. 3 GewO) nicht zum Nachteil des Gewerbetreibenden vom Inhalt des strafgerichtlichen Urteils zum selben Sachverhalt abweichen darf.

Die Vorschrift spricht eine rechtliche Bindung der Gewerbebehörde jedoch nur für den Fall aus, dass ein strafgerichtliches Urteil bereits ergangen ist (es muss noch nicht rechtskräftig sein). Davor kann die Behörde über den Sachverhalt hingegen uneingeschränkt verfügen. Sie muss, soweit Ermittlungen stattfinden oder Anklage erhoben ist, die Entscheidung des Gerichts nicht abwarten.[40]

### c) Erforderlichkeit der Untersagung

§ 35 I 1 GewO verlangt neben der Unzuverlässigkeit des Gewerbetreibenden, dass „die Untersagung zum Schutz der Allgemeinheit oder der im Betrieb Beschäftigten erforderlich ist". 41

#### aa) Gefährdung von Rechtsgütern

Geschütztes Rechtsgut ist zum einen die „Allgemeinheit", zum anderen sind es die im Betrieb Beschäftigten. Das Nichtabführen der Sozialversicherungsbeiträge der Arbeitnehmer gefährdet zum einen konkret das Vermögen der öffentlichen Hand bzw. der Versichertengemeinschaft (und somit Rechtsgüter der Allgemeinheit), zum anderen die im Betrieb beschäftigten Arbeitnehmer, da diese die eigentlichen Beitragsschuldner sind. Die sexuelle Belästigung der Verkäuferinnen ist ein Angriff auf das sexuelle Selbstbestimmungsrecht der im Betrieb beschäftigten Arbeitnehmerinnen. Dabei ist es unerheblich, dass bislang keine Übergriffe auf noch im Betrieb Beschäftigte bekannt geworden sind, da aus den Vorkommnissen in der Vergangenheit auf eine (zumindest) abstrakte Gefährdung[41] auch der zur Zeit Beschäftigten geschlossen werden kann. 42

#### bb) Kriterium der Erforderlichkeit

Die Gewerbeuntersagung muss erforderlich sein, um die zukünftige Gefährdung dieser Rechtsgüter zu vermeiden. Diese Regelung ist Ausdruck des Verhältnismäßigkeitsgrundsatzes auf der zweiten Prüfungsstufe und schließt das Merkmal der Geeignetheit notwendig ein. Eine Prüfung der Angemessenheit (Verhältnismäßigkeit i.e.S.) ist dadurch nicht intendiert.[42] Die Erforderlichkeit gehört zum Tatbe- 43

[40] *VGH Kassel* GewArch. 1991, 28 (30); 1993, 157 (158); *Heß*, in: Friauf, GewO (Stand: März 2007), § 35 Rn. 122; *Tettinger/Wank*, GewO, § 35 Rn. 179. Allerdings sind nicht abgeschlossene Straf- oder Ordnungswidrigkeitenverfahren für die Beurteilung der Zuverlässigkeit nur insoweit von Belang, als sie objektiv Rückschlüsse auf das künftige Verhalten des Betroffenen zulassen; begangene und abgeschlossene Straftaten oder Ordnungswidrigkeiten sind im Übrigen nur bis zur Tilgungsreife nach Maßgabe des § 153 GewO zu berücksichtigen, vgl. *OVG Saarlouis* GewArch. 2008, 44.

[41] Eine abstrakte Gefährdung wäre insoweit bereits hinreichend; vgl. *Tettinger/Wank*, GewO, § 35 Rn. 30.

[42] Vgl. *Heß*, in: Friauf, GewO (Stand: März 2007), § 35 Rn. 44f.; *Tettinger/Wank*, GewO, § 35 Rn. 115ff.

stand der Norm (ihre Anwendung ist deshalb gerichtlich voll überprüfbar) und begründet kein Ermessen der Gewerbebehörde.[43]

**44** Erforderlichkeit bedeutet im Kontext des § 35 I 1 GewO, dass kein milderes Mittel als die Gewerbeuntersagung geeignet ist, die bestehende Gefährdung zu verhindern.[44] Als weniger stark eingreifende Maßnahmen kommen z.B. die Abmahnung[45], die Erteilung von Auflagen (vgl. § 36 II Nr. 4 VwVfG) oder eine Teiluntersagung (vgl. § 35 I 1 GewO: „ist ganz oder *teilweise* zu untersagen") in Betracht.

**45** Vor dem Hintergrund der Tatsache, dass sich die schwerwiegenden Verstöße des A über einen längeren Zeitraum bewegen, erscheint eine Abmahnung nicht geeignet, das angestrebte Ziel zu erreichen. Möglicherweise kann A aber die Auflage erteilt werden, keine weiblichen Arbeitskräfte mehr zu beschäftigen. Dieselbe inhaltliche Regelung kann auch mit einer Teiluntersagung erreicht werden. Damit wäre zumindest eine Gefährdung weiblicher Arbeitnehmer zukünftig ausgeschlossen. Für eine Gefährdung der Kundinnen des A fehlt es an entsprechenden Tatsachenfeststellungen. Eine Auflage oder Teiluntersagung würde mithin die Gefährdung der Mitarbeiterinnen unterbinden und wäre insoweit ein milderes Mittel.

**46** Allerdings gefährdet A durch das Nichtabführen der Sozialversicherungsbeiträge auch das Wohl der Allgemeinheit und der im Betrieb Beschäftigen (s.o.), unabhängig von deren Geschlechtszugehörigkeit. Insoweit ist eine Auflage oder Teiluntersagung im Hinblick auf die Beschäftigung weiblicher Arbeitnehmer nicht geeignet, diese Gefährdung zu beseitigen. Dieser Gefährdungslage lässt sich nur durch ein allgemeines Beschäftigungsverbot begegnen.[46] Dann könnte A sein Gewerbe weiter betreiben, allerdings ohne Mitarbeiter. Dieses wäre aber immer noch weniger belastend für A als eine Gewerbeuntersagung.

**47** Zusätzlich erschwerend kommt hinzu, dass A auch seine steuerlichen Pflichten grob verletzt hat und beträchtliche Steuerschulden über den Zeitraum von zwei Jahren (ca. 100.000 €) aufgelaufen sind. Auch insoweit kommt es zu einer Gefährdung des Vermögens der öffentlichen Hand (Allgemeinheit), die unabhängig davon ist, ob A Arbeitnehmer beschäftigt oder nicht.

**48** Diese Gesichtspunkte sind ausreichend im Hinblick auf die Erforderlichkeit der Gewerbeuntersagung. Soweit daran überhaupt noch Zweifel bestehen sollten, sind diese jedenfalls durch die Einlassung des A, auch zukünftig die ausstehenden Steuerschulden und Sozialversicherungsbeiträge nicht zu begleichen, vollständig ausgeräumt. Gerade diese Äußerungen lassen die Gewerbeuntersagung als zwingend erforderlich erscheinen.

**Zwischenergebnis:** Die Untersagung der weiteren Ausübung des konkreten Gewerbes ist somit auch materiell rechtmäßig.

### 3. Materielle Rechtmäßigkeit der Untersagung aller anderen Gewerbe (sog. erweiterte Gewerbeuntersagung)

**49** Rechtsgrundlage für den zweiten Verwaltungsakt, durch den A die Ausübung aller anderen Gewerbe untersagt wird, ist § 35 I 2 GewO. Danach „kann" die Untersa-

---

[43] **Beachte:** § 35 I 1 GewO enthält eine „ist"-Bestimmung. Die auf diese Vorschrift gestützte Entscheidung ist eine sog. gebundene Entscheidung. Ein Ermessen steht der Behörde nicht zu, vgl. BVerwGE 23, 280 (286f.) = GewArch. 1966, 202 (204); *Tettinger/Wank,* GewO, § 35 Rn. 118. § 35 I 2 GewO stellt hingegen eine Ermessensvorschrift („kann") dar.

[44] Vgl. *OVG Weimar* GewArch. 2006, 472 (473).

[45] Vgl. *BVerwG* GewArch. 1992, 24f.; *Tettinger/Wank*, GewO, § 35 Rn. 114.

[46] Vgl. *BVerwG* GewArch. 1972, 120.

gung „*auch* [...] auf einzelne andere oder auf alle Gewerbe erstreckt werden, soweit die festgestellten Tatsachen die Annahme rechtfertigen, dass der Gewerbetreibende auch für diese Tätigkeiten oder Gewerbe unzuverlässig ist“ (sog. *erweiterte Gewerbeuntersagung*). Verfassungsrechtliche Bedenken gegen diese Regelung bestehen nicht.[47]

### a) Gewerbeuntersagung gem. § 35 I 1 GewO

Im Unterschied zu § 35 I 1 GewO kann nach Satz 2 auch ein Gewerbe untersagt 50
werden, das der Betroffene noch gar nicht ausübt, dessen Beginn ihm aber vorsorglich verboten werden soll. Die Formulierung „kann *auch* (...) erstreckt werden“ verdeutlicht, dass die erweiterte Gewerbeuntersagung immer voraussetzt, dass dem Betroffenen in demselben Verfahren mindestens ein tatsächlich betriebenes Gewerbe nach Maßgabe des Satzes 1 untersagt wird.[48] Das ist vorliegend geschehen.

### b) Unzuverlässigkeit für jede gewerbliche Tätigkeit

Die Erstreckung der Gewerbeuntersagung auf alle anderen Gewerbe ist nur dann 51
rechtmäßig, wenn die festgestellten Tatsachen die Annahme rechtfertigen, dass der Gewerbetreibende auch für diese Gewerbe unzuverlässig ist. Vorliegend hat A öffentlich-rechtliche Verpflichtungen verletzt, die nicht nur in dem von ihm bislang ausgeübten Gewerbe gelten, sondern über diese Branche hinaus für jede gewerbliche Tätigkeit. Er hat damit seine Unzuverlässigkeit für *jede* gewerbliche Tätigkeit hinreichend belegt.

### c) Erforderlichkeit der Maßnahme

Fraglich ist allerdings, ob die erweiterte Gewerbeuntersagung *erforderlich* ist. Er- 52
forderlich ist die Erstreckung, wenn von dem Gewerbetreibenden ein Ausweichen in eine andere gewerbliche Tätigkeit zu erwarten ist.

Laut Sachverhalt äußert A gegenüber dem Sachbearbeiter der Stadt W, er gedenke auch weiterhin, sein bisheriges oder ein *anderes* Gewerbe auszuüben. Eine Untersagung der anderen Gewerbe ist somit erforderlich.

---

[47] Dazu *BVerwG* GewArch. 1982, 303 (304); GewArch. 1993, 155f.; *Tettinger/Wank*, GewO, § 35 Rn. 140. – **Beachte:** Zwar wird durch eine erweiterte Gewerbeuntersagung in noch stärkerem Maße als bei der Untersagung des ausgeübten Gewerbes in das Grundrecht der Berufsfreiheit eingegriffen (auf der Stufe des Berufszugangs bzw. der Berufswahl). Entgegen dem ausdrücklichen Wortlaut des Art. 12 I 2 GG (Berufsausübung) ist aber auf gesetzlicher Grundlage auch eine Berufswahlregelung grundsätzlich zulässig. Sie bedarf jedoch erhöhter Rechtfertigung vor dem Hintergrund des Grundsatzes der Verhältnismäßigkeit (in Form der sog. Drei-Stufen-Theorie). Vorliegend handelt es sich um eine subjektive Berufswahlregelung (2. Stufe), da die Aufnahme bzw. das weitere Betreiben des Gewerbes von persönlichen Eigenschaften des Gewerbetreibenden abhängig gemacht wird. Subjektive Zulassungsbeschränkungen sind nur zum Schutz wichtiger Gemeinschaftsgüter zulässig. Dazu gehört u.a. die Sicherstellung des redlichen Wirtschaftsverkehrs. Bedenken gegen eine Vereinbarkeit des § 35 I 2 GewO mit Art. 12 I GG bestehen nicht, soweit bei der Anwendung des Merkmals der „Erforderlichkeit“ die verfassungsrechtliche Grundentscheidung zugunsten der Berufs- und Gewerbefreiheit hinreichend berücksichtigt wird. Ein besonders schwerer Fall der Unzuverlässigkeit ist aber auch von Verfassung wegen nicht gefordert, denn die „gewerberechtliche Unzuverlässigkeit trägt ihr Gewicht in sich“ (vgl. *BVerwG* GewArch. 1982, 303).

[48] Vgl. *BVerwG* GewArch. 1982, 298 (299); 303 (304); *Tettinger/Wank*, GewO, § 35 Rn. 141; a.A. *OVG Münster* GewArch. 1978, 223.

#### d) Ermessensausübung

53 Die erweiterte Gewerbeuntersagung steht im Ermessen der zuständigen Behörde. Vorliegend hat die Behörde ausweislich des Sachverhaltes ihr Ermessen ausgeübt. Anhaltspunkte für eine fehlerhafte Ausübung – soweit dies durch das Verwaltungsgericht überprüfbar ist (vgl. § 114 VwGO) – sind nicht ersichtlich. Insbesondere ist keine weniger stark eingreifende Maßnahme erkennbar, die denselben Schutz für die Allgemeinheit und die im Betrieb Beschäftigten bieten würde wie eine umfassende Gewerbeuntersagung.

#### e) Rechtsfolge

54 Die Behörde ist berechtigt, eine „Untersagung [...] auf einzelne andere oder auf alle Gewerbe“ zu erstrecken. Bedenken im Hinblick auf das verfassungsrechtliche Bestimmtheitsgebot (Rechtsstaatsprinzip, Art. 20 III GG) bestehen schon deshalb nicht, weil der Begriff „alle Gewerbe“ durch den Regelungszusammenhang des § 35 GewO begrenzt wird. Es sind folglich alle stehenden Gewerbe verboten, die in den Anwendungsbereich dieser Vorschrift fallen. In Anbetracht der Vielzahl möglicher Gewerbe war es für den Gesetzgeber nicht möglich, insoweit einen Katalog einzelner Gewerbe zu schaffen, da ein solcher Katalog naturgemäß lückenhaft gewesen und der Rechtssicherheit damit nicht gedient wäre.

**Zwischenergebnis:** Die von der Behörde ausgesprochene erweiterte Gewerbeuntersagung ist materiell-rechtlich nicht zu beanstanden.

### 4. Richtiger Adressat der Gewerbeuntersagungen

55 A ist auch richtiger Adressat der beiden Untersagungsverfügungen.[49]

### Ergebnis

Die Verwaltungsakte sind sowohl hinsichtlich der Untersagung des ausgeübten Gewerbes (§ 35 I 1 GewO) als auch der Untersagung aller Gewerbe (§ 35 I 2 GewO) formell und materiell rechtmäßig. Die – ohnehin unzulässigen (s.o.) – Anfechtungsklagen wären auch unbegründet.

## D. Wiederholungs- und Vertiefungsfragen

### Frage 1: Auf welche Tätigkeiten finden die Vorschriften der GewO Anwendung?

56 Die Vorschriften der GewO finden, vorbehaltlich gewerberechtlicher Spezialvorschriften, auf jede Tätigkeit Anwendung, die dem Begriff des Gewerbes nach § 1 I

[49] **Beachte:** Problematisch sind die sog. Strohmannverhältnisse, bei denen eine vermeintlich zuverlässige Person vorgeschoben wird, um zu verschleiern, dass tatsächlich eine andere, bekanntlich unzuverlässige Person das Gewerbe betreibt. Ein derart kollusives Zusammenwirken begründet grundsätzlich die Unzuverlässigkeit des Strohmanns – da er dem unzuverlässigen Hintermann maßgeblichen Einfluss auf die Gewerbeausübung einräumt – und des ohnehin als unzuverlässig bekannten Hintermanns; vgl. BVerwGE 65, 12 (13). Eine Untersagungsverfügung gemäß § 35 GewO kann in diesen Fällen sowohl gegen den Strohmann als auch den Hintermann gerichtet werden; *BVerwG* NVwZ 2003, 103 (104); *OVG Lüneburg* KommJur 2007, 78; *Pöltl,* KommJur 2004, 81 (84). Zur Gewerbeuntersagung bei einem gewerberechtlich unzuverlässigen Ehepartner s. *OVG Lüneburg* GewArch. 2008, 124.

GewO unterfällt. Der Begriff des Gewerbes ist im Gesetz selbst nicht definiert, sondern wurde von der Rechtsprechung und der Literatur herausgearbeitet. Gewerbe ist demnach jede sozialadäquate, selbständige und nachhaltige Tätigkeit, die mit Gewinnerzielungsabsicht ausgeübt wird und weder dem Bereich der freien Berufe, der Land- oder Forstwirtschaft noch dem Bereich der privaten Vermögensverwaltung zuzurechnen ist.

**Frage 2: Welche Gewerbearten werden in der GewO unterschieden?**

In der Gewerbeordnung wird zwischen stehendem Gewerbe (§§ 15 bis 54 GewO), **57** Reisegewerbe (§§ 55 bis 63 GewO) und Messen, Ausstellungen und Märkten (§§ 64 bis 71b GewO) unterschieden. Innerhalb des Begriffs des stehenden Gewerbes erfolgt eine weitere Differenzierung hinsichtlich bloß anzeigepflichtigem (§ 14 GewO) und genehmigungs- und überwachungsbedürftigem Gewerbe (§ 15 II GewO, §§ 16 bis 40 GewO). In Bezug auf die Art der Zulassung oder Genehmigung wird eine Unterteilung zwischen der Personalkonzession, die an die Person des Gewerbetreibenden anknüpft (z.B. § 34d GewO), und der Sachkonzession vorgenommen.

Das Reisegewerbe kennt reisegewerbekartenpflichtige (§ 55 II GewO) und reisege- **58** werbekartenfreie Tätigkeiten (§§ 55a, b GewO). Grundsätzlich ist für den Betrieb eines Reisegewerbes eine behördliche Erlaubnis in Form einer Reisegewerbekarte erforderlich (§ 55 II GewO). Etwas anderes gilt für die in §§ 55a, b GewO aufgeführten Tätigkeiten, hinsichtlich derer eine bloße Anzeige des Gewerbes bei den Behörden ausreicht (§ 55c GewO).

Eine besondere Privilegierung erfahren Messen, Ausstellungen und Märkte. Im Ge- **59** gensatz zum Reise- und zum stehenden Gewerbe gibt es nämlich keine Anzeige- oder Genehmigungspflicht. Vielmehr gilt nach § 70 I GewO das Prinzip der Marktfreiheit, wonach im Grundsatz jedermann, der dem Teilnehmerkreis der festgesetzten Veranstaltung angehört, nach Maßgabe der für alle Veranstaltungsteilnehmer geltenden Bestimmungen zur Teilnahme an der Veranstaltung berechtigt ist.

**Frage 3: Wann liegt ein stehendes Gewerbe vor?**

Der Begriff des stehenden Gewerbes wird nicht legaldefiniert, sondern in Abgren- **60** zung zum Reisegewerbe und zu den in §§ 64ff. GewO genannten Gewerbearten bestimmt. Unter stehendem Gewerbe versteht man jede gewerbliche Tätigkeit, die weder dem Reisegewerbe zuzurechnen ist noch den Regelungen über Messen, Ausstellungen und Märkte unterfällt.

**Frage 4: Welche Voraussetzungen müssen erfüllt sein, damit man von einem Reisegewerbe sprechen kann?**

Der Begriff des Reisegewerbes ist in § 55 I GewO definiert. Danach betreibt ein **61** Reisegewerbe, wer gewerbsmäßig ohne vorherige Bestellung außerhalb seiner gewerblichen Niederlassung (oder ohne eine solche zu haben)

- Nr. 1: Waren feilbietet oder Bestellungen aufsucht (vertreibt) oder ankauft, Leistungen anbietet oder Bestellungen auf Leistungen aufsucht, oder
- Nr. 2: unterhaltende Tätigkeiten als Schausteller oder nach Schaustellerart ausübt.

62 Bis 2007 sah der Gesetzestatbestand noch vor, dass die vorgenannten Tätigkeiten in Bezug auf Waren und Leistungen (Nr. 1) „selbständig oder unselbständig in eigener Person" sowie in Bezug auf die Schaustellerei (Nr. 2) „selbständig" erfolgen müssten. Seit der Streichung dieser Begriffe, insbesondere der Formulierung „in eigener Person", durch das MEG II[50] benötigt nur noch der Inhaber des ein Reisegewerbe betreibenden Unternehmens (Prinzipal) eine Reisegewerbekarte. Entfallen ist die Reisegewerbekartenpflicht hingegen für angestellte Mitarbeiter des Unternehmens (Nr. 1), die bis dahin ebenfalls eine Reisegewerbekarte benötigten. Da es nach der neuen Rechtslage allein auf die gewerbsmäßige Ausübung der Tätigkeit als selbständiger Gewerbetreibender ankommt, können jetzt auch juristische Personen (z.B. GmbH, AG) der Reisegewerbekartenpflicht unterliegen. Die Erteilung der Reisegewerbekarte ist zudem allein von der Zuverlässigkeit des Gewerbeinhabers abhängig (§ 55 II i.V.m. § 57 I GewO). Allerdings kann diesem die Beschäftigung einer Person im Reisegewerbe untersagt werden, wenn Tatsachen die Annahme rechtfertigen, dass die Person die für ihre Tätigkeit erforderliche Zuverlässigkeit nicht besitzt (§ 60 GewO).[51]

63 Für die Abgrenzung des Reisegewerbes zum stehenden Gewerbe kommt es entscheidend auf das Tatbestandsmerkmal der gewerbsmäßigen Ausübung *ohne vorhergehende Bestellung* an. Dieses Merkmal liegt vor, wenn dem Besuch des Gewerbetreibenden keine zeitlich vorangehende und auf die Initiative des Kunden zurückzuführende Anforderung zugrunde liegt.[52] Die Abgrenzung zwischen Reisegewerbe und stehendem Gewerbe kann sich mitunter schwierig gestalten. Besondere Bedeutung kommt ihr im Bereich der Handwerksberufe zu. Während nämlich für die Ausübung eines Handwerks im stehenden Gewerbe noch weithin ein Meisterzwang besteht[53], darf das sog. Reisehandwerk ohne Meisterbrief ausgeübt werden. Um die Vorschriften über den Meisterzwang nicht zu entwerten, nahmen die Verwaltungsgerichte lange Zeit eine gewerbsmäßige Ausübung ohne vorhergehende Bestellung nur dann an, wenn *unmittelbar nach dem Besuch des Handwerkers* mit den Arbeiten begonnen wurde.[54] Diese mit Art. 12 I GG unvereinbare Rechtsprechung ist zwischenzeitlich revidiert worden. Demnach ist es für das Vorliegen einer reisegewerblichen Handwerkstätigkeit unschädlich, wenn der Handwerker seinen vor Ort erhaltenen Auftrag zu späterer Zeit ausführt.[55] Für die Abgrenzung zum

---

[50] Die Änderung des § 55 I GewO (Art. 9 des Zweiten Gesetzes zum Abbau bürokratischer Hemmnisse insbesondere in der mittelständischen Wirtschaft = Mittelstandsentlastungsgesetz II = MEG II) trat mit Wirkung zum 14. 9. 2007 in Kraft. Zum MEG II vgl. *Stenger,* GewArch. 2007, 448ff. Zu den gewerberechtlichen Änderungen durch das MEG III (BGBl. I 2009, 550) siehe *Jahn,* GewArch. 2009, 230.

[51] Zu § 60 GewO n.F. vgl. *Lenski,* GewArch. 2008, 388.

[52] Vgl. *Tettinger/Wank,* GewO, § 55 Rn. 1; *Schönleiter,* in: Landmann/Rohmer, GewO, § 55 Rn. 30.

[53] Der selbständige Betrieb eines zulassungspflichtigen Handwerks als stehendes Gewerbe ist nur den in der Handwerksrolle eingetragenen natürlichen und juristischen Personen und Personengesellschaften gestattet (§ 1 I 1 HandwO); eingetragen in die Handwerksrolle wird u.a., wer in dem von ihm zu betreibenden oder in einem mit diesem verwandten zulassungspflichtigen Handwerk die Meisterprüfung bestanden hat (§ 7 Ia HandwO). – Zur Abgrenzungsproblematik vgl. *Frotscher/Kramer,* Wirtschaftserfassungs- und Wirtschaftsverwaltungsrecht, Rn. 324. Ein deutlicher Abbau des Meisterzwangs ging mit der sog. Großen Handwerksreform (2003) einher (ebd., Rn. 423ff.), so dass sich nunmehr die Abgrenzungsfrage für etliche Handwerke (vgl. § 18 II i.V.m. Anlage B Abschnitt 1 zur HandwO) entschärft hat.

[54] Vgl. dazu *OVG Münster* GewArch. 2004, 32 (33).

[55] *BVerfG* NVwZ 2001, 189f.; *OVG Münster* GewArch. 2004, 32ff.

stehenden Gewerbe kommt es nunmehr ausschließlich darauf an, dass beim Reisegewerbe die gewerbliche Ausübung des Handwerks ohne vorherige Bestellung durch den Auftraggeber erfolgt.[56]

## E. Wiederholungs- und Vertiefungshinweise

Zur grundsätzlichen Abschaffung des Widerspruchsverfahrens gem. Art. 15 BayAGVwGO:
*Unterreitmeier,* BayVBl. 2007, 609; *Heiß/Schreiner,* BayVBl. 2007, 616; *Hüffer,* BayVBl. 2007, 619; *Troidl,* BayVBl. 2007, 623. Ähnliche Gesetzgebungsinitiativen existieren auch in anderen Bundesländern. Zu den Erfahrungen seit der weitgehenden Abschaffung des Widerspruchsverfahrens in Niedersachsen durch § 8a NdsAGVwGO im Jahre 2005 vgl. *Nieuwland,* NdsVBl. 2007, 38. Zu den Reformen auf Länderebene im Hinblick auf die weitgehende Abschaffung des Widerspruchsverfahrens allgemein *Biermann,* NordÖR 2007, 139; *Kamp,* NWVBl. 2008, 41; *Härtel,* VerwArch. 2007, 54; *Rüssel,* NVwZ 2006, 523. Zur grundsätzlichen Abschaffung des Widerspruchsverfahrens in Nordrhein-Westfalen s. Fall 3.

Vgl. zu den einzelnen Gewerben der GewO:
*Oberath,* Öffentliches Wirtschaftsrecht, 2005, S. 285 ff.; *Frotscher/Kramer,* Wirtschaftsverfassungs- und Wirtschaftsverwaltungsrecht, 5. Auflage 2008, §§ 12 bis 14; *Guckelberger,* Einführung in das Gewerrberecht, Jura 2007, 598; *Handan,* Grundzüge des Gewerberechts, JA 2007, 249.

Zur Abgrenzung zwischen Reisegewerbe und stehendem Gewerbe:
*VGH Mannheim* GewArch. 1997, 333 (Tupperpartys), und *Frotscher/Kramer,* Wirtschaftsverfassungs- und Wirtschaftsverwaltungsrecht, 5. Aufl. 2008, Rn. 318 f.; ausführlich zur gewerberechtlichen Beurteilung von Tupper- und sonstigen Hauspartys: *Müller,* Tupperpartys und andere Hauspartys aus Sicht des Gewerberechts, GewArch. 1999, 12.

---

[56] *Tettinger/Wank,* GewO, § 55 Rn. 1. Deutlich zuletzt *BVerfG* GewArch. 2007, 294 (295): „Entscheidend für die Abgrenzung des Reisegewerbes von der Ausübung des Handwerks im stehenden Betrieb ist, dass beim Reisegewerbe die Initiative zur Erbringung der Leistung vom Anbietenden ausgeht, während beim stehenden Handwerksbetrieb die Kunden um Angebote nachsuchen." Offen gelassen hat das *BVerfG,* ob allein die Existenz einer festen Werkstatt dazu führt, dass auch auf Initiative des Anbietenden zustande gekommene handwerkliche Aufträge als handwerkliche Tätigkeiten im stehenden Gewerbe anzusehen sind.

# Fall 6: Der unzuverlässige Chirurg

## A. Inhalt

Verpflichtungsklage; Verweisung an zuständiges Gericht; Klagefrist; Konzession für den Betrieb einer Privatkrankenanstalt; Versagungsgründe; gewerberechtliche (Un-) Zuverlässigkeit.

## B. Sachverhalt

Der Chirurg Dr. Messer (M) betreibt seit 2007 eine kleine Praxis für Privatpatienten in der kreisfreien Stadt Würzburg (W) in Bayern. Da sein Umsatz bescheiden ist, beschließt er, eine Privatklinik in einer erst kürzlich geerbten Villa am Rande der Stadt zu eröffnen. Er hört, dass man für den Betrieb einer entsprechenden Privatklinik eine gewerberechtliche Erlaubnis benötigt. Diese Erlaubnis beantragt M im Februar 2009 bei der Stadtverwaltung W.

Nach einem kurzen Gespräch beim zuständigen Beamten der Stadtverwaltung wird M am 10. März 2009 ein Schreiben der Behörde dadurch bekannt gegeben, indem ein Mitarbeiter der Stadt W dieses in den Briefkasten des M einwirft. In dem Schreiben wird sein Antrag abgelehnt mit der Begründung, er sei nicht geeignet, eine Privatklinik zu betreiben. Der Verwaltungsbehörde sei bekannt, dass er vor Eröffnung der Praxis aus mehreren Kliniken, in denen er gearbeitet habe, regelrecht „herausgeflogen" sei. In zwei Fällen habe M nämlich als angestellter Arzt Patienten „unter der Hand behandelt" und privates Honorar abgerechnet. In zwei weiteren Fällen habe er 2006 schwere Kunstfehler begangen, derentwegen er bereits strafrechtlich verurteilt worden sei. Außerdem schulde M dem Finanzamt seit drei Jahren die Einkommensteuer; seine Steuerschuld belaufe sich inzwischen auf über 100.000 €.

M ist überrascht, da während des Gesprächs in der Stadtverwaltung keine Bedenken geäußert worden waren. Er ist der Meinung, dass er ein verfassungsmäßig garantiertes Recht habe, diese Klinik zu betreiben. Um die Erlaubnis für die Privatklinik dennoch zu erhalten, erhebt M deshalb am 8. April 2009 beim Verwaltungsgericht München Klage gegen den Ablehnungsbescheid der Stadt W. Das Verwaltungsgericht München leitet aufgrund eines entsprechenden Verweisungsbeschlusses den Schriftsatz an das örtlich zuständige Verwaltungsgericht Würzburg weiter, wo dieser am 14. April 2009 (Osterdienstag) eingeht.

In der Klagebegründung räumt M zwar die ihm zur Last gelegten Tatsachen ein, ist aber der Ansicht, dass ihm seine Verfehlungen nicht ein Leben lang vorgeworfen werden dürften. Schließlich gebe es genügend andere Unternehmer, die Steuerschulden hätten.

**Bearbeitervermerk:** Untersuchen Sie gutachtlich die Erfolgsaussichten der von M erhobenen Klage.

## C. Lösung

M begehrt die gewerberechtliche Konzession für den Betrieb einer Privatkranken- 1
anstalt. Die hierauf gerichtete Klage hat Erfolg, wenn der Verwaltungsrechtsweg eröffnet und die Klage zulässig und begründet ist.

### I. Verwaltungsrechtsweg und zuständiges Gericht

#### 1. Verwaltungsrechtsweg

Gemäß § 40 I 1 VwGO müsste der Verwaltungsrechtsweg gegeben sein. Vorliegend 2
geht es um die Erteilung einer Erlaubnis nach den Vorschriften der Gewerbeordnung (§§ 1 I, 30 GewO), es liegt also eine Streitigkeit auf dem Gebiet des öffentlichen Rechtes vor. Die Streitigkeit ist auch nicht verfassungsrechtlicher Art, weil weder Verfassungsorgane streitbeteiligt sind noch Verfassungsrecht unmittelbar entscheidungserheblich ist. Eine anderweitige Rechtswegzuweisung besteht nicht. Der Verwaltungsrechtsweg ist damit eröffnet.

#### 2. Zuständiges Gericht

Erstinstanzlich ist das Verwaltungsgericht zuständig (§ 45 VwGO). Die örtliche Zu- 3
ständigkeit wird durch den Wohnsitz des Klägers im Zeitpunkt der Klageerhebung[1] bestimmt (§ 52 Nr. 5 VwGO). Da M seinen Wohnsitz in Würzburg hat, das zum Regierungsbezirk Unterfranken gehört, ist örtlich zuständiges Gericht nicht das Verwaltungsgericht München, sondern das Verwaltungsgericht Würzburg (vgl. Art. 1 II Nr. 5 BayAGVwGO). M hat deshalb zunächst beim örtlich unzuständigen Gericht Klage erhoben. Dies ist jedoch unschädlich, wenn das örtlich unzuständige Gericht durch bindenden Verweisungsbeschluss (§ 83 VwGO i.V.m. § 17a II GVG) – wie hier geschehen – die Streitsache an das örtlich zuständige Gericht verweist.[2]

### II. Zulässigkeit der Klage

#### 1. Statthaftigkeit

M begehrt die Erteilung einer gewerberechtlichen Erlaubnis für den Betrieb einer 4
Privatklinik. Der entsprechende Antrag auf Erlaubniserteilung ist von der Behörde abgelehnt worden. Das Klageziel ist deshalb darauf gerichtet, die Behörde zu verpflichten, die beantragte Erlaubnis zu erteilen (§§ 86 III, 88 VwGO). Grundlage für eine solche Erlaubniserteilung könnte § 30 GewO sein. Die hierauf beruhende Erlaubniserteilung erfüllt die Begriffsmerkmale eines begünstigenden Verwaltungsaktes (§ 35 S. 1 VwVfG). Richtige Klageart ist demnach die Verpflichtungsklage (§ 42 I, 2. Alt. VwGO).[3]

---

[1] Vgl. *Kopp/Schenke,* VwGO, § 52 Rn. 19.

[2] Vgl. *Kopp/Schenke,* VwGO, § 83 Rn. 7; *Hufen,* VerwPrR, § 11 Rn. 87.

[3] **Beachte:** Da hier ein vom Antragsteller gestellter Antrag zunächst abgelehnt worden ist, wird terminologisch in diesen Fällen teilweise auch von „Versagungsgegenklage" gesprochen. Hierbei handelt es sich aber nicht um eine eigenständige Klageart, sondern nur um einen Unterfall der Verpflichtungsklage. – Beachten Sie in vorliegendem Zusammenhang auch, dass M die Anfechtung des Ablehnungsbescheides allein nicht weiterhilft. Selbst wenn eine solche Anfechtung erfolgreich wäre, wäre M noch nicht im Besitz der erforderlichen Erlaubnis. Dieses Ziel erreicht er nur über eine entsprechende Verpflichtung der Behörde durch das Gericht.

### 2. Klagebefugnis

5 M müsste gem. § 42 II VwGO geltend machen können, einen Anspruch auf die begehrte Erlaubnis zu haben; dies darf jedenfalls nicht gänzlich ausgeschlossen sein *(Möglichkeitstheorie)*[4] In Betracht kommt hier ein Anspruch auf Erteilung der beantragten Erlaubnis gemäß § 30 I i.V.m. § 1 I GewO. Die Gewerbefreiheit (§ 1 I GewO) wurzelt zudem im Grundrecht der Berufsfreiheit (Art. 12 I GG). M ist damit klagebefugt.

### 3. Vorverfahren

6 Die Durchführung eines Vorverfahrens ist gem. § 68 I 2 VwGO i.V.m. Art. 15 II, III BayAGVwGO unstatthaft.[5]

### 4. Klagefrist

7 Die Verpflichtungsklage ist grundsätzlich innerhalb eines Monats ab Bekanntgabe des Ablehnungsbescheides zu erheben (§ 74 II, I 2 VwGO). Der Lauf der Frist begann mit Ablauf des Tages der Bekanntgabe des Ablehnungsbescheides (§ 57 I, II VwGO i.V.m. § 222 I ZPO, § 187 I BGB). Der Zugang ist bei einem durch Boten übermittelten schriftlichen Verwaltungsakt dann erfolgt, wenn die Voraussetzungen des § 130 BGB erfüllt sind. Insoweit ist es unerheblich, ob der Empfänger den Bescheid erst später geöffnet und gelesen hat.[6] Da der Zugang am 10. März 2009 durch Einwurf des Schreibens in den Briefkasten des M erfolgte, begann der Fristlauf am 11. März 2009, 0 Uhr.[7] Einen Monat später konnte die Frist nicht ablaufen, da der 10. April 2009 (Karfreitag) ein Feiertag war (§ 57 II VwGO i.V.m. § 222 II ZPO, §§ 188 II, 193 BGB). Der Fristablauf erfolgte somit erst am nächstfolgenden Werktag nach dem Osterwochenende, also am 14. April 2009.[8] M hat die Klage zwar am 8. April 2009 beim Verwaltungsgericht München, d.h. beim örtlich unzuständigen Verwaltungsgericht erhoben. Aber auch eine beim unzuständigen Gericht erhobene Klage wahrt grundsätzlich die Klagefrist, wenn der Kläger bei diesem Gericht die Klage erheben wollte.[9] Gemäß § 83 VwGO i.V.m. § 17b I 2 GVG bleiben nämlich die Wirkungen der Rechtshängigkeit nach der Verweisung bestehen. Damit wird insbesondere auch die Einhaltung der Klagefrist – eine im Übrigen ordnungsgemäße Klageerhebung vorausgesetzt – gewahrt.[10] Die Klagefrist ist somit eingehalten worden.

---

[4] **Beachte:** Die bloße Ablehnung des Antrags auf Erlaubniserteilung ist hier irrelevant. Der Kläger kann sich zur Begründung seiner Klagebefugnis nicht auf die Adressatentheorie berufen. In Verpflichtungssachen muss der Kläger vielmehr dartun, einen Anspruch auf Erlass des begehrten Verwaltungsaktes zu haben.

[5] Bay. Gesetz zur Ausführung der Verwaltungsgerichtsordnung (BayAGVwGO), Textsammlung *Ziegler/Tremel,* Nr. 901. Hierzu und zur weitgehenden Abschaffung des Vorverfahrens im Freistaat Bayern s. bereits Fall 5.

[6] Vgl. *Kopp/Ramsauer,* VwVfG, § 41 Rn. 44.

[7] Zur Fristberechnung vgl. Fall 5. – Vorliegend handelt es sich um eine Bekanntgabe gem. § 41 I VwVfG, nicht um eine Bekanntgabe mittels Zustellung (§ 41 V VwGO), für die Sondervorschriften gelten (vgl. auch dazu Fall 5).

[8] **Beachte:** Samstag, der 11. April, und Sonntag, der 12. April 2009, sind ohnehin keine Werktage. Montag, der 13. April 2009, ist als Ostermontag ebenfalls ein Feiertag; vgl. Art. 1 I Nr. 1 Bay. Feiertagsgesetz (BayFTG), Textsammlung *Ziegler/Tremel,* Nr. 190, weshalb Dienstag, der 14. April 2009, der nächstfolgende Werktag ist.

[9] *Kopp/Schenke,* VwGO, § 74 Rn. 8; § 83 Rn. 19f. jeweils m.w.N. (auch zu Sonderfällen).

[10] **Beachte:** Wer dies nicht erkennt, der muss im Ergebnis dennoch zur Wahrung der Klagefrist kommen, weil der Klageschriftsatz aufgrund des Verweisungsbeschlusses des *VG*

**5. Richtiger Klagegegner**

Der richtige Klagegegner ist gemäß § 78 I Nr. 1 VwGO die kreisfreie Stadt W.[11] 8

**6. Beteiligten- und Prozessfähigkeit**

**a) Beteiligtenfähigkeit**

M ist als natürliche Person im Verwaltungsprozess beteiligtenfähig (§ 61 Nr. 1, 1. Alt. VwGO). Auch die Beklagte, die kreisfreie Stadt W, ist beteiligtenfähig (§ 61 Nr. 1, 2. Alt. VwGO, Art. 1 BayGO). 9

**b) Prozessfähigkeit**

M ist im Verwaltungsprozess gemäß § 62 I Nr. 1 VwGO prozessfähig. Die beklagte Stadt wird im Verwaltungsprozess durch den Oberbürgermeister vertreten (§ 62 III VwGO; Art. 38 I BayGO). 10

**7. Form**

Von der Einhaltung der Formvorschriften bei der Klageerhebung (§§ 81 I, 82 VwGO) ist auszugehen. 11

**Zwischenergebnis:** Die Klage ist zulässig.

**III. Begründetheit der Klage**

Die Klage des M ist begründet, wenn die Ablehnung der Erlaubnis rechtswidrig und der M dadurch in seinen Rechten verletzt ist (§ 113 V 1 VwGO). Das ist dann der Fall, wenn M einen Anspruch auf Erteilung der gewerberechtlichen Erlaubnis hat. Da es sich um eine gebundene Entscheidung handelt[12], scheidet vorliegend eine durch das Gericht auszusprechende Verpflichtung, den Kläger neu zu bescheiden (§ 113 V 2 VwGO), aus. Der M hat vielmehr einen Anspruch auf ein sog. Vornahmeurteil (§ 113 V 1 VwGO). 12

**1. Rechtsgrundlage der Erteilung einer Konzession[13]**

Ein Anspruch auf Erteilung des begehrten Verwaltungsaktes könnte sich vorliegend aus § 1 I GewO i.V.m. § 30 I GewO ergeben. Danach bedürfen Unternehmer von Privatkranken- und Privatentbindungsanstalten sowie Privatnervenkliniken einer Konzession[14] der zuständigen Behörde. Der grundsätzliche Rechtsanspruch auf die 13

---

*München* noch innerhalb der Frist (14. April 2009, Osterdienstag) beim VG Würzburg eingegangen ist.

[11] Zur Frage, ob § 78 I Nr. 1 VwGO eine Regelung der Passivlegitimation oder der passiven Prozessführungsbefugnis darstellt, vgl. Fall 4.

[12] **Beachte:** Das bedeutet, dass auf der Rechtsfolgenseite der Norm (§ 30 GewO) der Verwaltungsbehörde kein Ermessen eingeräumt ist.

[13] **Beachte:** In Verpflichtungssachen kann ebenso gut von einer „Anspruchsgrundlage" gesprochen werden.

[14] **Beachte:** Die Konzession ist eine personen- und sachbezogene Gewerbeerlaubnis, die dem Unternehmer für den Betrieb einer bestimmten Klinik in einer festgelegten Betriebsform erteilt wird. Die Erlaubnis ist also zwar primär eine persönliche Erlaubnis, jedoch auch an Sachanforderungen orientiert, d.h. sie ist nicht nur an eine bestimmte Person, sondern zugleich auch an bestimmte Räume und an eine bestimmte Betriebsart gebunden. Die Konzession unterscheidet sich damit von der bloßen gewerberechtlichen Erlaubnis. Vgl. dazu *Tettinger/Wank*, GewO, § 30 Rn. 25.

Konzession ergibt sich aus der in § 1 I GewO verbürgten Gewerbefreiheit. Die Konzession darf nur versagt werden, wenn einer der Versagungsgründe des § 30 I 2 GewO vorliegt.

### 2. Formelle Voraussetzungen der Konzession[15]

14 M hat hier den für die Konzessionserteilung erforderlichen Antrag bei der Verwaltungsbehörde gestellt. Die Stadt W ist als Kreisverwaltungsbehörde auch zuständig für die Erteilung der Konzession auf der Grundlage von § 30 I 1 GewO, weil sie insofern zum Vollzug der Gewerbeordnung berufen ist (§ 155 II GewO; § 1 II Nr. 1 BayGewV[16]; Art. 9 I BayGO). Die formellen Voraussetzungen für die Erteilung der beantragten Konzession sind damit erfüllt.

### 3. Materielle Voraussetzungen der Konzession

15 M hat gem. § 1 I GewO einen Rechtsanspruch auf Erteilung der Konzession, wenn kein Versagungsgrund nach § 30 I 2 GewO vorliegt.[17]

#### a) Unternehmereigenschaft

16 M müsste im Sinne des § 30 I 1 GewO „Unternehmer" sein. Ein Unternehmer ist ein selbständig Gewerbebetreibender, in dessen Namen und für dessen Rechnung der Betrieb der Anstalt geführt wird, und der hinsichtlich der Leitung und Verwaltung der Anstalt die erforderlichen Bestimmungen trifft. Der freiberuflich tätige Arzt wird zum Gewerbetreibenden, wenn und soweit er eine Privatkrankenanstalt als selbständiges Mittel zur Erzielung einer dauernden Einnahmequelle einrichtet und unterhält.[18] Dies ist bei M der Fall, weil sich der beabsichtigte Betrieb der Privatkrankenanstalt nicht mehr als bloße Ausübung eines freien Arztberufes darstellt.

#### b) Versagungsgründe

17 Fraglich ist, ob der Konzessionserteilung ein Versagungsgrund nach § 30 I 2 GewO entgegensteht.

#### aa) Unzuverlässigkeit

18 Nach § 30 I 2 Nr. 1 GewO ist die Konzession zu versagen, wenn Tatsachen vorliegen, welche die Unzuverlässigkeit des Unternehmers in Beziehung auf die Leitung oder die Verwaltung der Anstalt oder Klinik dartun. „Unzuverlässigkeit" beinhaltet einen unbestimmten Rechtsbegriff.[19] Unzuverlässig ist, wer keine Gewähr dafür

---

[15] **Beachte:** Den formellen Voraussetzungen der Erlaubniserteilung in Verpflichtungssachen entspricht in Anfechtungssachen an dieser Stelle die Prüfung der „formellen Rechtmäßigkeit des Bescheides".

[16] Bay. Verordnung zur Durchführung der GewO (GewV), Textsammlung *Ziegler/Tremel,* Nr. 310; s. bereits Fall 5.

[17] **Beachte:** Das Vorliegen eines Versagungsgrundes führt zum (teilweisen) Ausschluss der Gewerbefreiheit, die einfachgesetzlich durch § 1 I GewO und verfassungsrechtlich durch Art. 12 I 1 GG gewährleistet ist.

[18] Vgl. *Marcks,* in: Landmann/Rohmer, GewO, § 30 Rn. 5 m. w. N.

[19] **Beachte:** Unbestimmte Rechtsbegriffe sind gerichtlich grundsätzlich voll überprüfbar, können also vom Gericht anders interpretiert werden als von der Verwaltungsbehörde. Das Verwaltungsgericht besitzt im Verhältnis zur Behörde die Letztentscheidungsbefugnis. Anders ist dies nur dann, wenn der Behörde ein Beurteilungsspielraum eingeräumt wird; vgl. dazu *Schöbener,* Die Verwaltung 33 (2000), 447 (473 ff.).

bietet, dass das Gewerbe künftig ordnungsgemäß ausgeübt wird. Der Betreiber einer Privatklinik ist dafür verantwortlich, durch Organisation und Einsatz sachkundigen Personals dafür zu sorgen, dass alle durch den Betrieb der Privatklinik möglicherweise entstehenden Gefahren abgewendet werden können.[20]

Vorliegend hat M bei seinem früheren Arbeitgeber eine Dienstvertragsverletzung 19
begangen, indem er „unter der Hand" behandelt und abgerechnet hat. Unzuverlässig kann zwar auch derjenige sein, der wirtschaftlich nicht leistungsfähig oder einschlägig vorbestraft ist.[21] Eine bloße zivilrechtliche Streitigkeit zwischen M und seinem früheren Arbeitgeber ist jedoch für die Beurteilung der gewerberechtlichen Zuverlässigkeit grundsätzlich ohne Belang. Auch ist nicht festgestellt, dass M durch sein vertragswidriges Abrechnungsverhalten möglicherweise zugleich einen Straftatbestand verwirklicht hat. Aus der Dienstvertragsverletzung allein kann folglich eine gewerberechtliche Unzuverlässigkeit noch nicht hergeleitet werden.

Allerdings hat M erhebliche Steuerschulden in Höhe von mehr als 100.000 €. Steu- 20
erschulden sind Ausdruck mangelnder wirtschaftlicher Leistungsfähigkeit und können deshalb gewerberechtliche Unzuverlässigkeit begründen.[22] Die seit drei Jahren nicht abgeführte Einkommensteuer in Höhe von mehr als 100.000 € betrifft zwar eine persönliche Steuer des Gewerbetreibenden; allerdings lässt dieser erhebliche Steuerrückstand die Folgerung zu, dass der Gewerbetreibende keine Gewähr dafür bietet, in Zukunft die gewerbebezogenen Steuern ordnungsgemäß zu zahlen.[23] Zu berücksichtigen ist weiter, dass die Steuerschulden noch nicht lange zurückliegen, über mehrere Jahre entstanden sind und nach ihrer absoluten Höhe von einigem Gewicht sind.[24] Damit lässt sich feststellen, dass M angesichts seiner Steuerschulden unzuverlässig im Sinne von § 30 I 2 Nr. 1 GewO ist, eine Erlaubnis also bereits aus diesem Grunde nicht erteilt werden darf.

#### bb) Fehlende fachliche Qualifikation

Fraglich ist, ob ein weiterer Versagungsgrund sich aus der Tatsache ergibt, dass M 21
im Jahre 2006 schwere Kunstfehler begangen hat, derentwegen er bereits strafrechtlich verurteilt worden ist. Nach § 30 I 2 Nr. 1a GewO ist die Konzession dann zu versagen, wenn Tatsachen vorliegen, welche die ausreichende medizinische und pflegerische Versorgung der Patienten als nicht gewährleistet erscheinen lassen. Die Konzessionserteilung setzt also voraus, dass für die Behandlungsverfahren in der Privatklinik Ärzte zur Verfügung stehen, die die nötige Qualifikation aufweisen. Da M strafrechtlich festgestellte ärztliche Kunstfehler begangen hat, ist die ausreichen-

---

[20] Vgl. *Tettinger/Wank,* GewO, § 30 Rn. 39; ausführlich zum gewerberechtlichen Merkmal der „Zuverlässigkeit" *Eifert,* JuS 2004, 565ff.; *Guckelberger,* Jura 2007, 598 (602ff.); *Pöltl,* KommJur 2004, 81 (86).

[21] Vgl. *Tettinger/Wank,* GewO, § 30 Rn. 40; § 35 Rn. 35ff.; *OVG Weimar* GewArch. 2006, 472 (472f.); *VG Stuttgart* GewArch. 2004, 74 (74f.); *VG Hannover* GewArch. 1998, 29 (30).

[22] **Beachte:** Bei der Feststellung der gewerberechtlichen Unzuverlässigkeit spielen Verschuldensgesichtpunkte keine Rolle. Auf ein Verschulden des Gewerbetreibenden kommt es nicht an. Vgl. *Tettinger/Wank,* GewO, § 35 Rn. 33; *VG Neustadt/Weinstraße* GewArch. 2007, 496 (496). Zur Unzuverlässigkeit wegen Nichtabführung persönlicher Steuern vgl. *Tettinger/Wank,* GewO, § 35 Rn. 50ff.; außerdem Fall 5.

[23] *BVerwG* GewArch. 1982, 233 (234); GewArch. 1995, 116; *OVG Weimar* GewArch. 2006, 472 (472f.); *VG Stuttgart* GewArch., 2004, 74 (74f.).

[24] Vgl. zum Kriterium der Höhe der Steuerschuld bei der Feststellung gewerberechtlicher Unzuverlässigkeit *Tettinger/Wank,* GewO, § 35 Rn. 50 ff. m. w. N.

de medizinische Versorgung in der geplanten Privatkrankenanstalt als nicht gesichert anzusehen. Damit steht der Konzessionserteilung auch § 30 I 2 Nr. 1a GewO entgegen.

**Zwischenergebnis:** M hat somit keinen Rechtsanspruch auf eine Konzessionserteilung. Die Stadt W ist deshalb nicht verpflichtet, die Konzession zu erteilen.

### Ergebnis

Die Klage ist zwar zulässig, jedoch unbegründet. Die Klage wird keinen Erfolg haben.

## D. Wiederholungs- und Vertiefungsfragen

**Frage 1: Welche Änderungen sind angesichts der Föderalismusreform im Jahre 2006 im Gewerberecht zu beachten?**

22 Durch die Änderung des Art. 74 I Nr. 11 GG im Rahmen der Föderalismusreform 2006 (Gesetz zur Änderung des Grundgesetzes vom 28. August 2006; BGBl. I, S. 2034) wurden das Recht des Ladenschlusses (BLadSchlG), das Recht der Gaststätten (BGastG), das Recht der Spielhallen (§ 33i GewO) sowie das Recht der Messen, Ausstellungen und der Märkte (Titel IV GewO) in die ausschließliche Länderkompetenz übertragen.[25] Während die Landesgesetzgeber in einigen Bereichen, wie etwa dem Ladenschluss, bereits eigene Regelungen erlassen haben, wurden in anderen Bereichen noch keine eigenständigen Regelungen durch die Länder in Kraft gesetzt. In diesen Bereichen gilt das alte Bundesrecht gemäß Art. 125a I GG weiter fort.

**Frage 2: Welches verwaltungsrechtliche Instrumentarium enthält das Gewerberecht, um den von den einzelnen Gewerben ausgehenden unterschiedlichen Gefahren zu begegnen?**

23 Das Gewerberecht enthält ein abgestuftes Instrumentarium zur Gefahrenabwehr, dessen Ausgestaltung abhängig ist von der Art und Intensität der drohenden Gefahren. Diese Differenzierungen sind schon deshalb notwendig, weil jede die Freiheit der Gewerbeausübung regulierende Maßnahme an Art. 12 I GG (ggf. i.V.m. Art. 19 III GG) zu messen ist. In diesem Rahmen sind dann auch die von dem jeweiligen Gewerbe ausgehenden abstrakten Gefahren, die den Gesetzgeber zur Regulierung veranlasst haben, näher zu bestimmen. Einfachgesetzlich ist zudem § 1 I GewO zu beachten, der – ohne zwischen In- und Ausländern zu unterscheiden – den Grundsatz der Gewerbefreiheit normiert, auf den sich „jedermann" berufen kann. Allerdings ist die Gewerbefreiheit nur gewährleistet, „soweit nicht durch dieses Gesetz Ausnahmen oder Beschränkungen vorgeschrieben oder zugelassen sind".

24 • Das Regulierungsinstrument mit der geringsten Eingriffsintensität ist das *Verbot mit Anzeigevorbehalt,* wonach eine geplante Betätigung nur gestattet ist, wenn sie der Behörde vorher angezeigt wird. Ohne die Anzeigepflicht wäre nicht sichergestellt, dass die zuständigen Behörden überhaupt über hinreichend Informationen

[25] Zu den Einzelheiten vgl. *Schönleiter,* GewArch. 2006, 371 (372). Zum Spielhallenrecht nach der Föderalismusreform siehe *Schneider,* GewArch. 20009, 265ff.

zur Wahrnehmung ihrer Überwachungsaufgaben verfügen. Die Anzeigepflicht gem. § 14 I GewO[26] betrifft den selbständigen Betrieb eines stehenden Gewerbes[27], einer Zweigniederlassung oder einer unselbständigen Zweigstelle. Nach ordnungsgemäßer Anzeige bescheinigt die Behörde dem Betreffenden den Empfang der Anzeige (sog. Gewerbeschein, § 15 I GewO). Auf den Gewerbeschein besteht ein Rechtsanspruch. Als schlichte Empfangsbestätigung ist der Gewerbeschein jedoch in Ermangelung eines eigenständigen Regelungsgehalts kein Verwaltungsakt.[28] Die zuständige Behörde hat bei sog. überwachungsbedürftigen Gewerben unverzüglich nach Erstattung der Gewerbeanzeige (§ 14 GewO) die Zuverlässigkeit des Anzeigenden zu überprüfen (§ 38 GewO) und – soweit sich der Betreffende als unzuverlässig erweist – gem. § 35 I GewO die Gewerbeausübung zu untersagen. Weitere Anzeigepflichten enthalten z.B. §§ 55c, 56a II GewO (Reisegewerbe) und § 6 TKG[29] (gewerbliche Betreiber öffentlicher Telekommunikationsnetze oder Erbringer von Telekommunikationsdiensten für die Öffentlichkeit).

Gehen von dem Gewerbe größere Gefahren aus, dann sieht das Gewerberecht regelmäßig die Genehmigungsbedürftigkeit vor. Die Genehmigungsvorschriften weisen jedoch unterschiedliche Normstrukturen auf[30]:

- Weit verbreitet ist das *(präventive) Verbot* mit *Erlaubnisvorbehalt* (sog. *Kontroll-* 25
  *erlaubnis*). Danach ist die Aufnahme und Ausübung eines bestimmten Gewerbes grundsätzlich verboten. Allerdings sieht das Gesetz einen Erlaubnis- bzw. Genehmigungstatbestand vor, bei dessen Erfüllung auf Antrag eine Gewerbeerlaubnis zu erteilen ist (sog. gebundene Entscheidung, Genehmigungspflicht), d.h. dass der Behörde kein Ermessen eingeräumt ist. Typische Beispiele sind die §§ 30 und §§ 33a bis 34e sowie §§ 55, 57 GewO (Reisegewerbe).[31] Der Rechtsanspruch auf die Erlaubnis ergibt sich in diesen Fällen aus § 1 I GewO (Gewerbefreiheit); deshalb sind die Merkmale des Erlaubnisvorbehalts regelmäßig negativ formuliert, z.B. § 30 I 2 GewO: „Die Konzession ist nur dann zu versagen, wenn […].“ Das Verbot mit Erlaubnisvorbehalt hat eine rein präventive Funktion, weil es bereits vor der Aufnahme des Gewerbes der Entstehung gewerbespezifischer Gefahren entgegen wirken soll, die sich z.B. aus der ungenügenden Beschaffenheit der Räumlichkeiten oder der fehlenden Zuverlässigkeit des Gewerbetreibenden[32] ergeben können.

---

[26] Vgl. dazu *Frotscher/Kramer,* Wirtschaftsverfassungs- und Wirtschaftsverwaltungsrecht, Rn. 266ff. Bei der Anzeigepflicht des § 14 I GewO handelt es sich allerdings nicht um ein Verbot mit Anzeigevorbehalt in Reinform, weil die unterlassene Anzeige nicht zur Unzulässigkeit der gewerblichen Betätigung führt. Vgl. im Einzelnen zu den Folgen einer unterlassenen Gewerbeanzeige *Tettinger/Wank,* GewO, § 14 Rn. 83ff. und *Marcks,* in: Landmann/Rohmer, Gewerbeordnung (Stand 51. Ergänzungslieferung 2007), § 14 Rn. 9.

[27] Erforderlich ist die Anzeige jedes stehenden Gewerbes, also nicht nur des erlaubnisfreien, sondern auch des erlaubnispflichtigen Gewerbes. Denn nur so wird die Behörde in die Lage versetzt, bei einem erlaubnispflichtigen Gewerbe den Gewerbeanzeigenden ggf. auf die Erforderlichkeit einer Zulassung hinzuweisen.

[28] Vgl. *Frotscher/Kramer,* Wirtschaftsverfassungs- und Wirtschaftsverwaltungsrecht, Rn. 267 m.w.N.

[29] Vgl. dazu *Ruthig/Storr,* Öfftl. WirtR, Rn. 528ff.

[30] Ausführlich zum Komplex der Kontrollerlaubnis und der Ausnahmebewilligung mit zahlreichen Beispielen *Maurer,* AllgVerwR, § 9 Rn. 51ff.

[31] Aus dem Gewerbenebenrecht sind zu nennen: § 2 BGastG i.V.m. § 4 BGastG, § 2 PBefG i.V.m. § 13 PBefG.

[32] Zur Unterscheidung von Sach- und Personalkonzessionen vgl. *Frotscher/Kramer,* Wirtschaftsverfassungs- und Wirtschaftsverwaltungsrecht, Rn. 293f.

26 • Seltener ist das *(repressive) Verbot mit Befreiungsvorbehalt* (sog. *Ausnahmebewilligung*). Erfasst werden damit die Fälle, in denen das Gesetz für prinzipiell unzulässige Tätigkeiten in Sonderkonstellationen die Möglichkeit einer Befreiung (Dispens) vorsieht. Als Beispiel sei hier § 56 I GewO genannt, der bestimmte Tätigkeiten im Reisegewerbe verbietet; gem. § 56 II 3 GewO können die zuständigen Behörden aber „im Einzelfall für ihren Bereich Ausnahmen von den Verboten des Absatzes 1 mit dem Vorbehalt des Widerrufs und für einen Zeitraum bis zu fünf Jahren zulassen, wenn sich aus der Person des Antragstellers oder aus sonstigen Umständen keine Bedenken ergeben". Während bei einem Verbot mit Erlaubnisvorbehalt (Kontrollerlaubnis, s.o.) die infrage stehende Betätigung im Grundsatz zulässig ist, soweit sie nicht nach Maßgabe gesetzlicher Bestimmungen verboten wird, geht es bei einem Verbot mit Befreiungsvorbehalt nicht um eine präventive Zugangskontrolle, sondern um ein im Grundsatz repressives (absolutes) Verbot, das nur ausnahmsweise durchbrochen werden darf und bei dem die Befreiung regelmäßig – soweit die restriktiv auszulegenden Befreiungskriterien erfüllt sind – ins Ermessen der Behörde gestellt wird.

## E. Wiederholungs- und Vertiefungshinweise

Zu den Auswirkungen der Föderalismusreform auf das Gewerberecht:
*Schönleiter*, Föderalismusreform und Gewerberecht, GewArch. 2006, 371.

Zur Föderalismusreform und ihren Auswirkungen im Allgemeinen:
*Degenhart,* Die Neuordnung der Gesetzgebungskompetenzen durch die Föderalismusreform, NVwZ 2006, 1209; *Ipsen,* Die Kompetenzverteilung zwischen Bund und Ländern nach der Föderalismusnovelle, NJW 2006, 2801; *Häde,* Zur Föderalismusreform in Deutschland, JZ 2006, 930; *Selmer*, Die Föderalismusreform – Eine Modernisierung der bundesstaatlichen Ordnung?, JuS 2006, 1052; *Thiele,* Die Neuregelung der Gesetzgebungskompetenzen durch die Föderalismusreform – ein Überblick, JA 2006, 714; *Rengeling,* Föderalismusreform und Gesetzgebungskompetenzen, DVBl. 2006, 1537; *Frenz,* Gesetzgebungskompetenzen nach der Föderalismusreform, Jura 2007, 165.

Zum gewerberechtlichen Spielrecht:
*von Frentz/Masch,* Glücksspiele, Sportwetten, Geschicklichkeitsspiele, Lotterien, Unterhaltungsspiele, Spielbanken, Spielhallen und Gewinnspiele in Deutschland, ZUM 2006, 189; *Hahn,* Neuregelungen zum gewerblichen Spielrecht, GewArch. 2007, 89; *Schneider,* Das Recht der „Spielhallen" nach der Föderalismusreform – Zur Auslegung von Art. 74 I Nr. 11 GG, GewArch 2009, 265.

# Fall 7: Piercing mit Nebenwirkungen

## A. Inhalt

Anfechtungsklage; fehlerhafte Rechtsbehelfsbelehrung; Nachschieben von Gründen; gewerberechtliche Erlaubnispflicht; Konkurrenz zwischen Gewerbe- und Ordnungsrecht.

## B. Sachverhalt

Michaela Stich (S) betreibt seit einigen Jahren in der kreisfreien bayerischen Stadt Aschaffenburg (A) ein Kosmetikstudio. Dem Trend der Zeit entsprechend entschloss sie sich im Frühjahr 2008, ihren Kunden auch ein Haut-Piercing anzubieten; die Erweiterung ihres Geschäftsbetriebes hatte S als stehendes Gewerbe nach § 14 GewO ordnungsgemäß bei der Stadt A angezeigt. Zusätzliche Erlaubnisse waren von S nicht beantragt worden. Bei der Piercing-Behandlung nahm S bei den Kunden jeweils vorher eine örtliche Betäubung mittels Injektion eines apothekenpflichtigen Arzneimittels vor.

Mit Bescheid vom 15. Mai 2009, der von einem Mitarbeiter der Stadt A am 16. Mai 2009 in den Briefkasten der S eingeworfen wurde, erließ die Stadt A eine Untersagungs- und Betriebsschließungsverfügung, die für sofort vollziehbar erklärt wurde und mit der Androhung eines Zwangsgeldes von 500 € für den Fall der Zuwiderhandlung verbunden war. Eine vorherige Anhörung der S war nicht erfolgt. Für die Schließung des Betriebes war eine Frist bis 30. Juni 2009 festgesetzt. In der Rechtsbehelfsbelehrung, die mit dem Bescheid verbunden war, hieß es, dass innerhalb eines Monats ab Bekanntgabe des Bescheides schriftlich Klage beim Verwaltungsgericht Würzburg erhoben werden könne. Ein Hinweis darauf, dass die Klage auch zur Niederschrift des Urkundsbeamten der Geschäftsstelle des Verwaltungsgerichts erhoben werden könne, fehlte. Zur Begründung des Bescheides war angeführt, dass S nicht im Besitz einer Erlaubnis zur Ausübung der Heilkunde nach § 1 I des Gesetzes über die berufsmäßige Ausübung der Heilkunde ohne Bestallung (Heilpraktikergesetz – HPG) sei. Der weitere Betrieb des Piercing-Studios unter Anwendung von örtlicher Betäubung sei deshalb gewerberechtlich unzulässig und nach Abwägung aller Umstände des Einzelfalles nach § 15 II GewO zu unterbinden. Allenfalls könne der Bescheid wieder aufgehoben werden, wenn sich S gegenüber der Stadt A schriftlich verpflichte, beim Piercing künftig vom Gebrauch apothekenpflichtiger Betäubungsmittel abzusehen.

Nach der Rückkehr aus einem längeren Urlaub beschloss S, sich die Sache nicht gefallen zu lassen und ließ durch ihren Anwalt Anton Dick (D) beim örtlich zuständigen Verwaltungsgericht Würzburg (W) am 1. Juli 2009 Klage erheben mit dem Antrag, den Untersagungs- und Betriebsschließungsbescheid aufzuheben. Zur Begründung führte Anwalt D aus: Der Untersagungsbescheid leide bereits unter einem Verfahrensmangel, da seiner Mandantin keine Gelegenheit zur Äußerung gegeben worden sei. Außerdem handele es sich bei einem Piercing-Studio nicht um ein erlaubnispflichtiges Gewerbe; schließlich sei bei der Gewerbeanmeldung kein entsprechender Hinweis durch die Behörde erfolgt.

Daher habe die Stadt A den Bescheid auch auf eine falsche Rechtsgrundlage gestützt, weil eine gewerberechtliche Erlaubnispflicht nicht bestehe. Auf eine andere Rechtsgrundlage dürfe nicht zurückgegriffen werden, dies sei ein unzulässiges Nachschieben von Gründen im Verwaltungsprozess.

Die beklagte Stadt A ließ durch ihren Anwalt mitteilen, dass die Klage unzulässig sei. Der Bescheid sei bereits bestandskräftig wegen des Ablaufs der Klagefrist. Im Übrigen sei der Bescheid rechtmäßig, die Klage also auch unbegründet, weil zumindest § 7 II LStVG eine hinreichende Ermächtigungsgrundlage enthalte.

**Bearbeitervermerk:** Untersuchen Sie gutachtlich die Erfolgsaussichten der zum Verwaltungsgericht W erhobenen Klage.

## Anhang

### Heilpraktikergesetz (HPG) (Auszug)

**§ 1 Erlaubnis.** (1) Wer die Heilkunde, ohne als Arzt bestallt zu sein, ausüben will, bedarf dazu der Erlaubnis.

(2) Ausübung der Heilkunde im Sinne dieses Gesetzes ist jede berufs- oder gewerbsmäßig vorgenommene Tätigkeit zur Feststellung, Heilung oder Linderung von Krankheiten, Leiden oder Körperschäden bei Menschen, auch wenn sie im Dienste von anderen ausgeübt wird.

[...]

**§ 5 Strafvorschrift.** Wer, ohne zur Ausübung des ärztlichen Berufs berechtigt zu sein und ohne eine Erlaubnis nach § 1 zu besitzen, die Heilkunde ausübt, wird mit Freiheitsstrafe bis zu einem Jahr oder mit Geldstrafe bestraft.

### Bayerisches Landesstraf- und Verordnungsgesetz (LStVG) (Auszug)

**Art. 6 LStVG.** Die Gemeinden, Landratsämter, Regierungen und das Staatsministerium des Innern haben als Sicherheitsbehörden die Aufgabe, die öffentliche Sicherheit und Ordnung durch Abwehr von Gefahren und durch Unterbindung und Beseitigung von Störungen aufrechtzuerhalten.

**Art. 7 LStVG.** (1) [...]

(2) Soweit eine [...] gesetzliche Ermächtigung nicht in Vorschriften dieses Gesetzes oder in anderen Rechtsvorschriften enthalten ist, können die Sicherheitsbehörden zur Erfüllung ihrer Aufgaben für den Einzelfall Anordnungen nur treffen, um

1. rechtswidrige Taten, die den Tatbestand eines Strafgesetzes oder einer Ordnungswidrigkeit verwirklichen, oder verfassungsfeindliche Handlungen zu verhüten oder zu unterbinden,
2. durch solche Handlungen verursachte Zustände zu beseitigen.

[...]

### Bayerische Verordnung zur Durchführung der Gewerbeordnung (BayGewV)

**§ 1 Sachliche Zuständigkeit.** (1) [...]

(2) Die Kreisverwaltungsbehörde ist zuständig

1. für den Vollzug der Titel II bis IV der Gewerbeordnung und der darauf beruhenden Rechtsverordnungen, soweit in den folgenden Absätzen 3 bis 8 oder in anderen Rechtsvorschriften nichts anderes bestimmt ist,
2. [...].

## C. Lösung

Die Klage hat Erfolg, wenn der Verwaltungsrechtsweg eröffnet und die Klage zulässig und begründet ist. 1

### I. Verwaltungsrechtsweg und zuständiges Gericht

#### 1. Verwaltungsrechtsweg

Es müssten die Voraussetzungen des § 40 I 1 VwGO gegeben sein. Vorliegend handelt es sich um eine Streitigkeit auf dem Gebiet des Gewerberechts bzw. Gefahrenabwehrrechts (LStVG), also des öffentlichen Rechts. Die Streitigkeit ist auch nicht verfassungsrechtlicher Art, weil weder Verfassungsrecht unmittelbar streitentscheidend ist noch Verfassungsorgane streitbeteiligt sind. Auch eine besondere Rechtswegzuweisung ist nicht ersichtlich. Der Verwaltungsrechtsweg ist daher eröffnet. 2

#### 2. Zuständiges Gericht

Zuständiges Gericht des ersten Rechtszuges ist das Verwaltungsgericht, § 45 VwGO. Die örtliche Zuständigkeit des Verwaltungsgerichts Würzburg ergibt sich bereits aus dem Sachverhalt bzw. aus § 52 Nr. 3 S. 1 VwGO i.V.m. Art. 1 II Nr. 5 BayAGVwGO. 3

### II. Zulässigkeit der Klage

#### 1. Statthaftigkeit

Bei der Bestimmung der Klageart ist vom Begehren des jeweiligen Rechtsbehelfsführers auszugehen (§§ 86 III, 88 VwGO). Vorliegend wendet sich die Klägerin gegen die Untersagungs- und Betriebsschließungsverfügung. Die angegriffene Verfügung ist gerichtet auf die Unterbindung des nach Ansicht der Behörde ohne die erforderliche Erlaubnis betriebenen Gewerbebetriebes; deshalb ist von einem einheitlichen Verwaltungsakt (§ 35 S. 1 VwVfG) auszugehen.[1] Mit dem Ziel der Aufhebung der Untersagungs- und Betriebsschließungsverfügung wird dem Begehren der Klägerin vollständig Rechnung getragen. Es ist ausdrücklich nicht ihr Ziel, dass im Falle einer Erlaubnispflicht ihrer Tätigkeit die Behörde zur Erteilung der entsprechenden Erlaubnis verpflichtet wird; hierfür fehlt es bereits an einem Antrag für die Erteilung einer Erlaubnis nach § 1 I HPG.[2] Richtige Klageart ist deshalb die Anfechtungsklage (§ 42 I, 1. Alt. VwGO).[3] 4

---

[1] **Beachte:** Vertretbar ist auch die Annahme, dass mit der Untersagung und der nachfolgenden Betriebsschließung rechtlich zwei getrennte Verwaltungsakte vorliegen; in diesem Fall würde es sich um eine zulässige Klagehäufung im Sinne des § 44 VwGO handeln.

[2] **Beachte:** Unzutreffend wäre es deshalb, wenn ein Klausurbearbeiter annähme, richtige Klageart sei die Verpflichtungsklage (§ 42 I, 2. Alt. VwGO), weil eine bloße Aufhebung der Betriebschließungsverfügung noch nicht zur Gestattung des erlaubnispflichtigen Gewerbes führe. Die Klägerin beschränkt hier ihren Antrag auf die Aufhebung des belastenden Untersagungs- und Betriebschließungsbescheides, weil sie die Erlaubnispflicht ihrer Tätigkeit gerade in Abrede stellt.

[3] **Beachte:** Der Klageantrag ist lediglich darauf gerichtet, den Untersagungs- und Betriebsschließungsbescheid aufzuheben. Es ist deshalb von der Aufgabenstellung nicht mehr gedeckt, wenn sich ein Bearbeiter noch mit der Sofortvollzugsanordnung und der Zwangsgeldandrohung befasst. Beide Regelungen sind hier nicht Gegenstand des Antrags.

### 2. Klagebefugnis

5 Die Klägerin müsste geltend machen können, durch den angegriffenen Verwaltungsakt möglicherweise in einem subjektiven Recht verletzt zu sein (§ 42 II VwGO). Als Adressatin eines belastenden Verwaltungsaktes kann S jedenfalls geltend machen, in ihrer allgemeinen Handlungsfreiheit (Art. 2 I GG) verletzt zu sein *(Adressatentheorie).* S ist demnach klagebefugt.

### 3. Vorverfahren

6 Die Durchführung eines Vorverfahrens ist gem. § 68 I 2 VwGO i.V.m. Art. 15 II, III BayAGVWGO unstatthaft.[4]

### 4. Klagefrist

#### a) Monatsfrist

7 Grundsätzlich ist die Klage innerhalb eines Monats ab Bekanntgabe des Verwaltungsaktes zu erheben (§ 74 I 2 VwGO). Die Bekanntgabe des Verwaltungsaktes (§§ 41, 43 I VwVfG) erfolgte durch Einwurf in den Briefkasten der S am 16. Mai 2009 (vgl. § 57 VwGO; § 222 ZPO; § 187 I BGB).[5] Fristablauf für die Monatsfrist war infolgedessen der 16. Juni 2009 (§ 57 VwGO; § 222 ZPO; § 188 II BGB).[6] Die tatsächlich erst am 1. Juli 2009 erfolgte Klageerhebung wahrt deshalb die Monatsfrist des § 74 I 2 VwGO nicht.

#### b) Fehlerhafte Rechtsbehelfsbelehrung

8 Es kommt aber in Betracht, dass vorliegend statt der Monatsfrist eine Jahresfrist gilt. Dies ist dann der Fall, wenn dem Ausgangsbescheid eine fehlerhafte Rechtsbehelfsbelehrung beigefügt war (§ 58 II 1 VwGO). Die erteilte Rechtsbehelfsbelehrung enthielt nur den Hinweis auf die Möglichkeit zur schriftlichen Erhebung einer Klage, nicht aber der Klageerhebung „zur Niederschrift“. Eine Belehrung mit diesem Inhalt ist unzutreffend und irreführend, weil nach § 81 I VwGO die Klage ausdrücklich wahlweise schriftlich oder zur Niederschrift erhoben werden kann. Ein unvollständiger Hinweis ist zudem geeignet, die Rechtsbehelfseinlegung durch den Kläger unzumutbar zu erschweren.[7] Deshalb galt vorliegend für die Klageerhebung die Jahresfrist (§ 58 II 1 VwGO). Die am 1. Juli 2009 erhobene Klage wahrt somit die Klagefrist.

---

[4] Bay. Gesetz zur Ausführung der Verwaltungsgerichtsordnung (BayAGVwGO), Textsammlung *Ziegler/Tremel,* Nr. 901. Hierzu und zur weitgehenden Abschaffung des Vorverfahrens im Freistaat Bayern siehe bereits Fall 5.

[5] **Beachte:** Fehlerhaft wäre es, wenn ein Klausurbearbeiter auf die Zugangsfiktion des § 41 II VwVfG zurückgreifen würde: Danach gilt ein mit einfachem Brief zur Post gegebener Verwaltungsakt mit dem dritten Tage nach der Aufgabe zur Post als bekannt gegeben ohne Rücksicht darauf, ob der Empfänger den Bescheid tatsächlich zu einem früheren Zeitpunkt erhalten hat. Nach dem Sachverhalt liegt nämlich eindeutig keine Übermittlung durch die Post vor. Die Bekanntgabe ist – von Sondervorschriften abgesehen – grundsätzlich formfrei möglich und wirkt bei einem Schriftstück zu dem Zeitpunkt, in dem dieses in den Machtbereich des Empfängers gelangt und bei gewöhnlichem Verlauf und normaler Gestaltung der Verhältnisse mit der Kenntnisnahme durch den Empfänger zu rechnen ist (§ 130 BGB analog); vgl. *Kopp/Ramsauer,* VwVfG, § 41 Rn. 15; *Kopp/Schenke,* VwGO, § 57 Rn. 5a; vgl. dazu auch Fall 4.

[6] Zur Fristberechnung vgl. Fälle 5 und 6.

[7] Vgl. *Kopp/Schenke,* VwGO, § 58 Rn. 12.

### 5. Richtiger Klagegegner

Klagegegner ist vorliegend die Stadt A als Rechtsträgerin, deren Behörde den angefochtenen Bescheid erlassen hat (§ 78 I Nr. 1 VwGO).[8] 9

### 6. Beteiligten- und Prozessfähigkeit

#### a) Beteiligtenfähigkeit

Als natürliche Person ist die Klägerin gemäß § 61 Nr. 1, 1. Alt. VwGO beteiligtenfähig. Für die Klagegegnerin, die Stadt A, folgt die Beteiligtenfähigkeit aus § 61 Nr. 1, 2. Alt. VwGO i. V. m. Art. 1 BayGO. 10

#### b) Prozessfähigkeit

Die Klägerin ist gemäß § 62 I Nr. 1 VwGO prozessfähig. Für die Beklagte handelt im Verwaltungsprozess der Oberbürgermeister (§ 62 III VwGO i. V. m. Art. 38 I BayGO). 11

### 7. Form

Von einer formgerechten Klageerhebung (§§ 81, 82 VwGO) ist auszugehen. Die Klägerin hat sich hierbei im gerichtlichen Verfahren zulässigerweise durch einen Rechtsanwalt vertreten lassen (§ 67 II VwGO). 12

**Zwischenergebnis:** Die Klage ist zulässig.

## III. Begründetheit der Klage

Die Klage ist begründet, wenn der angefochtene Bescheid rechtswidrig und die Klägerin dadurch in ihren Rechten verletzt ist (§ 113 I 1 VwGO). 13

### 1. Rechtmäßigkeit des Bescheides

#### a) Erfordernis einer Ermächtigungsgrundlage

Der angefochtene Untersagungs- und Betriebsschließungsbescheid ist ein belastender Verwaltungsakt, der in Rechte der Klägerin eingreift. Deshalb ist nach dem Rechtsstaatsprinzip eine Rechtsgrundlage erforderlich (Grundsatz des Gesetzesvorbehalts, Art. 20 III GG). Vorliegend könnte Rechtsgrundlage entweder § 15 II GewO, auf den die Stadt A ihren Verwaltungsakt ausdrücklich gestützt hat, oder Art. 7 II Nr. 1 LStVG sein. Fraglich ist allerdings, ob die Beklagte im Verwaltungsprozess ihren Bescheid überhaupt noch auf eine neue (zusätzliche) Rechtsgrundlage in Gestalt des Art. 7 II Nr. 1 LStVG stützen kann. 14

Hierin ist zunächst kein Fall des zulässigen „Nachschiebens von Gründen" zu sehen.[9] Um ein Nachschieben von Gründen handelt es sich, wenn die Behörde nach Abschluss des Verwaltungsverfahrens noch im Verwaltungsprozess zusätzliche Ermessensgesichtspunkte vorbringt, um ihre Sachentscheidung zu stützen. Deshalb sieht § 114 S. 2 VwGO vor, dass die Verwaltung auch noch während des gerichtlichen Verfahrens materiellrechtlich relevante Ermessenserwägungen in den Prozess 15

---

[8] Zur Frage, inwieweit § 78 I Nr. 1 VwGO eine Regelung der Passivlegitimation oder der passiven Prozessführungsbefugnis darstellt, s. Fall 3.

[9] Zu dieser Problematik s. *Kopp/Schenke*, VwGO, § 113 Rn. 63 ff.; *Pietzner/Ronellenfitsch*, Assessorexamen, § 38 Rn. 11 ff.

einführen kann. Zwar handelt es sich sowohl bei der Entscheidung nach § 15 II 1 GewO als auch bei der Entscheidung nach Art. 7 II Nr. 1 LStVG um Ermessensentscheidungen; allerdings stützt die Beklagte ihre Sachentscheidung nicht nachträglich auf neue Ermessenserwägungen, sondern auf eine andere Rechtsgrundlage.

16 Entscheidend ist insoweit jedoch nicht, ob sich die Behörde auf die „richtige" Rechtsgrundlage berufen hat, sondern dass eine solche überhaupt besteht. Es kommt also allein darauf an, ob der Verwaltungsakt objektiv gesehen in der Rechtsordnung irgendeine Stütze findet.[10] Dies kann sowohl § 15 II GewO als auch Art. 7 II Nr. 1 LStVG sein.

**b) Formelle Rechtmäßigkeit des Bescheides**

**aa) Zuständigkeit**

17 Die kreisfreie Stadt A müsste zunächst für den Erlass des angefochtenen Bescheides zuständig gewesen sein. Soweit der Bescheid auf § 15 II GewO gestützt worden ist, ergibt sich die Zuständigkeit der Stadt aus §§ 155 II GewO, 1 II Nr. 1 BayGewV i.V.m. Art. 9 I BayGO. Auch wenn der Bescheid tatsächlich nicht auf § 15 II GewO, sondern auf Art. 7 II Nr. 1 LStVG zu stützen ist, war die Stadt als Sicherheitsbehörde nach Art. 6 LStVG entscheidungszuständig.[11]

**bb) Verfahren**

18 Der Bescheid müsste auch in einem ordnungsgemäßen Verfahren ergangen sein. Vorliegend ist zwar unter Verstoß gegen § 28 I VwVfG vor Erlass des Bescheides keine Anhörung der S erfolgt.[12] Dieser Fehler führt jedoch nicht zur Aufhebung des Untersagungs- und Betriebsschließungsbescheides aus formalen Gründen. Denn eine unterbliebene Anhörung eines Beteiligten kann nachgeholt werden und ist damit im Ergebnis unbeachtlich, wenn die Anhörung bis zum Abschluss der letzten Tatsacheninstanz des verwaltungsgerichtlichen Verfahrens nachgeholt wird (§ 45 I Nr. 3, II VwVfG).[13] Davon ist vorliegend auszugehen, da die Behörde ein Interesse daran hat, die formelle Rechtmäßigkeit ihres Bescheides sicherzustellen.

**Zwischenergebnis:** Der angefochtene Bescheid ist formell rechtmäßig.

**c) Materielle Rechtmäßigkeit des Bescheides**

**aa) Anwendbarkeit von § 15 II GewO**

19 Fraglich ist, ob die Behörde ihren Betriebsschließungs- und Untersagungsbescheid auf § 15 II GewO stützen konnte. Hiernach kann, wenn ein Gewerbe, zu dessen

---

[10] S. dazu *VGH Kassel* GewArch. 2005, 255 (zum Verhältnis von § 15 II 1 GewO und § 11 HSOG); *Kopp/Schenke*, VwGO, § 113 Rn. 67.

[11] **Beachte:** Wenn die Behörde ihren Bescheid nachträglich auf eine andere Rechtsgrundlage stützt, ist dies nur rechtmäßig, wenn die Behörde auch für den Vollzug dieser „neuen" Rechtsgrundlage zuständig ist.

[12] **Beachte:** Derjenige Klausurbearbeiter, der meint, eine vorherige Anhörung sei wegen Gefahr im Verzug nach § 28 II Nr. 1 VwVfG entbehrlich gewesen, muss dies näher begründen.

[13] **Beachte:** § 45 II VwVfG hat in Bund und Ländern eine nicht immer einheitliche Regelung erfahren. So ist nach dem *BVwVfG* und dem *BayVwVfG* eine Heilung möglich „bis zum Abschluss der letzten Tatsacheninstanz eines verwaltungsgerichtlichen Verfahrens", während in NRW der „Abschluss der ersten Instanz eines verwaltungsgerichtlichen Verfahrens" maßgeblich ist. Soweit landesrechtliche Vorschriften im Wortlaut nicht ausdrücklich abweichen, wird in der vorliegenden Fallsammlung aus didaktischen Gründen einheitlich das *BVwVfG* zitiert (vgl. *Einleitung* der Fallsammlung).

Ausübung eine Erlaubnis, Genehmigung, Konzession oder Bewilligung (Zulassung) erforderlich ist, ohne diese Zulassung betrieben wird, die Fortsetzung des Betriebs von der zuständigen Behörde untersagt werden.

### (1) Gewerbe

Voraussetzung für die Anwendbarkeit von § 15 II 1 GewO ist zunächst, dass begrifflich ein „Gewerbe" vorliegt. Gewerbe i.S.d. GewO ist jede nicht sozial unwertige, auf Gewinnerzielung gerichtete und auf Dauer angelegte selbständige Tätigkeit mit Ausnahme der Urproduktion, der freien Berufe und der bloßen Verwaltung und Nutzung eigenen Vermögens.[14] Der Betrieb eines Piercing-Studios ist nicht generell verboten und erfüllt die Begriffsmerkmale der Gewinnerzielungsabsicht und der auf Dauer angelegten selbständigen Tätigkeit. Es liegt also ein „Gewerbe" vor. Dementsprechend hat die Klägerin ihre Tätigkeit zu Recht auch als Gewerbe gemäß § 14 GewO bei der Wohnsitzgemeinde angemeldet. 20

### (2) Rechtsfolgenregelung

§ 15 II 1 GewO müsste in der Rechtsfolge („kann ... verhindert werden") eine Betriebsuntersagung und Betriebsschließung erlauben. Ein auf § 15 II GewO gestützter Bescheid ist einerseits als Untersagungsanordnung anzusehen, die auf das Verbot, einen erlaubnispflichtigen Betrieb ohne Erlaubnis zu führen, gerichtet ist; andererseits enthält er das Gebot, den Betrieb zu schließen.[15] Auf § 15 II GewO können deshalb Betriebsuntersagungen und Betriebsschließungen prinzipiell gestützt werden.[16] 21

### (3) Gewerberechtliche Erlaubnispflicht

Dennoch ist fraglich, ob § 15 II 1 GewO vorliegend anwendbar ist. Zu berücksichtigen ist nämlich, dass das Piercen keinen gewerberechtlichen Erlaubnispflichten nach der GewO oder einem gewerberechtlichen Nebengesetz unterliegt. Die Erlaubnispflicht ergibt sich hier allein aus § 1 I HPG. Bei freien Gewerben, die lediglich der Anzeigepflicht (§ 14 I GewO) unterliegen, kommen Maßnahmen nach § 15 II 1 GewO deshalb nicht in Betracht.[17] Da das Piercen unter Anwendung von örtlicher Betäubung mittels Injektion *keiner gewerberechtlichen*, *sondern* einer *heil-* 22

[14] St. Rspr.; vgl. nur *BVerwG* GewArch. 1995, 152 (153); NVwZ 2003, 603 (604); *Huber,* in: Schmidt-Aßmann/Schoch, BesVerwR, 3. Kap. Rn. 288; *Handan,* JA 2007, 249 (250f.); *Guckelberger,* Jura 2007, 598 (599f.).

[15] Vgl. dazu *BVerwG* NVwZ 2006, 1175; *VG Gießen* GewArch. 2000, 153 (154); *VGH Kassel* GewArch. 1996, 291; *Tettinger/Wank,* GewO, § 15 Rn. 25.

[16] **Beachte:** § 15 II GewO räumt der Behörde die Befugnis ein, die Ausübung des Gewerbes durch Schließung der Betriebsräume zu verhindern. Die Vorschrift gestattet jedoch keine Vollstreckungsmaßnahmen, sondern ermächtigt nur zum Erlass einer Grundverfügung, die ihrerseits noch der Vollstreckung nach dem jeweiligen Landesrecht bedarf. Setzt der Gewerbetreibende ohne erforderliche Erlaubnis ein erlaubnispflichtiges Gewerbe fort, so ist noch kein Verbot weiterer gewerblicher Betätigung vorhanden. Um die weitere gewerbliche Tätigkeit zu unterbinden, bedarf es vielmehr erst eines vollzugsfähigen eigenständiges Verwaltungsaktes. Deshalb kann die unberechtigte Weiterführung eines Betriebs erst dann durch Zwangsmittel verhindert werden, wenn zuvor eine Betriebsuntersagung nach § 15 II GewO verfügt worden ist.

[17] Vgl. *VGH Kassel* NJW 2000, 2760; *Tettinger/Wank,* GewO, § 15 Rn. 14.

*kundlichen* Erlaubnispflicht unterliegt[18], konnte die Untersagung nicht auf § 15 II GewO gestützt werden.

### bb) Anwendbarkeit von Art. 7 II Nr. 1 LStVG

23 Rechtsgrundlage des Bescheides könnte aber Art. 7 II Nr. 1 LStVG sein. Der Rückgriff auf Art. 7 LStVG ist hier zulässig, da der Anwendungsbereich des § 15 II GewO beschränkt und eine abschließende Regelung in dieser Vorschrift nicht getroffen ist.

#### (1) Voraussetzungen des Art. 7 II Nr. 1 LStVG

24 Die Tatbestandsvoraussetzungen des Art. 7 II Nr. 1 LStVG sind vorliegend erfüllt. Denn das Piercen ohne die erforderliche Erlaubnis nach § 1 I HPG ist mit Strafe bedroht (§ 5 HPG). Unter den Begriff der *Heilkunde* fallen auch Tätigkeiten, die zwar ihrer Methode nach keine Krankenbehandlungen im engeren Sinn darstellen, wegen der Schwere des Eingriffs und den damit verbundenen Folgen aber letztlich ärztlichen Krankenbehandlungen gleichkommen, ärztliche Fachkenntnisse voraussetzen sowie Gesundheitsschäden verursachen können.[19] Von der Beachtung der weiteren sicherheitsrechtlichen Eingriffsvoraussetzungen[20] ist mangels anderslautender Sachverhaltsmitteilung auszugehen.

25 Deshalb durfte die Stadt als Sicherheitsbehörde zur Unterbindung der weiteren Begehung einer Straftat eine Untersagungs- und Betriebsschließungsverfügung gegen die S erlassen.

#### (2) Vereinbarkeit mit der Berufsfreiheit (Art. 12 I GG)

26 Das auf Art. 7 II Nr. 1 LStVG gestützte Verbot der Stadt darf schließlich nicht gegen die Berufsfreiheit (Art. 12 I GG) der Klägerin verstoßen. Das vorliegende Verbot schränkt zwar die Berufsausübung der Klägerin ein, jedoch ist diese Einschränkung zum Schutz weiter Bevölkerungskreise gerechtfertigt. Der Gesundheitsschutz, der die Ausübung der Heilkunde von der vorherigen Erlaubniserteilung abhängig macht, genießt Vorrang vor der Ausübung der Berufsfreiheit der Klägerin. Eine Verletzung von Art. 12 I GG ist deshalb nicht gegeben.

**Zwischenergebnis:** Der angegriffene Verwaltungsakt ist somit materiell rechtmäßig, da er von Art. 7 II Nr. 1 LStVG gedeckt ist.

### 2. Rechtsverletzung der Klägerin

27 Da der Bescheid rechtmäßig ergangen ist, kann die Klägerin nicht in ihren subjektiven Rechten verletzt sein.

## Ergebnis

Die Klage ist zulässig, jedoch nicht begründet. Sie wird keinen Erfolg haben.

---

[18] Ebenso *Ruthig/Storr*, Öfftl. WirtR, Rn. 293 (mit Fn. 286).

[19] Vgl. *VG Braunschweig* GewArch. 2007, 150 (151 f.); *VG Gießen* NJW 1999, 1800 = NVwZ 1999, 1021 = GewArch. 1999, 164. – Zum Begriff der „Heilkunde" gem. § 1 HPG vgl. auch *BVerwG* GewArch. 2007, 429 („Faltenunterspritzung"); *OVG Münster* GewArch. 2006, 331 („Faltenunterspritzung"); *OVG Lüneburg* GewArch. 2007, 28 („Vitametiker").

[20] **Beachte:** Die sicherheitsrechtliche Maßnahme muss stets gegen den richtigen Adressaten (Störer) gerichtet sowie ermessensfehlerfrei (§ 40 VwVfG) ergangen und verhältnismäßig sein.

## D. Wiederholungs- und Vertiefungsfragen

### Frage 1: Wie ist das Verhältnis von § 15 II 1 GewO sowie anderer gewerberechtlicher Untersagungs- und Betriebsschließungsvorschriften zum allgemeinen Polizei- und Ordnungsrecht und zum allgemeinen Verwaltungsverfahrensrecht?

§ 15 II 1 GewO setzt voraus, dass ein *zulassungspflichtiges* stehendes Gewerbe[21] ohne die erforderliche Erlaubnis (Zulassung) betrieben wird. Die Genehmigungsbedürftigkeit kann sich aus der Gewerbeordnung selbst ergeben (z. B. § 34 a I 1 GewO für das Bewachungsgewerbe) oder aus Vorschriften des Gewerbenebenrechts (z. B. dem BGastG oder Regelungen des PBefG).[22] § 15 II GewO besitzt insoweit aber nur Ergänzungsfunktion für den Fall, dass das Gewerbenebenrecht keine speziellere Befugnisnorm enthält. Als speziellere Befugnisnormen gelten z. B. § 16 III HandwO und § 20 II BImSchG. Grundsätzlich gehen die gewerberechtlichen Vorschriften (§ 15 II GewO und die Befugnisnormen des Gewerbenebenrechts) als speziellere Regelungen zur Gefahrenabwehr dem allgemeinen Polizei- und Ordnungsrecht (POR) vor. Nur dort, wo das Gewerberecht keine abschließende Regelung trifft, kann auf die allgemeinen polizeirechtlichen Normen zurückgegriffen werden. Für den vorstehenden Fall war ein Rückgriff auf das allgemeine POR deshalb zulässig, weil die Erlaubnispflicht sich nicht aus gewerberechtlichen Normen ergab, sondern aus einem Gesetz zur Heilkunde. 28

Das Verhältnis des allgemeinen Verwaltungsverfahrensrechts zu § 15 II 1 GewO sowie anderer gewerberechtlicher Untersagungs- und Betriebsschließungsvorschriften ist insbesondere in den Fällen problematisch, in denen bei einer z. B. nach den §§ 29 ff. GewO genehmigungspflichtigen Tätigkeit die Genehmigung zwar erteilt worden ist, die Voraussetzungen für die Genehmigung aber nicht mehr vorliegen. In dieser Konstellation ist der Behörde aufgrund der *Legalisierungswirkung* der erteilten *Erlaubnis* ein unmittelbares Vorgehen nach § 15 II GewO (Erlass einer Untersagungs- und Stilllegungsverfügung) verwehrt. Vielmehr muss zunächst die Genehmigung aufgehoben werden. Soweit im Gewerberecht keine speziellen Aufhebungsnormen existieren (z. B. § 33 d IV, V GewO, § 15 BGastG), ist auf die allgemeinen Vorschriften der §§ 48, 49 VwVfG zurückzugreifen.[23] 29

### Frage 2: Über welche Eingriffsbefugnisse verfügen die Behörden im Bereich des stehenden Gewerbes?

Der Umfang der Eingriffsbefugnisse der Behörden hängt davon ab, ob es sich bei der infrage stehenden Tätigkeit um eine lediglich anzeigepflichtige nach § 14 I GewO oder um eine genehmigungspflichtige nach §§ 30 ff. GewO handelt. 30

Bei einer *genehmigungspflichtigen Tätigkeit* prüft die Behörde vorab im Rahmen des Genehmigungsverfahrens, ob der Inhaber des Gewerbes die gesetzlichen Vor- 31

---

[21] Dass § 15 II GewO nur Anwendung auf das stehende Gewerbe findet, ergibt sich aus der Gesetzessystematik (vgl. Titel II: Stehendes Gewerbe). Für das Reisegewerbe gilt insoweit § 60 d, für das Marktgewerbe § 70 a GewO.

[22] Vgl. *Ruthig/Storr*, Öfftl. WirtR, Rn. 293 m. w. N.

[23] Zum Verhältnis von § 15 BGastG zu §§ 48, 49 VwVfG s. noch WuV-Frage Nr. 6 im Anhang zu Fall 8.

aussetzungen erfüllt, insbesondere die erforderliche persönliche Zuverlässigkeit aufweist. Führt diese Prüfung zu einem positiven Ergebnis, ist die Behörde verpflichtet, die Genehmigung zu erteilen; andernfalls ergeht ein ablehnender Bescheid. Dogmatisch handelt es sich bei der Genehmigungspflicht nach den §§ 30ff. GewO um ein *präventives Verbot mit Erlaubnisvorbehalt.*[24] Erfasst von der Genehmigungspflicht werden gewerbliche Tätigkeiten mit erhöhtem Gefährdungspotential. Gegen ein ohne die notwendige Genehmigung betriebenes Gewerbe kann die Behörde im Wege einer Untersagungsverfügung nach § 15 II GewO vorgehen. Ist die Erlaubnis hingegen schon erteilt worden, und lagen die Erteilungsvoraussetzungen bereits zum Zeitpunkt des Erlasses nicht vor oder sind sie später entfallen, dann muss, soweit keine gesetzlichen Spezialvorschriften eingreifen, vor dem Erlass einer Untersagungsverfügung nach § 15 II GewO zunächst einmal die erteilte Genehmigung nach den gewerberechtlichen Spezialvorschriften oder den allgemeinen Vorschriften der §§ 48, 49 VwVfG aufgehoben werden (vgl. Antwort zu Frage 1). Ist die Aufhebung der Genehmigung durch Rücknahme oder Widerruf möglich, dann ist eine Gewerbeuntersagung gem. § 35 I GewO unzulässig (vgl. § 35 VIII GewO).[25] Neben § 15 II GewO ist § 35 I GewO nach h.M.[26] aber ausnahmsweise dann anwendbar, wenn ein erlaubnispflichtiges Gewerbe von vorneherein nicht vorlag und die Versagungsgründe in der Person des Gewerbetreibenden liegen.

32 Bei *lediglich anzeigepflichtiger* gewerblicher Tätigkeit entfällt die Möglichkeit einer präventiven Kontrolle. Die wichtigste Eingriffsbefugnis der Behörden findet sich in § 35 I GewO, nach dem die Behörde die Fortführung des Gewerbes wegen persönlicher Unzuverlässigkeit des Gewerbetreibenden oder einer mit der Leitung des Gewerbebetriebes beauftragten Person untersagen kann. Eine gesonderte Stilllegungs- bzw. Schließungsverfügung ist nicht erforderlich. Die Untersagungsverfügung kann dann im Wege des Verwaltungszwangs durchgesetzt werden. Liegen die Gründe für eine Untersagung der Fortführung des Gewerbes nicht in der Person des Gewerbetreibenden begründet, dann ist auch an die Anwendung spezialrechtlicher Vorschriften wie dem BImSchG, der LBauO, § 51 GewO und der polizeirechtlichen Generalklausel zu denken.

**Frage 3: Wird die Unterscheidung zwischen anzeige- und genehmigungspflichtigem Gewerbe nur bei stehendem Gewerbe vorgenommen?**

33 Nein. Auch im Reisegewerbe wird zwischen reisegewerbekartenpflichtigen und reisegewerbekartenfreien Tätigkeiten unterschieden. Während bei reisegewerbekartenpflichtigen Vorhaben die Einholung einer Genehmigung in Form einer Reisegewerbekarte erforderlich ist (§ 55 II GewO), müssen reisegewerbekartenfreie Tätigkeiten lediglich angezeigt werden (§ 55c GewO).

## E. Wiederholungs- und Vertiefungshinweise

Ein guter Überblick über die verschiedenen Eingriffsbefugnisse der Behörden hinsichtlich anzeige- und erlaubnispflichtiger Tätigkeiten findet sich bei *Oberrath,*

[24] Zu den Regelungsinstrumentarien des Gewerberechts s. bereits die WuV-Frage Nr. 2 im Anhang zu Fall 6.

[25] S. dazu *Frotscher/Kramer,* Wirtschaftsverfassungs- und Wirtschaftsverwaltungsrecht, Rn. 274, 296.

[26] *BVerwG* NVwZ 1982, 557 (558); *Tettinger/Wank,* GewO, § 35 Rn. 243f.

Öffentliches Wirtschaftsrecht, 2005, Rn. 947ff. (Stehendes Gewerbes), Rn. 1011 (Reisegewerbe), und bei *Frotscher/Kramer,* Wirtschaftsverfassungs- und Wirtschaftsverwaltungsrecht, 5. Aufl. 2008, §§ 12 und 13.

Vertiefend zum Verhältnis von § 51 GewO zur polizeirechtlichen Generalklausel: BVerwGE 38, 209 (217) und *Tettinger/Wank,* GewO, 7. Aufl. 2004, § 51 Rn. 4.

# Fall 8: Prostitution im Hinterzimmer

## A. Inhalt

Anfechtungsklage; Wiedereinsetzung in den vorigen Stand; Anhörung; Widerruf der Gaststättenerlaubnis; Gewerbefreiheit; gewerberechtliche (Un-)Zuverlässigkeit; unbestimmter Rechtsbegriff; Unsittlichkeit im Gaststättenrecht.

## B. Sachverhalt

Renate Uhse (U) hatte im August 2008 beim Ordnungsamt der kreisfreien Stadt Steinbach (S), Regierungsbezirk Unterfranken (Bayern), ein Gewerbe mit dem Gegenstand „Partnervermittlung, Betreuung, Begleitservice" gemäß § 14 GewO angezeigt. Ende Oktober 2008 beantragte U bei der Stadt S eine Gaststättenerlaubnis für die Betriebsräume eines ehemaligen Dönerladens in S, die ihr die Stadt S mit Bescheid von Anfang November 2008 erteilte. Den Beginn des Gaststättenbetriebes zeigte U ordnungsgemäß an. Später erweiterte sie ihr Gewerbe und zeigte diese Gewerbeänderung („gewerbliche Zimmervermietung") ebenfalls bei der Stadt ordnungsgemäß an.

Gleichzeitig begann U in der Lokalpresse für ihr neues Lokal „Chez Renate" mit Inseraten („Mehr als nur gepflegte Getränke!!") dahingehend zu werben, dass erkennbar die Möglichkeit entgeltlichen Geschlechtsverkehrs einschließlich Zimmermiete zu einem Pauschalpreis in Aussicht gestellt wurde. Unmittelbar nach Aufnahme dieses Betriebes beschwerten sich mehrere Hausbewohner bei der Stadt, die sich größtenteils auf lang anhaltendes nächtliches Stöhnen bezogen.

Nachdem die Beschwerden in der Folgezeit massiv zunahmen, leitete die Stadt S Mitte Dezember ein Verfahren zum Widerruf der Gaststättenerlaubnis ein. Mit Bescheid vom 12. Januar 2009, der mit einer ordnungsgemäßen Rechtsbehelfsbelehrung versehen war und U am 15. Januar 2009 auf dem Postweg zuging, widerrief sie dann die Gaststättenerlaubnis. Dabei wurde eine ausreichende Frist zur Schließung des Lokals festgesetzt. Zur Begründung des Bescheides war ausgeführt, dass U die Gaststättenräume zur Kontaktaufnahme zwischen Prostituierten und Freiern nutze, damit die Prostitution fördere und der Unsittlichkeit Vorschub leiste. Dies rechtfertige die Annahme der Unzuverlässigkeit. Nach pflichtgemäßer Ausübung des Ermessens sei deshalb die Gaststättenerlaubnis zu widerrufen. Eine vorherige Anhörung der U war nicht erfolgt.

U, die in rechtlichen Dingen unerfahren ist, unternahm gegen diesen Bescheid zunächst nichts. Erst als sie am 16. Februar 2009 in ihrem Geschäftslokal einen Rechtsanwalt kennenlernte, der ihr empfahl, gegen den Bescheid der Stadt vorzugehen, entschloss sich U, die Angelegenheit nicht auf sich beruhen zu lassen.

Durch den von ihr beauftragten Rechtsanwalt Rudi Rabe (R) ließ U am 19. Februar 2009 beim örtlich zuständigen Verwaltungsgericht Würzburg (W) Klage erheben. Nachdem seine Mandantin zu dem ganzen Vorgang niemals um Stellungnahme gebeten worden sei, habe sie geglaubt, gegen den Bescheid ohnehin nichts unternehmen zu können; nur deshalb habe sie von der Rechtsbehelfseinlegung zunächst abgesehen. Sie habe sich regelrecht „überfahren" gefühlt, weshalb er Wiedereinsetzung in den vorigen Stand beantrage. Im Übrigen sei der Bescheid auch fehlerhaft. Einerseits hätten die zuständigen Polizeidienststellen gegen seine Mandantin keinerlei strafrechtliches Verfahren wegen Förderung der Prostitution eingeleitet, zum anderen habe sich in der Gesellschaft das Sittenwidrigkeitsurteil gewandelt. Dies zeige sich insbesondere durch das neue Prostitutionsgesetz, nach dessen Inhalt Prostitution nicht mehr generell als sittenwidrig gelte. Außerdem gebe es für die Angestellten seiner Mandantin weder feste Arbeitszeiten noch die Verpflichtung zum Knüpfen von Kontakten. Den Angestellten stehe es frei, in Begleitung von Gästen oder auswärtig kennen gelernten Personen die Zimmer zu mieten. Er beantrage die Aufhebung des Widerrufs der Gaststättenerlaubnis. Durch diesen Bescheid werde seine Mandantin (U) in ihrer Gewerbefreiheit (Art. 12 I GG) verletzt. Unmittelbar in der Nachbarschaft des „Chez Renate" befinde sich das Vergnügungslokal „Tiefer Schlund". Obwohl dessen Betreiber strafrechtlich wegen Förderung der Prostitution verurteilt sei und in seinem Lokal exakt das gleiche Gewerbe betreibe, sei die Stadt S in dessen Fall untätig geblieben. Diese Ungleichbehandlung verstoße gegen das Willkürverbot. Der Widerrufsbescheid sei daher rechtswidrig und infolgedessen aufzuheben.

**Bearbeitervermerk:** Untersuchen Sie die Erfolgsaussichten der erhobenen Klage. Es ist davon auszugehen, dass der Betrieb der Gaststätte nicht den Straftatbestand des § 180a I bzw. II Nr. 2 StGB erfüllt; auf strafrechtliche Erwägungen ist deshalb nicht einzugehen.

**Hinweis:** Der Freistaat Bayern hat von seiner seit dem 1. September 2006 (Föderalismusreform) bestehenden ausschließlichen Gesetzgebungskompetenz für das Gaststättenrecht (vgl. Art. 74 I Nr. 11 n. F. GG) noch keinen Gebrauch gemacht.

## Anhang

### Bayerische Verordnung zur Durchführung des Gaststättengesetzes (GastV) (Auszug)

**§ 1 Zuständigkeit.** (1) Die Ausführung des GastG und der nach ihm ergangenen Rechtsverordnungen obliegt den Kreisverwaltungsbehörden, [...].

(2) [...]

### Bayerische Gemeindeordnung (BayGO) (Auszug)

**Art. 9 Weitere Aufgaben der kreisfreien Gemeinden und Großen Kreisstädte.** (1) Die kreisfreie Gemeinde erfüllt im übertragenen Wirkungskreis alle Aufgaben, die sonst vom Landratsamt als der unteren staatlichen Verwaltungsbehörde wahrzunehmen sind; sie ist insoweit Kreisverwaltungsbehörde. ...

**Art. 38 Verpflichtungsgeschäfte; Vertretung der Gemeinde nach außen.** (1) Der erste Bürgermeister vertritt die Gemeinde nach außen.

(2) [...]

## C. Lösung

Die Klage der U hat Erfolg, wenn der Verwaltungsrechtsweg eröffnet und die Klage ferner zulässig und begründet ist. 1

## I. Verwaltungsrechtsweg und zuständiges Gericht

### 1. Verwaltungsrechtsweg

2 Es müsste der Verwaltungsrechtsweg eröffnet sein (§ 40 I 1 VwGO). Vorliegend handelt es sich um eine Streitigkeit auf dem Gebiet des Gaststättenrechts, also des öffentlichen Rechts. Diese Streitigkeit ist auch nicht verfassungsrechtlicher Art, weil Verfassungsrecht nicht unmittelbar streitentscheidend ist, ferner auch keine Verfassungsorgane beteiligt sind. Für gaststättenrechtliche Streitigkeiten der vorliegenden Art besteht auch keine besondere Rechtswegzuweisung. Der Verwaltungsrechtsweg ist folglich eröffnet.

### 2. Zuständiges Gericht

3 Die sachliche Zuständigkeit des Verwaltungsgerichts folgt aus § 45 VwGO; die örtliche Zuständigkeit des Verwaltungsgerichts W ist laut Sachverhalt gegeben und folgt im Übrigen aus § 52 Nr. 3 S. 1 VwGO i.V.m. Art. 1 II Nr. 5 BayAGVwGO[1].

## II. Zulässigkeit der Klage

### 1. Statthaftigkeit

4 Der Widerruf der gaststättenrechtlichen Erlaubnis ist ein belastender Verwaltungsakt (§ 35 S. 1 VwVfG), dessen Aufhebung U begehrt (vgl. §§ 86 III, 88 VwGO). Als richtige Klageart kommt deshalb die Anfechtungsklage in Betracht (§ 42 I, 1. Alt. VwGO). Klagegegenstand ist der Widerrufsbescheid vom 12. Januar 2009 (§ 79 I Nr. 1 VwGO). Der angegriffene Verwaltungsakt ist zum Zeitpunkt der gerichtlichen Entscheidung auch noch aufhebbar, weil er sich noch nicht erledigt hat. Die Anfechtungsklage ist deshalb statthaft.

### 2. Klagebefugnis

5 Die Klägerin müsste geltend machen können, durch den Widerrufsbescheid in ihren subjektiven Rechten verletzt zu sein (§ 42 II VwGO). Als Adressatin eines belastenden Verwaltungsakts kann die Klägerin jedenfalls geltend machen, in ihrem Grundrecht der allgemeinen Handlungsfreiheit (Art. 2 I GG) verletzt zu sein (sog. *Adressatentheorie*). Im Übrigen hat ihr Anwalt im gerichtlichen Verfahren auch eine Verletzung der Gewerbefreiheit (Art. 12 I GG) und des Willkürverbotes (Art. 3 I GG) gerügt, was nicht von vornherein unmöglich erscheint.

### 3. Vorverfahren

6 Vor Erhebung der Anfechtungsklage ist grundsätzlich ein Widerspruchsverfahren ordnungsgemäß und erfolglos durchzuführen (§ 68 I 1 VwGO). Etwas anderes gilt jedoch, sofern eine gesetzliche Ausnahme vorliegt, nach der das Widerspruchsverfahren entbehrlich ist (§ 68 I 2 VwGO).[2] Eine solche gesetzliche Ausnahme findet

---

[1] Bay. Gesetz zur Ausführung der Verwaltungsgerichtsordnung (BayAGVwGO), Textsammlung *Ziegler/Tremel,* Nr. 901.

[2] **Beachte:** Über die gesetzlich geregelten Fälle der Entbehrlichkeit des Widerspruchsverfahrens hinaus sind von der Rechtsprechung weitere Fallgruppen entwickelt worden, in denen es der vorherigen Prüfung eines Verwaltungsaktes in einem Vorverfahren nicht bedarf; vgl. zu diesen Ausnahmen (kritisch) *Kopp/Schenke,* VwGO, § 68 Rn. 22ff.

sich in der landesrechtlichen Vorschrift des Art. 15 II, III BayAGVwGO, wonach das Vorverfahren im Sinne der §§ 68ff. VwGO entfällt für Verfahren der Behörden des Freistaats Bayern, der Gemeinden, der Gemeindeverbände und der sonstigen der Aufsicht des Freistaats Bayern unterstehenden juristischen Personen des öffentlichen Rechts. Da zudem keiner der in Art. 15 I BayAGVwGO abschließend aufgezählten Sonderfälle einschlägig ist, ist die Durchführung eines Vorverfahrens nicht nur entbehrlich, sondern sogar unstatthaft.[3]

### 4. Klagefrist

#### a) Ablauf der Klagefrist, § 74 I 2 VwGO

Die Klägerin müsste die Klage fristgerecht, d.h. innerhalb eines Monats ab Bekanntgabe[4] des Widerrufsbescheids erhoben haben (§ 74 I 2 VwGO). Der Widerrufsbescheid wurde am 12. Januar 2009 zur Post gegeben und ging der Klägerin am 15. Januar 2009 zu. Der Verwaltungsakt gilt am dritten Tage nach Aufgabe zur Post, also am 15. Januar 2009, als bekannt gegeben (§ 41 II VwVfG), da der tatsächliche Zugang nicht zu einem späteren Zeitpunkt erfolgt ist. Die Klagefrist begann somit am 16. Januar 2009, 0 Uhr zu laufen und endete mit Ablauf des 15. Februar 2009 (§ 57 I, II VwGO; § 222 ZPO, §§ 187 I, 188 II BGB).[5] Die Klage vom 19. Februar 2009 wäre somit verfristet. 7

#### b) Wiedereinsetzung in den vorigen Stand, § 60 VwGO

Allerdings könnte vorliegend eine Wiedereinsetzung in den vorigen Stand in Betracht kommen (§ 60 VwGO). Wenn die Klägerin ohne Verschulden verhindert war, die Monatsfrist für die Erhebung der Klage einzuhalten, so ist auf Antrag oder von Amts wegen Wiedereinsetzung in den vorigen Stand durch das Gericht zu gewähren (§ 60 I VwGO). 8

#### aa) Zulässigkeit des Wiedereinsetzungsantrags

Vorliegend ist der Wiedereinsetzungsantrag zulässig, weil die Klägerin entsprechende Wiedereinsetzung zusammen mit der Klageerhebung innerhalb von zwei Wochen beantragt hat, nachdem sie im Anwaltsgespräch erfahren hatte, dass sie sich gegen den Widerrufsbescheid möglicherweise mit Erfolgsaussicht zur Wehr setzen kann. Die maßgebliche Wiedereinsetzungsfrist des § 60 II 1 VwGO ist damit eingehalten worden. Die Klägerin hat auch die entsprechenden Tatsachen zur Begründung des Antrags formal vorgetragen und glaubhaft gemacht (§ 60 II 2 VwGO) sowie die versäumte Rechtshandlung, nämlich die Klageerhebung, nachgeholt (§ 60 II 3 VwGO). 9

---

[3] Vgl. dazu bereits Fälle 5, 6 und 7.

[4] **Beachte:** In diesem Zusammenhang geht es allein um die Bekanntgabe des Widerrufsbescheides, die lediglich die Eröffnung des Inhalts des Verwaltungsakts mit Wissen und Wollen der Erlassbehörde voraussetzt, wobei die mündliche, schriftliche oder elektronische Form möglich ist (§ 41 II, III VwVfG). Der förmlichen Bekanntgabe im Wege der Zustellung bedarf es nur, wenn dies ausdrücklich gesetzlich vorgeschrieben ist; vgl. *Kopp/Ramsauer,* VwVfG, § 41 Rn. 6ff. Die förmliche Zustellung ist beispielsweise für den Widerspruchsbescheid ausdrücklich vorgeschrieben, § 73 III 2 VwGO (soweit das Widerspruchsverfahren gemäß Art. 15 BayAGVwGO überhaupt noch statthaft ist). Hiernach wird der Widerspruchsbescheid nach den Vorschriften des (Bundes-)VwZG zugestellt; vgl. *Kopp/Schenke,* VwGO, § 56 Rn. 1, § 73 Rn. 22a.

[5] Vgl. zur Berechnung der Klagefrist die Fälle 5 und 6.

#### bb) Begründetheit des Wiedereinsetzungsantrags

10 Der Wiedereinsetzungsantrag müsste auch begründet sein. Fraglich ist aber, ob die Klägerin „ohne Verschulden" ursprünglich daran gehindert war, trotz ordnungsgemäß erteilter Rechtsbehelfsbelehrung gegen den Widerrufsbescheid vom 12. Januar 2009 rechtzeitig Klage zu erheben. Diesbezüglich ist zu berücksichtigen, dass U vor Erlass des Widerrufsbescheids keine Gelegenheit zur Stellungnahme hatte, durch die Stadt S also nicht zuvor angehört worden ist (§ 28 I VwVfG). Auf die vorherige Anhörung konnte nach den Umständen des Falles auch nicht verzichtet werden (§ 28 II VwVfG). Insbesondere war ein sofortiger Widerruf der Gaststättenerlaubnis weder wegen Gefahr im Verzug noch im öffentlichen Interesse notwendig (§ 28 II Nr. 1 VwVfG).

11 Unabhängig von der Auswirkung dieses Verfahrensfehlers auf die formelle Rechtmäßigkeit des angegriffenen Verwaltungsaktes hat die nicht erfolgte Anhörung der Klägerin vor Erlass des Widerrufsbescheides zur Folge, dass die Versäumung der Klagefrist gem. § 45 III 1 VwVfG nicht als verschuldet gilt[6], wenn aufgrund des Nichterfolgens der Anhörung die rechtzeitige Anfechtung des Bescheids unterblieben ist.[7] An die Kausalität zwischen unterbliebener Anhörung und nicht erfolgter Rechtsbehelfseinlegung ist ein großzügiger Maßstab anzulegen. Hier hat die Klägerin schlüssig vorgetragen, dass sie wegen unterbliebener Anhörung nicht gewusst habe, ob eine Rechtsbehelfseinlegung überhaupt lohnend sei und wie sie diese begründen solle. Dies genügt für die Schlussfolgerung, dass sie die Rechtsbehelfsfrist „unverschuldet" im Sinne von § 45 III 1 VwVfG versäumt hat.

Das Gericht wird daher ausdrücklich die Wiedereinsetzung in den vorigen Stand gewähren (vgl. § 60 IV VwGO) und sodann eine Sachentscheidung über die eingelegte Klage treffen müssen.[8] In Folge dessen darf im gerichtlichen Verfahren die Klage nicht wegen Fristversäumnis als unzulässig abgewiesen werden.

### 5. Richtiger Klagegegner

12 Klagegegner der Anfechtungsklage ist die Stadt S als Rechtsträger der Behörde, die den angegriffenen Widerrufsbescheid erlassen hat (§ 78 I Nr. 1 VwGO).[9]

### 6. Beteiligten- und Prozessfähigkeit

#### a) Beteiligtenfähigkeit

13 Die Klägerin U ist im Verwaltungsprozess gem. § 61 Nr. 1, 1. Alt. VwGO beteiligtenfähig. Für die beklagte Stadt S ergibt sich die Beteiligtenfähigkeit aus § 61 Nr. 1, 2. Alt. VwGO i.V.m. Art. 1 BayGO.

#### b) Prozessfähigkeit

14 U ist gem. § 62 I Nr. 1 VwGO prozessfähig. Sie kann sich vor dem Verwaltungsgericht auch durch einen Anwalt vertreten lassen (§ 67 II 1 VwGO). Für die beklagte

---

6 **Beachte:** Es handelt sich hierbei um eine unwiderlegliche gesetzliche Vermutung, so dass das Verschulden nicht mehr gesondert zu prüfen ist, vgl. *Kopp/Ramsauer,* VwVfG, § 45 Rn. 48 ff.

7 Vgl. *Hufen,* VerwPrR, § 6 Rn. 34; *Schenke,* VerwPrR, Rn. 678.

8 Vgl. *Kopp/Schenke,* VwGO, § 60 Rn. 24, 34 ff.

9 Zur Frage, ob § 78 I Nr. 1 VwGO eine Regelung der Passivlegitimation oder der passiven Prozessführungsbefugnis darstellt, vgl. Fall 3.

Stadt S handelt im Verwaltungsprozess der Oberbürgermeister (§ 62 III VwGO i.V.m. Art. 38 I BayGO).

### 7. Form

Von einer ordnungsgemäßen Klageerhebung (§§ 81, 82 VwGO) ist auszugehen. 15

**Zwischenergebnis:** Die von U erhobene Klage ist zulässig.

## III. Begründetheit der Klage

Die Anfechtungsklage ist begründet, wenn der angegriffene Widerrufsbescheid 16 rechtswidrig ist und die Klägerin dadurch in ihren Rechten verletzt wird (§ 113 I 1 VwGO).

### 1. Rechtmäßigkeit des Widerrufsbescheides

Da der Widerruf der Gaststättenerlaubnis ein belastender Verwaltungsakt ist, müsste 17 für diesen eine wirksame gesetzliche Ermächtigungsgrundlage bestehen (Grundsatz des Gesetzesvorbehalts, Art. 20 III GG). Als rechtliche Grundlage des angefochtenen Widerrufsbescheides kommt hier § 15 II BGastG in Betracht[10], da der Freistaat Bayern von seiner seit dem 1. September 2006 bestehenden Gesetzgebungsbefugnis für das Gaststättenrecht (vgl. Art. 74 I Nr. 11 GG) noch keinen Gebrauch gemacht hat (vgl. *Hinweis*) und deshalb das Gaststättengesetz des Bundes weiterhin anwendbar ist (Art. 125 a I GG).[11]

#### a) Formelle Rechtmäßigkeit des Widerrufsbescheides

#### aa) Zuständigkeit

Die Stadt S müsste für den Erlass des Widerrufsbescheides zuständig gewesen sein. 18 § 15 II BGastG regelt selbst nicht, welche Behörde den entsprechenden Bescheid zu erlassen hat. Nach § 30 BGastG können die Landesregierungen oder die von ihnen benannten Stellen die für die Ausführung des BGastG zuständigen Behörden bestimmen. Nach § 1 I BayGastV[12] sind zuständige Behörden für den Vollzug des BGastG grundsätzlich die Kreisverwaltungsbehörden. Im übertragenen Wirkungskreis, zu dem auch das Gaststättenrecht zählt, erfüllt die kreisfreie Stadt als Kreisverwaltungsbehörde die ihr obliegenden Aufgaben (Art. 9 I 1 BayGO). Die Stadt S war deshalb für den Erlass des Widerrufsbescheides zuständig.

#### bb) Verfahren

Allerdings ist die erforderliche vorherige Anhörung der U vor Erlass des Bescheides 19 unterblieben (§ 28 I VwVfG). Dieser Fehler führt jedoch nicht zur Aufhebung des

---

[10] **Beachte:** Von der Wirksamkeit dieser bundesgesetzlichen Ermächtigungsnorm ist auszugehen. Die Wirksamkeit (also Vereinbarkeit mit höherrangigem Verfassungsrecht) ist bei der Ermächtigungsgrundlage in der Klausur nur dann zu prüfen, wenn dies im Sachverhalt ausdrücklich problematisiert worden ist. Im Übrigen kann ohne weiteres von der Wirksamkeit der gesetzlichen Ermächtigungsgrundlage ausgegangen werden.

[11] S. dazu bereits WuV-Frage Nr. 1 im Anhang zu Fall 6.

[12] Bayerische Gaststättenverordnung, Textsammlung *Ziegler/Tremel*, Verwaltungsgesetze des Freistaates Bayern, Nr. 265.

Widerrufsbescheides aus formalen Gründen. Denn eine unterbliebene Anhörung eines Beteiligten kann nachgeholt werden und ist damit im Ergebnis unbeachtlich, wenn die Anhörung im verwaltungsgerichtlichen Verfahren nachgeholt wird (§ 45 I Nr. 3, II VwVfG).[13] Davon ist vorliegend auszugehen, da die Behörde ein Interesse daran hat, die formelle Rechtmäßigkeit ihres Bescheides sicherzustellen.[14]

#### cc) Begründung

20 Zur formellen Rechtmäßigkeit eines Verwaltungsakts gehört grundsätzlich auch die Begründung.[15] Der Widerrufsbescheid enthält eine ausreichende Begründung im Sinne des § 39 I VwVfG. Unschädlich ist, dass sich die Behörde in ihrer Begründung auch auf von ihr angestellte Ermessenserwägungen stützt, obwohl der Widerruf nach § 15 II BGastG kein Ermessenstatbestand ist, sondern bei Vorliegen der Voraussetzungen zwingend zu erlassen ist (sog. gebundene Entscheidung). Dieser „Begründungsfehler" hat für sich genommen nicht die Rechtswidrigkeit des Widerrufsbescheides zur Folge.

Der Widerrufsbescheid ist somit formell rechtmäßig ergangen.

### b) Materielle Rechtmäßigkeit des Widerrufsbescheides

21 Nach § 15 II BGastG ist die gaststättenrechtliche Erlaubnis zu widerrufen, wenn nachträglich Tatsachen eintreten, die die Versagung der Erlaubnis nach § 4 I Nr. 1 BGastG rechtfertigen würden.[16] Sind die Tatbestandsvoraussetzungen erfüllt, ist der Widerruf der Gaststättenerlaubnis die zwingende Rechtsfolge.

#### aa) Anwendbarkeit des § 15 II BGastG

22 § 15 II BGastG ist hier anwendbar, da nachträglich Tatsachen eingetreten sein könnten, die einer Erlaubniserteilung entgegengestanden wären. Die Gaststättenerlaubnis war der U zunächst rechtmäßig erteilt worden. Zum Zeitpunkt der Erlaubniserteilung lagen nach dem Kenntnisstand der Behörde jedenfalls keine Versagungsgründe des § 4 BGastG vor. Erst nachträglich hat die Klägerin in ihrem Gaststättenbetrieb durch Erweiterung des Gewerbes um die „Zimmervermietung" die Voraussetzungen dafür geschaffen, dass in ihrem Lokal der Prostitution nachgegangen werden kann.[17]

---

[13] Zu Unterschieden in § 45 II der VwVfGe von Bund und Ländern s. Fall 7.

[14] **Beachte:** Wer insoweit eine Heilung des Anhörungsmangels verneint, gelangt bei der weiteren Prüfung gleichwohl nicht zur Aufhebbarkeit des Widerrufsbescheides aus formalen Gründen. § 46 VwVfG findet nämlich auf gebundene Verwaltungsakte Anwendung mit der Folge, dass in Fällen wie dem vorliegenden allein wegen Verletzung von Verfahrensvorschriften noch keine Aufhebung des Verwaltungsakts verlangt werden kann. Zur Anwendung des § 46 VwVfG s. *Schöbener,* Die Verwaltung 33 (2000), 447 ff.; *Maurer,* AllgVerwR, § 10 Rn. 41 ff.

[15] Vgl. *Maurer,* AllgVerwR, § 10 Rn. 13.

[16] **Beachte:** § 15 II, III BGastG regelt spezialgesetzliche Widerrufstatbestände. Diese Regelungen gehen der allgemeinen Widerrufsbefugnis des § 49 VwVfG vor, d.h. auf § 49 VwVfG darf in diesen Fällen nicht zurückgegriffen werden; vgl. BVerwGE 81, 74 (78 ff.); *Michel/Kienzle/Pauly,* GastG, § 15 Rn. 12; *Schliesky,* Öfftl. WirtR, S. 267. Zum Widerruf einer Gaststättenerlaubnis wegen Unzuverlässigkeit vgl. *OVG Koblenz* GewArch. 2007, 165.

[17] **Beachte:** Hätten diese Umstände bereits zum Zeitpunkt der Erlaubniserteilung vorgelegen, dann wäre bereits die ursprünglich erteilte Erlaubnis rechtswidrig gewesen. In diesem Fall hätte die Behörde die Erlaubnis zurücknehmen müssen (§ 15 I BGastG).

### bb) Voraussetzungen des § 4 I Nr. 1 BGastG

Es müssten nachträglich Tatsachen eingetreten sein, die die Versagung der Erlaubnis nach § 4 I Nr. 1 BGastG zulassen. Dieser Versagungsgrund ist gegeben, wenn Tatsachen die Annahme rechtfertigen, dass der Antragsteller die für den Gewerbebetrieb erforderliche Zuverlässigkeit nicht besitzt, weil beispielsweise zu befürchten ist, dass er der Unsittlichkeit Vorschub leisten wird. 23

Der Begriff der „guten Sitten" ist ein unbestimmter Rechtsbegriff, der der Verwaltung weder Ermessens- noch Beurteilungsspielraum lässt und der deshalb in vollem Umfang gerichtlich überprüfbar ist.[18] Für die die „Sittenwidrigkeit" bestimmenden vorherrschenden Wertvorstellungen in der Gesellschaft kommt es nicht auf den Zeitpunkt der letzten mündlichen Verhandlung vor dem Verwaltungsgericht, sondern auf den Zeitpunkt der letzten Behördenentscheidung an.[19] Der Begriff der guten Sitten ist eine Ausprägung des im allgemeinen Gefahrenabwehrrecht normierten Schutzgutes der „öffentlichen Ordnung". Mit der „öffentlichen Ordnung" soll aufgrund der tatsächlichen Ordnungsvorstellungen die Gesellschaft vor Verhaltensweisen geschützt werden, die einem ordentlichen menschlichen Zusammenleben wegen der Abweichung von allgemein anerkannten Sozialnormen entgegen stehen.[20] 24

#### (1) Unsittlichkeit als unbestimmter Rechtsbegriff

Der Begriff der „Unsittlichkeit" in § 4 I Nr. 1 BGastG zielt nicht ab auf die in der Gesellschaft herrschende Ansicht über Sitte und Moral auf geschlechtlichem Gebiet.[21] Gaststättenrecht ist vielmehr gewerbliches Ordnungsrecht. Es soll das Zusammenleben der Menschen ordnen, soweit ihr Verhalten sozialrelevant ist, nach außen in Erscheinung tritt und das Allgemeinwohl beeinträchtigen kann. Es ist jedoch nicht Zielsetzung des Gaststättenrechts, den Menschen ein Mindestmaß an Sittlichkeit vorzuschreiben. Deshalb kann nach den heute anerkannten sozialethischen Wertvorstellungen in unserer Gesellschaft Prostitution, die von Erwachsenen freiwillig und ohne kriminelle Begleiterscheinungen ausgeübt wird, nicht mehr schlechthin als sittenwidrig angesehen werden.[22] Wenn eine entsprechende Änderung der vorherrschenden sozialethischen Vorstellungen nur im parlamentarischen 25

[18] BVerwGE 64, 247 (276) = GewArch. 1982, 139 (140).

[19] Vgl. *Würtenberger,* VerwPrR, Rn. 613; *Hufen,* VerwPrR, § 24 Rn. 8.

[20] Vgl. dazu *Schoch,* Jura 2003, 177 (180); *ders.,* in: Schmidt-Aßmann, BesVerwR, 2. Kap. Rn. 79.

[21] Vgl. zu dieser „Neutralität" schon BVerwGE 49, 160 (162f.) = GewArch. 1975, 385 (386); zuletzt *BVerwG* GewArch. 2009, 255.

[22] So bereits *VG Berlin* NJW 2001, 983 = GewArch. 2001, 128ff., und dazu *Hösch,* GewArch. 2001, 112. Das Gericht weist in dieser Entscheidung darauf hin, dass der Richter nicht auf sein persönliches Sittlichkeitsempfinden abstellen darf, sondern die anerkannten sozialethischen Wertvorstellungen zugrunde zu legen hat, die er auf empirische Weise anhand ergangener Rechtsprechung, Behördenpraxis, Medienecho oder demoskopischer Erhebungen ermittelt. Dem folgend *BVerwG* NJW 2003, 2470 (2471) = NVwZ 2003, 603 (604f.) = GewArch. 2003, 122 (123f.); *BVerwG* GewArch. 2009, 256; BayVGH GewArch. 2009, 256;; *BayVGH* GewArch. 2004, 491 (492); *BayObLG* GewArch. 2005, 300; *VG Stuttgart* GewArch. 2005, 431 (432ff.); *Pauly,* GewArch. 2003, 151ff. – **Beachte:** Mit entsprechender Begründung kann der Klausurbearbeiter auch vertreten, dass Prostitution nach wie vor als sittenwidrig anzusehen ist, so dass die Duldung von Prostitution in Gasträumen weiterhin als ordnungswidrig anzusehen wäre, vgl. in diesem Sinne *Pauly,* GewArch. 2002, 217 (218f.). In diesem Falle wäre der Tatbestand des § 4 I Nr. 1 BGastG erfüllt, so dass der auf § 15 II BGastG beruhende Widerrufsbescheid materiell rechtmäßig ergangen wäre.

Gesetzgebungsverfahren rechtlich bindend entstehen kann, ist dies mit dem am 1. Januar 2002 in Kraft getretenen ProstitutionsG[23] geschehen, in dem der Gesetzgeber den Entgeltanspruch der Prostituierten erstmals anerkannt hat.[24]

**(2) Unsittlichkeit als straf- und bußgeldbewehrte Handlung**

**26** „Unsittlichkeit" im Sinne von § 4 I Nr. 1 BGastG liegt bei solchen geschlechtsbezogenen Handlungen vor, die durch Strafgesetz oder Bußgeldvorschrift verboten sind.[25] Solche Handlungen begeht die Klägerin mit ihrem Verhalten allerdings nicht. Nach dem Sachverhalt ist zunächst davon auszugehen, dass die Ermöglichung von Anbahnungsgesprächen und das zur Verfügung stellen von Mieträumen nicht den Straftatbestand des § 180a I bzw. II Nr. 2 StGB erfüllen.[26] Die Klägerin verstößt auch nicht mit ihren Zeitungsinseraten gegen § 120 I Nr. 2 OWiG. Der mit diesem Werbeverbot bezweckte Schutz insbesondere von Jugendlichen vor den mit der Prostitution generell verbundenen Belästigungen und Gefahren wird mit der vorliegenden Werbung („Mehr als nur gepflegte Getränke!!") nicht tangiert, weshalb diese jedenfalls in Großstädten inzwischen als sozialverträglich geduldet wird.[27]

**(3) Unsittlichkeit als ordnungsrechtliche Gefahr**

**27** Der Tatbestand der „Unsittlichkeit" im Sinne des § 4 I Nr. 1 BGastG ist außerdem erfüllt, wenn durch Verhalten, das nicht mit Strafe oder Geldbuße bedroht ist, schutzwürdige Belange der Allgemeinheit berührt werden. In einem solchen Fall könnte die zuständige Behörde zur Gefahrenabwehr einschreiten. Bei der Ausübung von Prostitution kann dies der Fall sein, wenn dadurch Mitbürger erheblich belästigt werden, weil niemand das Recht hat, seinen Mitbürgern Angelegenheiten

---

[23] Gesetz zur Regelung der Rechtsverhältnisse der Prostituierten (ProstitutionsG), abgedruckt in: *Schönfelder*, Deutsche Gesetze, Erg.-Bd., Nr. 29a; dazu BR-Drs. 817/01, ferner Palandt/*Heinrichs*, BGB, 67. Aufl. 2008, Anhang zu § 138; *Armbrüster*, NJW 2002, 2763ff.; *Bergmann*, JR 2003, 272ff.; *Gurlit*, VerwArch 97 (2006), 409ff.

[24] Diesen Schluss ziehen *BVerwG* GewArch. 2009, 255; NJW 2003, 2470 (2471f.) = NVwZ 2003, 603 (604f.) = GewArch. 2003, 122 (123f.); *BayVGH* GewArch. 2009, 256; GewArch. 2004, 491 (492); *VG Stuttgart* GewArch. 2005, 431 (432ff.); *VG Berlin* GewArch. 2001, 128; *Pöltl*, VBlBW 2003, 181ff.; *ders.*, KommJur 2004, 81 (85); *Stiebig*, BayVBl. 2004, 545ff.; *Jahn*, JuS 2004, 61 (65); *Hahn*, GewArch. 2003, 441 (445f.); *Gurlit*, VerwArch. 97 (2006), 409 (425); *Guckelberger*, Jura 2007, 598 (599); a.A. *VG Weimar* GewArch. 2002, 298f.; *Kurz*, GewArch. 2002, 142ff.; *Pauly*, GewArch. 2002, 217 (219); *dies.*, GewArch. 2003, 151 (152f.); *Stühler*, GewArch. 2005, 129 (131); *Jestaedt*, Jura 2006, 127 (128).

[25] Vgl. dazu BVerwGE 49, 160 (163) = GewArch. 1975, 385 (386); *VG Gießen* DVBl. 2004, 1440; *Hahn*, GewArch. 2003, 441 (445f.).

[26] **Beachte:** Zielrichtung dieser Strafrechtsvorschrift ist es, die Prostituierte in ihrer persönlichen Freiheit und wirtschaftlichen Unabhängigkeit vor dem Bordellbetreiber zu schützen, nicht aber die Prostitution selbst zu bekämpfen. Deshalb wäre es widersinnig, gerade denjenigen zu bestrafen, der – wie vorliegend – für die Prostitutionsausübung einigermaßen humane Arbeitsbedingungen schafft, vgl. erstmals dazu *VG Berlin* GewArch. 2001, 128; dann auch *BVerwG* NJW 2003, 2470 (2471f.) = NVwZ 2003, 603 (604f.) = GewArch. 2003, 122 (123f.); zu dieser Entscheidung *Hahn*, GewArch. 2003, 441 (445f.). Zur strafrechtlichen Besserstellung der „Zuhälter" mit Einführung des ProstitutionsG vgl. *Schmidbauer*, NJW 2005, 871.

[27] *VG Berlin* GewArch. 2001, 128, unter Hinweis auf *Rebmann/Roth/Herrmann*, OWiG, 3. Aufl. 2000, § 120 Rn. 14. Allein die Kenntnis von Kindern und Jugendlichen, dass in einer bestimmten Wohnung der Prostitution nachgegangen wird, genügt nicht für die Erfüllung des Straftatbestandes der jugendgefährdenden Prostitution (§ 184f StGB), wenn die Ausübung der Prostitution ansonsten in der Öffentlichkeit nicht wahrnehmbar ist; so *VGH München* GewArch. 2008, 89f.

seines Intimlebens aufzudrängen.[28] Derartige Belästigungen Dritter oder Verstöße gegen den Jugendschutz sind hier nicht ersichtlich. Soweit sich Anwohner über nächtliche Lärmbelästigungen durch lautes Stöhnen beschweren, könnte dem zunächst durch das weniger einschneidende Mittel von Auflagen nach § 5 BGastG entgegengewirkt werden.

#### (4) Unsittlichkeit als sozialethischer Maßstab

„Unsittlichkeit" im Sinne des § 4 I Nr. 1 BGastG kann schließlich in einem Verhal- 28
ten bestehen, das den sozialethischen Wertvorstellungen widerspricht, die in der grundgesetzlichen Wertordnung, insbesondere dem Schutz der Menschenwürde, ihren Niederschlag gefunden haben. Deswegen hat die Rechtsprechung bislang jedenfalls geschlechtsbezogene Handlungen in der Öffentlichkeit als sittenwidrig eingestuft.[29] Hier liegt allerdings keine Prostitution „in der Öffentlichkeit" vor. Eine erlaubte Tätigkeit im „Hinterzimmer" unter Ausschluss der Öffentlichkeit unterliegt mangels einer ordnungsrechtlich relevanten Störung der Allgemeinheit keiner staatlichen Eingriffsbefugnis. Die von der Klägerin betriebene „Gaststätte" ist insbesondere keine öffentliche Veranstaltung, weil die Prostitution nicht in den Gasträumen, sondern in gesonderten Zimmern ausgeübt wird. Die Gaststätte selbst bietet auch keine sonst sichtbaren Hinweise auf den Betrieb eines Bordells. Der „Anbahnungsbetrieb" in der Gaststätte der Klägerin ist deshalb nicht „unsittlich" im Sinne des § 4 I Nr. 1 BGastG.[30]

Im Ergebnis ist daher festzustellen, dass die Tatbestandsvoraussetzungen des § 4 I 29
Nr. 1 BGastG nicht erfüllt sind. Damit fehlen auch die Voraussetzungen für den Widerruf der Gaststättenerlaubnis nach § 15 II BGastG. Der Widerruf der Gaststättenerlaubnis ist deshalb materiell rechtswidrig.[31]

### 2. Rechtsverletzung

§ 113 I 1 VwGO setzt voraus, dass der objektiv rechtswidrige Verwaltungsakt die 30
Klägerin auch in ihren subjektiven Rechten verletzt.

#### a) Gewerbefreiheit

Der Betrieb eines Gaststättengewerbes erfüllt unzweifelhaft den Begriff des „Be- 31
rufs" und fällt damit in den sachlichen Schutzbereich des Art. 12 I 1 GG. Ob unter

---

[28] Vgl. dazu *BVerwG* NJW 2003, 2470 (2471 f.) = NVwZ 2003, 603 (604 f.) = GewArch. 2003, 122 (123 f.); *BayVGH* GewArch. 2004, 491 (492); *VG Stuttgart* GewArch. 2005, 431 (432 ff.).

[29] Vgl. BVerwGE 64, 274 = GewArch. 1982, 139 (Peep-Show); BVerwGE 64, 280 (283) = GewArch. 1982, 141 (142) (öffentliche Vorführung des Geschlechtsverkehrs); ferner die Rechtsprechungsnachweise bei *VG Berlin* GewArch. 2001, 128. Diese Grundsätze werden auch in der neueren Rechtsprechung aufrecht erhalten, vgl. *BVerwG* NJW 2003, 2470 (2471 f.) = NVwZ 2003, 603 (604 f.) = GewArch. 2003, 122 (123 f.); *BayVGH* GewArch. 2004, 491 (492); *VG Stuttgart* GewArch. 2005, 431 (432 ff.). Zur Frage der Sittenwidrigkeit von Peep-Shows s. auch die WuV-Frage Nr. 4 im Anhang zu diesem Fall.

[30] Wie hier *BVerwG* GewArch. 2009, 255; NJW 2003, 2470 (2471 f.) = NVwZ 2003, 603 (604 f.) = GewArch. 2003, 122 (123 f.); *BayVGH* GewArch. 2009, 256; GewArch. 2004, 491 (492); *VG Stuttgart* GewArch. 2005, 431 (432 ff.); *VG Berlin* GewArch. 2001, 128; *Pöltl*, VBlBW 2003, 181 ff.; *ders.*, KommJur 2004, 81 (85); *Stiebig*, BayVBl. 2004, 545 ff.; *Jahn*, JuS 2004, 61 (65); *Gurlit*, VerwArch. 97 (2006), 409 (425).

[31] **Beachte:** Derjenige Klausurbearbeiter, der die Ermöglichung der Prostitution in Fällen wie dem vorliegenden weiterhin für sittenwidrig hält, muss zu dem Ergebnis gelangen, dass der Widerrufsbescheid materiell rechtmäßig ergangen ist.

den Schutz des Art. 12 I 1 GG auch der Betrieb einer „Gaststätte mit integriertem Bordell" fällt, muss hier nicht abschließend entschieden werden.[32]

**b) Allgemeine Handlungsfreiheit**

32 Selbst wenn sich die Klägerin nicht auf den Grundrechtsschutz des Art. 12 I 1 GG berufen kann, kann sie jedenfalls den Grundrechtsschutz der allgemeinen Handlungsfreiheit gem. Art. 2 I GG geltend machen. Da die allgemeine Handlungsfreiheit nur durch rechtmäßige Hoheitsakte eingeschränkt werden kann, verletzt der rechtswidrige Widerrufsbescheid sie jedenfalls in ihrem Recht aus Art. 2 I GG.

**c) Willkürverbot**

33 Demgegenüber könnte sich die Klägerin bei Rechtswidrigkeit ihres eigenen Verhaltens nicht auf eine Verletzung des Willkürverbotes (Art. 3 I GG) berufen, weil im benachbarten Lokal „Tiefer Schlund" exakt das gleiche Gewerbe betrieben wird. Denn Art. 3 I GG gewährleistet keinen Anspruch auf „Gleichbehandlung im Unrecht". Selbst wenn also die Behörde im Fall des Nachbarn rechtswidriges Handeln dulden würde, ergäbe sich hieraus kein Anspruch der Klägerin auf Gleichbehandlung.

**Ergebnis**

Die zulässige Klage ist auch begründet. Sie wird deshalb Erfolg haben.

## D. Wiederholungs- und Vertiefungsfragen

**Frage 1: Was ist unter Unzuverlässigkeit im Gewerberecht zu verstehen?**

34 Besondere Bedeutung bei der Prüfung der Voraussetzungen des § 35 GewO (vgl. Fall 5), aber auch der entsprechenden spezialgesetzlichen Regelungen, kommt dem Begriff der Unzuverlässigkeit zu. Hierbei handelt es sich um einen unbestimmten Rechtsbegriff, der der vollen gerichtlichen Überprüfbarkeit unterliegt. In Literatur und Rechtsprechung haben sich einige Fallgruppen entwickelt, in denen Unzuverlässigkeit vorliegen kann. Unzuverlässigkeit liegt zum einen beim Begehen von Straftaten und Ordnungswidrigkeiten vor, die im Zusammenhang mit dem Gewerbe stehen. Zum anderen wird Unzuverlässigkeit in Fällen angenommen, in denen der Gewerbetreibende Steuern bzw. Sozialversicherungsabgaben über eine gewisse Dauer und mit einer gewissen Intensität nicht abführt. Ebenfalls ist die fehlende wirtschaftliche Leistungsfähigkeit als ein Fall der Unzuverlässigkeit anerkannt.

35 Grundsätzlich kann die fehlende Sachkunde des Gewerbetreibenden hingegen nicht als Begründung für die Unzuverlässigkeit für ein genehmigungsfreies Gewerbe herangezogen werden, da ansonsten über den Umweg des § 35 GewO eine allgemeine

[32] Gegen den Schutz der Prostitution durch Art. 12 I 1 GG wegen ihrer Gemeinschaftsschädlichkeit: BVerwGE 22, 286; a.A. *Wieland,* in: Dreier, GG, Art. 12 Rn. 57; *Manssen,* in: v. Mangoldt/Klein/Starck, GG, Art. 12 Rn. 42; *ders.,* Grundrechte, Rn. 548; *Pieroth/Schlink,* Grundrechte, Rn. 811; *Ipsen,* Grundrechte, Rn. 598; *Wesel,* NJW 1999, 2865 f.; *VGH Mannheim* NVwZ 2000, 1070 (1072); offen gelassen von *VG Berlin* GewArch. 2001, 128.

Sachkundenachweispflicht (für die lediglich anzeigebedürftigen Gewerbe) eingeführt würde, was mit dem auch aus Art. 12 I GG folgenden Prinzip der Gewerbefreiheit für diese Gewerbearten nicht vereinbar wäre.[33]

Letztlich ebenfalls anerkannt ist, dass derjenige Gewerbetreibende als unzuverlässig angesehen werden kann, der der Unsittlichkeit Vorschub leistet. **36**

### Frage 2: Wie ist der Begriff der Unsittlichkeit im Gewerberecht zu verstehen?

Der Begriff der Unsittlichkeit kommt in vielen Normen der GewO bzw. der spezialgesetzlichen Regelungen des Gewerbenebenrechts vor, insbesondere als Voraussetzung einer gewerberechtlichen Erlaubnis (z.B. § 33a II Nr. 2 GewO, § 4 BGastG). Auch wird er teilweise als Fall der Unzuverlässigkeit i.S.d. § 35 GewO bzw. der entsprechenden spezialgesetzlichen Normen betrachtet (s.o.). Der Begriff der „guten Sitten" ist ein unbestimmter Rechtsbegriff, der gerichtlich voll überprüfbar ist. Angesichts der in der heutigen Zeit in der Gesellschaft vorherrschenden unterschiedlichen Überzeugungen ist der Begriff insbesondere anhand der Wertentscheidungen der Verfassung sowie den Entscheidungen des einfachen Gesetzgebers auszulegen.[34] Insofern liegt Unsittlichkeit insbesondere beim Verstoß gegen bestimmte Strafgesetze vor (z.B. § 180a StGB). Darüber hinaus kann es sich aber auch dann um einen Verstoß gegen die „guten Sitten" handeln, wenn gegen die Grundentscheidungen des Grundgesetzes verstoßen wird, vor allem gegen die Menschenwürde, Art. 1 I GG. **37**

### Frage 3: Welche Änderungen haben sich für die Auslegung des Begriffs der Unsittlichkeit durch das Inkrafttreten des Prostitutionsgesetzes ergeben?

Vor allem im Bereich geschlechtsbezogener Handlungen, wie sie etwa im Rahmen der Prostitution, in Swinger-Clubs oder in Rahmen einer Peep-Show vorkommen, hat sich eine umfassende Kasuistik bezüglich der Frage entwickelt, ob hierin ein Verstoß gegen die „guten Sitten" zu sehen ist. Nicht zuletzt aufgrund des am 1. Januar 2002 in Kraft getretenen Prostitutionsgesetzes hat sich ein Wandel in Literatur und Rechtsprechung auf diesem Gebiet vollzogen, so dass dieser Bereich einer teilweisen Neubewertung bedarf. **38**

Nicht geändert hat sich durch das Inkrafttreten des Prostitutionsgesetzes, dass geschlechtliche Handlungen zumindest dann als unsittlich zu werten sind, wenn Dritte, die von dem Geschehen unberührt bleiben wollen, den entsprechenden Handlungen unfreiwillig ausgesetzt sind. Auch sind Handlungen als unsittlich zu bewerten, wenn sie gegen Straf- oder Bußgeldvorschriften verstoßen (beispielsweise Ausübung der Prostitution im Sperrbezirk[35]). Änderungen ergeben sich aber vor allem für die Bewertung der sozial-ethischen Vorstellungen, wie sie in der Bevölkerung vorkommen: Aufgrund der Wertungen des Prostitutionsgesetz wird nunmehr überwiegend vertreten, dass alleine die Tatsache, aus geschlechtlichen Handlungen wirtschaftliche Vorteile zu erlangen, nicht mehr als ausreichend erachtet werden kann, um den Tatbestand der Unsittlichkeit zu erfüllen.[36] Demnach sind von der Rechtsprechung und der ihr zustimmenden Literatur nunmehr nicht nur die **39**

---

[33] *Tettinger/Wank,* GewO, § 35 Rn. 71.

[34] *Ruthig/Storr,* Öfftl. WirtR, Rn. 423.

[35] Vgl. zur Einordnung der Ausübung der Prostitution im Sperrbezirk als sittenwidrig: *VG Weimar* GewArch. 2002, 298.

[36] Vgl. *Ruthig/Storr,* Öfftl. WirtR, Rn. 424.

Prostitution als gewerberechtlich zulässig erachtet worden, sondern auch Swinger-Clubs[37], Dark-Rooms[38] oder entsprechende Saunabetriebe[39].

40 Entscheidend ist demnach nicht die Frage, ob aus dem sexuellen Geschehen Einkünfte erzielt werden sollen. Abzustellen ist vielmehr darauf, ob sich aus anderen Umständen die Unsittlichkeit ergeben kann, insbesondere durch einen Verstoß gegen den Menschenwürdegehalt des Art. 1 I GG (s.o.). So ging das *BVerwG*[40] im Rahmen der Prüfung der gaststättenrechtlichen Zulässigkeit eines Swinger-Clubs der Frage nach, ob in der Teilnahme an einem „Pärchentreff" ein Verstoß gegen die Menschenwürde zu sehen sei und verneint dies letztlich: Im Vergleich zur öffentlichen Vorführung von Geschlechtsverkehr auf einer Bühne, wo den zahlenden Gästen ein Schauobjekt präsentiert wird[41], nähmen die Besucher eines Swinger-Clubs als Angehörige einer Gruppe Gleichgesinnter an dem Geschehen teil, wodurch ihnen keine objekthafte Rolle zufalle.

**Frage 4: Ist eine Peep-Show als „unsittlich" i.S.d. Gewerberechts einzustufen?**

41 Fraglich ist, ob das Inkrafttreten des Prostitutionsgesetzes und die neuere Rechtsprechung etwas an der Qualifizierung sog. Peep-Shows als sittenwidrig ändern. Bei den hier in Rede stehenden Peep-Shows handelt es sich in Abgrenzung zu rechtlich unumstritten zulässigen Striptease-Veranstaltungen[42] um Konstellationen, in denen durch Münzeinwurf mittels eines Klappenmechanismus der Sichtkontakt auf eine nackte Frau gewährt wird. Dadurch, dass sich der Betrachter oftmals in nicht einsehbaren Einzelkabinen befindet, soll diesem zudem die Möglichkeit zur Selbstbefriedigung eröffnet werden.

42 Zunächst stellte das *BVerwG*[43] in seiner ersten Peep-Show-Entscheidung auf einen Verstoß gegen die Menschenwürde ab, der zu einer Bewertung der Peep-Show als sittenwidrig führe; durch den Automatenmechanismus werde die Frau zum Objekt degradiert, worin ein Verstoß gegen Art. 1 I GG zu sehen sei. Diese Rechtsprechung hat insbesondere im Hinblick auf die hiermit verbundene Einschränkung des Selbstbestimmungsrechts der an der Peep-Show beteiligten Frauen Kritik hervorgerufen.[44] In seiner zweiten Peep-Show-Entscheidung[45] stellte das *BVerwG* zur Begründung der Sittenwidrigkeit einer Peep-Show nicht mehr auf einen Menschenwürdeverstoß ab, sondern auf Indizien für eine in der Rechtsgemeinschaft vorherrschende Überzeugung, wie sie in der Behördenpraxis, der Rechtsprechung sowie in der herrschenden Einstellung in der Bevölkerung zu Peep-Shows hervortrete. Die kommerzielle Ausnutzung des Sexualtriebs werde von der Mehrheit der Bevölkerung als sozial unwertig eingeschätzt; eine Peep-Show widerspreche deshalb den „guten Sitten". Auch diese Entscheidung wurde in der *Literatur*[46] teilweise heftig kritisiert. Unter anderem wurde darauf verwiesen, dass angesichts der unterschiedli-

---

[37] *BVerwG* NVwZ 2003, 603.
[38] *VG Stuttgart* GewArch. 1998, 291 (292).
[39] *VGH München* GewArch. 2004, 491.
[40] *BVerwG* NVwZ 2003, 603 (604f.).
[41] Vgl. dazu BVerwGE 64, 280 (284).
[42] BVerwGE 64, 274 (278); 84, 314 (320); vgl. auch BVerfGE 71, 34.
[43] BVerwGE 64, 274 (276f.).
[44] Vgl. u.a.: *Gusy,* DVBl. 1982, 985 (985f.); *Höfling,* NJW 1983, 1582 (1582f.); *Starck,* in: v. Mangoldt/Klein/Starck, GG, Art. 1 I Rn. 97.
[45] BVerwGE 84, 314 (318).
[46] Vgl. *Frotscher/Kramer,* Wirtschaftsverfassungs- und Wirtschaftsverwaltungsrecht, Rn. 302ff.; *Discher,* JuS 1991, 642 (648).

chen Wertvorstellungen in der Gesellschaft kaum verlässliche Aussagen über die ethische Bewertung einzelner Handlungen vorgenommen werden könnten.

Das *BVerwG* stellte in seiner zweiten Peep-Show-Entscheidung hauptsächlich darauf ab, dass die kommerzielle Ausnutzung des Sexualtriebs als unwertig einzustufen sei. Diese Auffassung ist nach dem Inkrafttreten des Prostitutionsgesetzes nicht mehr vertretbar.[47] Eine Peep-Show kann deshalb nur dann weiterhin als unsittlich gelten, wenn man darin – unter Berücksichtigung der konkreten Umstände – einen Menschenwürdeverstoß der beteiligten Frauen sieht, wie es das *BVerwG* in seiner ersten Peep-Show-Entscheidung getan hat. 43

**Frage 5: Worin liegt der Unterschied zwischen Widerruf und Rücknahme nach §§ 48, 49 VwVfG?**

Widerruf und Rücknahme nach §§ 48f. VwVfG unterscheiden sich zunächst danach, ob der aufzuhebende Verwaltungsakt rechtmäßig oder rechtswidrig ist. Während § 48 VwVfG die Voraussetzungen für die Rücknahme eines *rechtswidrigen* Verwaltungsakts nennt, regelt § 49 VwVfG ausdrücklich die Voraussetzungen, unter denen ein *rechtmäßiger* Verwaltungsakt widerrufen werden kann. 44

Entgegen dem Wortlaut können aber unter den Voraussetzungen des § 49 VwVfG auch rechtswidrige Verwaltungsakte widerrufen werden. Denn wenn danach bereits die Möglichkeit besteht, rechtmäßige Verwaltungsakte aufzuheben, muss dies für rechtswidrige Verwaltungsakte erst recht gelten.[48] Letztlich ist demnach bei § 48 VwVfG ein rechtswidriger Verwaltungsakt tatbestandliche Voraussetzung, während über § 49 VwVfG sowohl rechtmäßige als auch rechtswidrige Verwaltungsakte widerrufen werden können. 45

**Frage 6: Wie stehen die §§ 48, 49 VwVfG zu den Rücknahme- und Widerrufsregelungen des Gaststättengesetzes (des Bundes)?**

Die §§ 48f. VwVfG kommen immer nur dann zur Anwendung, wenn sie nicht durch speziellere Normen verdrängt oder ausgeschlossen werden (vgl. WuV-Frage Nr. 1 zu Fall 7). Ob die §§ 48f. VwVfG verdrängt bzw. ausgeschlossen werden, muss jeweils für das Verhältnis konkreter Rechtsnormen entschieden werden. Bei den Rücknahme- bzw. Widerrufsregelungen des BGastG ist zu differenzieren: Der *Widerruf* einer Gaststättenerlaubnis ist in § 15 II, III BGastG abschließend geregelt, so dass ein Rückgriff auf § 49 VwVfG ausgeschlossen ist. Für die *Rücknahme* enthält § 15 I BGastG hingegen nur eine abschließende Regelung hinsichtlich der Unzuverlässigkeit; die Anwendbarkeit des § 48 VwVfG hinsichtlich sonstiger Rücknahmegründe wird davon nicht berührt.[49] 46

## E. Wiederholungs- und Vertiefungshinweise

Zur Unzuverlässigkeit im Gewerberecht:
*VG Berlin* GewArch. 1998, 200; *Oberrath,* Ausgewählte Grundfragen des Gewerberechts, JA 2001, 991 (996f.); *Ruthig/Storr,* Öfftl. WirtR, Rn. 225ff.; *Laubinger/*

---

[47] *BVerwG* GewArch. 2009, 255; a. A. *Frotscher/Kramer,* Wirtschaftsverfassungs- und Wirtschaftsverwaltungsrecht, Rn. 303.

[48] Vgl. *Sachs,* in: Stelkens/Bonk/Sachs, VwVfG, § 49 Rn. 6.

[49] Vgl. dazu *Ruthig/Storr,* Öfftl. WirtR, Rn. 442f.; *Frotscher/Kramer,* Wirtschaftsverfassungs- und Wirtschaftsverwaltungsrecht, Rn. 404ff.

*Repkewitz,* Die gewerberechtliche Unzuverlässigkeit und ihre Folgen, VerwArch. 89 (1998), 145, 337, 609; sowie die Kontroverse zwischen *Leisner,* Unzuverlässigkeit im Gewerberecht (§ 35 I 1 GewO), Ausuferungsgefahren – notwendiger Gewerbebezug, GewArch. 2008, 225, und *Heß,* Wird die Unzuverlässigkeit im Sinne des § 35 I 1 GewO in der Rechtspraxis zu ausufernd angewandt?, GewArch. 2009, 89 .

Zum Begriff der Unsittlichkeit:
*Ruthig/Storr,* Öfftl. WirtR, Rn. 236, 423f.; eine Auflistung verschiedener gewerberechtlicher Handlungen, die als sittenwidrig einzuschätzen sind, findet sich in *Franz,* BeckOK, Stand 1. Mai 2008, § 33a GewO Rn. 60ff. Zur Vereinbarkeit der Errichtung von Sperrbezirken (Art. 297 EGStGB) mit dem Grundgesetz (u.a. Art. 12 I und Art. 14 I GG) vgl. *BVerfG* (1. Kammer des Ersten Senats) Beschl. v. 28. 4. 2009 – 1 BvR 224/07 –.

Zur Frage der Einordnung der Prostitution als sittenwidrig:
*BVerwG* GewArch. 2009, 255; *BVerwG* NVwZ 2003, 603; *BayVGH* GewArch. 2009, 256; *VG Berlin* NJW 2001, 983; *Caspar,* Prostitution im Gaststättengewerbe? Zur Auslegung des Begriffs der Unsittlichkeit im Gaststättengesetz, NVwZ 2002, 1322; *Haferkorn,* Swingerclubs als aktuelle gaststättenrechtliche Problemstellung – Beurteilung der Genehmigungsfähigkeit unter dem Aspekt der Rolle des Gewerberechts als besonderes Ordnungsrecht, GewArch. 2002, 145; *Kurz,* Prostitution und Sittenwidrigkeit, GewArch. 2002, 142; *Gurlit,* Das Verwaltungsrecht im Lichte des Prostitutionsgesetzes, VerwArch. 97 (2006), 409; *dies.,* Das Gewerberecht als Regelungsregime der Prostitution – Anwendbarkeit, Regelungsinstrumente, Regelungskompetenzen, GewArch. 2008, 426; *Ruthig/Storr,* Öfftl. WirtR, Rn. 236, 423f.

Zu Widerruf und Rücknahme:
*Richter,* Klausurfälle zu Rücknahme und Widerruf von Verwaltungsakten, JuS 1991, 40, 121, 307, 481.

# Fall 9: Zank um Ladenöffnungszeiten*

## A. Inhalt

Verwaltungsgerichtliche Normenkontrolle (§ 47 VwGO); Antragsbefugnis (Drittschutz im BLadSchlG); Voraussetzungen für die Verlängerung der Ladenöffnungszeiten durch Rechtsverordnung.

## B. Sachverhalt

Im November 2007 beantragte die Werbegemeinschaft City Aktiv e. V. bei der bayerischen kreisfreien Stadt Winterberg (W) den Erlass einer Rechtsverordnung, wonach die Verkaufsstellen in W an vier Sonntagen von 13–18 Uhr geöffnet sein dürfen. Der Antrag bezog sich unter anderem auf Sonntag, den 9. November 2008, und Sonntag, den 7. Dezember 2008. Als Anlass für die Verlängerung der Öffnungszeiten am 9. November nannte die Werbegemeinschaft den „Büchertag in W". Es sei eine Vielzahl von Aktionen zum Thema Buch und Lesen im Innenstadtbereich unter Einbindung von Mitgliedsbetrieben der Werbegemeinschaft beabsichtigt, wobei im Einzelnen Ausstellungen alter Bücher und wertvoller Handschriften sowie Lesungen prominenter Bürger und Autoren für einen kleinen, aber interessierten Besucherkreis beabsichtigt seien. Als Anlass für die beantragte Öffnungsregelung am 7. Dezember nannte die Werbegemeinschaft den „Weihnachtsmarkt in W", der seit Jahren von der Stadt W als Spezialitätenmarkt festgesetzt wird. Nach Anhörung der beteiligten Wirtschaftskammern und Verbände beschloss der Stadtrat von W im Januar 2008 die beantragte Rechtsverordnung. Zu der Stadtratssitzung war in Folge eines Büroversehens Stadtratsmitglied Anton Armleuchter (A) nicht geladen worden, jedoch gleichwohl zur Sitzung erschienen; er nahm auch an der Abstimmung teil.

Die mehrheitlich beschlossene ladenschlussrechtliche „Rechtsverordnung über das Offenhalten von Verkaufsstellen in W", die am 11. April 2008 ortsüblich in der Tageszeitung bekannt gemacht wurde, hat im Wesentlichen folgenden Inhalt:

§ 1
*Die Verkaufsstellen in der Stadt W dürfen aus Anlass der „Büchertage in W" am Sonntag, 9. November 2008, und aus Anlass des Weihnachtsmarktes am Sonntag, 7. Dezember 2008, von 13–18 Uhr geöffnet sein.*

Gisbert Gram (G), der als Angestellter bei der Kaufwaren AG in W arbeitet, will gegen die Verordnung vorgehen. Er habe zwar am 9. November arbeitsfrei, müsse jedoch am Sonntag, dem 7. Dezember, arbeiten. Die Verordnung der Stadt sei arbeitnehmerfeindlich. Die Voraussetzungen für die Festsetzung längerer Ladenöffnungszeiten seien zudem nicht erfüllt. Der „Büchertag in W" richte sich nur an einen kleinen Interessentenkreis. Der „Weihnachtsmarkt" dürfe nicht privilegiert werden, weil im Ladenschlussgesetz Öffnungszeiten für die Sonntage im Dezember keiner Ausnahmeregelung offen-

* S. auch die Falllösung von *Jahn*, JuS 2002, 693 ff., noch zur alten Rechtslage unter der Geltung des § 16 LadSchlG a. F.

stünden. Die Verordnung verstoße deshalb gegen seine allgemeine Handlungsfreiheit nach Art. 101 Bayerische Verfassung (BV).

Mit dieser Begründung lässt G durch einen von ihm beauftragten Rechtsanwalt am 1. August 2008 Normenkontrolle zum Bayerischen Verwaltungsgerichtshof (BayVGH) erheben mit dem Antrag festzustellen, dass die Rechtsverordnung der Stadt W nichtig sei, soweit sie die Ladenöffnung am 9. November und 7. Dezember 2008 zulasse.

**Bearbeitervermerk:** Prüfen Sie die Erfolgsaussichten des Normenkontrollantrags. Es ist auf alle im Sachverhalt aufgeworfenen Rechtsfragen einzugehen.

**Hinweis:** Der Freistaat Bayern hat von seiner seit dem 1. September 2006 (Föderalismusreform) bestehenden ausschließlichen Gesetzgebungskompetenz für das Ladenschlussrecht (vgl. Art. 74 I Nr. 11 n. F. GG) noch keinen Gebrauch gemacht.[1] Auf § 14 des Ladenschlussgesetzes des Bundes (BLadSchlG) wird hingewiesen.

### Anhang

**Bay. Ladenschlussverordnung (LSchlV) (Auszug)**

**§ 2 Öffnungszeiten.** Die Öffnungszeiten werden von den Gemeinden durch Rechtsverordnung festgesetzt; dabei ist auf die Zeit des Hauptgottesdienstes Rücksicht zu nehmen. Die Gemeinden bestimmen auch, an welchen Sonn- und Feiertagen und an welchen Samstagen im Rahmen von § 1 offengehalten werden darf.

**Bay. Landesstraf- und Verordnungsgesetz (LStVG) (Auszug)**

**Art. 42 Verordnungen der Gemeinden, Landkreise und Bezirke.** (1) Verordnungen, zu deren Erlass die Gemeinden, die Landkreise oder die Bezirke durch dieses Gesetz oder durch andere Rechtsvorschriften ermächtigt sind, werden vom Gemeinderat, vom Kreistag, vom Bezirkstag erlassen. Der Erlass solcher Verordnungen ist Angelegenheit des übertragenen Wirkungskreises, soweit nicht durch Gesetz etwas anderes bestimmt ist.

(2) [...]

## C. Lösung

1 Der Normenkontrollantrag hat Erfolg, wenn der Verwaltungsrechtsweg eröffnet und der Antrag zulässig sowie begründet ist.

### I. Zulässigkeit des Antrags[2]

#### 1. Verwaltungsrechtsweg

2 Wie sich aus dem Wortlaut des § 47 I VwGO („im Rahmen seiner Gerichtsbarkeit“) ergibt, muss auch beim Normenkontrollantrag der Verwaltungsrechtsweg (§ 40 I 1

[1] **Beachte:** Zu den Auswirkungen der Föderalismusreform (2006) auf die Gesetzgebungskompetenz für das „Recht des Ladenschlusses“ vgl. die WuV-Frage Nr. 1 im Anhang zu diesem Fall.

[2] **Beachte:** Die Punkte *Eröffnung des Verwaltungsrechtswegs* und *zuständiges Gericht* werden beim Normenkontrollverfahren gem. § 47 VwGO im Rahmen der *Zulässigkeit* geprüft. Im Unterschied zu den sonstigen Klagearten, bei denen im Falle des Nichtvorliegens einer oder sogar beider Voraussetzungen die jeweilige Klage nicht als unzulässig abgewiesen, sondern von Amts wegen in den richtigen Rechtsweg bzw. an das zuständige Gericht verwiesen wird (§ 17a II GVG i.V.m. § 173 VwGO und § 83 VwGO i.V.m. § 17a II GVG; vgl. dazu Fall 3), ist eine solche Verweisung hier nicht möglich, weil nur das Verwaltungs-

VwGO) eröffnet sein. Vorliegend geht es um eine öffentlich-rechtliche Streitigkeit über die Wirksamkeit einer ladenschlussrechtlichen Verordnung der Stadt W. Dieser Streitgegenstand ist nicht verfassungsrechtlicher Art; auch eine besondere Rechtswegzuweisung besteht nicht.[3]

### 2. Zuständiges Gericht

Zuständiges Gericht ist gem. § 47 I VwGO der *BayVGH* in München (vgl. § 184 VwGO, Art. 1 I BayAGVwGO). 3

### 3. Statthaftigkeit

Das Oberverwaltungsgericht/Verwaltungsgerichtshof (vgl. § 184 VwGO) entscheidet im Verfahren nach § 47 VwGO über Satzungen nach dem BauGB (§ 47 I Nr. 1 VwGO) oder über die Gültigkeit von Rechtsvorschriften im Rang unter dem Landesgesetz, sofern das Landesrecht dies – wie in Bayern – bestimmt (§ 47 I Nr. 2 VwGO; Art. 5 S. 1 BayAGVwGO).[4] Vorliegend wendet sich der Antragsteller gegen eine ladenschlussrechtliche Verordnung der Stadt W, die auf der Grundlage des § 14 I 2 BLadSchlG erlassen worden ist. Die Stadt W nimmt durch den Erlass der Verordnung die ihr als Gemeinde übertragenen Aufgaben (§ 2 LSchlV) wahr (vgl. Art. 8 BayGO), so dass es sich bei der Verordnung um eine Rechtsvorschrift im Range unter dem förmlichen Landesgesetz handelt. Die angegriffene Verordnung ist ortsüblich bekannt gemacht worden, also bereits verkündet. Damit liegt eine bereits „erlassene“ Rechtsvorschrift vor, wie es § 47 I VwGO erfordert.[5] Der Antrag ist folglich statthaft. 4

### 4. Antragsbefugnis

Nach § 47 II 1 VwGO ist jede natürliche oder juristische Person antragsbefugt, die geltend macht, durch die Rechtsvorschrift oder deren Anwendung in ihren Rechten verletzt zu sein oder in absehbarer Zeit verletzt zu werden.[6] 5

---

prozessrecht ein Normenkontrollverfahren kennt (vgl. *Kopp/Schenke,* VwGO, § 41 Rn. 2c m. w. N.). Die Verweisung in einen anderen Rechtsweg ist deshalb gar nicht möglich. Das OVG muss deshalb eine Streitigkeit, die nicht von § 40 I 1 VwGO erfasst wird, als unzulässig abweisen.

[3] **Beachte:** Bei bußgeldbewehrten Verordnungen ist allerdings zu berücksichtigen, dass eine Regelung, die den Bußgeldtatbestand betrifft, nicht Gegenstand einer Normenkontrolle vor den Verwaltungsgerichten sein kann. Denn aus der Bußgeldregelung als solcher ergeben sich keine öffentlich-rechtlichen Streitigkeiten. Allenfalls können in Anwendung der Regelung ergangene Bußgeldbescheide Streitgegenstand sein, über deren Rechtmäßigkeit allerdings die ordentlichen Gerichte zu entscheiden haben; vgl. *Würtenberger,* VerwPrR, Rn. 441.

[4] **Beachte:** In den Fällen des § 47 I Nr. 2 VwGO bleibt es den Ländern überlassen, ob eine entsprechende Regelung im Wege der Normenkontrolle überprüfbar sein soll; vgl. dazu *Kopp/Schenke,* VwGO, § 47 Rn. 23 ff. In NRW ist dies nicht vorgesehen.

[5] **Beachte:** Die Normenkontrolle ist nur gegen bereits erlassene Rechtsvorschriften statthaft; die Rechtsvorschrift muss allerdings noch nicht in Kraft getreten sein. Gegen eine bereits verkündete Rechtsvorschrift ist die Normenkontrolle auch dann statthaft, wenn die Parteien gerade um die Wirksamkeit der Bekanntmachung streiten, vgl. *Kopp/Schenke,* VwGO, § 47 Rn. 15.

[6] **Beachte:** Nach der früheren Rechtslage musste der Antragsteller einen bloßen „Nachteil“ behaupten. Nunmehr muss der Antragsteller eine subjektive Rechtsverletzung ähnlich der Klagebefugnis in § 42 II VwGO geltend machen können; vgl. *Hufen,* VerwPrR, § 19 Rn. 19 ff.; *Kopp/Schenke,* VwGO, § 47 Rn. 43 ff. Ist Antragsteller eine Behörde, ist eine

### a) Drittschutz des BLadSchlG

6 Als Verkaufsangestellter eines Einzelhandelsbetriebes ist der Antragsteller G Angehöriger des Personenkreises, dessen Schutz nach gefestigter einhelliger Rechtsprechung einer der Zwecke des Ladenschlussgesetzes ist.[7] Der Antragsbefugnis des G gegen die ladenschlussrechtliche Regelung steht auch nicht entgegen, dass die strittige ladenschlussrechtliche Verordnung unmittelbar nur die Offenhaltung von Verkaufsstellen zu bestimmten Zeiten ermöglicht, die unmittelbare Betroffenheit der Arbeitnehmer aber noch von der Entschließung des jeweiligen Arbeitgebers abhängt, sein Ladengeschäft während der jeweiligen Zeiten tatsächlich offen zu halten und damit den betreffenden Arbeitnehmer in dieser Zeit einzusetzen.[8]

### b) „Büchertag in W“ (9. November 2008)

7 Allerdings ist G in Bezug auf die Ladenöffnungszeit am 9. November nicht antragsbefugt, weil er nach seinem Vortrag an diesem Tag nicht zur Arbeit herangezogen werden soll.[9] Damit ist G von der betreffenden ladenschlussrechtlichen Regelung in § 1 der von der Stadt W erlassenen Verordnung rechtlich nicht betroffen.[10] Seine Betroffenheit ergibt sich auch nicht aus dem Umstand, dass er auch andere Vorschriften der Rechtsverordnung angegriffen hat. Jede ladenschlussrechtliche Regelung der Verordnung ist vielmehr in jedem einzelnen Fall isoliert zu betrachten, d.h. für jede Regelung ist gesondert zu prüfen, ob der Antragsteller antragsbefugt ist.

### c) „Weihnachtsmarkt in W“ (7. Dezember 2008)

8 Die Antragsbefugnis des G ist aber gegeben hinsichtlich der Veranstaltung am 7. Dezember 2008. G könnte an diesem Tag wegen der verlängerten Arbeitszeiten zu Mehrarbeit herangezogen werden. Daher ist er durch die ladenschlussrechtliche Regelung zumindest in seiner allgemeinen Handlungsfreiheit (Art. 2 I GG) betroffen.

---

Rechtsverletzungsbehauptung allerdings nicht erforderlich. Zur Antragsbefugnis der Evangelisch-lutherischen Landeskirche Sachsen für einen Normenkontrollantrag (§ 47 VwGO) gegen eine Ladenöffnungs-Verordnung der Stadt Leipzig vgl. *OVG Bautzen* GewArch. 2008, 368.

[7] BVerfGE 111, 10 (11ff.) = NJW 2004, 2363 (2364ff.) = GewArch. 2004, 289 (290ff.); *BVerwG* NJW 1999, 1576; *BayVGH* GewArch. 1999, 170; *BayVGH* BayVBl. 2000, 695; *OVG Koblenz* GewArch. 2000, 495; *Kämmerer/Thüsing*, GewArch. 2006, 266 (269). Zur Klagebefugnis eines Arbeitnehmers gegen einen Feststellungsbescheid, der Sonntagsarbeit zulässt, s. *BVerwG* NZA 2000, 32 = NJW 2001, 843 (LS). Zum Konkurrenzschutz im Ladenschlussrecht siehe noch *Wallerath*, NJW 2001, 781ff.

[8] *BVerwG* NJW 1999, 1567; *OVG Koblenz* GewArch. 2000, 495; *Tegebauer*, GewArch. 2004, 321 (326).

[9] So *VGH Mannheim* GewArch. 2001, 81; vgl. zur vereinzelt vertretenen Gegenansicht, wonach der Arbeitgeber nicht mittelbar über die verwaltungsgerichtliche Antragsbefugnis des Arbeitnehmers verfügen können dürfe, *OVG Bremen* NVwZ-RR 2005, 814f. = NordÖR 2005, 77f.; zu dieser Entscheidung *Tegebauer*, GewArch. 2007, 49 (52).

[10] **Beachte:** Aus der Erweiterung der geschäftlichen Dispositionsbefugnis durch Ausweitung der Ladenöffnungszeiten gem. § 14 BLadSchlG kann ein konkurrierender Gewerbetreibender keine Rechtsverletzung i.S.d. § 47 II 1 VwGO herleiten, vgl. *OVG Lüneburg* GewArch. 2001, 259. S. ferner zur fehlenden Antragsbefugnis im Verfahren nach § 47 VI VwGO *OVG Lüneburg* GewArch. 2001, 260.

**Zwischenergebnis:** Der Normenkontrollantrag ist in Bezug auf die ladenschlussrechtliche Regelung für den 9. November wegen fehlender Antragsbefugnis bereits unzulässig. Im Übrigen ist die Antragsbefugnis gegeben.

### 5. Frist

Die nach § 47 II 1 VwGO einzuhaltende Antragsfrist von einem Jahr ab Bekanntmachung der Rechtsvorschrift (also nicht ab Inkrafttreten!) wurde eingehalten. 9

### 6. Antragsgegner

Antragsgegner im Normenkontrollverfahren ist die Körperschaft, die die Rechtsvorschrift erlassen hat, vorliegend also die Stadt W (vgl. § 47 II 2 VwGO).[11] 10

### 7. Beteiligten- und Prozessfähigkeit

#### a) Beteiligtenfähigkeit

G ist als natürliche Person im Normenkontrollverfahren beteiligtenfähig (§ 47 II 1, 1. Alt. VwGO).[12] Die Antragsgegnerin, die Stadt W, ist als Gebietskörperschaft gemäß § 47 II 2, 1. Alt. VwGO i. V. m. Art. 1 BayGO beteiligtenfähig. 11

#### b) Prozessfähigkeit

G ist gemäß § 62 I Nr. 1 VwGO im Normenkontrollverfahren prozessfähig. Er ist zudem ordnungsgemäß anwaltlich vertreten; dies ist hier deshalb bedeutsam, weil vor dem Verwaltungsgerichtshof/Oberverwaltungsgericht anwaltlicher Vertretungszwang besteht (§ 67 IV VwGO). Für die Antragsgegnerin, die Stadt W, tritt im Verwaltungsprozess der Bürgermeister auf (§ 62 III VwGO i. V. m. Art. 38 I BayGO). 12

### 8. Form

Von der Einhaltung der Formalien (§§ 81 I 1, 82 VwGO) bei der Stellung des Antrags (§ 47 I VwGO) ist auszugehen. 13

### 9. Prüfungsvorbehalt

Gem. § 47 III VwGO kontrolliert das Gericht die angegriffene Rechtsvorschrift nicht auf ihre Vereinbarkeit mit Landesrecht, soweit gesetzlich vorgesehen ist, dass die Rechtsvorschrift ausschließlich durch das Verfassungsgericht des Landes überprüft wird. Insoweit besteht in Bayern ein Prüfungsmonopol des Bayerischen Verfassungsgerichtshofes hinsichtlich der Vereinbarkeit von Rechtsvorschriften mit Grundrechten der BV (vgl. Art. 98 S. 4 BV).[13] Demnach kann der BayVGH die Verordnung 14

---

[11] **Beachte:** Im Normenkontrollverfahren ist hinsichtlich der passiven Prozessführungsbefugnis § 47 II 2 VwGO die speziellere Regelung gegenüber § 78 I Nr. 1 VwGO. Letztere gilt ohnehin grds. nur für Anfechtungs- und Verpflichtungsklagen. Dennoch ist angesichts der gleichartigen Regelungsmaterie der beiden Normen zu beachten, dass diejenigen Bearbeiter, die in § 78 I Nr. 1 VwGO eine Regelung der Passivlegitimation sehen, die Frage des richtigen Antragsgegners gem. § 47 II 2 VwGO konsequenterweise in der Begründetheit prüfen müssen. Zur Frage, ob § 78 I Nr. 1 VwGO eine Regelung der Passivlegitimation oder der passiven Prozessführungsbefugnis darstellt, s. Fall 3.

[12] **Beachte:** Als spezielle Regelung der Beteiligtenfähigkeit geht § 47 II 1 VwGO der allgemeinen Vorschrift des § 61 VwGO vor.

[13] **Beachte:** Von dem Vorbehalt zugunsten der Verfassungsgerichtsbarkeit haben die Länder in unterschiedlicher Weise Gebrauch gemacht. Vgl. dazu *Kopp/Schenke,* VwGO, § 47 Rn. 95 ff.

nicht auf die Vereinbarkeit mit der allgemeinen Handlungsfreiheit des Art. 101 BV prüfen. Letztlich wirkt sich dieser Prüfungsvorbehalt allerdings nicht aus, da sich G auf das inhaltsgleiche Grundrecht der allgemeinen Handlungsfreiheit nach Art. 2 I GG berufen kann. Insoweit ist die Zuständigkeit des *BayVGH* nicht eingeschränkt.

**Zwischenergebnis:** Der Normenkontrollantrag ist nur zulässig, soweit er sich auf den Weihnachtsmarkt am 7. Dezember 2008 bezieht. Im Übrigen ist er unzulässig.

### III. Begründetheit des Antrags

15 Der Normenkontrollantrag ist begründet, wenn die (zulässigerweise) angegriffenen Rechtsvorschriften der Ladenschlussverordnung gegen höherrangiges Recht verstoßen. Der Verwaltungsgerichtshof erklärt die entsprechenden Vorschriften dann für unwirksam (§ 47 V 2 VwGO).[14]

#### 1. Ermächtigungsgrundlage (Verordnungsermächtigung)

16 Die Rechtsverordnung der Stadt W hat Eingriffscharakter, weil sie mit der Regelung erweiteter Öffnungszeiten von Verkaufsstellen jedenfalls in die allgemeine Handlungsfreiheit des Antragstellers eingreift, soweit er von den Ladenschlusszeiten betroffen ist. Die Verordnung bedarf deshalb einer formell gesetzlichen Grundlage (vgl. Art. 80 I GG, Art. 55 Nr. 2 S. 3 BV). Als Ermächtigungsgrundlage für die Rechtsverordnung der Stadt W kommt vorliegend § 14 I BLadSchlG in Betracht. Bedenken gegen die Vereinbarkeit dieser gesetzlichen Vorschrift mit höherrangigem Recht (Verfassungsrecht) bestehen nicht.[15]

#### 2. Übereinstimmung der Rechtsverordnung mit der Ermächtigungsgrundlage

17 Die Rechtsverordnung müsste von ihrer gesetzlichen Ermächtigung gedeckt sein. Hierzu muss die Rechtsverordnung formell und materiell rechtmäßig erlassen worden sein.

##### a) Formelle Rechtmäßigkeit der Verordnung

##### aa) Zuständigkeit

18 Die Stadt W müsste zunächst für den Erlass der ladenschlussrechtlichen Verordnung zuständig gewesen sein. Nach § 14 I 2 BLadSchlG werden von § 3 I Nr. 1 BLadSchlG abweichende Ladenöffnungszeiten von den Landesregierungen oder von den von ihnen bestimmten Stellen durch Rechtsverordnung bestimmt. Letztere

---

[14] **Beachte:** Bis zur Novellierung im Zuge des EuroparechtsanpassungsG Bau (EAG Bau) mit Wirkung zum 20. 7. 2004 (vom 24. 6. 2004, BGBl. I, S. 1359) unterschied § 47 V VwGO zwischen der Nichtigerklärung und der Unwirksamkeitserklärung durch das Gericht. Nunmehr sieht § 47 V 2 VwGO einheitlich die Unwirksamkeitserklärung vor, so dass bei der Formulierung des Tenors grundsätzlich nicht mehr unterschieden wird, ob die Norm auf Dauer unwirksam ist oder die Mängel im Zuge eines ergänzenden Verfahrens behoben, vgl. § 214 IV BauGB, oder durch Zeitablauf unbeachtlich werden können, § 215 BauGB. Vgl. hierzu *Kopp/Schenke*, VwGO, § 47 Rn. 120ff.

[15] **Beachte:** In der Klausur besteht für den Bearbeiter Anlass zur Prüfung der Rechtmäßigkeit/Verfassungsmäßigkeit der gesetzlichen Ermächtigung nur dann, wenn dies im Sachverhalt ausdrücklich problematisiert ist. Ansonsten kann ohne weiteres von der Rechtswirksamkeit der gesetzlichen Ermächtigung ausgegangen werden. Zur Verfassungsmäßigkeit des § 14 BLadschlG siehe die WuV-Frage Nr. 3 im Anhang zu diesem Fall.

sind in Bayern die Gemeinden (§ 2 LSchlV). Die Stadt W hatte deshalb die Verbandskompetenz zum Erlass der entsprechenden Verordnung (vgl. Art. 8 BayGO). Innerhalb der Stadt liegt die Organkompetenz beim Stadtrat, da Rechtsverordnungen von diesem zu erlassen sind (vgl. Art. 42 I LStVG). Diese Kompetenz ist nicht übertragbar.[16] Somit war die Stadt W für den Erlass der ladenschlussrechtlichen Regelung zuständig.

### bb) Verfahren

Die Verordnung müsste auch in einem ordnungsgemäßen Verfahren erlassen worden sein. Dies setzt zunächst eine ordnungsgemäße Beschlussfassung im Stadtrat voraus (Art. 45ff. BayGO). Für eine ordnungsgemäße Beschlussfassung ist eine ordentliche Ladung sämtlicher Stadtratsmitglieder erforderlich (Art. 46 II 2 BayGO). Vorliegend wurde gegen diese Ladungsvorschrift verstoßen, da ein Gemeinderatsmitglied nicht geladen worden war. Allerdings ist dieser Verstoß unbeachtlich, da das Gemeinderatsmitglied tatsächlich zur Gemeinderatssitzung erschienen ist und rügelos an der Abstimmung teilgenommen hat. 19

Auch ist eine (ortsübliche) Bekanntmachung der Rechtsverordnung in der örtlichen Tageszeitung erfolgt (vgl. Art. 51 LStVG).

**Zwischenergebnis:** Die ladenschlussrechtliche Verordnung der Stadt W ist formell ordnungsgemäß zustande gekommen.

### b) Materielle Rechtmäßigkeit der Verordnung

Die Verordnung müsste auch inhaltlich mit ihrer gesetzlichen Ermächtigung übereinstimmen und darf nicht gegen (sonstiges) höherrangiges Recht verstoßen. Die materielle Rechtmäßigkeit der Verordnung richtet sich insbesondere nach § 14 I 1, II, III BLadSchlG. Danach dürfen Verkaufsstellen abweichend von § 3 I Nr. 1 BLadSchlG aus Anlass von Messen oder ähnlichen Veranstaltungen an jährlich höchstens vier Sonn- und Feiertagen außerhalb des Dezembers über eine Dauer von höchstens fünf zusammenhängenden Stunden bis spätestens 18 Uhr geöffnet sein. 20

### aa) „Büchertag in W“ (9. November 2008)[17]

Der für den 9. November vorgesehene „Büchertag in W“ erfüllt nicht die Voraussetzungen einer abweichenden Ladenschlussregelung im Sinne von § 14 BLadSchlG. Der „Büchertag in W“ ist nicht aus Anlass von „Märkten oder Messen“ zugelassen, da es nach dem Sachverhalt an der erforderlichen gewerberechtlichen Festsetzung fehlt (§ 69 GewO).[18] Daher wäre eine Verlängerung der Ladenöffnungszeit an die- 21

---

[16] *Schmidt-Aßmann/Röhl,* in: Schmidt-Aßmann/Schoch, BesVerwR, 1. Kap. Rn. 68f. Die gesetzliche Kompetenzverteilung hinsichtlich der Gemeindeorgane ist abschließend und verbindlich; vgl. *BayVGH* GewArch. 2004, 248 (249f.) = BayVBl. 2004, 494 (496).

[17] **Beachte:** Aufgrund der umfassenden Aufgabenstellung des Bearbeitervermerks, auf alle im Sachverhalt aufgeworfenen Rechtsfragen einzugehen, ist an dieser Stelle die Prüfung der materiellen Vereinbarkeit dieser Regelung mit § 14 BLadSchlG vorzunehmen, obwohl G insoweit gar nicht antragsbefugt ist (s.o.). Üblicherweise wird diese Vorgehensweise als „Hilfsgutachten“ bezeichnet, was allerdings eher missverständlich ist. Denn ein Rechtsgutachten, selbst wenn es eine gerichtliche Entscheidung *vorbereiten* soll (anders bei einem Urteilsentwurf), hat grundsätzlich alle relevanten Rechtsfragen zu erörtern, ohne dass deshalb von einem *Hilfs*gutachten gesprochen werden muss. S. dazu bereits die in der *Einleitung* dargestellten *Regeln für die Klausurbearbeitung.*

[18] Zu diesem Erfordernis s. *OVG Koblenz* GewArch. 2000, 495; *Frotscher/Kramer,* Wirtschaftsverfassungs- und Wirtschaftsverwaltungsrecht, Rn. 338.

sem Tag nur zulässig, wenn der „Büchertag in W" eine „ähnliche Veranstaltung" im Sinne von § 14 I 1 BLadSchlG wäre. Eine „ähnliche Veranstaltung" ist nur eine solche, die einen *beträchtlichen Besucherstrom* anzieht und aus diesem Grunde Anlass bietet, die Offenhaltung von Verkaufsstellen abweichend von § 3 I BLadSchlG freizugeben.[19] Nach dem Sachverhalt ist davon auszugehen, dass sich der „Büchertag in W" zwar mit einer Reihe von Aktionen an die Öffentlichkeit wendet, jedoch nur an einen kleinen Interessentenkreis. Damit fehlt es an dem für eine „ähnliche Veranstaltung" im Sinne des § 14 I 1 BLadSchlG erforderlichen beträchtlichen Besucherstrom, so dass nicht von einem ausreichenden Anlass auszugehen ist. Insoweit ist also die ladenschlussrechtliche Festsetzung rechtswidrig, weil sie nicht die gesetzliche Ermächtigung des § 14 I BLadSchlG beachtet.

**bb) „Weihnachtsmarkt in W" (7. Dezember 2008)**

22 Fraglich ist, ob die ladenschlussrechtliche Regelung in Bezug auf den Weihnachtsmarkt am 7. Dezember 2008 von der gesetzlichen Ermächtigung gedeckt ist. Hierbei handelt es sich zwar um einen gewerberechtlich festgesetzten Spezialitätenmarkt im Sinne von §§ 68, 69 GewO. Fraglich ist aber, ob ein hinreichender „Anlass" im Sinne von § 14 I BLadSchlG gegeben ist, der eine abweichende Regelung der Ladenöffnungszeiten erlaubt. Diesbezüglich ist zu beachten, dass § 14 I BLadSchlG nach seinem eindeutigen Wortlaut Ausnahmen von den allgemeinen Ladenschlusszeiten des § 3 I Nr. 1 BLadSchlG zulässt. Allerdings sieht § 14 III 1 BLadSchlG unmissverständlich vor, dass Sonn- und Feiertage im Dezember nicht freigegeben werden dürfen. Schließlich schützt Art. 140 GG i.V.m. Art 139 WRV Sonn- und Feiertage als Tage der Arbeitsruhe und der seelischen Erhebung. Die Adventssonntage im Dezember unterfallen sozusagen diesem Schutz in doppelter Hinsicht, indem sie sowohl als Sonn- als auch als Feiertage fungieren, denen traditionell in hohem Maße der Anspruch nach Besinnlichkeit und Ruhe zuteil wird. Eine hiervon abweichende Ausnahmeregelung lässt § 14 III 1 BLadSchlG nicht zu, was ohnehin mit nicht unerheblichen verfassungsrechtlichen Bedenken behaftet wäre.[20] Auch für die ladenschlussrechtliche Regelung der Öffnungszeiten aus Anlass des Weihnachtsmarktes ist infolge dessen die Verordnung der Stadt W nicht von der gesetzlichen Ermächtigung des § 14 I BLadSchlG gedeckt. Auch insoweit ist der Antrag des G folglich begründet.

**Ergebnis**

Der Normenkontrollantrag des G ist nur zulässig, soweit er sich auf den Weihnachtsmarkt am 7. Dezember 2008 bezieht. Soweit der Antrag zulässig ist, ist er in vollem Umfang begründet.

---

[19] *BVerwG* GewArch. 2003, 262 (263); *BayVGH* GewArch. 1989, 311; GewArch. 1999, 170; *OVG Lüneburg* GewArch. 1999, 426; GewArch. 2005, 44; *OVG Koblenz* GewArch. 2000, 495; *OVG Bremen* NVwZ-RR 2005, 814f. = NordÖR 2005, 77f. S. auch *VGH Mannheim* GewArch. 2001, 81ff.: Nicht die Veranstaltung selbst, sondern die Offenhaltung der Verkaufsstellen muss den Besucherstrom auslösen.

[20] **Beachte:** Auch wenn die Tätigkeit des Einkaufens dem Schutz des Art. 2 I GG unterfällt und die Verkaufsstelleninhaber sich hinsichtlich ihres Interesses auf möglichst unbegrenzte Ladenöffnung auf Art 12 I GG berufen können, dürfte der sonn- und feiertägliche Schutz der Arbeitsruhe aus Art. 140 GG i.V.m. Art 139 WRV jedenfalls während der Adventssonntage als Sonn- und Feiertage sowie aufgrund ihrer besonderen gesellschaftlichen Funktion als Zeit der Besinnung überwiegen.

## D. Wiederholungs- und Vertiefungsfragen

**Frage 1: Wie hat sich die Föderalismusreform des Jahres 2006 auf das Recht des Ladenschlusses ausgewirkt?**

Seit der sog. Föderalismusreform[21] steht die Gesetzgebungskompetenz für das „Recht des Ladenschlusses" gemäß Art. 74 I Nr. 11 GG grundsätzlich den Ländern zu. Einzig die bisher in § 17 BLadSchlG geregelte Materie betreffend die Arbeitszeit des Verkaufspersonals fällt in die Bundeskompetenz aus Art. 74 I Nr. 12 GG, da sich die Landeskompetenz für den Ladenschluss nicht kraft Sachzusammenhang oder kraft Annexkompetenz auf diesen Bereich erstrecken lässt. Bis auf den Freistaat Bayern haben alle anderen Länder auf Grundlage dieser geänderten Gesetzgebungskompetenzen eigene Ladenöffnungsgesetze erlassen und dadurch das LadSchlG des Bundes (BLadSchlG) außer Kraft gesetzt, Art. 125a I 2 GG. In Bayern gilt das BLadSchlG bis zu einer landesrechtlichen Regelung fort, vgl. Art. 125a I 1 GG. 23

**Frage 2: Wie ist der Sonn- und Feiertagsschutz verfassungsrechtlich verankert?**

Der Schutz des Sonntags und der Feiertage folgt verfassungsrechtlich aus Art. 140 GG i.V.m. Art. 139 WRV. Art. 139 WRV enthält eine institutionelle Garantie für den Sonntag und die gesetzlich anerkannten Feiertage. Während der Sonntag durch die Verfassung selber geschützt wird, bedürfen die Feiertage zunächst einer Festlegung durch den Gesetzgeber, der hierbei einen weiten Entscheidungs- und Gestaltungsspielraum hat. Er kann sowohl bisherige Feiertage abschaffen als auch neue Feiertage festlegen. Entscheidend ist lediglich, dass eine angemessene Anzahl von Feiertagen bestehen bleibt. 24

Der Zweck des Sonn- und Feiertagsschutzes ist in der Arbeitsruhe und der seelischen Erhebung der Bevölkerung zu sehen. Um diesen Zweck zu erreichen, bedarf es allerdings der einfachgesetzlichen Ausgestaltung des Sonn- und Feiertagsrechts. Einerseits muss der Gesetzgeber der Forderung, die Sonn- und Feiertrage als Tage der Arbeitsruhe auszugestalten, gerecht werden. Andererseits muss er die Bedürfnisse der Bürger an der seelischen Erholung beachten. Beide Ziele können oftmals im Gegensatz zueinander stehen, wenn z.B. die Freizeitgestaltung des Einen zwangsläufig mit Arbeit für einen Anderen verbunden ist.

**Frage 3: Ist § 14 BLadSchlG verfassungsgemäß?**

Die Verfassungsmäßigkeit des § 14 BLadSchlG wird ganz überwiegend bejaht. Zwar schützt Art. 140 GG i.V.m. Art 139 WRV Sonn- und Feiertage als Tage der Arbeitsruhe und der seelischen Erhebung nicht lediglich im Interesse der Religionsausübung, sondern auch zur Erholung und zum psychischen Ausgleich durch weltliche Aktivitäten, wozu auch das Einkaufen zählen kann. Der gesetzgeberische Gestaltungsspielraum wird als gewahrt angesehen, wenn die seelische Erhebung durch die Tätigkeit des Einkaufens, die dem Schutz des Art. 2 I GG unterfällt, und die Berufsfreiheit der Verkaufsstelleninhaber gegenüber dem sonn- und feiertäglichen Schutz der Arbeitsruhe aus Art. 140 GG i.V.m. Art 139 WRV nicht generell höher eingestuft werden, aber im Rahmen von Ausnahmeregelungen ein verhältnismäßiger 25

[21] Dazu bereits WuV-Frage Nr. 1 im Anhang zu Fall 6.

Ausgleich zwischen den widerstreitenden Verfassungsgütern gefunden wird.[22] Nach teilweise vertretener Ansicht[23] bildet Art. 140 GG i.V.m. Art. 139 WRV zudem eine verfassungsrechtliche Grenze, die einer generellen Abschaffung der Ladenschlussregelungen entgegensteht, jedenfalls sofern auch Sonn- und Feiertage von der Freigabe der Ladenöffnungszeiten betroffen sein sollten.

**Frage 4: Wann ist eine gewerbliche Tätigkeit an Sonn- und Feiertagen zulässig?**

26 Die wichtigsten gesetzlichen Vorgaben zur gewerblichen Tätigkeit an Sonn- und Feiertagen ergeben sich aus dem Ladenschlussrecht und den Sonn- und Feiertagsgesetzen der Länder.

27 Das Ladenschlussrecht betrifft lediglich gewerbliche Tätigkeiten, die dem Verkauf von Waren dienen. Die Gesetzgebungskompetenz für den Ladenschluss wurde durch die Föderalismusreform (2006) auf die Länder übertragen, von denen der überwiegende Teil nunmehr eigene Gesetze zum Ladenschluss erlassen hat, die das alte Ladenschlussgesetz des Bundes verdrängen (vgl. WuV-Frage Nr. 1). Sofern ein Bundesland von seiner Gesetzgebungskompetenz bisher keinen Gebrauch gemacht hat, gilt das alte Bundesrecht nach Art. 125a I 1 GG weiter fort. Auch wenn die bisher erlassenen Ladenschlussgesetze der Länder die Ladenöffnungszeiten werktags verlängerten oder gar ganz aufhoben, wurde das grundsätzliche Verbot der Öffnung von Läden an Sonntagen weitestgehend beibehalten.[24]

28 Für gewerbliche Tätigkeiten, die nicht als Verkauf von Waren i.S.d. Ladenschlussgesetze einzuordnen sind, sind vor allem die Sonn- und Feiertagsgesetze der Länder einschlägig. Diese sehen i.d.R. ein Verbot von Arbeiten vor, die geeignet sind, die äußere Ruhe des Sonn- bzw. Feiertages zu stören, sofern diese nicht besonders erlaubt sind (z.B. § 3 FTG NRW). In der Praxis führen diese Begriffe immer wieder zu Auslegungsschwierigkeiten, etwa bei der Frage, was als „Arbeit" zu bewerten ist. Insbesondere ist die Abgrenzung zu solchen Arbeiten schwierig, die der Freizeitgestaltung der Bevölkerung dienen. Beispiele sind das Betreiben einer automatischen Autowaschanlage, einer Videothek oder eines Sonnenstudios. Als Abgrenzungskriterium wird oftmals darauf abgestellt, ob es sich um eine üblicherweise an Werktagen und dem werktäglichen Gelderwerb zuzurechnende Tätigkeit handelt.[25]

29 Während der Betrieb einer Autowaschanlage[26] sowie einer Videothek[27] als Verstoß gegen die Sonn- und Feiertagsgesetze gewertet wurde, wurde dies bei Sonnenstudios[28] verneint. Anzumerken ist jedoch, dass eine ganze Reihe von Bundesländern in ihren Sonn- und Feiertagsgesetzen mittlerweile Ausnahmen für den Betrieb von Autowaschanlagen (z.B. § 2 III Nr. 5 BayFTG; § 4 III FTG Bbg.) bzw. Videotheken (z.B. § 4 II FTG Bbg.) vorsehen.

30 Eine aktuelle, von den Gerichten uneinheitlich beantwortete Frage betrifft die Zulässigkeit des Betriebs von sog. Automatenvideotheken an Sonn- und Feiertagen in

[22] Vgl. BVerfGE 111, 10 (14ff.) = NJW 2004, 2363 (2366ff.) = GewArch. 2004, 289 (295f.); *Tegebauer,* GewArch. 2007, 49 (53f.); *Droege,* GewArch. 2003, 406 (410ff.); *Webers,* GewArch. 2005, 60f.; *Frotscher/Kramer,* Wirtschaftsverfassungs- und Wirtschaftsverwaltungsrecht, Rn. 381ff.

[23] *Kingreen/Pieroth,* NVwZ 2006, 1221 (1225f.).

[24] Vgl. *Kingreen/Pieroth,* NVwZ 2006, 1221 (1221); *Tegebauer,* GewArch. 2007, 49 (52f.).

[25] *BVerwG* NVwZ 1993, 182 (184).

[26] *OVG Münster* NJW 1983, 2209 (2209f.).

[27] *BVerwG* NVwZ-RR 1995, 516 (516f.).

[28] *BVerwG* NVwZ 1993, 182 (182ff.).

Bundesländern, die keine Ausnahmevorschriften für Videotheken vorsehen. Einigkeit besteht zunächst weitestgehend darüber, dass auch in dem Betrieb einer Automatenvideothek eine Arbeit i.S.d. einschlägigen Sonn- und Feiertagsgesetze zu sehen ist.[29] Die Auffassungen gehen jedoch auseinander, ob diese Arbeit auch geeignet ist, die äußere Ruhe des Sonn- und Feiertages zu stören.[30] Nur wenn man letzteres Kriterium bejaht, liegt auch ein Verstoß gegen die entsprechenden Sonn- und Feiertagsgesetze vor.

## E. Wiederholungs- und Vertiefungshinweise

Zu den Auswirkungen der Föderalismusreform auf das Ladenschlussrecht:
*Schönleiter,* Föderalismusreform und Gewerberecht, GewArch. 2006, 371 (372); *Kämmerer/Thüsing,* Ladenschlussrecht und Arbeitszeitrecht, GewArch. 2006, 266; *Tegebauer,* Die Entwicklung des Ladenschlussrechts seit dem Jahr 2004, GewArch. 2007, 49 (49f.); *Höfling/Rixen,* Die Landesgesetzgebungskompetenzen im Gewerberecht nach der Föderalismusreform, GewArch. 2008, 1; *Frotscher/Kramer,* Wirtschaftsverfassungs- und Wirtschaftsverwaltungsrecht, Rn. 374ff. Zur Föderalismusreform und ihren Auswirkungen im Allgemeinen vgl. bereits WuV-Frage Nr. 1 im Anschluss an Fall 6.

Zum verfassungsrechtlich verankerten Sonn- und Feiertagsschutz:
*Morlok/Heinig,* Feiertag! Freier Tag? Die Garantie des Sonn- und Feiertagsschutzes als subjektives Recht im Lichte des Art. 139 WRV, NVwZ 2001, 846; *Webers,* Ladenschluss und Sonntagsschutz, GewArch. 2005, 60.

Zum Ladenschlussrecht:
*Kingreen/Pieroth,* Verfassungsrechtliche Grenzen einer Aufhebung der Ladenschlusszeiten, NVwZ 2006, 1121; *Kämmer/Thüsing,* Ladenschlussrecht und Arbeitszeitrecht – Zur Gesetzgebungshoheit für die Materien des Ladenschlussgesetzes nach der Föderalismusreform, GewArch. 2006, 266; *Kirste,* Flexibilisierung des Ladenschlusses zum Segen des Sonn- und Feiertagsschutzes, NJW 2001, 790; *Schmitz,* Die Ladenöffnung nach der Föderalismusreform, NVwZ 2008, 18.

Zur Erlaubnis des Betriebs einzelner Gewerbe an Sonn- und Feiertagen:
*BVerwG* NVwZ-RR 1995, 516 (Videothek); *BVerwG* NVwZ 1993, 182 (Sonnenstudio); *OVG Münster* NJW 1983, 2209 (Autowaschanlage); *VGH Mannheim* GewArch. 2007, 430 (Automatenvideothek); *VGH Mannheim* GewArch. 2008, 253 (Automatenvideothek); *BayVGH* NVwZ 2007, 1215 (Automatenvideothek); *OLG Düsseldorf* GewArch. 2008, 255 = GRUR-RR 2008, 16 (Automatenvideothek); *OLG Stuttgart* GewArch. 2008, 255 = GRUR-RR 2008, 17 (Automatenvideothek); *Humberg,* Automaten-Videotheken und DVD-Verleih-Automaten versus Sonn- und Feiertagsrecht – eine Analyse der aktuellen Rechtsprechung, GewArch. 2008, 233; *Mayen,* Der Betrieb von Bräunungsstudios an Sonn- und Feiertagen, NVwZ 1993, 645; *Möstl,* Öffnung von Videotheken und Autowaschanlagen an Sonntagen? – Der Schutz des Sonntags angesichts gewandelter Freizeitinteressen und einer angespannten Wirtschaftslage, GewArch. 2006, 9.

---

[29] *BayVGH* DVBl. 2007, 1052 (1052ff.); *OLG Düsseldorf* GRUR-RR 2008, 16 (17); *VGH Mannheim* NJW 2007, 1333 (1333f.).

[30] Für eine Öffnung von Automatenvideotheken an Sonn- und Feiertagen: *OLG Stuttgart* GRUR-RR 2008, 17 (17ff.); dagegen: *OLG Düsseldorf* GRUR-RR 2008, 16 (16f.).

# Fall 10: Ausschluss der „Box-Arena" von der Cranger Kirmes

## A. Inhalt

Fortsetzungsfeststellungsklage; Zulassung zu festgesetzter Veranstaltung gem. §§ 69ff. GewO; Auswahlgrundsatz „bekannt und bewährt"; verfassungsrechtliche Maßgaben für Auswahlentscheidung.

## B. Sachverhalt

Knut Klocke (K) ist Schausteller und betreibt auf Volksfesten eine „Kampf-Arena" für Boxveranstaltungen. Mitte Februar 2009 beantragte er bei der Stadt Herne (NRW) seine Zulassung zur „Cranger Kirmes" vom 7. bis 16. August 2009. In dem Antrag wies er u. a. darauf hin, er habe „für den Fall, dass ich bei der Cranger Kirmes berücksichtigt werde, insgesamt 32 Leute unter Vertrag." Die Cranger Kirmes ist ein Volksfest i. S. v. § 60b GewO und wird seit langer Zeit von der Stadt Herne (H) als „festgesetzte Veranstaltung" durchgeführt. Über die Zulassung der einzelnen Bewerber zu der Kirmes entscheidet das zuständige städtische Amt auf der Grundlage einer vom Gemeinderat erlassenen „Satzung für die Vergabe von Standplätzen auf der Cranger Kirmes" (Vergabesatzung). Nach Ziffer 5 der Satzung soll bei einer Überzahl von Bewerbern die Auswahl nach den Kriterien

- Neuheit (Ziff. 5.1)
- Attraktivität (Ziff. 5.2)
- Bewährung und Bekanntheit (Ziff. 5.3)

in der vorgesehenen Reihenfolge vorgenommen werden. Mit Bescheid vom 16. April 2009 lehnte der Oberbürgermeister von H (Amt für öffentliche Ordnung) den Zulassungsantrag des K ab. Er gab dem einzigen Mitbewerber Ludwig Listig (L), der ebenfalls ein Boxgeschäft betreibt, den Vorzug. In der Begründung heißt es, zu der Kirmes sei – wie in den Vorjahren – nur ein Boxgeschäft zugelassen worden. L sei schon seit 1992 mit seinem Geschäft auf der Cranger Kirmes vertreten, so dass er nach der einschlägigen Vergabesatzung als altbekannter und bewährter Beschicker grundsätzlich Vorrang vor K als Neubewerber habe. Deshalb könne, wie in den vergangenen fünf Jahren, auch diesmal eine Zulassung des K nicht erfolgen. Der Vorrang nach dem Kriterium „bekannt und bewährt" werde nach der Vergabesatzung nur durchbrochen, wenn der Neubewerber ein Geschäft betreibe, von dem anzunehmen sei, dass es eine besondere Anziehungskraft auf die Besucher ausübe und vom Typus her auf der Cranger Kirmes noch nicht vertreten gewesen sei (Neuheit) oder wenn das Geschäft des Neubewerbers wesentlich attraktiver als gleichartige Betriebe anderer Bewerber sei. Diese Voraussetzungen seien im Fall des K nicht erfüllt. Sein Boxgeschäft stelle weder eine absolute Neuheit dar, noch sei es wesentlich attraktiver als das seines Mitbewerbers. Die optische Gestaltung und die Programmgestaltung beider Geschäfte ließen wesentliche Unterschiede nicht erkennen.

Daraufhin erhebt K am 20. April 2009 Klage zum örtlich zuständigen Verwaltungsgericht Gelsenkirchen mit dem Antrag, den Bescheid vom 16. April 2009 aufzuheben und den Oberbürgermeister von H zu verpflichten, ihm (K) die Zulassung zur Cranger Kirmes 2009 zu erteilen. Die zuständige Kammer des Verwaltungsgerichts bestimmt den Termin zur mündlichen Verhandlung auf den 18. August 2009. Als K auf der Cranger Kirmes Rechtsanwalt Rudolf Rüstig (R) trifft, der sich sehr für den Fall interessiert, bittet er diesen um eine gutachtliche Stellungnahme zu den Erfolgsausichten der Klage und um etwaige Hinweise, falls eine Änderung seines Antrags erforderlich sei. Er (K) werde für die Kirmes 2010 wiederum einen Zulassungsantrag stellen.

**Bearbeitervermerk:** Erstellen Sie das Gutachten des R.

### Anhang

**Nordrhein-westfälisches Gesetz zur Ausführung der Verwaltungsgerichtsordnung (AGVwGO NRW) (Auszug)**

**§ 5 Beteiligtenfähigkeit; Klagegegner.** (1) Behörden sind fähig, am Verfahren vor den Gerichten der allgemeinen Verwaltungsgerichtsbarkeit beteiligt zu sein.

(2) Anfechtungsklagen und Verpflichtungsklagen sind gegen die Behörde zu richten, die den angefochtenen Verwaltungsakt erlassen oder den beantragten Verwaltungsakt unterlassen hat. Dies gilt nicht für Klagen im Sinne des § 52 Nr. 4 der Verwaltungsgerichtsordnung.

**§ 6 Vorverfahren.** (1) Vor Erhebung einer Anfechtungsklage bedarf es einer Nachprüfung in einem Vorverfahren abweichend von § 68 Abs. 1 Satz 1 der Verwaltungsgerichtsordnung nicht, wenn der Verwaltungsakt während des Zeitraums vom 1. November 2007 bis zum 31. Oktober 2012 bekannt gegeben worden ist. Vor Erhebung einer Verpflichtungsklage bedarf es einer Nachprüfung in einem Vorverfahren abweichend von § 68 Abs. 2 der Verwaltungsgerichtsordnung nicht, wenn die Ablehnung der Vornahme des Verwaltungsaktes innerhalb des in Satz 1 bezeichneten Zeitraumes bekannt gegeben worden ist.

(2)–(4) [...]

## C. Lösung

Die Klage des K hat Erfolg, wenn der Verwaltungsrechtsweg eröffnet und die Klage zulässig und begründet ist. 1

### I. Verwaltungsrechtsweg und zuständiges Gericht

#### 1. Verwaltungsrechtsweg

Der Verwaltungsrechtsweg ist gem. § 40 I 1 VwGO eröffnet, wenn es sich um eine öffentlich-rechtliche Streitigkeit nicht verfassungsrechtlicher Art handelt, die keinem anderen Gericht zugewiesen ist. Vorliegend geht es um die Zulassung als Schausteller zu einer gem. § 60b II GewO i. V. m. § 69 GewO festgesetzten Veranstaltung (Volksfest). Ein etwaiger Zulassungsanspruch des K könnte sich aus § 70 I GewO (Grundsatz der Marktfreiheit) ergeben.[1] Dann müsste es sich bei dieser Vorschrift um eine Norm des öffentlichen Rechts handeln. Das ist jedoch nur unter bestimmten Voraussetzungen der Fall. § 70 GewO gilt nämlich gleichermaßen für 2

---

[1] Allgemein zur Zulassung von Schaustellern nach den gewerberechtlichen Vorschriften s. *Pitschas,* BayVBl. 1982, 641 ff.; *Hösch,* GewArch. 1996, 402 ff.; *Heitsch,* GewArch. 2004, 225 ff.

öffentlich-rechtliche und privatrechtliche Veranstalter der in den §§ 64ff. GewO genannten und gem. § 69 GewO festgesetzten Messen, Ausstellungen und Märkte sowie Volksfeste (§ 60b II GewO). Zuordnungssubjekt dieser Vorschrift ist deshalb nicht zwangsläufig ein Träger hoheitlicher Gewalt. § 70 GewO entfaltet vielmehr eine hybride Rechtsnatur, die abhängig ist von der Rechtsnatur des Zulassungsverhältnisses zwischen Veranstalter und Teilnehmer.[2]

3 Die Ausrichtung eines traditionellen Volksfestes gehört zu den freien Selbstverwaltungsaufgaben einer Gemeinde. Diese Veranstaltungen können zwar, müssen aber nicht als öffentliche Einrichtungen nach Maßgabe der jeweiligen Gemeindeordnung betrieben werden.[3] Handelt es sich aber um eine öffentliche (gemeindliche) Einrichtung, dann geht damit grundsätzlich auch die Anwendung der Zweistufen-Theorie einher.[4] Danach sind die wesentlichen Entscheidungen, insbesondere über den Anspruch der Bewerber auf Zulassung, von der Gemeinde selbst in einer Handlungsform des öffentlichen Rechts zu treffen, während die Ausgestaltung der Beziehungen mit dem Beschicker (Benutzungsverhältnis) auch privatrechtlich erfolgen kann. Zu berücksichtigen ist hier, dass die Cranger Kirmes nicht nur eine festgesetzte Veranstaltung i.S.d. Gewerberechts ist, sondern darüber hinaus auch eine öffentliche Einrichtung der Stadt Herne gem. § 8 II GO NRW darstellt. Diese Vorschrift gehört dem öffentlichen Recht an, so dass eine sich darauf beziehende Streitigkeit öffentlich-rechtlichen Charakter besitzt.[5] Auch die weiteren Voraussetzungen des § 40 I 1 VwGO sind erfüllt.

### 2. Zuständiges Gericht

4 Sachlich zuständig im ersten Rechtszug ist das Verwaltungsgericht (vgl. § 45 VwGO). Laut Sachverhalt ist das Verwaltungsgericht Gelsenkirchen örtlich zuständig.[6]

## II. Zulässigkeit der Klage

### 1. Statthaftigkeit

#### a) Erledigung einer Verpflichtungssituation

5 Die von K begehrte Zulassung zur Kirmes ist ein Verwaltungsakt (vgl. § 35 S. 1 VwVfG), so dass als statthafte Klageart eine Verpflichtungsklage (§ 42 I, 2. Alt. VwGO) in Betracht kommt. Dies entspricht auch dem von K gestellten An-

---

[2] *VGH Kassel* NVwZ-RR 1994, 650 (651), unter Hinweis auf BT-Drs. 7/3859, S. 16 zu § 70 I GewO; *OLG Frankfurt* GewArch. 2007, 87.

[3] *VGH Kassel* DÖV 2008, 607 = JuS 2008, 925 m. Anm. von *Waldhoff; VG Freiburg* GewArch. 2001, 244 (245). Zu den sich aus der Qualifizierung als kommunale Einrichtung ergebenden rechtlichen Konsequenzen s. die WuV-Frage Nr. 4 im Anhang zu diesem Fall sowie die WuV-Frage Nr. 3 im Anhang zu Fall 11.

[4] *VGH Kassel* NVwZ-RR 1994, 650 (651); *VGH München* NVwZ 1999, 1122 (1123); *VG Augsburg* NVwZ-RR 2001, 468 (469); *VG Stuttgart* NVwZ 2007, 614 m.w.N. zur Rechtsprechung.

[5] **Beachte:** Zur Rechtsweg-Problematik s. noch die WuV-Frage Nr. 4 im Anhang zu diesem Fall.

[6] **Beachte:** Die örtliche Zuständigkeit bestimmt sich nach § 52 Nr. 5 VwGO i.V.m. § 1 II lit. d) AGVwGO NRW. Danach ist das Verwaltungsgericht Gelsenkirchen u.a. örtlich zuständig für das Gebiet der kreisfreien Stadt Herne (H).

trag.[7] Allerdings kann das Gericht eine Verpflichtung, K zur Cranger Kirmes 2009 zuzulassen, nicht mehr aussprechen, weil die Veranstaltung bereits durchgeführt worden ist.[8] Eine Verpflichtungsentscheidung wäre gegenstandslos; die Sache hat sich insoweit erledigt. Die Verpflichtungsklage ist unstatthaft.

Möglicherweise kann K aber seinen Verpflichtungsantrag in einen Feststellungsantrag umstellen. Dies ist keine Klageänderung und deshalb nicht an die besonderen Voraussetzungen des § 91 VwGO gebunden.[9] In Betracht kommt eine Fortsetzungsfeststellungsklage gem. § 113 I 4 VwGO unter der Voraussetzung, dass sich ein Verwaltungsakt nach Klageerhebung, aber vor der gerichtlichen Entscheidung erledigt hat. Die Vorschrift erfasst aber, wie sich aus ihrer systematischen Stellung ergibt, in ihrem unmittelbaren Anwendungsbereich allein die Konstellation, in der sich ein belastender Verwaltungsakt erledigt hat (Anfechtungssituation). Allerdings hat die Rechtsprechung den Anwendungsbereich des § 113 I 4 VwGO in mehrfacher Hinsicht im Wege der Analogie erweitert:[10] 6

- Die Fortsetzungsfeststellungsklage findet außer in der erledigten Anfechtungssituation auch Anwendung auf die erledigte Verpflichtungsklage, wenn die Erledigung nach Klageerhebung eingetreten ist (erste Analogie).[11] 7
- Sie findet außerdem dann Anwendung, wenn Erledigung bereits vor Klageerhebung eingetreten ist (zweite Analogie). Dies gilt sowohl für die Anfechtungs- als auch für die Verpflichtungssituation.[12] 8

---

[7] **Beachte:** Der Klageantrag des K enthält neben dem Verpflichtungsbegehren zwar das weitere Begehren, den Versagungsbescheid aufzuheben. Dies ist jedoch kein eigenständiger Antrag (Anfechtungsklage), sondern entspricht der weithin üblichen verwaltungsgerichtlichen Praxis. Ob diese Praxis rechtlich geboten ist, ist umstritten; vgl. *Kopp/Schenke,* VwGO, § 113 Rn. 179.

[8] **Beachte:** Ist ein entsprechender Verpflichtungsantrag erfolgreich, ist der Veranstalter verpflichtet, den Kläger entsprechend zu bescheiden. Hierbei kann sich der Veranstalter nicht darauf berufen, dass dem eine Erschöpfung der Platzkapazität entgegenstünde. Es obliegt dem Veranstalter, durch Vereinbarung von Widerrufsvorbehalten oder Kündigungsklauseln für diese Fälle vorzusorgen; vgl. *BVerfG* NJW 2002, 3691 f. Zu den sich hieraus ergebenden Schwierigkeiten bei Erfolg des Verpflichtungsantrags vgl. im Einzelnen *Hilderscheid,* GewArch. 2007, 129 ff.

[9] **Beachte:** Eine Klageänderung (§ 91 VwGO) liegt nur vor, wenn der *Streitgegenstand* während eines anhängigen Verfahrens durch Erklärung gegenüber dem Gericht geändert wird, nicht aber bei einer Umstellung des Klageantrags auf die richtige Klageart; vgl. *Hufen,* VerwPrR, § 36 Rn. 29; *Kopp/Schenke,* VwGO, § 91 Rn. 3. Das ergibt sich u. a. aus § 82 I 2 VwGO, wonach die Klage einen bestimmten Antrag enthalten *soll.* Ein bestimmter Antrag *muss* hingegen erst zum Zeitpunkt der letzten mündlichen Verhandlung vorliegen; vgl. *Kopp/Schenke,* VwGO, § 82 Rn. 10.

[10] Ausführliche Darstellung bei *Hufen,* VerwPrR, § 18 Rn. 39 ff.; *Pietzner/Ronellenfitsch,* Assessorexamen, § 11 Rn. 10 ff.; *Kopp/Schenke,* VwGO, § 113 Rn. 99 ff.; *Schenke,* JuS 2007, 697 ff.

[11] Vgl. *BVerwG* NVwZ 1992, 563; *OVG Bremen* NVwZ-RR 1994, 24; *Hufen,* VerwPrR, § 18 Rn. 43; *Würtenberger,* VerwPrR, Rn. 646.

[12] So bislang BVerwGE 12, 87 (90); 26, 161 (165); 49, 36 (39); 81, 226 (227), und die ganz h. M.; vgl. nur *Schenke,* VerwPrR, Rn. 325, 330; *Hufen,* VerwPrR, § 18 Rn. 42. Das *BVerwG* (E 109, 203/208 f. = NVwZ 2000, 63/64 = DVBl. 1999, 1660/1661 f.) stellt diese Rechtsprechung mittlerweile jedoch in Frage und tendiert zur Anwendung der allg. Feststellungsklage (§ 43 VwGO); zustimmend *OVG Lüneburg* NJW 2006, 391; ZfBR 2007, 693 (694 f.); *Wehr,* DVBl. 2001, 785 (787 ff.); *Lange,* SächsVBl. 2002, 53 (57 ff.); *Weber,* BayVBl. 2003, 488 (494). Zuletzt i. S. d. bisherigen Rechtsprechung: *VGH München* BayVBl. 2007, 373; *VGH Mannheim* VBlBW 2004, 214 (215); *OVG Münster* NWVBl. 2002, 354; *Ehlers,* Jura 2007, 179 (185). Ausführlich zu dieser „Neujustierung der Fortsetzungsfeststellungsklage": *Schenke,* JuS 2007, 697 ff.

9 Die Erweiterung des Anwendungsbereichs des § 113 I 4 VwGO ist gerechtfertigt durch die identische Interessenlage bei Anfechtungs- und Verpflichtungssituationen sowie der Überlegung, dass es häufig vom Zufall abhängt, ob Erledigung vor oder nach Klageerhebung eintritt.

10 Im vorliegenden Fall einer Erledigung der Verpflichtungssituation nach Klageerhebung ist eine Fortsetzungsfeststellungsklage (§ 113 I 4 VwGO analog) somit statthaft. Rechtsanwalt R wird K zu einer entsprechenden Umstellung seines Klageantrags raten. Im Übrigen ist davon auszugehen, dass auch der Kammervorsitzende seiner Hinweispflicht (vgl. § 86 III VwGO: Stellung „sachdienlicher Anträge") genügen wird.[13]

**b) Besonderes Feststellungsinteresse**

11 Gemäß § 113 I 4 VwGO ist die Fortsetzungsfeststellungsklage nur statthaft, wenn der Kläger ein berechtigtes Interesse an dieser Feststellung hat. Dieses besondere Feststellungsinteresse kann unter drei Gesichtspunkten anzunehmen sein:[14]

12 • bei einer *Wiederholungsgefahr*, soweit konkrete Anhaltspunkte dafür vorliegen, dass in absehbarer Zeit eine vergleichbare Situation wieder bevorsteht, in der die hier zu klärende Rechtsfrage erneut zur Entscheidung anstehen wird,

13 • bei einem *Rehabilitationsbedürfnis*, wenn die erledigte Maßnahme diskriminierende Wirkung für den Kläger hat, die auch im Zeitpunkt der gerichtlichen Entscheidung insbesondere die Menschenwürde, seine Grundrechte oder sein berufliches oder gesellschaftliches Ansehen erheblich beeinträchtigt,

14 • bei einer *Präjudizwirkung*, da das verwaltungsgerichtliche Urteil im Rahmen seiner materiellen Rechtskraft (vgl. § 121 VwGO) das über einen Schadensersatz- oder Entschädigungsanspruch entscheidende Zivilgericht rechtlich bindet.

15 Die Cranger Kirmes wird alljährlich veranstaltet. K hat sich in den letzten fünf Jahren bereits erfolglos um einen Standplatz als Schausteller bemüht und einen entsprechenden Antrag auch für das nächste Jahr angekündigt. Da eine Änderung der Zulassungsbedingungen durch H unter Aufgabe oder Modifizierung des Auswahlkriteriums „bekannt und bewährt" nicht zu erwarten ist, wird K mit hoher Wahrscheinlichkeit auch mit seinem neuen Antrag scheitern. Ein besonderes Feststellungsinteresse ist somit wegen der Wiederholungsgefahr gegeben.[15] Darüber hinaus hätte das verwaltungsgerichtliche Urteil auch Präjudizwirkung für einen nachfolgenden Schadensersatzprozess.[16]

K hat somit auch ein besonderes Feststellungsinteresse.

---

[13] **Beachte:** Zwar handelt es sich im vorliegenden Sachverhalt um eine *Konkurrenzsituation,* bei der *vor Erledigung* regelmäßig die Frage im Raum steht, ob der übergangene Bewerber neben einer Verpflichtungsklage auch die dem anderen Bewerber erteilte Zulassung anfechten muss (vgl. dazu Fall 11). Nach Erledigung fehlt für eine Fortsetzungsfeststellungsklage als „fortgesetzte" Anfechtungsklage aber jedenfalls das Rechtsschutzbedürfnis, weil die mit der ursprünglichen Anfechtungsklage verbundene Zielsetzung (Verhinderung der Bestandskraft der dem Dritten erteilten Zulassung) mit der Fortsetzungsfeststellungsklage nicht verfolgt werden kann und die zu klärenden Rechtsfragen im Verpflichtungs- und Anfechtungsbegehren identisch sind.

[14] S. dazu *Hufen,* VerwPrR, § 18 Rn. 47 ff.; *Pietzner/Ronellenfitsch,* Assessorexamen, § 18 Rn. 17 ff.; *Schenke,* JuS 2007, 697 (698).

[15] Vgl. *OVG Bremen* NVwZ-RR 1994, 24 (Bremer Freimarkt); *VGH München* NVwZ-RR 1991, 550; *VGH Mannheim* NVwZ-RR 1992, 132; *VG Würzburg* GewArch. 2003, 336; *VG Neustadt* GewArch. 2003, 339.

[16] **Beachte:** Die Präjudizwirkung des verwaltungsgerichtlichen Urteils ist für die Annahme des besonderen Feststellungsinteresses ausnahmsweise nicht hinreichend, wenn die Erledi-

## 2. Klagebefugnis

Bei der Prüfung der weiteren Sachurteilsvoraussetzungen ist zu berücksichtigen, dass die Fortsetzungsfeststellungsklage nichts anderes ist als die Fortsetzung der ursprünglichen Klage, wodurch trotz Erledigung eine Klärung der aufgeworfenen Rechtsfragen ermöglicht wird. Um eine Umgehung der besonderen Sachurteilsvoraussetzungen der ursprünglichen Klage durch die Fortsetzungsfeststellungsklage zu vermeiden, müssen deshalb grundsätzlich alle Zulässigkeitsvoraussetzungen der ursprünglich statthaften Klageart auch im Rahmen einer Fortsetzungsfeststellungsklage erfüllt sein.[17] 16

K muss gem. § 42 II VwGO analog behaupten, dass er durch die Versagung der Zulassung zur Kirmes in eigenen Rechten verletzt wird. Eine solche Verletzung muss zumindest möglich erscheinen. Ein Rechtsanspruch auf Zulassung, zumindest auf eine ermessensfehlerfreie Entscheidung, könnte sich hier aus § 70 I GewO ergeben (Grundsatz der Marktfreiheit), der subjektiv-rechtlichen Charakter besitzt und dessen persönlicher Schutzzweck (zumindest auch) den als Teilnehmer an der Veranstaltung in Betracht kommenden Unternehmern dient.[18] 17

## 3. Vorverfahren

Die erfolglose Durchführung eines Widerspruchsverfahrens gem. § 68 I i.V.m. II VwGO analog gehört grundsätzlich[19] ebenfalls zu den besonderen Sachurteilvoraussetzungen einer Fortsetzungsfeststellungsklage. Dies gilt allerdings dann nicht, wenn eine gesetzliche Ausnahme vorliegt, nach der das Widerspruchsverfahren entbehrlich ist (§ 68 I 2 VwGO). Eine entsprechende gesetzliche Ausnahme findet sich in der landesrechtlichen Vorschrift des § 6 I AGVwGO NRW[20], wonach das Vorverfahren im Sinne der §§ 68ff. VwGO entfällt, wenn der Verwaltungsakt während des Zeitraums vom 1. November 2007 bis zum 31. Oktober 2012 bekannt gegeben worden ist.[21] Hierunter fällt der streitgegenständliche Ablehnungsbescheid vom 16. April 2009. Einer der in § 6 II AGVwGO NRW abschließend aufgezählten Sonderfälle, für die weiterhin ein Vorverfahren obligatorisch ist, ist nicht einschlägig. 18

---

gung *vor* Klageerhebung eingetreten ist. Neben dem verwaltungsgerichtlichen Verfahren müsste der Kläger in jedem Fall noch ein zivilgerichtliches Schadensersatzverfahren anstrengen. Dann ist er aus prozessökonomischen Gründen allein auf die Möglichkeit der zivilgerichtlichen Klage zu verweisen. S. dazu *Hufen,* VerwPrR, § 18 Rn. 51; *Pietzner/Ronellenfitsch,* Assessorexamen, § 18 Rn. 20. Zur Unzulässigkeit der Fortsetzungsfeststellungsklage bei offensichtlicher Aussichtslosigkeit der Amtshaftungsklage s. *OVG Bremen* NVwZ-RR 1994, 24.

[17] *Hufen,* VerwPrR, § 18 Rn. 37; *Würtenberger,* VerwPrR, Rn. 641; ausführlich *Ehlers,* Jura 2001, 415 (420ff.).

[18] *AG Hannover* GewArch. 2007, 342 (343); *OLG Hamm* NWVBl. 1992, 448 (449). Ein Anspruch auf Schaffung oder Erweiterung von Kapazitäten besteht hingegen nicht, da diese Aspekte unter das Gestaltungsermessen des Veranstalters fallen, vgl. *Tettinger/Wank,* GewO, § 70 Rn. 37.

[19] **Beachte:** Umstritten ist, ob auch im Fall der Erledigung vor Klageerhebung, aber auch vor Ablauf der Widerspruchsfrist, ein Widerspruchsverfahren durchzuführen ist. Das wird vom *BVerwG* in st. Rspr. verneint; vgl. die Nachweise bei *Hufen,* VerwPrR, § 18 Rn. 55; *Kopp/Schenke,* VwGO, vor § 68 Rn. 2; § 68 Rn. 34; § 69 Rn. 8; § 73 Rn. 2, 9; § 113 Rn. 126f.

[20] Nordrhein-westfälisches Gesetz zur Ausführung der Verwaltungsgerichtsordnung (AG-VwGO NRW), Textsammlung von *Hippel/Rehborn,* Nr. 252.

[21] Vgl. dazu schon Fall 3 und *Kamp,* NWVBl. 2008, 41ff. Zur weitgehenden Abschaffung des Vorverfahrens im Freistaat Bayern s. Fall 5.

Letztendlich erfasst auch § 6 III 1 AGVwGO NRW die vorliegende Situation nicht, wonach für die Konstellation der Drittanfechtungsfälle ein Vorverfahren weiterhin eine zwingende Klagevoraussetzung darstellt, sofern dem Dritten nicht als Beteiligtem rechtliches Gehör eingeräumt wurde. Zudem greift diese Ausnahme für Entscheidungen nach der Gewerbeordnung ohnehin nicht ein (§ 6 III 2 Nr. 3 AGVwGO NRW). Die Durchführung eines Vorverfahrens ist daher jedenfalls gemäß § 6 I AGVwGO NRW nicht nur entbehrlich, sondern sogar unstatthaft.

### 4. Klagefrist

19 Die Einhaltung der Klagefrist für die Fortsetzungsfeststellungsklage gem. § 74 II VwGO i.V.m. § 74 I 2 VwGO analog ist unproblematisch, weil K im Rahmen seiner (ursprünglichen) Verpflichtungsklage diese Frist gewahrt hat.

### 5. Richtiger Klagegegner

20 Zu prüfen ist ferner, wer der richtige Klagegegner der Fortsetzungsfeststellungsklage ist. Grundsätzlich sind in NRW zumindest Anfechtungs- und Verpflichtungsklagen gem. § 78 I Nr. 2 VwGO[22] gegen die Behörde selbst zu richten, die den beantragten Verwaltungsakt unterlassen hat (sog. Behördenprinzip), sofern das Landesrecht dies bestimmt. Eine solche landesrechtliche Regelung enthält § 5 II 1 AGVwGO NRW. Es handelt sich um einen Fall der gesetzlichen Prozessstandschaft für den Rechtsträger (Gemeinde).[23]

21 Von Gesetzes wegen beschränkt ist diese Prozessstandschaft allerdings auf Anfechtungs- und Verpflichtungsklagen. Fraglich ist, ob das Behördenprinzip über den Wortlaut des § 5 II 1 AGVwGO NRW sowie entgegen der systematischen Stellung des § 78 VwGO (im Abschnitt über Anfechtungs- und Verpflichtungsklagen) auch im Rahmen der Fortsetzungsfeststellungsklage gilt. Insoweit ist eine analoge Anwendung der Vorschriften geboten, da die Fortsetzungsfeststellungsklage ihrem Wesen nach nichts anderes ist als die Fortführung der ursprünglichen Verpflichtungsklage.[24] Richtiger Klagegegner ist somit der Oberbürgermeister der Stadt H.

### 6. Beteiligten- und Prozessfähigkeit

#### a) Beteiligtenfähigkeit

22 K ist als natürliche Person beteiligtenfähig gem. § 61 Nr. 1, 1. Alt. VwGO. Problematisch ist allerdings die Beteiligtenfähigkeit auf der Beklagtenseite. In Betracht kommt sowohl die Stadt H als juristische Person (Gebietskörperschaft; vgl. § 61 Nr. 1, 2. Alt. VwGO) als auch der Oberbürgermeister von H gem. § 61 Nr. 3 VwGO. Von der in dieser Vorschrift enthaltenen Ermächtigung hat der Landesgesetzgeber durch § 5 I AGVwGO NRW Gebrauch gemacht. Der Bürgermeister – in kreisfreien Städten: Oberbürgermeister; vgl. § 40 II 2 GO NRW – ist gem. § 62 II 2, 3, § 63 I 1 GO NRW als Hauptverwaltungsbeamter die allgemeine Behörde der

---

[22] **Beachte:** Die Zuordnung des § 78 I Nr. 1 VwGO (passive Prozessführungsbefugnis oder Passivlegitimation) ist umstritten; vgl. *Hufen*, VerwPrR, § 12 Rn. 29ff., *Würtenberger*, VerwPrR, Rn. 599f. Hingegen ist § 78 I Nr. 2 VwGO ein klarer Anwendungsfall der Prozessstandschaft bzw. passiven Prozessführungsbefugnis; s. dazu bereits Fall 3.

[23] Vgl. *Kopp/Schenke*, VwGO, § 78 Rn. 10; *OVG Münster* NJW 1979, 1057 = DÖV 1979, 102 (103); *Würtenberger*, VerwPrR, Rn. 600.

[24] *Würtenberger*, VerwPrR, Rn. 601; *Kopp/Schenke*, VwGO, § 78 Rn. 1f.

Gemeinde.[25] Somit ist der Oberbürgermeister in diesem Rechtsstreit beteiligtenfähig.

**b) Prozessfähigkeit**

Die Prozessfähigkeit des K ergibt sich aus § 62 I Nr. 1 VwGO. Der Oberbürgermeister der Stadt H ist prozessfähig gem. § 62 III VwGO i. V. m. § 63 I 1 GO NRW. 23

**Zwischenergebnis:** Die Klage des K ist als Fortsetzungsfeststellungsklage zulässig.

**III. Besonderheiten des Verfahrens: Beiladung**

Möglicherweise ist der Mitbewerber L an dem Verfahren zu beteiligen. Das ist dann der Fall, wenn er beizuladen ist (vgl. § 63 Nr. 3 VwGO). Eine notwendige Beiladung des L setzt voraus, dass dieser an dem streitigen Rechtsverhältnis derart beteiligt ist, dass die Entscheidung auch ihm gegenüber nur einheitlich ergehen kann (vgl. § 65 II VwGO). Bei einer Verpflichtungsklage des K wäre L als unmittelbar Begünstigter einer nur einmal zu gewährenden Vergünstigung (Zulassung) notwendig beizuladen gewesen[26], weil ein gerichtliches Obsiegen des K gleichzeitig bedeutet hätte, dass L in Ermangelung weiterer Kapazitäten die Zulassung hätte versagt werden müssen. 24

Im Rahmen der Fortsetzungsfeststellungsklage ist die notwendige Beiladung des L problematisch, weil hier allenfalls die Feststellung der Rechtswidrigkeit der Auswahlentscheidung für die Kirmes 2009 in Rechtskraft erwächst.[27] Rechtliche oder tatsächliche Nachteile können insoweit für L nicht mehr entstehen, da diese Veranstaltung bereits durchgeführt und von ihm beschickt worden ist. Allerdings hätte eine stattgebende Entscheidung des Verwaltungsgerichts für L auch eine gewisse „Vorwirkung", weil damit die Feststellung verbunden wäre, die bisherigen Auswahlkriterien in einer Weise zu ändern, die unter Wegfall oder Modifizierung des Merkmals „bekannt und bewährt" zu einer Bevorzugung des K bei der nächsten Zulassungsentscheidung führen könnte. Deshalb ist L auch in diesem Verfahren notwendig beizuladen.

**IV. Begründetheit der Klage**

Die Fortsetzungsfeststellungsklage ist begründet, wenn die Ablehnung der Zulassung (Verwaltungsakt) rechtswidrig war und K dadurch in seinen Rechten verletzt wurde (vgl. § 113 I 4, V 1 VwGO analog). 25

**1. Rechtswidrigkeit der Versagung der Zulassung**

**a) Formelle Rechtmäßigkeit**

Hinsichtlich der formellen Rechtmäßigkeit bestehen keine Bedenken, zumal die Stadt H das Volksfest als „Angelegenheit der örtlichen Gemeinschaft" in eigener Verantwortung ausrichtet (freiwillige Selbstverwaltungsangelegenheit; vgl. Art. 28 II 1 GG, Art. 78 LVerf NRW, §§ 2, 8 GO NRW).[28] 26

---

[25] *Schmidt-Aßmann/Röhl*, in: Schmidt-Aßmann/Schoch, BesVerwR, 1. Kap. Rn. 77.

[26] S. *BVerwG* DVBl. 1984, 91; *Hufen*, VerwPrR, § 12 Rn. 8. Vgl. dazu auch Fall 11.

[27] Zur Erstreckung der materiellen Rechtskraft auf den Beigeladenen vgl. § 121 Nr. 1 VwGO (Beteiligte); *Kopp/Schenke*, VwGO, § 121 Rn. 23 ff.

[28] Vgl. *OVG Münster* NVwZ-RR 1993, 354; *Beljin/Micker*, JuS 2003, 660 (664). Deshalb war – bis zur weitgehenden Abschaffung des Widerspruchsverfahrens durch § 6 AGVwGO NRW – auch die Gemeinde selbst Widerspruchsbehörde gem. § 73 I 1 Nr. 3 VwGO.

**b) Materielle Rechtmäßigkeit**

**aa) Zulassungsanspruch wegen des Grundsatzes der Marktfreiheit (§ 70 I GewO)**

27 Als Rechtsgrundlage eines Zulassungsanspruchs des K kommt § 70 I GewO (Grundsatz der Marktfreiheit) in Betracht.

28 Voraussetzung ist, dass es sich bei der Cranger Kirmes um eine sog. festgesetzte Veranstaltung handelt.[29] Die Veranstaltung von Volksfesten unterfällt grundsätzlich den Vorschriften des Reisegewerbes (Titel III, §§ 55ff. GewO), nicht aber denen über das sog. Marktgewerbe (Titel IV, §§ 64ff. GewO).[30] Eine Legaldefinition des Volksfestes enthält § 60b I GewO. Allerdings finden einzelne Vorschriften über das Marktgewerbe aufgrund der Verweisung in § 60b II GewO Anwendung auch auf Volksfeste. Dazu gehört § 69 I GewO, der die Möglichkeit eröffnet, ein Volksfest „festzusetzen".[31] Das ist laut Sachverhalt bei der Cranger Kirmes geschehen. Es handelt sich somit um eine festgesetzte Veranstaltung i.S.v. § 70 I GewO.

29 Außerdem muss K dem Teilnehmerkreis der festgesetzten Veranstaltung angehören. Zum Teilnehmerkreis gehören generell die Schausteller, im konkreten Fall u.a. die Betreiber von Boxgeschäften. Die Beschränkungsregelung des § 70 II GewO findet deshalb hinsichtlich des Zulassungsgesuchs des K keine Anwendung. K hatte somit grundsätzlich einen Rechtsanspruch auf Zulassung zur Kirmes 2009.

**bb) Auswahlentscheidung aufgrund von Kapazitätsgrenzen (§ 70 III GewO)**

30 Allerdings bestand auf der Cranger Kirmes 2009 nur für ein Boxgeschäft die Möglichkeit der Zulassung. Gemäß § 70 III GewO kann der Veranstalter aus sachlichen Gründen, insbesondere wenn der zur Verfügung stehende Platz nicht ausreicht, einzelne Aussteller, Anbieter oder Besucher von der Teilnahme ausschließen. Das macht bei einer Kapazitätsbeschränkung eine Auswahlentscheidung zwischen den Bewerbern erforderlich. Die eigentlich gebundene Zulassungsentscheidung wandelt sich in eine Ermessensentscheidung.[32] Gemäß § 70 III GewO setzt der Ausschluss einzelner Bewerber jedoch das Vorliegen eines sachlich gerechtfertigten Grundes voraus.[33]

31 Aufgrund seines Marktgestaltungsrechts hat der Veranstalter, das sind insbesondere die Kommunen, die insoweit eine Art „Veranstaltungsmonopol" besitzen[34], die

[29] **Beachte:** Fehlt es an einer Festsetzung im Sinne des § 69 GewO, so kommt als Anspruchsgrundlage § 70 GewO nicht in Betracht. Der Zulassungsanspruch richtet sich in diesen Fällen in der Regel nach den landesrechtlichen Vorschriften der Gemeindeordnungen über die Zulassung zu gemeindlichen Einrichtungen. Vgl. dazu auch die WuV-Fragen Nr. 1 bis 3 im Anhang zu Fall 11.

[30] Zur gewerberechtlichen Einordnung von Volksfesten vgl. *Frotscher/Kramer,* Wirtschaftsverfassungs- und Wirtschaftsverwaltungsrecht, Rn. 339.

[31] **Beachte:** Die Festsetzung ist grundsätzlich als Verwaltungsakt zu qualifizieren. Zur Frage, ob etwas anderes gilt, wenn die Gemeinde nicht nur Veranstalter, sondern auch Festsetzungsbehörde ist, siehe die WuV-Frage Nr. 2 im Anhang zu diesem Fall.

[32] Vgl. *BVerwG* GewArch. 2006, 81; zu dieser Entscheidung *Hahn,* GewArch. 2007, 1 (4); *Guckelberger,* Jura 2007, 598 (606); vgl. auch *Heitsch,* GewArch. 2004, 225 (227).

[33] Zur ermessensbegrenzenden Funktion dieser Vorschrift vgl. *BVerwG* GewArch. 2006, 81; *BVerwG* NVwZ 1984, 585 = GewArch. 1984, 265 (266); *OVG Bremen* NVwZ-RR 1994, 24; *OVG Münster* NVwZ-RR 1994, 157; *OVG Lüneburg* NJW 2003, 531 (532).

[34] *Frotscher/Kramer,* Wirtschaftsverfassungs- und Wirtschaftsverwaltungsrecht, Rn. 338. Dieses „Veranstaltungsmonopol" besteht allerdings nicht mehr, sofern ein Privater die Aufgabe als Veranstalter besser und wirtschaftlicher wahrzunehmen vermag; vgl. *BVerwG* GewArch. 2006, 164; zu dieser Entscheidung *Hahn,* GewArch. 2007, 1 (4f.).

grundsätzliche Befugnis zur Ausgestaltung des Volksfestes (z.B. Festlegung des räumlichen Umfelds des Festes und des gewünschten Gesamtbildes sowie von Art und Zahl der einzelnen Attraktionen; Ablehnung gleichartiger Angebote zur Vermeidung eines eintönigen Erscheinungsbildes). Diesem Marktgestaltungsrecht sind bei der Auswahl unter mehreren gleichermaßen die generellen Zugangsvoraussetzungen erfüllenden Bewerbern aber verfassungs- und einfachgesetzliche Grenzen gesetzt. Die Vergabeentscheidung der Gemeinde zugunsten des L wirkt sich für K als Berufsausübungsregelung aus[35], die einer gesetzlichen Grundlage bedarf. Diese steht zwar mit § 70 III GewO zur Verfügung, ist jedoch ihrerseits im Lichte des Art. 12 I GG und unter Beachtung des allgemeinen Gleichheitssatzes (Art. 3 I GG) auszulegen.[36] Das Auswahlverfahren hat danach „objektiv, in der Wirkung nicht diskriminierend und für alle Beteiligten transparent" zu sein; die Kriterien müssen sachgerecht sein und sich am Grundsatz der Marktfreiheit orientieren.[37] Der Grundsatz der Marktfreiheit gebietet, dass Neubewerber nicht auf unabsehbare Zeit von der Veranstaltung ausgeschlossen werden dürfen. Vielmehr muss ihnen in einem erkennbaren zeitlichen Turnus eine Zulassungschance eingeräumt werden.[38]

Die Vergabesatzung[39] der Stadt H sieht eine Zulassungschance für einen Neubewerber nur vor, wenn er mit seinem Geschäft eine Neuheit bietet oder gegenüber den Altbeschickern ein attraktiveres Angebot bereithält. Dass diesen beiden Kriterien maßgebliche Bedeutung beigemessen wird, ist grundsätzlich nicht zu beanstanden.[40] Bei gleicher Attraktivität, wie im vorliegenden Sachverhalt, enthält das angewandte Auswahlkriterium aber keine gesicherte Zulassungschance eines Neubewerbers. Er ist vielmehr auf unabsehbare Zeit von einer Zulassung ausgeschlossen, wenn es ihm nicht gelingt, über das Merkmal „Neuheit" oder „Attraktivität" einen Vorteil gegenüber den privilegierten Altbeschickern zu erreichen. Dadurch erhält das Zulassungskriterium „bekannt und bewährt", das in einem gewissen Rahmen durchaus **32**

---

[35] Vgl. *AG Hannover* GewArch. 2007, 342 (343); *Huber,* Konkurrenzschutz im Verwaltungsrecht, 1991, S. 433; *Frotscher/Kramer,* Wirtschaftsverfassungs- und Wirtschaftsverwaltungsrecht, Rn. 351.

[36] Vgl. *BVerwG* GewArch. 2006, 81.

[37] *Frotscher/Kramer,* Wirtschaftsverfassungs- und Wirtschaftsverwaltungsrecht, Rn. 354.

[38] *BVerwG* GewArch. 2006, 81; *OVG Lüneburg* NJW 2003, 531 (532); *OVG Münster* NWVBl. 1991, 116 (117), im Anschluss an *BVerwG* GewArch. 1984, 265 (266) = NVwZ 1984, 585 = BayVBl. 1984, 599; *VGH Mannheim* GewArch. 1979, 335 (336); NVwZ-RR 1992, 132 (133); *OVG Bremen* GewArch. 1985, 386 (387); *VG Oldenburg* NVwZ-RR 2005, 127 (130f.); *Heitsch,* GewArch. 2004, 225 (228). Ob diese Rechtsprechung zum Grundsatz der Marktfreiheit auf die Zulassung zu öffentlichen Einrichtungen der Gemeinde (vgl. dazu Fall 11) übertragbar ist, ist umstritten; ablehnend *BVerwG* GewArch. 1984, 265 (266) = BayVBl. 1984, 599 = NVwZ 1984, 585 unter Bezugnahme auf *BVerwG* GewArch. 1982, 81. Vgl. zudem *VGH München* BayVBl. 1982, 656ff.

[39] Zur Frage der Organzuständigkeit innerhalb der Gemeinde (Bürgermeister oder Gemeinderat) für die abstrakte Festlegung der Auswahlkriterien s. WuV-Frage Nr. 5 im Anhang zu Fall 11.

[40] Vgl. *OVG Bremen* GewArch. 1980, 229 (230); NVwZ-RR 1994, 24; *OVG Münster* NVwZ-RR 1994, 157; *OVG Münster* NWVBl. 1991, 116 (117): „Größere Attraktivität ist stets ein sachgerechter Gesichtspunkt für die bevorzugte Vergabe der Standplätze auf einer Kirmes." Eine Auswahl nach dem Kriterium der Attraktivität wird dem Grundsatz der Marktfreiheit (§ 70 I GewO) in besonderem Maße gerecht, da die Anziehungskraft eines Geschäftes auf die Besucher ein Kriterium mit hoher Sachbezogenheit darstellt, kein Bewerber von vornherein ausgeschlossen und jedem im Rahmen eines von ihm zu beeinflussenden Faktors – der Steigerung der Anziehungskraft seines Geschäfts – eine gesicherte Zulassungschance eröffnet wird; so *VG Hannover* GewArch. 2009, 82 (83).

sachgerecht sein kann,[41] einen Stellenwert, der ihm im Hinblick auf die in § 70 I GewO garantierte Marktfreiheit nicht zukommt.[42] Die langjährige Teilnahme an früheren Veranstaltungen wird nämlich bei mehreren ansonsten völlig vergleichbaren und – was ihre Attraktivität angeht – gleichwertigen Geschäften zum allein ausschlaggebendem Merkmal. Die rechtlich maßgebliche Vergleichsgruppe bilden aber nicht die unterschiedlichen Beschicker, bei denen eine sachgerechte Auswahlentscheidung nach den Maßstäben „Neuheit" und „Attraktivität" getroffen werden kann, sondern diejenigen Geschäfte, die derartige Unterscheidungsmerkmale nicht aufweisen.[43]

Die für die Cranger Kirmes 2009 getroffene Auswahlentscheidung zu Lasten des K war somit ermessensfehlerhaft und rechtswidrig.

**2. Verletzung in subjektiven Rechten**

33 Durch die rechtswidrige Auswahlentscheidung wird K in seinen Rechten aus § 70 I GewO (Grundsatz der Marktfreiheit) und Art. 12 I GG i.V.m. Art. 3 I GG verletzt.

**Ergebnis**

Die Fortsetzungsfeststellungsklage ist zulässig und begründet.

## D. Wiederholungs- und Vertiefungsfragen

**Frage 1: Was ist unter Messe-, Ausstellungs- und Marktgewerbe zu verstehen?**

34 Messen, Ausstellungen und Märkte im Sinne der Gewerbeordnung (vgl. §§ 64ff. GewO) sind zeitlich beschränkte[44] (aber regelmäßig wiederkehrende) Verkaufs-, Vertriebs- oder Informationsveranstaltungen mit einer Vielzahl von Anbietern oder Ausstellern an einem bestimmten Ort.[45] Eine Definition der verschiedenen Veranstaltungen findet sich in den §§ 64 bis 68 GewO. Zu beachten ist, dass aufgrund der Änderungen im Rahmen der Föderalismusreform das Recht der Messen, der Ausstellungen und der Märkte, also der Titel IV der GewO, in die ausschließliche Gesetzgebungskompetenz der Länder übergegangen ist. Das alte Recht der §§ 64ff. GewO gilt allerdings bis zu einer Neuregelung in den einzelnen Bundesländern gemäß Art. 125a I 1 GG weiter fort.

---

[41] *OVG Bremen* NVwZ-RR 1994, 24. Das Merkmal der „Bewährtheit" kann als personenbezogenes Merkmal nur durch den jeweiligen Marktbewerber erfüllt und nicht etwa an ein betriebsübernehmendes Familienmitglied weitergegeben werden, vgl. *VG Braunschweig* GewArch. 2008, 125.

[42] **Beachte:** Die aus dem Grundsatz der Marktfreiheit resultierenden Schranken werden hierbei als Ermessensgrenzen relevant; vgl. *OVG Lüneburg* NVwZ-RR 2006, 177f.; NJW 2003, 531 (532). Deshalb haben Ortsansässige und Stammbeschicker keinen vorrangigen Zulassungsanspruch; vgl. *VG Braunschweig* GewArch. 2008, 125; *VG Minden* GewArch. 2008, 126.

[43] *OVG Münster* NWVBl. 1991, 116 (117). Zutreffend *VG Minden* GewArch. 2008, 126: „Eine Verwaltungsübung, bei der die Auswahl unter mehreren Bewerbern zur Zulassung zu einem Volksfest bei gleicher Attraktivität und Neuheit des Angebots wegen Platzmangels ausschließlich nach dem Grundsatz ‚bekannt und bewährt' erfolgt, wird dem in § 70 I GewO verankerten Grundsatz der Marktfreiheit nicht gerecht und ist deshalb ermessensfehlerhaft."

[44] Ausnahme: Großmärkte (§ 66 GewO).

[45] *Ziekow,* Öfftl. WirtR, § 10 Rn. 82.

**Frage 2: Was ist unter einer Festsetzung gem. § 69 GewO zu verstehen und welche Rechtsnatur hat sie? Welche rechtlichen Folgen ergeben sich aus der Festsetzung?**

a) Unter der Festsetzung i.S.d. § 69 GewO ist die Erlaubnis für einen Veranstalter zur Durchführung einer Messe, einer Ausstellung oder eines Marktes zu verstehen; außerdem können Volksfeste (§ 60b I GewO) festgesetzt werden (§ 60b II GewO i.V.m. § 69 GewO). Hierbei handelt es sich um einen begünstigenden Verwaltungsakt, der nur unter den in § 69a GewO genannten Gründen versagt werden darf. **35**

Ob auch dann ein begünstigender Verwaltungsakt vorliegt, wenn die Kommune selber Veranstalterin des Marktes etc. ist, ist umstritten.

aa) Teilweise wird dies unter Hinweis auf die fehlende Außenwirkung der Festsetzung verneint, wenn die jeweilige Gemeinde sowohl Veranstalterin als auch Festsetzungsbehörde ist.[46] **36**

bb) Die h.M.[47] stellt jedoch maßgeblich auf die Sicht der potentiellen Aussteller ab: Aus deren Sicht begründe die Festsetzung nach § 69 GewO ihre Rechte; eine externe Wirkung läge mithin vor, so dass auch von einem Verwaltungsakt auszugehen sei. Bejaht wird der Verwaltungsaktcharakter der Festsetzung zudem mit dem Argument, dass die Gemeinde bei der Festsetzung im Rahmen ihrer Pflichtaufgaben tätig wird, während sie als Veranstalterin freiwillig auf Grundlage ihres Selbstverwaltungsrechts gleich einem Privaten handelt.[48] **37**

Die besseren Argumente sprechen mithin für den Verwaltungsaktcharakter der Festsetzung auch in den Fällen, in denen die Gemeinde als Festsetzungsbehörde und Veranstalterin auftritt.

b) Für die Teilnehmer (auch *Beschicker* genannt) einer nach § 69 GewO festgesetzten Veranstaltung hat die Festsetzung eine Reihe rechtlicher Vorteile (sog. *Marktprivilegien*), was bedeutet, dass sie von etlichen, ihre Tätigkeit reglementierenden wirtschaftsverwaltungsrechtlichen Vorschriften ausgenommen sind. Dazu gehört, dass die Vorschriften von Titel II (Stehendes Gewerbe, u.a. §§ 14, 35 GewO) ebenso wenig Anwendung finden wie von Titel III (Reisegewerbe), weshalb insbesondere grundsätzlich keine Reisegewerbekartenpflicht besteht. Eine Ausnahme bilden allein Volksfeste (Reisegewerbekartenpflicht gem. § 60b II GewO i.V.m. § 55 II GewO). Daneben gelten für die Teilnehmer einer festgesetzten Veranstaltung besondere Vorschriften für die Abgabe von Speisen und Getränken (§ 68a S. 1 GewO) sowie für die Einhaltung des Ladenschlusses (§ 19 BLadSchlG). Ähnliches gilt für Vorschriften zum Recht der Arbeitszeit und des Jugendarbeitschutzes.[49] **38**

---

[46] *Ehlers,* in: Achterberg/Püttner/Würtenberger, BesVerwR I, § 2 Rn. 77 („verwaltungsinterner Organisationsakt"); *Widera,* VerwRsch. 1986, 17 (18); *Hösch,* GewArch. 1996, 402 (404).

[47] *Tettinger/Wank,* GewO, § 69 Rn. 43; *Wagner* in: Friauf, GewO, § 69 Rn. 36; *Steinweg,* GewArch. 2004, 101 (101ff.). Differenzierend *Frotscher/Kramer,* Wirtschaftsverfassungs- und Wirtschaftsverwaltungsrecht, Rn. 338: Bei Veranstaltungen der Gemeinden auf eigenen Grundstücken und in eigenen Räumen (z.B. Gemeindehalle) handele es sich um eine Allgemeinverfügung gem. § 35 S. 2 VwVfG, in allen anderen Fällen um einen klassischen Verwaltungsakt gem. § 35 S. 1 VwVfG.

[48] *VGH Kassel* NVwZ-RR 2003, 345 (346).

[49] S. dazu die Nachweise bei *Frotscher/Kramer,* Wirtschaftsverfassungs- und Wirtschaftsverwaltungsrecht, Rn. 337.

**Frage 3: Nach welcher Vorschrift richtet sich die Zulassung eines Teilnehmers zu einer festgesetzten Messe, einer Ausstellung oder einem Markt (§§ 64 ff. GewO) oder zu einem festgesetzten Volksfest (§ 60 b I, II GewO)?**

39 Die Zulassung eines Teilnehmers (Beschickers) zu einer der vorgenannten Veranstaltungen richtet sich, soweit die Veranstaltung gem. § 69 GewO festgesetzt worden ist, nach § 70 GewO. Demnach hat jedermann, der zum Teilnehmerkreis der festgesetzten Veranstaltung gehört, einen Anspruch auf Teilnahme (§ 70 I GewO). Dieser auch als *Marktfreiheit* bezeichnete Anspruch richtet sich an den Veranstalter. Eine Einschränkung erfährt der Zulassungsanspruch allerdings zum einen durch § 70 II GewO, wodurch der Veranstalter den Teilnehmerkreis auf bestimmte Aussteller-, Anbieter- oder Besuchergruppen beschränken kann. Zum anderen kann der Veranstalter nach § 70 III GewO einzelne Teilnehmer aus sachlichen Gründen ausschließen. Praktisch relevant ist dies vor allem bei beschränkter Kapazität der Veranstaltung.

**Frage 4: Auf welchem Rechtsweg ist der Zulassungsanspruch aus § 70 I GewO zu verfolgen?**

40 Für die gerichtliche Durchsetzung des Zulassungsanspruchs ist der Verwaltungsrechtsweg eröffnet, wenn es sich um eine öffentlich-rechtliche Streitigkeit (§ 40 I 1 VwGO) handelt. Das setzt voraus, dass der Zulassungsanspruch einen öffentlich-rechtlichen Anspruch darstellt.

41 a) Der öffentlich-rechtliche Charakter könnte sich bereits aus der systematischen Stellung des § 70 GewO im öffentlich-rechtlichen Regelungskontext (Gewerbeordnung) ergeben.[50] Maßgeblich ist jedoch weniger der Normkontext, sondern der konkrete Norminhalt des § 70 GewO. Dabei ist insbesondere zu berücksichtigen, dass an einem öffentlich-rechtlichen Rechtsverhältnis auf der einen Seite grundsätzlich ein Träger hoheitlicher Gewalt (öffentlich-rechtlicher Rechtsträger) beteiligt sein muss. Ist *Veranstalter*[51] ein *Privatrechtssubjekt*, dann fehlt es an dieser zwingenden Voraussetzung; das Rechtsverhältnis zwischen Privatrechtssubjekten (einerseits Veranstalter, andererseits Beschicker) kann dann nur dem Zivilrecht unterfallen.[52] Eröffnet ist dann der Zivilrechtsweg (§ 13 GVG).[53]

42 b) Ist der *Veranstalter* (Anspruchsgegner) jedoch ein *öffentlicher Hoheitsträger* (z.B. Gemeinde), dann ist zu beachten, dass dieser angesichts des Grundsatzes der Formenwahlfreiheit im Bereich der Leistungsverwaltung das Rechtsverhältnis zu den Beschickern sowohl öffentlich-rechtlich als auch privatrechtlich ausgestalten kann.

---

[50] So *Lässig*, NVwZ 1983, 18 (19).

[51] Zum Begriff des Veranstalters vgl. *Hilderscheid*, GewArch. 2008, 54 (55 f.).

[52] Etwas anderes gilt nur dann, wenn ein Privatrechtssubjekt ausnahmsweise mit der hoheitlichen Wahrnehmung bestimmter Aufgaben betraut worden ist (Beliehener). Bei einem privaten Veranstalter ist die behördliche Festsetzung allerdings nicht als Beleihung zu qualifizieren; vgl. *Hilderscheid*, GewArch. 2008, 54 (55); *Ruthig/Storr*, Öfftl. WirtR, Rn. 357; a.A. *Hösch*, GewArch. 1996, 402 (405).

[53] Vgl. *OLG Frankfurt* GewArch. 2007, 87; *AG Hannover* GewArch. 2007, 342 (342 f.); *Tettinger/Wank*, GewO, § 70 Rn. 58 m.w.N. Inkonsequent *VG Hannover* GewArch. 2006, 475 f., das ein Schützenfest zwar weder als festgesetzte Veranstaltung der Gemeinde noch als kommunale Einrichtung qualifizierte, gleichwohl aber den Verwaltungsrechtsweg allein aufgrund des Klägervortrags für eröffnet hielt.

aa) Bei einer *öffentlich-rechtlichen Ausgestaltung* (z.B. durch gemeindliches Satzungsrecht, Zulassung durch Verwaltungsakt) unterliegt auch das dadurch begründete Rechtsverhältnis dem öffentlichen Recht, so dass der Verwaltungsrechtsweg eröffnet ist (§ 40 I 1 VwGO).[54] Gestützt wird dies durch den Grundsatz, dass bei einer öffentlichen Einrichtung der Daseinsvorsorge eine Vermutung für die öffentlich-rechtliche Aufgabenwahrnehmung spricht.[55] 43

bb) Bedient sich der öffentlich-rechtliche Veranstalter hingegen *privatrechtlicher Handlungsformen* (z.B. durch den Abschluss allein privatrechtlicher Verträge mit den Beschickern), dann spricht dies eigentlich für ein privatrechtliches Rechtsverhältnis. Allerdings geht die h.M.[56] in den Rechtsbeziehungen, an denen die öffentliche Hand als Veranstalter beteiligt und die Veranstaltung als gemeindliche Einrichtung zu qualifizieren ist, davon aus, dass das Rechtsverhältnis Veranstalter/Beschicker im Regelfall zweistufig ausgestaltet ist (Zweistufen-Theorie)[57]: Auf der 1. Stufe (Ob der Zulassung) handelt der Veranstalter auf jeden Fall hoheitlich (in der Regel durch Verwaltungsakt, ggf. aber auch durch öffentlich-rechtlichen Vertrag), während auf der 2. Stufe (Wie) die näheren Maßgaben für die Ausgestaltung des Benutzungsverhältnisses geregelt werden (z.B. genauer Standort auf dem Volksfest). Lediglich auf der 2. Stufe hat der Veranstalter die Möglichkeit, statt einer öffentlich-rechtlichen Ausgestaltung auf die zivilrechtlichen Gestaltungsmittel zurückzugreifen.[58] Soweit es um die Zulassung selbst geht, steht deshalb ein dem öffentlichen Recht zugehöriges Rechtsverhältnis infrage, so dass auch insoweit der Verwaltungsrechtsweg eröffnet ist. 44

c) Noch schwieriger sind Sachverhalte zu bewerten, in denen der Hoheitsträger sich *rechtlich verselbständigter privatrechtlicher Organisationsformen* bedient, z.B. einer GmbH, an der er alle Gesellschaftsanteile hält. Hier kommt es entscheidend darauf an, wer *Veranstalter* gem. *§ 70 GewO* ist. Ist Veranstalter der *Hoheitsträger* selbst (z.B. Gemeinde), der die GmbH lediglich zur verwaltungsorganisatorischen Durchführung der Veranstaltung heranzieht (als eine Art „Verrichtungsgehilfe"[59] bzw. als Verwaltungshelfer[60]), dann richtet sich der Zulassungsanspruch allein gegen den Hoheitsträger; der Anspruch ist dann zwingend dem öffentlichen Recht zuzuordnen (1. Stufe, s.o.). In diesem Fall darf auch die (soweit erforderlich) Auswahl- und Zulassungsentscheidung nur durch den Hoheitsträger selbst erfolgen. Fungiert hingegen die *GmbH* als Veranstalter gem. § 70 GewO, dann besteht auch das Rechtsverhältnis nur zu dieser. Das Rechtsverhältnis zwischen GmbH (Veranstalter) und Beschicker ist dann zwingend privatrechtlicher Natur. Diese sog. *materielle Privatisierung* ist dadurch gekennzeichnet, dass die Gemeinde ihre Rolle als Veranstalterin des Marktes etc. gänzlich aufgibt und sich öffentlich-rechtlich auf die Wahrnehmung ihrer Pflichtaufgaben in Form der gewerberechtlichen, straßenrechtlichen und ordnungsrechtlichen Vorbereitung und Überwachung der Veranstaltung be- 45

---

54 Vgl. *Tettinger/Wank,* GewO, § 70 Rn. 60 m.w.N.; *Müller/Schellberg,* NWVBl. 2006, 154 (155).

55 Vgl. *Schmidt-Aßmann/Röhl,* in: Schmidt-Aßmann/Schoch, 1. Kap. Rn. 112.

56 *Tettinger/Wank,* GewO, § 70 Rn. 61 ff. m.w.N.

57 *VGH Kassel* NVwZ-RR 1994, 650 (651); *VGH München* NVwZ 1999, 1122 (1123); *VG Augsburg* NVwZ-RR 2001, 468 (469); *VG Stuttgart* NVwZ 2007, 614 m.w.N.; a.A. *VG Neustadt/Weinstraße* GewArch. 2008, 361 f. Zur Zweistufen-Theorie s. auch Fall 11.

58 Vgl. *Hilderscheid,* GewArch. 2008, 54 (61); *Ruthig/Storr,* Öfftl. WirtR, Rn. 357 f.

59 *VGH Kassel* NVwZ-RR 1994, 650 (651); *Tettinger/Wank,* GewO, § 70 Rn. 64.

60 *VG Stuttgart* GewArch. 2008, 302.

schränkt.[61] Dadurch entfällt auch der Anknüpfungspunkt für die Anwendung der Zweistufen-Theorie, setzt diese doch voraus, dass ein öffentlich-rechtliches Rechtssubjekt (noch) bestimmenden Einfluss auf Entscheidungen des Veranstalters im Einzelfall hat und diesen im Durchgriff zwingen kann, bestimmte Personen zu einer öffentlichen Einrichtung zuzulassen.[62]

**Frage 5: Nach welchen Kriterien richtet sich die Entscheidung, welcher Bewerber bei Kapazitätsengpässen zur Veranstaltung zugelassen wird?**

**46** Unabhängig davon, ob eine Veranstaltung nach den §§ 69f. GewO oder nach den kommunalrechtlichen Vorschriften durchgeführt wird, besteht ein Anspruch der Teilnehmer auf Zulassung zur Veranstalter nur im Rahmen der vorhandenen Kapazität. Begehren mehr Bewerber die Zulassung (etwa zu einem Markt) als Standplätze vorhanden sind, ist der Veranstalter gezwungen, eine Auswahl unter den Bewerbern vorzunehmen. Der Veranstalter hat bei der Auswahl der Bewerber einen Ermessensspielraum; allerdings müssen die Kriterien für die Auswahl sachgerecht sein.

In der Praxis haben sich vor allem die folgenden Auswahlkriterien herausgebildet: Losentscheid, Prioritätsgrundsatz, rollierendes System, „bekannt und bewährt" oder die Attraktivität des Bewerbers.[63] Zu beachten ist jedoch, dass der Anwendung einzelner dieser Kriterien Bedenken entgegenstehen: So kann etwa der Grundsatz „bekannt und bewährt" dazu führen, dass neuen Bewerbern der Zugang zu der Veranstaltung auf unabsehbare Zeit verwehrt bliebe.[64] Der Losentscheid mag zwar allen Bewerbern gleiche Chancen auf Zulassung zur fraglichen Veranstaltung gewähren[65], berücksichtigt aber unter Umständen nicht die gerechtfertigten Interessen des Veranstalters, z.B. an die Zuverlässigkeit des Bewerbers. Kein zulässiges Auswahlkriterium ist im Rahmen einer Auswahlentscheidung gem. § 70 III GewO bei einer festgesetzten Veranstaltung die Ortsansässigkeit des Beschickers.[66] Um eine sachgerechte Auswahl zu gewährleisten, wird deshalb regelmäßig eine Kombination der verschiedenen Kriterien vorgenommen.

## E. Wiederholungs- und Vertiefungshinweise

Zur allgemeinen Einführung in die §§ 64ff. GewO:
*Oberrath*, Ausgewählte Grundfragen des Gewerberechts, JA 2001, 991; *Ruthig/Storr*, Öfftl. WirtR, Rn. 332ff.; *Frotscher/Kramer*, Wirtschaftsverfassungs- und Wirtschaftsverwaltungsrecht, § 14.

---

[61] Zur Frage, ob und in welchen Grenzen sich eine Gemeinde der Wahrnehmung ihrer Verpflichtungen hinsichtlich eines traditionell als öffentliche Einrichtung betriebenen Volksfestes für die Zukunft entziehen darf, vgl. *VGH Kassel* DÖV 2008, 607f. = JuS 2008, 925 m. Anm. *Waldhoff*.

[62] *VGH Kassel* DÖV 2008, 607 = JuS 2008, 925 m. Anm. von *Waldhoff;* vgl. auch *VGH Kassel* NVwZ-RR 1994, 650 (651); *VG Freiburg* GewArch. 2001, 244 (245).

[63] Zu den einzelnen Kriterien vgl. *Frotscher/Kramer*, Wirtschaftsverfassungs- und Wirtschaftsverwaltungsrecht, Rn. 355ff.; *Ruthig/Storr*, Öfftl. WirtR, Rn. 352ff. jeweils m.w.N.

[64] Vgl. hierzu die Lösungshinweise zum vorliegenden Fall.

[65] Zur Zulässigkeit des Losentscheids zuletzt *BVerwG* NVwZ-RR 2006, 786.

[66] *VG Minden* GewArch. 2008, 126. Zum Benutzungsanspruch der Gemeindeeinwohner bei einer öffentlichen Einrichtung einer Gemeinde vgl. WuV-Fragen Nr. 3 und 4 im Anhang zu Fall 11.

Zur Festsetzung eines Marktes etc.:
*Bardenz,* Rechtsfragen des Trödelmarkts, GewArch. 1998, 53; *Oberrath,* Ausgewählte Grundfragen des Gewerberechts, JA 2001, 991. Zur Marktzulassung bei Mehrfachbewerbungen: *VG Hannover* GewArch. 2008, 405.

Zur Frage der Zulassung bei Kapazitätserschöpfung (§ 70 III GewO):
*Frotscher/Kramer,* Wirtschaftsverfassungs- und Wirtschaftsverwaltungsrecht, Rn. 351 ff.; *Ruthig/Storr,* Öfftl. WirtR, Rn. 348 ff.; *Bardenz,* Rechtsfragen des Trödelmarkts, GewArch. 1998, 53; *Schalt,* Der Zulassungsanspruch des Schaustellers zu Volksfestveranstaltungen – Neuere Entwicklung der Rechtsprechung, GewArch. 2002, 137; *Hilderscheid,* Erzwungene Doppelvergabe von Standflächen auf festgesetzten Veranstaltungen, GewArch. 2007, 129; *ders.,* Passivlegitimation und Rechtsweg bei Klagen auf Zulassung zu festgesetzten Veranstaltungen, GewArch. 2008, 54; *Siebert/Gramsch,* Der Zulassungsanspruch nach § 70 I GewO – Das Problem bleibt „bekannt und bewährt", GewArch. 2008, 199.

# Sonstiges öffentliches Wirtschaftsrecht (u.a. Kommunalwirtschaftsrecht, Kammerrecht)

## Fall 11: Konkurrenz der Karussellbetreiber

### A. Inhalt

Einstweiliger Rechtsschutz in Konkurrenzsituationen; Zulassung zu Volksfest als öffentlicher Einrichtung einer Gemeinde; Anspruch auf fehlerfreie Ermessensausübung bei beschränkter Kapazität; Änderung ermessenslenkender Verwaltungsvorschriften.

### B. Sachverhalt

Alois Althammer (A) ist Schausteller in der fünften Generation und betreibt ein Fahrgeschäft („Zum Schottenhammel"). Um dem Konkurrenzdruck standzuhalten, hatte A vor zwei Jahren ein neues, modernes Karussell angeschafft. Jedoch schien ihm und seiner Hausbank der Kaufpreis zu hoch und die jährliche Gewinnerwartung zu ungewiss, weshalb A sich für einen Leasingvertrag mit der Bavaria Leasing AG entschied. Wie es die Tradition gebietet, arbeitet die ganze Familie Althammer im Fahrgeschäft mit. Das Fahrgeschäft ist die einzige Einkunftsquelle. Da der Zulauf zu den übrigen von A besuchten Volksfesten in den letzten Jahren stark rückläufig war, stellt das Oktoberfest die jährliche Haupteinnahmequelle dar. Die Familie war deshalb auch nach München gezogen.

Am 26. Januar 2009 bewarb sich A um Zulassung seines Fahrgeschäftes für das Münchner Oktoberfest 2009. Dem Antrag fügte er u. a. je eine Bescheinigung bei, aus der sich ergab, dass er seit 2005 seinen Hauptwohnsitz in München hatte und die Leasingraten für sein Karussell von ihm ordnungsgemäß entrichtet wurden. Am 4. Februar 2009 beschloss der Wirtschaftsausschuss des Münchner Stadtrates, die seit vielen Jahren in einer „Richtlinie" (Verwaltungsvorschrift) niedergelegten Bewertungsgrundlagen (in Form eines Punktesystems) für die Zulassung zum Oktoberfest 2009 u. a. in den Punkten Ortsansässigkeit und Alleineigentum wie folgt zu ändern:

*(1) Für jedes vollendete Jahr der ununterbrochenen Ortsansässigkeit, gerechnet jeweils zum 31. 1. jedes Jahres, erhält der Bewerber einen Punkt, max. 11 Punkte (× Faktor 2 = 22 Punkte).*

*(2) Ferner ist das bürgerlich-rechtliche Eigentum maßgebend (11 Punkte × Faktor 2 = 22 Punkte); auf Mietkauf gibt es nur 5 Punkte (× Faktor 2), Leasing wird mit 0 Punkten bewertet.*

Im Übrigen sollte es bei dem Bewertungssystem bleiben, nach dem einzelne Bewerber auch hinsichtlich ihrer Vertragserfüllung, Volksfesterfahrung, Sachkenntnis (Faktor 2), Ausstattung, technischem Standard, Anziehungskraft, Beitrag zur Tradition, Platzbedarf (Faktor 4) zwischen 0 und 11 Punkten erhalten. Daraufhin lehnte die Stadt den Antrag des A mit Bescheid vom 28. Mai 2009 ab. Zur Begründung wurde die nicht ausreichende Punktzahl angegeben. A fehlten für die Zulassung 10 Punkte.

A will „sogleich zum Gericht und seine sofortige Zulassung" erwirken. Er besinnt sich seines alten Schulfreundes, des Rechtsanwaltes Dr. Wildgruber (W), und ersucht diesen am 29. Mai 2009 in dessen Kanzlei in München um Rat. W erfährt nach telefonischer Rücksprache mit der zuständigen Sachbearbeiterin der Stadt München nur, dass in der Kategorie des A insgesamt 15 Mitbewerber zugelassen wurden; die Namen der erfolgreichen Bewerber verrät die Sachbearbeiterin jedoch nicht. Außerdem teilt die Sachbearbeiterin mit, dass die Stadt das Oktoberfest als Volksfest ausrichtet. Eine Festsetzung gem. § 69 GewO ist nicht erfolgt. Mit den vom Wirtschaftsausschuss ausgewählten Schaustellern werden privatrechtliche Verträge über die Art und Weise der Nutzung der Oktoberfestwiese geschlossen.

W schlägt vor, beim Verwaltungsgericht München zunächst im Wege des einstweiligen Rechtsschutzes zu beantragen, die Stadt München (M) zu verpflichten, A zum Oktoberfest 2009 zuzulassen. Er befürchtet, dass in der kurzen Zeit bis zum Oktoberfest ein Hauptsacheverfahren nicht mehr durchgeführt werden kann und dieses ihm deshalb keinen effektiven Rechtsschutz mehr biete. Da W mit einem laufenden Mandat noch sehr beschäftigt ist, seinem alten Freund A die Bitte aber nicht abschlagen kann, wendet er sich an seine Praktikantin, die im sechsten Semester studierende Frau Schneller. Diese soll prüfen, ob der Antrag auf einstweiligen Rechtsschutz Aussicht auf Erfolg hat und ggf. notwendig werdende Maßnahmen vorschlagen.

**Bearbeitervermerk:** Wie ist die Rechtslage? Bereiten Sie in einem Gutachten die Stellungnahme von Frau Schneller vor. Dabei ist auf alle durch den Sachverhalt aufgeworfene Rechtsfragen einzugehen.

### Anhang

**Bayerische Gemeindeordnung (BayGO) (Auszug)**

**Art. 21 Benutzung öffentlicher Einrichtungen.** (1) Alle Gemeindeangehörigen sind nach den bestehenden allgemeinen Vorschriften berechtigt, die öffentlichen Einrichtungen der Gemeinde zu benutzen. [...]

## C. Lösung

1 *Vorüberlegung:* Ein gerichtliches Hauptsacheverfahren kommt für A nicht in Betracht, weil er die Zulassung zum Oktoberfest kurzfristig benötigt. A muss sein Begehren deshalb im Wege vorläufigen (einstweiligen) Rechtsschutzes verfolgen.

Der beabsichtigte Antrag auf einstweiligen Rechtsschutz hat Erfolg, wenn der Verwaltungsrechtsweg eröffnet und der Antrag zulässig und begründet ist.

### I. Verwaltungsrechtsweg und zuständiges Gericht[1]

#### 1. Verwaltungsrechtsweg

2 Für den Antrag des A auf einstweiligen Rechtsschutz müsste der Verwaltungsrechtsweg eröffnet sein. Auch im Verfahren des einstweiligen Rechtsschutzes ist

[1] **Beachte:** Die für ein Verfahren in der Hauptsache übliche Prüfungssystematik gilt grundsätzlich auch für den vorläufigen Rechtsschutz. Umstritten ist allerdings, ob bei Nichteröffnung des Verwaltungsrechtswegs oder bei Anrufung des sachlich oder örtlich unzustän-

dies der Fall, wenn in der Hauptsache der Rechtsweg zu den Verwaltungsgerichten gem. § 40 I 1 VwGO gegeben ist.[2]

Vorliegend begehrt A von der Stadt M die Zulassung zum Oktoberfest 2009. Bei dem Begehren müsste es sich um eine öffentlich-rechtliche Streitigkeit i. S. d. § 40 I 1 VwGO handeln. Eine öffentlich-rechtliche Streitigkeit liegt vor, wenn das Klagebegehren sich als Folge eines Sachverhalts darstellt, der nach öffentlichem Recht zu beurteilen ist.[3] 3

In Betracht kommt zunächst ein Anspruch des A auf Zulassung gem. § 70 I GewO. Zwar ist das Oktoberfest ein Volksfest i. S. v. § 60b GewO. Dieser Anspruch besitzt öffentlich-rechtlichen Charakter, wenn eine Gemeinde als „Veranstalter" des Volksfestes auftritt.[4] Wie die Verweisung in § 60b II GewO verdeutlicht, ist § 70 GewO aber nur auf Volksfeste anwendbar, die gem. § 69 GewO festgesetzt worden sind.[5] Das ist laut Sachverhalt beim Münchner Oktoberfest nicht der Fall. Ein Zulassungsanspruch des A kann sich somit nicht aus § 70 I GewO ergeben. 4

Der Sachverhalt wäre nach Normen des dem öffentlichen Recht zugehörigen Kommunalrechts zu beurteilen, wenn A die Zulassungsentscheidung einer Gemeinde zu einer öffentlichen Einrichtung i. S. v. Art. 21 BayGO begehren würde. 5

Dies setzt voraus, dass das Oktoberfest eine öffentliche Einrichtung der Stadt München i. S. v. Art. 21 I 1 BayGO[6] ist.[7] Eine solche liegt dann vor, wenn eine Einrichtung[8] durch Widmungsakt der allgemeinen Benutzung durch Gemeindeangehörige zugänglich gemacht worden ist, sich in der Verfügungsgewalt des Trägers (Gemein- 6

---

digen Gerichts der Rechtsstreit im einstweiligen Rechtsschutzverfahren gem. § 173 VwGO i. V. m. § 17a II GVG an das zuständige Gericht des zulässigen Rechtsweges verwiesen werden muss. Teilweise wird die Anwendbarkeit des § 17a II GVG wegen der besonderen Eilbedürftigkeit im vorläufigen Rechtsschutz verneint (so *Kopp/Schenke,* VwGO, § 41 Rn. 2a m. w. N.). Der Antrag müsste dann als unzulässig zurückgewiesen werden. Überwiegend wird jedoch die Anwendbarkeit des § 17a II GVG bejaht, da dieser vom „Kläger oder *Antragsteller*" spricht (*BAG* NJW 2000, 2524; *OVG Koblenz* DVBl. 2005, 988; *VGH Kassel* NVwZ 2003, 238; *Koehl,* BayVBl. 2007, 540 [541] m. w. N.); für die analoge Anwendung des § 17a II GVG: *Finkelnburg/Dombert/Külpmann,* Vorläufiger Rechtsschutz im Verwaltungsstreitverfahren, 5. Aufl. 2008, Rn. 34, 860; *Hufen,* VwPrR, § 32 Rn. 30, § 33 Rn. 3 jeweils m. w. N. Die Prüfungspunkte *Verwaltungsrechtsweg* und *zuständiges Gericht* sind deshalb (wie im Hauptsacheverfahren, vgl. dazu Fall 3) *vor* der *Zulässigkeit des Antrags* zu prüfen, weil es sich auch im vorläufigen Rechtsschutzverfahren nicht um eine Zulässigkeitsvoraussetzung handelt.

2 *Finkelnburg/Dombert/Külpmann,* Vorläufiger Rechtsschutz, Rn. 27.

3 Vgl. *Kopp/Schenke,* VwGO, § 40 Rn. 11.

4 Zu den erforderlichen Differenzierungen vgl. WuV-Frage Nr. 4 im Anhang zu Fall 10.

5 Vgl. *VGH München* BayVBl. 1982, 656 = GewArch. 1982, 98.

6 **Beachte:** Der Fall ist hier auf der Grundlage des bayerischen Kommunalrechts gelöst, entspricht jedoch auch der Rechtslage in den anderen Bundesländern; vgl. die Nachweise zu den anderen landesrechtlichen Regelungen bei *Schmidt-Aßmann/Röhl,* in: Schmidt-Aßmann/Schoch, BesVerwR, 1. Kap. Rn. 108 (mit Fn. 435).

7 **Beachte:** Die Frage, ob es sich um die Zulassung zu einer öffentlichen Einrichtung der Gemeinde handelt, ist nach h. M. bereits bei der Rechtswegeröffnung zu prüfen; vgl. *VGH München* NVwZ-RR 1988, 71. Die Gegenansicht, vgl. *Kelm,* JA 1999, 217 (221), die diese Frage erst zu Beginn der Begründetheit prüft und es für die Bejahung des Verwaltungsrechtswegs ausreichend sein lässt, dass die Rechtsmeinung des Klägers als richtig unterstellt wird, wenn sie nicht von vornherein nach jeder Betrachtungsweise ausgeschlossen ist, verkennt, dass das Gericht anhand objektiver Betrachtung zu prüfen hat, ob das Rechtsverhältnis, aus dem die Beteiligten Ansprüche ableiten, öffentlich-rechtlicher Natur ist.

8 Der Rechtsbegriff „Einrichtung" ist weit zu verstehen, vgl. *Schmidt-Aßmann/Röhl,* in: Schmidt-Aßmann/Schoch, BesVerwR, 1. Kap. Rn. 105.

de) befindet und im öffentlichen Interesse unterhalten wird.[9] Hier ist davon auszugehen, dass das Oktoberfest der Benutzung durch die Allgemeinheit – ggf. durch konkludentes Handeln[10] – gewidmet und zugänglich gemacht wird, zudem im öffentlichen Interesse unterhalten wird („örtliche Kulturpflege" gem. Art. 83 I BV) und die Veranstaltung eine solche der Stadt M ist.[11]

7 Für Streitigkeiten über den Zugang zu öffentlichen Einrichtungen gilt nach h. M.[12] die sog. Zweistufen-Theorie: Die Entscheidung über das „Ob" der Zulassung (1. Stufe) ist danach stets öffentlich-rechtlich zu beurteilen.[13] Allenfalls die tatsächliche Ausgestaltung der Benutzung, das „Wie" der Zulassung (2. Stufe), kann im Einzelfall privatrechtlich geregelt werden.

8 Da vorliegend nur das „Ob" der Zulassung (1. Stufe) im Streit steht, liegt hier eine öffentlich-rechtliche Streitigkeit vor. Dass die konkrete Nutzungsweise der Oktoberfestwiese durch privatrechtliche Vereinbarung festgelegt wird, ist hingegen eine Frage des „Wie" und steht der Qualifizierung als öffentlich-rechtliche Streitigkeit deshalb nicht entgegen.[14] Die Streitigkeit ist auch nicht verfassungsrechtlicher Art. Eine Rechtswegzuweisung an eine andere Gerichtsbarkeit besteht nicht. Der Rechtsweg zu den Verwaltungsgerichten ist somit eröffnet.

### 2. Zuständiges Gericht

9 Weiterhin müsste das Nachsuchen um gerichtlichen Rechtsschutz beim zuständigen Gericht erfolgen. Dabei ist zu berücksichtigen, dass A vorläufigen gerichtlichen Rechtsschutz begehrt. Insoweit sind Sondervorschriften zu beachten, die jedoch einheitlich[15] das „Gericht der Hauptsache" für (sachlich und örtlich) zuständig erklären (vgl. § 80 V 1, VII 1; § 123 II 1 VwGO). Das Gericht der Hauptsache ist das Gericht, bei dem das Hauptsacheverfahren bereits anhängig ist[16], oder – wenn ein solches Verfahren wie im vorliegenden Fall noch nicht anhängig ist – das für ein Hauptsacheverfahren zuständig wäre.[17]

10 In der Hauptsache wäre das Verwaltungsgericht München gem. § 45 VwGO sachlich und gem. §§ 52 Nr. 5 VwGO i. V. m. Art. 1 II Nr. 1 BayAGVwGO örtlich zu-

---

[9] Vgl. *VGH München* NVwZ-RR 1988, 71; *Knemeyer,* Bay. KommunalR, 12. Aufl. 2007, Rn. 311.

[10] **Beachte:** An den Widmungsakt sind keine förmlichen Voraussetzungen gestellt. Er kann durch Satzung, einfachen Beschluss des Gemeinderates oder aber durch konkludentes Handeln erfolgen, aus dem der Wille der Gemeinde hervorgeht, die Einrichtung der Allgemeinheit zur Benutzung zur Verfügung zu stellen; s. *Knemeyer,* Bay. KommunalR, Rn. 311.

[11] **Beachte:** Eine umfassendere Subsumtion des Oktoberfestes unter den Begriff der „öffentlichen Einrichtung" ist nicht angezeigt. Der *VGH München* (NVwZ-RR 1999, 574) problematisiert diesen Punkt erst gar nicht, sondern geht sofort auf den Zulassungsanspruch gem. Art. 21 I 1 BayGO ein.

[12] *VGH München* NVwZ 1999, 1122 (1123); *VG Augsburg* NVwZ-RR 2001, 468 (469); *VGH Kassel* NVwZ-RR 1994, 650 (651); *VG Stuttgart* NVwZ 2007, 614; *Schalt,* GewArch. 1991, 409. – **Beachte:** Die Zweistufen-Theorie ist zwar nicht gänzlich unumstritten, sollte aber dennoch nicht vertieft begründet werden. Übersicht zum Meinungsstand bei *Schmidt-Aßmann/Röhl,* in: Schmidt-Aßmann/Schoch, BesVerwR, 1. Kap. Rn. 109 ff.

[13] Vgl. *Knemeyer,* Bay. KommunalR, Rn. 319.

[14] *VGH München* BayVBl. 1982, 656 = GewArch. 1982, 98.

[15] **Beachte:** Deshalb ist an dieser Stelle noch nicht der Frage nachzugehen, ob sich der Rechtsschutz des A nach § 80 V oder nach § 123 VwGO bestimmt.

[16] **Beachte:** Zuständig sein kann deshalb im Einzelfall auch das Berufungsgericht (vgl. § 123 II 2 VwGO) oder das Revisionsgericht.

[17] Vgl. *Kopp/Schenke,* VwGO, § 123 Rn. 19.

ständig. Damit entscheidet das Verwaltungsgericht München (auch vor Anhängigkeit der Hauptsache) über den Erlass einer einstweiligen Anordnung.

## II. Zulässigkeit des Antrags

### 1. Statthaftigkeit eines Antrags auf Erlass einer einstweiligen Anordnung gem. § 123 I VwGO

#### a) Abgrenzung vom Rechtsschutz gem. §§ 80 V, 80a VwGO

Vorläufiger Rechtsschutz wird in zwei Formen gewährt: entweder über § 80 V (unmittelbar oder wegen der Verweisung in § 80a III 2) VwGO oder über § 123 VwGO. Die Abgrenzung der beiden Arten vorläufigen Rechtsschutzes richtet sich nach § 123 V VwGO.[18] Danach gilt § 123 I bis III VwGO nicht für die Fälle der §§ 80 und 80a VwGO. Der vorläufige Rechtsschutz gem. § 123 VwGO ist mithin subsidiär gegenüber dem Rechtsschutz aus §§ 80, 80a VwGO. 11

#### aa) Rechtsschutz in der Hauptsache: Mitbewerberklage

Statthaft ist ein Antrag gem. § 80 V VwGO nur unter der Voraussetzung, dass im (etwaigen) *Hauptsacheverfahren* die statthafte Klageart eine *Anfechtungsklage* ist oder wäre, wenn der Antragsteller sich also gegen den Vollzug eines ihn belastenden Verwaltungsakts wehrt.[19] Hier begehrt A die Zulassung zu einer öffentlichen Einrichtung der Stadt M. Diese Zulassung erfüllt alle Voraussetzungen eines Verwaltungsaktes gem. § 35 S. 1 VwVfG. Die isolierte Anfechtung des an A gerichteten Versagungsbescheides vom 28. Mai 2009 würde dem Zulassungsbegehren nicht den gewünschten Erfolg bringen.[20] In einem Hauptsacheverfahren wäre deshalb die *Verpflichtungsklage* die statthafte Klageart. Damit scheidet insoweit ein einstweiliger Rechtsschutz gem. § 80 V VwGO aus. 12

#### (1) Grundsatz: Kombination von Anfechtungs- und Verpflichtungsklage

Problematisch ist allerdings, dass selbst im Falle einer im Übrigen begründeten Verpflichtungsklage die erstrebte Zulassung möglicherweise aus rechtlichen Gründen nicht mehr erteilt werden könnte. Denn der begehrte Platz auf dem Oktoberfest 2009 wurde bereits einem anderen Mitbewerber zugeteilt und steht, sollte dessen Zulassung (Verwaltungsakt) bestandskräftig werden, für eine Zulassung des A nicht mehr zur Verfügung.[21] 13

Welche Klageart in dieser typischen Konkurrenzsituation (sog. Mitbewerberklage) einschlägig ist, ist umstritten.[22] 14

---

[18] Ausführliche Darstellung mit Fallbeispielen bei *Huba,* JuS 1990, 983 (984f.).

[19] Vgl. statt aller *Hufen,* VerwPrR, § 32 Rn. 33; *BVerwG* NVwZ 1982, 193 (194); *Finkelnburg/Dombert/Külpmann,* Vorläufiger Rechtsschutz, Rn. 936.

[20] *VGH München* NJW 1984, 680 (681); vgl. dazu *Pietzner/Ronellenfitsch,* Assessorexamen, § 16 Rn. 2.

[21] **Beachte:** Ob damit die Verpflichtungsklage schon unstatthaft wäre oder erst die Klagebefugnis bzw. das Rechtsschutzbedürfnis entfiele, kann dahinstehen.

[22] Umfassende Darstellung des Streitstands bei *Fehling,* Die Konkurrentenklage bei der Zulassung privater Rundfunkveranstalter, 1994, S. 275ff.; *Wieland,* Die Verwaltung 32 (1999), 217 (219ff.); s. auch *Pietzner/Ronellenfitsch,* Assessorexamen, § 16 Rn. 2; *Kopp/Schenke,* VwGO, § 42 Rn. 48 m.w.N.; *Erichsen,* Jura 1994, 385 (385ff.); *Hösch,* GewArch. 1996, 402 (404); *Schmidt,* JuS 1999, 1107 (1108f.); *Seiler/Vollmöller,* DVBl. 2003, 235 (236); zu den Besonderheiten der beamtenrechtlichen Konkurrentenklage siehe: *Schöbener,* BayVBl. 2001, 321ff.; *Herrmanns,* JA 2004, 520 (521); *Wernsmann,* DVBl. 2003, 276 (276).

15 Nach *h. M.*[23] ist im Hauptsacheverfahren grundsätzlich auch eine Anfechtung der Begünstigung des Mitbewerbers notwendig, da nach Bestandskraft der Zulassungsentscheidung zugunsten des Mitbewerbers die begehrte Begünstigung nicht mehr zur Disposition der Verwaltung stünde.

16 Nach *anderer Ansicht*[24] bedarf es grundsätzlich nur einer Verpflichtungsklage. Sei die Verpflichtungsklage erfolgreich, erweise sich die Versagungsentscheidung mithin als rechtswidrig, sei die Behörde gem. § 48 VwVfG durchaus in der Lage, den ggf. bestandskräftigen Verwaltungsakt (Zulassungsentscheidung zugunsten eines Mitbewerbers) aufzuheben.

17 Von der Gegenansicht wird jedoch nicht hinreichend gewürdigt, dass die Rücknahme eines Verwaltungsakts gem. § 48 VwVfG grundsätzlich im Ermessen der Behörde steht. Sie kann den Verwaltungsakt aufheben, muss dies aber nicht. Selbst wenn es zu einer Aufhebung kommen sollte, könnte diese wiederum von dem bislang erfolgreichen Mitbewerber angefochten werden, um die bereits bestehende (bestandskräftige) Rechtsposition zu verteidigen. Auf dieser Grundlage wäre der erfolgreiche Bewerber zudem berechtigt, an dem Volksfest teilzunehmen. Das zu verhindern, ist aber gerade das Anliegen des A. Er ist deshalb prozessrechtlich gehalten, sowohl eine Anfechtungs- als auch eine Verpflichtungsklage zu erheben.

**(2) Ausnahme: (isolierte) Verpflichtungsklage**

18 Im Interesse eines effektiven Rechtsschutzes (Art. 19 IV GG) wird aber auch von Teilen der h. M.[25] ausnahmsweise nur die Erhebung einer Verpflichtungsklage als ausreichend angesehen, wenn die begünstigenden Verwaltungsakte an eine Vielzahl von Mitbewerbern ergangen sind und deren Identität dem Übergangenen nicht mitgeteilt wurde. Wegen der Personenverschiedenheit scheidet eine „Gesamtanfechtung" aus.[26] In diesem Fall ist es dem übergangenen Mitbewerber nicht zuzumuten, auf Verdacht eine Vielzahl von kostenträchtigen Anfechtungsklagen zu erheben. Diese wären, soweit A die Verwaltungsakte (nebst Adressaten) nicht konkret benennen kann, mangels Bestimmtheit des Klageantrags in der Regel schon unzulässig.[27] Es ist aber auch im Übrigen höchst unwahrscheinlich, dass alle Anfechtungsklagen von Erfolg gekrönt sein werden. Im Falle des Unterliegens hätte der Kläger aber beträchtliche Kosten zu tragen.

19 Zudem kennt der übergangene Mitbewerber auch nicht die maßgeblichen, zur Beurteilung der Erfolgsaussichten seiner Klage notwendigen Verhältnisse seiner Mitbewerber. Diese Unkenntnis könnte zwar mittels einer (Leistungs-)Klage auf Auskunftserteilung beseitigt werden.[28] Das Zeit- und Kostenrisiko bliebe hingegen bestehen.

---

[23] BVerwGE 64, 71 f.; 80, 270 (273); *BVerwG* NVwZ 1995, 478 (Spielbankenkonzession); *VGH München* NJW 1982, 2134 (2135); NJW 1984, 680 (681) (Apothekenerlaubnis); *OVG Magdeburg* (Zulassung nach GüKG), DVBl. 1996, 162 (162 f.); *Schmidt,* JuS 1999, 1107 (1109), m. w. N.; *Aulehner,* JA 2004, 791 (792).

[24] BVerwGE 80, 270 (272); *VG Schleswig* NVwZ-RR 1999, 308 (308); *OVG Magdeburg* mit Anm. *Schenke,* DVBl. 1996, 387 (388 ff.); *Schmidt,* JuS 1999, 1107 (1109); *Kopp/Schenke,* VwGO, § 42 Rn. 48.

[25] BVerwGE 80, 270 (273) (Zulassung nach GüKG). Zur Bedeutung des Art. 19 IV GG bei der Auslegung des § 70 GewO und des § 123 VwGO vgl. *BVerfG* NJW 2002, 3691 (3692).

[26] Zutreffend *Kopp/Schenke,* VwGO, § 42 Rn. 48; a. A. *VGH München* BayVBl. 1993, 20.

[27] Vgl. *Schmidt,* JuS 1999, 1107 (1109).

[28] *Schmidt,* JuS 1999, 1107 (1109).

Es wäre deshalb eine Überforderung erfolgloser Bewerber um eine Zulassung und eine unzumutbare Erschwerung des Rechtsweges, würde man die Verpflichtungsklage auf erneute Bescheidung nur zulassen, wenn der Betreffende zugleich Anfechtungsklage erhebt. In diesem Fall kann es der nach pflichtgemäßem Ermessen zu treffenden Entscheidung der Behörde überlassen bleiben, ob und ggf. gegenüber welchen Mitbewerbern die rechtswidrig erteilte Zulassung zurückzunehmen ist.[29] **20**

In der Hauptsache ist es dem A damit nicht zumutbar, auf Verdacht die Zulassung aller 15, ihm bisher nicht namentlich bekannten Mitbewerber anzufechten. Die alleinige Erhebung einer Verpflichtungsklage (§ 42 I, 2. Alt. VwGO) ist somit ausreichend. **21**

### bb) Statthaftes Verfahren des einstweiligen Rechtsschutzes

Fraglich ist aber, ob dieses Ergebnis auch auf den einstweiligen Rechtsschutz durchschlägt. Grundsätzlich ist von der *Akzessorietät* des einstweiligen Rechtsschutzes auszugehen, es sei denn, im Verfahren des einstweiligen Rechtsschutzes kämen andere Wertungen als im Hauptsacheverfahren zum Tragen. Das Verfahren nach § 123 I VwGO wäre demnach nur dann (allein) statthaft, wenn dem A auch hier die Drittanfechtung ausnahmsweise unzumutbar sein würde. **22**

Die h.M.[30] plädiert vor allem in Fällen des angeordneten Sofortvollzugs (§ 80 II 1 Nr. 4 VwGO) für einen kumulativen Rechtsschutz wie in der Hauptsache. Der übergangene Bewerber muss dann neben dem Antrag nach § 123 VwGO auch gegen die Begünstigung seiner Mitbewerber abwehrenden Rechtsschutz über § 80 V VwGO in Anspruch nehmen. Vorliegend wurde jedoch kein Sofortvollzug angeordnet; dadurch unterscheidet sich die vorliegende Fallkonstellation von den insoweit einschlägigen Fällen. Ein Antrag nach § 80 V VwGO zur Wiederherstellung der aufschiebenden Wirkung ist deshalb nicht erforderlich. **23**

Im einstweiligen Rechtsschutz ist somit das Verfahren der einstweiligen Anordnung gem. § 123 I VwGO statthaft.

### b) Regelungsanordnung

A begehrt keine Sicherungs-, sondern eine Regelungsanordnung i.S.v. § 123 I 2 VwGO, da diese der vorläufigen Begründung bzw. Erweiterung einer Rechtsposition dient.[31] Das zu regelnde, streitige Rechtsverhältnis ist die begehrte Zulassung zum Oktoberfest 2009. **24**

## 2. Antragsbefugnis

A muss eine Rechtsbeeinträchtigung gem. § 42 II VwGO analog behaupten und diese muss zumindest möglich erscheinen.[32] Dafür ist im Verfahren der einstweiligen Anordnung die Behauptung eines Anordnungsanspruchs und eines Anord- **25**

---

29 BVerwGE 80, 270 (273).

30 *VGH München* NJW 1982, 2134 (2135); *Finkelnburg/Dombert/Külpmann*, Vorläufiger Rechtsschutz, Rn. 67ff.; *Schoch,* in: Schoch/Schmidt-Aßmann/Pietzner, VwGO, § 80 Rn. 60; zu weiteren Nachweisen aus der instanzgerichtlichen Rechtsprechung vgl. *Schalt,* GewArch. 1991, 409 (410f.).

31 Zum Unterschied zwischen Sicherungs- und Regelungsanordnung vgl. *Kopp/Schenke,* VwGO, § 123 Rn. 6.

32 **Beachte:** Um eine auch im einstweiligen Rechtsschutz sonst mögliche Popularklage auszuschließen, ist § 42 II VwGO entsprechend anzuwenden; vgl. *Hufen,* VerwPrR, § 33 Rn. 9.

nungsgrundes erforderlich. Einen möglichen *Anordnungsanspruch* (= Anspruch auf Zulassung zum Oktoberfest als öffentlicher Einrichtung) kann A möglicherweise aus Art. 21 I 1 BayGO herleiten; insoweit hat er zumindest einen Anspruch auf eine ermessensfehlerfreie Entscheidung.

Ebenso liegt ein *Anordnungsgrund* infolge Eilbedürftigkeit vor. Die Entscheidung ist eilbedürftig, da bei Abwarten einer Entscheidung in der Hauptsache das Oktoberfest 2009 bereits verstrichen sein und eine Zulassung deshalb nicht mehr erfolgen könnte.

**3. Richtiger Antragsgegner**

26 Die Stadt M ist als Träger der gemeindlichen Einrichtung Oktoberfest gem. § 78 I Nr. 1 VwGO analog richtiger Antragsgegner.[33]

**4. Sonstige Zulässigkeitsvoraussetzungen**

27 Auch die übrigen Zulässigkeitsvoraussetzungen (Beteiligten- und Prozessfähigkeit) sind erfüllt. Der Antrag müsste zudem formell ordnungsgemäß sein (vgl. §§ 81, 82, 123 III VwGO, 920 ZPO), wovon auszugehen ist.

**5. Allgemeines Rechtsschutzbedürfnis[34]**

28 Für den Antrag auf Erlass einer einstweiligen Anordnung besteht grundsätzlich ein Rechtsschutzbedürfnis, es sei denn, dass ausnahmsweise ein einfacherer und schnellerer Weg zur Verwirklichung des Begehrens zur Verfügung steht.

29 Ein einfacherer Weg liegt hier nicht in einem Verpflichtungswiderspruch, da ein solcher aufgrund der grundsätzlichen Abschaffung des Vorverfahrens in Bayern gem. Art. 15 II BayAGVwGO bereits nicht statthaft ist. Wie im Falle des Antrages nach § 80 V VwGO[35] hat auch der Antrag nach § 123 I VwGO zudem nicht notwendig zur Voraussetzung, dass die Behörde vorher mit der Sache befasst oder sonst ein Rechtsbehelf in der Hauptsache schon eingelegt wurde.[36] Vielmehr ist auch hier das Interesse des A an sofortiger gerichtlicher Klärung anzuerkennen. Der Antrag auf einstweilige Anordnung kann zudem auch schon vor Anhängigkeit der Hauptsache gestellt werden. Würde man den Antragsteller zwingen, vor dem Antrag auf einstweiligen Rechtsschutz einen Rechtsbehelf in der Hauptsache einzulegen, so würden die Rechtsbehelfsfristen in dringenden Fällen faktisch verkürzt.

30 Das Rechtsschutzbedürfnis für den einstweiligen Rechtsschutz würde allerdings entfallen, wenn der erstrebte Erfolg auch in der Hauptsache infolge Bestandskraft des zugrunde liegenden behördlichen Versagungsbescheids vom 28. Mai 2009 nicht mehr erreicht werden könnte. Hier wäre eine Verpflichtungsklage jedoch noch zulässig, denn die Klagefrist gem. § 74 II i.V.m. I 1 VwGO ist am 29. Mai 2009 noch nicht abgelaufen. Folglich ist der Versagungsbescheid noch nicht in Bestandskraft erwachsen. Auch in der Hauptsache kann A mit seinem Begehren noch durchdrin-

---

[33] Zur Frage, ob § 78 I Nr. 1 VwGO eine Regelung der Passivlegitimation oder der passiven Prozessführungsbefugnis darstellt, s. Fall 3.

[34] **Beachte:** Die Frage der eventuellen Vorwegnahme der Hauptsache ist nach vorzugswürdiger Auffassung ein Problem der Begründetheit des Antrags; vgl. *Hufen,* VerwPrR, § 33 Rn. 17.

[35] Vgl. dazu noch Fall 13.

[36] *Kopp/Schenke,* VwGO, § 123 Rn. 22; § 80 Rn. 137.

gen. Es ist A jedoch zu raten, innerhalb der Frist Klage gegen den Versagungsbescheid zu erheben.

**Zwischenergebnis:** Der Antrag des A wäre zulässig.

### III. Besonderheiten des Verfahrens: Beiladung

Im verwaltungsgerichtlichen Verfahren sind die erfolgreichen Bewerber um den von A begehrten Standplatz notwendig beizuladen (§ 65 II VwGO). 31

### IV. Begründetheit des Antrags

Der Antrag ist begründet, wenn aufgrund einer summarischen Prüfung[37] eine überwiegende Wahrscheinlichkeit für das Vorliegen eines Anordnungsanspruchs und eines Anordnungsgrundes besteht. Die zugrunde liegenden Tatsachen sind glaubhaft zu machen, vgl. §§ 123 III VwGO, 920 II, 294 ZPO. 32

#### 1. Anordnungsanspruch

Der Anordnungsanspruch bezieht sich auf den materiellen Anspruch, für den einstweiliger Rechtsschutz begehrt wird.[38] 33

#### a) Anspruch auf Zulassung aus Art. 21 I 1 BayGO

Ein materieller Anspruch auf Zulassung zum Oktoberfest 2009 könnte sich aus Art. 21 I 1 BayGO ergeben. Ein solcher Anspruch besteht, wenn A als Gemeindeangehöriger das Oktoberfest als eine öffentliche Einrichtung von M im Rahmen der Widmung und des verfügbaren Platzangebotes (Kapazität) benutzen möchte.[39] 34

A wohnt in München und ist damit Gemeindeangehöriger, vgl. Art. 15 I 1 BayGO. Das Oktoberfest ist eine öffentliche Einrichtung (s. o.).

#### aa) Schausteller als „Benutzer“

Problematisch ist jedoch, ob der Schausteller A als Benutzer i. S. v. Art. 21 I 1 BayGO anzusehen ist. Benutzer sind diejenigen Personen, die von der Einrichtung widmungsgemäß Gebrauch machen.[40] 35

Nach einer *im Schrifttum vertretenen Ansicht*[41] sollen Schausteller und Marktanbieter keine Benutzer, sondern lediglich „Nutznießer“ der Einrichtung sein. Infolge ihrer massiven materiellen Interessen sei ihre Verbindung zur Einrichtung eine grundsätzlich andere als die der üblichen Besucher und ihre Zulassung lediglich 36

---

[37] **Beachte:** Summarische Prüfung bedeutet in erster Linie einen reduzierten Umfang der Sachverhaltsermittlung trotz des auch im einstweiligen Rechtsschutzverfahren geltenden Untersuchungsgrundsatzes. Als zulässige Mittel zur Glaubhaftmachung genügen „präsente“ Beweismittel, z. B. eidesstattliche Versicherungen und vorgelegte Urkunden. Hingegen müssen Rechtsfragen grundsätzlich entschieden werden, es sei denn, eine umfassende und zeitaufwändige Prüfung würde die Effektivität des Rechtsschutzes beeinträchtigen. In diesem Fall muss das Gericht schwierige Rechtsfragen noch nicht abschließend klären (vgl. *Kopp/Schenke*, VwGO, § 123 Rn. 24).

[38] *Pietzner/Ronellenfitsch*, Assessorexamen, § 59 Rn. 3.

[39] Vgl. *VGH München* NVwZ 1999, 1122 (1123).

[40] *Bauer/Böhle/Masson/Samper*, Art. 21 BayGO Rn. 20.

[41] Vgl. *Bauer/Böhle/Masson/Samper*, Art. 21 BayGO Rn. 21; *Frotscher/Kramer*, Wirtschaftsverfassungs- und Wirtschaftsverwaltungsrecht, Rn. 373, m. w. N.

nach dem Gleichbehandlungsgebot (Art. 3 I GG, Art. 118 BV) und nach Art. 15 I 2 BayGO zu entscheiden.

37 Dieser Ansicht hat sich der *VGH München*[42] jedoch zu Recht nicht angeschlossen. Er entscheidet in ständiger Rechtsprechung über die Zulassung von Schaustellern zu Volkfesten nach Art. 21 I 1 BayGO. Die Gründe für eine Differenzierung nach Benutzern und Nutznießern sind auch nicht einsichtig. Ein Volksfest ist schließlich ohne Schausteller nicht denkbar, so dass sie auch einen unmittelbaren Bezug zu dieser öffentlichen Einrichtung haben.[43] A ist demnach Benutzer.

38 Die geplante Benutzung hält sich auch im Rahmen des Widmungszwecks; eine Gefahr für die öffentliche Sicherheit ist nicht ersichtlich.

#### bb) Kapazitätsgrenzen

39 Der Zulassungsanspruch besteht jedoch grundsätzlich nur im Rahmen der vorhandenen Kapazitäten. Die Benutzer haben keinen Anspruch auf Erweiterung der Kapazitäten.[44] Ein Anspruch auf eine gebundene Zulassungsentscheidung besteht demnach nicht.

### b) Anspruch auf ermessensfehlerfreie Entscheidung

40 Die notwendige Auswahl unter mehreren Bewerbern steht somit im pflichtgemäßen Ermessen der Gemeinde. Anhaltspunkte für eine Ermessensreduzierung auf Null sind nicht ersichtlich.

#### aa) Problematik im einstweiligen Rechtsschutz

41 A hat somit aus Art. 21 I 1 BayGO lediglich einen Anspruch auf fehlerfreie Ermessensausübung. Liegt ein Ermessensfehler vor, so führt dies in einem Hauptsacheverfahren regelmäßig nur dazu, dass das Gericht ein *Bescheidungsurteil* erlässt, in dem es die Behörde verpflichtet, den Kläger unter Beachtung der Rechtsauffassung des Gerichts neu zu bescheiden (vgl. § 113 V 2 VwGO). Ein *Verpflichtungsurteil,* in dem die Behörde verpflichtet wird, den beantragten Verwaltungsakt (Zulassung) zu erlassen (vgl. § 113 V 1 VwGO), scheidet in aller Regel mit Rücksicht auf die Ermessensentscheidung der Behörde aus.[45]

42 Das Verfahren des vorläufigen Rechtsschutzes kennt keine dem Bescheidungsurteil im Hauptsacheverfahren vergleichbare gerichtliche Entscheidungsvariante. Ein Anspruch auf Erlass einer einstweiligen Anordnung im beantragten Umfang ist deshalb nur dann gegeben, wenn insoweit eine Ermessensreduzierung auf Null vor-

---

[42] *VGH München* NVwZ-RR 1999, 574 (574 f.); NVwZ 1999, 1122 (1123); so bereits *VGH München* BayVBl. 1982, 656 = GewArch. 1982, 98. In der Literatur ebenso: *Spannowsky,* GewArch. 1995, 265 (268); *Becker/Sichert,* JuS 2000, 348 (349); *Sauer,* JuS 2004, 1086 (1090); differenzierend *Hösch,* GewArch. 1996, 402 (406). Zuletzt offen gelassen von *VGH München* NVwZ-RR 2003, 771.

[43] *VGH München* NVwZ 1999, 1122 (1123). Ausführlich zur Anwendung des Einwohnerprivilegs auf ortsansässige Schausteller *Mösinger,* Auswahlkriterien der Standplatzvergabe unter rechtlicher und ökonomischer Analyse, 2007, S. 142 ff. – Zur Vereinbarkeit des Einwohnerprivilegs mit dem europäischen Gemeinschaftsrecht vgl. WuV-Frage Nr. 4 im Anhang zu diesem Fall.

[44] *VGH München* BayVBl. 1982, 656 = GewArch. 1982, 98 f.

[45] Näher *Frotscher/Kramer,* Wirtschaftsverfassungs- und Wirtschaftsverwaltungsrecht, Rn. 348.

liegt[46], was aber nur selten der Fall ist.[47] Es steht grundsätzlich im – durch das Verwaltungsgericht (vgl. § 114 VwGO) nur eingeschränkt überprüfbaren – Ermessen der Behörde (vgl. § 40 VwVfG), welchen Schausteller sie aus einer Mehrzahl von Bewerbern auswählt.

Um den effektiven Rechtsschutz des rechtswidrig übergangenen Bewerbers nicht zu verkürzen, vertritt die h. M.[48] dennoch die Ansicht, dass auch in diesen Fällen eine einstweilige Anordnung ergehen kann, wenn überwiegende Erfolgsaussichten in der Hauptsache bestehen. Das Gericht hat eine eigene Interessenabwägung vorzunehmen. In diese Abwägung kann und muss das Gericht auch die Erfolgsaussichten in der Hauptsache einstellen; das betrifft nicht nur die Prüfung des Anordnungsgrundes (möglicherweise Vorwegnahme der Hauptsache), sondern auch des Anordnungsanspruchs. Würde der Antragsteller in der Hauptsache bei summarischer Beurteilung obsiegen und würde ihm die einstweilige Anordnung dennoch jetzt nicht gewährt, so wäre seinem verfassungsrechtlichen Anspruch auf effektiven Rechtsschutz (Art. 19 IV GG) nicht genüge getan. Eine einstweilige Anordnung muss hingegen dann abgelehnt werden, wenn in der Hauptsache offensichtlich keine Erfolgsaussichten bestehen. **43**

Deshalb sind die Erfolgsaussichten eines Rechtsbehelfs des A in der Hauptsache zu prüfen.

### bb) Erfolgsaussichten in der Hauptsache

A könnte seinen Anspruch auf fehlerfreie Ermessensausübung mit einer Verpflichtungsklage in Gestalt einer Bescheidungsklage (vgl. § 113 V 2 VwGO[49]) verfolgen. Diese müsste zulässig und begründet sein. **44**

### (1) Zulässigkeit der Verpflichtungsklage

Die Verpflichtungsklage gem. § 42 I, 2. Alt. VwGO wäre die statthafte Klageart. A wäre gem. § 42 II VwGO auch klagebefugt. **45**

Das gem. § 68 II VwGO i. V. m. I 1 VwGO grundsätzlich erforderliche Vorverfahren entfällt aufgrund der Regelung des Art. 15 II BayAGVwGO. Da die Klagefrist nach § 74 II VwGO i. V. m. I 1 VwGO noch nicht abgelaufen ist, kann er noch fristgerecht Klage erheben. Gem. § 78 I Nr. 1 VwGO wäre die Stadt M als Träger des Volksfestes richtiger Beklagter. Die Klage wäre somit zulässig. **46**

### (2) Begründetheit der Verpflichtungsklage

Die Klage des A wäre begründet, wenn die Ablehnung des Antrages auf Zulassung ermessensfehlerhaft und damit rechtswidrig ist und A dadurch in seinem Anspruch **47**

---

[46] BVerwGE 63, 110 (112); *OVG Greifswald* GewArch. 1996, 76 (78); *VGH Mannheim* GewArch. 1988, 237; *VGH München* GewArch. 1987, 308.

[47] Vgl. dazu *Hufen,* VerwPrR, § 38 Rn. 37 ff.

[48] Vgl. *Finkelnburg/Dombert/Külpmann,* Vorläufiger Rechtsschutz im Verwaltungsstreitverfahren, Rn. 116, 190 f. m. w. N.; *Mückl,* JA 2000, 329 (334 f.); zurückhaltender *Pietzner/Ronellenfitsch,* Assessorexamen, § 59 Rn. 25 m. w. N. Zum Problem vgl. auch *Schrader,* JuS 2005, 37 ff.

[49] **Beachte:** Die Bescheidungsklage ist das Gegenstück zum Bescheidungsurteil. Die Verpflichtungsklage ist dann nicht darauf gerichtet, die Verpflichtung der Behörde zur Zulassung des Klägers auszusprechen, sondern auf Neubescheidung des Klägers unter Berücksichtigung der Rechtsauffassung des Gerichts; vgl. dazu *Hufen,* VerwPrR, § 15 Rn. 15.

auf ermessensfehlerfreie Entscheidung (Art. 21 I 1 BayGO, § 40 VwVfG) verletzt wird; vgl. §§ 113 V 2, 114 S. 1 VwGO.

**48** (a) Die Ablehnung ist rechtswidrig, wenn die Versagung ermessensfehlerhaft (§ 114 S. 1 VwGO) vorgenommen wurde. Hier sind die Anforderungen der ermessensbegründenden Norm mit den tatsächlich angestellten Erwägungen der Behörde im Versagungsbescheid vom 28. Mai 2009 zu vergleichen.[50]

Wie dargestellt, sind die tatbestandlichen Voraussetzungen des Art. 21 I 1 BayGO erfüllt. A hat infolge der beschränkten Kapazität jedoch nur einen Anspruch auf fehlerfreie Ermessensbetätigung bei der Bewerberauswahl, vgl. § 40 VwVfG.

**49** (b) Bei der Ermessensausübung orientierte sich die Stadt an einem Punktesystem in Gestalt einer ermessenslenkenden Verwaltungsvorschrift („Richtlinie"). Die grundsätzliche *Zulässigkeit eines solchen Systems* steht außer Frage.[51] Das Auswahlsystem ist „sachlich, nachvollziehbar und dient der Transparenz der Zulassungsentscheidung"; der *VGH München*[52] hat es deshalb in ständiger Rechtsprechung gebilligt. Dass das Auswahlsystem keine Rücksicht auf die soziale Situation des Bewerbers nimmt, ist nicht zu beanstanden. Die Behörde ist aufgrund ihrer prinzipiellen Gestaltungsfreiheit nicht verpflichtet, die gerechteste, beste und sozialste Regelung für die Zulassung zu wählen. Soziale Kriterien, wie die Existenzgefährdung im Falle der Nichtzulassung, müssen nicht ausschlaggebend berücksichtigt werden.[53] Es ist wegen Art. 12 I GG i.V.m. Art. 3 I GG, Art. 118 I BV lediglich notwendig, aber auch hinreichend, dass für die Bewertungskriterien sachliche Gründe vorliegen.

**50** Misst man die Kriterien an diesen Maßstäben, dann begegnet die Entscheidung von M keinen Bedenken. Es kann nicht als sachfremde Erwägung gewertet werden, wenn die Gemeinde die „Ortsansässigkeit" und das „Alleineigentum" stärker bewertet. Die Bevorzugung von einheimischen gegenüber nicht ansässigen Schaustellern ist wegen der größeren lokalen Verantwortung der Stadt ebenso ein sachgerechtes Anliegen[54] wie die Förderung von Schaustellern mit eigenen Fahrgeschäften wegen der höher einzustufenden Zuverlässigkeit und des Investitionsschutzes.[55]

**51** Fraglich ist jedoch, ob nicht die *Änderung der Bewertungskriterien* am 4. Februar 2009 mit Wirkung für das Oktoberfest 2009 zu beanstanden ist. Die erst nach Antragseingang erfolgte Änderung legt Zweifel an der Objektivität des Verfahrens nahe. Sachfremd erscheinen die Erwägungen gleichwohl nicht. Es ist nicht zu

---

[50] **Beachte:** Das Verwaltungsgericht darf nicht seine eigenen Erwägungen an die Stelle der Ermessenserwägungen der Behörde setzen, sondern die behördliche Ermessensbetätigung nur auf etwaige Fehler nachprüfen, vgl. § 114 S. 1 VwGO.

[51] Vgl. dazu die WuV-Frage Nr. 5 im Anhang zu diesem Fall.

[52] *VGH München* NVwZ-RR 1999, 574 (575).

[53] *VGH München* NVwZ-RR 1999, 574 (575); *Bauer/Böhle/Masson/Samper,* Art. 21 BayGO Rn. 47.

[54] Vgl. auch *Bauer/Böhle/Masson/Samper,* Art. 21 BayGO Rn. 46.

[55] **Beachte:** Der Entscheidung des *VGH München* NVwZ-RR 1999, 574 (575), ist zur „Sachlichkeit" der Gründe allerdings nichts zu entnehmen. Der *VGH* beschränkt sich auf die Zusammenstellung der Grundsätze. Zumindest die Untergewichtung des „Leasing" (0 Punkte) gegenüber dem „Mietkauf" (5 Punkte) erscheint äußerst fraglich und durch den *VGH* verkannt. Eine a.A. ist deshalb sehr gut vertretbar. Bei Gleichsetzung (5 Punkte × 2 = 10 Punkte) würde A in der Gesamtpunktzahl wenigstens gleichziehen. Damit würden sich die Erfolgsaussichten in der Hauptsache der Klage ändern; wegen der sachlich nicht gerechtfertigten Differenzierung läge ein Ermessensfehler vor.

erkennen, dass die Änderung erfolgte, um einen missliebigen Bewerber abzuwehren.[56]

52 In der nachträglichen Änderung der Bewertungskriterien könnte jedoch eine unzulässige *Rückwirkung* liegen. Das aus dem Rechtsstaatsprinzip hergeleitete und dem Vertrauen in die Beständigkeit der Rechtsordnung dienende Verbot der Rückwirkung gilt für belastende Gesetze. Denn der von rechtlich verbindlichen Regelungen Betroffene soll die Rechtslage erkennen und sein Verhalten darauf einstellen können.[57] Das hier geänderte Punktesystem beruht jedoch auf einer Verwaltungsvorschrift. Diese stellt keinen Außenrechtssatz dar, sondern eine lediglich verwaltungsinterne Regelung.[58] Sie wendet sich nicht an den Bürger, sondern allein an die Verwaltung. Nach Ansicht des *VGH München*[59] muss es ein Bewerber grundsätzlich hinnehmen, dass – wie hier – die Änderungen der Bewertungskriterien an abgeschlossene Tatbestände in der Vergangenheit anknüpfen, selbst wenn er diese Faktoren nicht mehr beeinflussen kann und er sich auf diese Änderungen auch nicht ohne weiteres einstellen konnte, weil diese nicht absehbar waren. In die Rechtsbeständigkeit von Verwaltungsvorschriften besteht kein gleichermaßen schützenswertes Vertrauen wie in die Rechtsbeständigkeit von Außenrechtssätzen. Es steht der Stadt M als Trägerin des Oktoberfestes deshalb grundsätzlich frei, wie sie das Bewertungssystem ausgestaltet und ggf. ändert.

53 Etwas anderes ergibt sich auch nicht aus dem *Grundsatz der Selbstbindung der Verwaltung*. Zwar kann in bestimmten Fällen als Folge des Gleichbehandlungsgrundsatzes bzw. des Willkürverbotes (Art. 3 I GG) ermessenslenkenden Verwaltungsvorschriften eine den Rechtsnormen vergleichbare Wirkung im Außenverhältnis zum Bürger zukommen. Ein (willkürliches) Abweichen von regelmäßig befolgten Verwaltungsvorschriften ist dann nicht möglich, sofern das Abweichen nicht durch hinreichende Gründe gerechtfertigt ist.[60] Das Verbot der Abweichung gilt jedoch nur für vergleichbare Fälle auf der Grundlage derselben Verwaltungsvorschrift. Es kann der Behörde aber, wie bereits dargelegt, nicht die Möglichkeit genommen werden, die Verwaltungsvorschrift aus sachlichen Erwägungen heraus zu ändern. Ein solche Änderungen verbietendes, schutzwürdiges Vertrauen besteht nicht. Zudem können auch auf der geänderten Grundlage alle vergleichbaren Fälle gleich behandelt werden.

54 Damit war die Entscheidung der Stadt M ermessensfehlerfrei und die Versagung der Zulassung rechtmäßig.[61]

---

[56] *VGH München* NVwZ-RR 1999, 574 (575). Im Originalfall konnte die Stadt hier glaubhaft darlegen, dass die nachträgliche Befassung lediglich auf Terminschwierigkeiten beruhte und an sich schon früher geplant war. Um zu einer anderen Bewertung durch das Verwaltungsgericht zu gelangen, hätte es also eines entsprechenden Vortrages des Ast. bedurft.

[57] BVerfGE 52, 1 (41).

[58] Vgl. *Kopp/Schenke*, VwGO, § 47 Rn. 29; *Kopp/Ramsauer*, VwVfG, § 40 Rn. 27 (mit Fn. 40).

[59] *VGH München* NVwZ-RR 1999, 574 (575).

[60] *Kopp/Schenke*, VwGO, § 114 Rn. 41.

[61] **Beachte:** Nähme man vorliegend einen Ermessensfehler im Hinblick auf eine sachlich nicht gerechtfertigte Differenzierung zwischen „Leasing" und „Mietkauf" an (vgl. Fn. 55), dann käme man zum entgegengesetzten Ergebnis. Aus der Sicht des beratenden Rechtsanwaltes spricht sogar einiges dafür, dieser Ansicht zu folgen. Bearbeiter, die sich dieser Ansicht anschließen, müssten einen Anordnungsanspruch bejahen. Bei der Darstellung des Anordnungsgrundes ergeben sich im konkreten Fall keine Abweichungen. Die Interessenabwägung müsste angesichts der dann bestehenden Erfolgsaussichten in der Hauptsache jedoch anders ausfallen.

**Zwischenergebnis:** Da die Versagung rechtmäßig erfolgte und A demnach nicht in seinem Anspruch auf ermessensfehlerfreie Entscheidung verletzt wird, besteht in der Hauptsache keine Aussicht auf Erfolg. Eine einstweilige Anordnung darf schon aus diesem Grund nicht ergehen.

**2. Anordnungsgrund**

55 Eine Glaubhaftmachung der Eilbedürftigkeit würde sich im vorliegenden Fall erübrigen, da der Termin des Oktoberfestes 2009 sowie die Verfahrensdauer gerichtsbekannt sind, §§ 123 III VwGO, 920 II, 291 ZPO. Damit wäre objektiv zu besorgen, dass der materielle Anspruch des A in der Hauptsache nicht mehr durchgesetzt werden könnte.

Würde die Stadt M verpflichtet, den A zum Oktoberfest 2009 zuzulassen, dann erhielte A schon jetzt, was er eigentlich erst in der Hauptsache verlangen könnte. Im Hinblick auf den vorläufigen Charakter der Anordnung darf jedoch die Hauptsache grundsätzlich nicht vorweggenommen werden (grundsätzliches Verbot der Vorwegnahme der Hauptsache).[62] Etwas anderes kann nur dann gelten, wenn im Interesse der Gewährung eines effektiven Rechtsschutzes (Art. 19 IV GG) die einstweilige Anordnung „schlechterdings notwendig" ist.[63] Ein solcher Fall liegt dann vor, wenn die zu erwartenden Nachteile für den Antragsteller unzumutbar sind und im Hauptsacheverfahren nicht mehr zu beseitigen wären und zudem ein hoher Grad an Wahrscheinlichkeit für einen Erfolg in der Hauptsache spricht.[64] Die möglicherweise existenziellen Belange des A als Schausteller könnten hier berücksichtigt werden.

**3. Interessenabwägung**

56 Das Gericht hat, soweit die Erfolgsaussichten in der Hauptsache nicht eindeutig sind, eine eigene Ermessensentscheidung zu treffen.[65] Dabei hat das Gericht alle betroffenen privaten und öffentlichen Interessen gegeneinander abzuwägen. Überwiegen die Gründe für den Erlass, dann erlässt das Verwaltungsgericht eine einstweilige Anordnung. Davon ist hier mangels Erfolgsaussichten in der Hauptsache nicht auszugehen.

**Ergebnis**

Der Antrag des A wäre zwar zulässig, aber unbegründet und hätte daher keine Aussicht auf Erfolg.

## D. Wiederholungs- und Vertiefungsfragen

**Frage 1: Was ist eine öffentliche Einrichtung i. S. d. Kommunalrechts?**

57 Der Begriff der öffentlichen Einrichtung (z. B. § 8 II GO NRW, Art. 21 I 1 BayGO) ist in den verschiedenen Gemeindeordnungen nicht legaldefiniert. Allgemein ver-

---

[62] *Kopp/Schenke,* VwGO, § 123 Rn. 13.
[63] *Kopp/Schenke,* VwGO, § 123 Rn. 14.
[64] Vgl. *Kopp/Schenke,* VwGO, § 123 Rn. 14, m. w. N. Vgl. zudem *BVerfG* NJW 2002, 3691 (3692) (Zulassungsanspruch gem. § 70 GewO): „Ergibt die Überprüfung der versagenden Vergabeentscheidung im einstweiligen Rechtsschutzverfahren, dass ein Standplatz zu Unrecht vorenthalten wurde, hat das Fachgericht eine entsprechende Verpflichtung des Marktanbieters auszusprechen. Es ist dann die im Einzelnen vom Gericht nicht zu regelnde Sache des Marktanbieters, diese Verpflichtung umzusetzen."
[65] Vgl. *Würtenberger,* VerwPrR, Rn. 549.

steht man hierunter jeden Gegenstand, den die Gemeinde im öffentlichen Interesse (Daseinsvorsorge) unterhält und durch Widmung der allgemeinen Benutzung zugänglich macht.[66] Solche Einrichtungen können beispielsweise Museen, Bibliotheken und Schwimmbäder sein, aber auch Verkehrs- und Versorgungsbetriebe, Märkte, Volksfeste und Festplätze. Öffentlich ist eine Einrichtung, wenn eine entsprechende Widmung durch die Gemeinde erfolgt ist. Der Widmungsakt ist nicht formgebunden und kann sogar konkludent erfolgen.[67]

### Frage 2: Welche Voraussetzungen hat der kommunalrechtliche Benutzungsanspruch?

Der in den Gemeindeordnungen geregelte kommunalrechtliche Benutzungsan- **58**
spruch gibt allen Einwohnern der Gemeinde das Recht, die öffentlichen Einrichtungen ihrer Gemeinde im Rahmen des geltenden Rechts zu benutzen (z.B. Art. 21 I 1 BayGO, § 8 II GO NRW). Da die jeweiligen Gemeindeordnungen den Benutzungsanspruch lediglich im Rahmen des geltenden Rechts gewähren, besteht ein Anspruch nur in Ansehung der einschlägigen gesetzlichen Vorschriften, der Widmung sowie der vorhandenen Kapazitäten.

Für den persönlichen Anwendungsbereich ist maßgebliche Voraussetzung, dass es sich um einen Einwohner der Gemeinde handelt, der die Benutzung einer öffentlichen Einrichtung seiner Gemeinde begehrt (sog. Einwohnerprivileg). Der kommunalrechtliche Benutzungsanspruch steht überdies auswärts wohnenden Personen für ihren Grundbesitz oder ihre gewerblichen Niederlassungen im Gemeindegebiet zu (sog. Forensen), da sie gegenüber der Gemeinde die gleichen Rechte und Pflichten wie ortsansässige Grundbesitzer und Gewerbetreibende haben (so Art. 21 III BayGO; ähnlich § 8 III GO NRW). Diese Vorschriften gelten zudem nicht nur für natürliche Personen, sondern auch für juristische Personen und Personenvereinigungen (Art. 21 IV BayGO, § 8 IV GO NRW).

### Frage 3: Worin besteht der Unterschied zwischen einer Zulassung aufgrund des in den Gemeindeordnungen der Länder normierten kommunalrechtlichen Benutzungsanspruchs bei öffentlichen Einrichtungen und einem Zulassungsanspruch gem. §§ 69ff. GewO?

Tritt – was in der Praxis regelmäßig vorkommt – nicht eine Privatperson, sondern **59**
eine Kommune als Veranstalterin auf, kann diese im Gegensatz zu einem privaten Veranstalter einen Markt etc. nicht nur gewerberechtlich nach §§ 69ff. GewO durchführen, sondern auch als öffentliche Einrichtung im Sinne des Kommunalrechts.[68] Der Teilnahmeanspruch der einzelnen Beschicker richtet sich dann nicht nach § 70 GewO, sondern nach dem enger gefassten kommunalrechtlichen Benutzungsanspruch der jeweiligen Gemeindeordnung, z.B. § 8 II GO NRW. Nachteil aus Sicht eines Teilnehmers kann u.a. sein, dass die kommunalrechtlichen Benutzungsansprüche grundsätzlich nur einen Anspruch für Einwohner und Forensen

---

[66] *Tettinger/Erbguth/Mann,* BesVerwR, Rn. 237.

[67] Ausführlich *Schmidt-Aßmann/Röhl,* in: Schmidt-Aßmann/Schoch, BesVerwR, 1. Kap. Rn. 10ff.

[68] Vgl. *Tettinger/Wank,* GewO, § 70 Rn. 5. Marktveranstaltungen können im Übrigen auch noch durch die Erteilung befristeter Sondernutzungserlaubnisse nach dem Straßen- und Wegerecht der Länder durchgeführt werden; vgl. dazu *VGH Mannheim* NVwZ-RR 2001, 159; *Meßmer,* JuS 2002, 755 (757f.).

der jeweiligen Gemeinde eröffnen (vgl. Antwort zu Frage Nr. 2). Dies kann zu einer Benachteiligung auswärtiger Teilnehmer führen, da diese grundsätzlich keinen Benutzungsanspruch haben[69] (vgl. aber Art. 21 V BayGO). Die Gemeinde kann allerdings durch Widmung den Kreis der Benutzer erweitern. In diesem Fall ergibt sich der Benutzungsanspruch für Auswärtige aus Art. 3 I GG i. V. m. dem Grundsatz der Selbstbindung der Verwaltung.[70]

60 Der Hauptunterschied zwischen einer Zulassung nach den §§ 69ff. GewO und den kommunalrechtlichen Benutzungsansprüchen liegt somit vor allem in der unterschiedlichen Reichweite des Zulassungsanspruchs für die jeweiligen Teilnehmer der Veranstaltung: § 70 GewO gewährt einen diskriminierungsfreien Anspruch für alle potentiellen Teilnehmer, während sich auf den kommunalrechtlichen Benutzungsanspruch – solange keine Erweiterung des zugelassenen Teilnehmerkreises durch Widmung erfolgt – lediglich die Einwohner und Forensen der Gemeinde berufen können. Ein weiterer grundlegender Unterschied besteht darin, dass ohne eine Festsetzung gem. § 69 GewO für die öffentliche Einrichtung der Gemeinde (z. B. Volksfest) die sog. Marktprivilegien nicht gelten (vgl. dazu WuV-Frage Nr. 2 im Anhang zu Fall 10).

### Frage 4: Verstößt das im Rahmen des kommunalrechtlichen Benutzungsanspruchs normierte Einwohnerprivileg gegen die durch das europäische Gemeinschaftsrecht garantierte Dienstleistungsfreiheit?

61 Grundsätzlich haben nach den einschlägigen Vorschriften der Gemeindeordnungen nur Einwohner und Forensen der jeweiligen Gemeinde (Art. 21 BayGO, § 8 GO NRW) einen kommunalrechtlichen Benutzungsanspruch (sog. Einwohnerprivileg). Für Unionsbürger könnte in dem Einwohnerprivileg allerdings ein Verstoß gegen EG-Recht zu sehen sein. Insbesondere bei Märkten, Messen, Volksfesten etc. kommt ein Verstoß gegen die Dienstleistungsfreiheit (Art. 49 EG) in Betracht. Zwar differenziert das Einwohnerprivileg nicht zwischen Inländern und Ausländern, weil es nur an die von der Staatsangehörigkeit des Einzelnen unabhängige Einwohnerschaft in der Gemeinde anknüpft (sog. unterschiedslos wirkende Maßnahme). Allerdings liegt eine Beschränkung der Dienstleistungsfreiheit auch dann vor, wenn eine unterschiedslos wirkende nationale Maßnahme geeignet ist, die Dienstleistungsfreiheit zu verhindern oder zu erschweren. Es liegt in der Natur der Sache, dass Unionsbürger in aller Regel nicht Einwohner der betreffenden Gemeinde und deshalb von der Veranstaltung ausgeschlossen sind. Insofern liegt für Unionsbürger, die sich nicht auf das Einwohnerprivileg berufen können, eine wirtschaftliche Benachteiligung gegenüber den Einwohnern vor, die gemeinschaftsrechtlich eine faktische (mittelbare) Diskriminierung der Schausteller aus anderen EU-Mitgliedstaaten darstellt.[71] Ob eine solche Beschränkung der Dienstleistungsfreiheit gerechtfertigt ist, hängt davon ab, ob mit dem Einwohnerprivileg zwingende Gründe des Allgemeinwohls verfolgt werden und die Einschränkungen der Dienstleistungsfreiheit verhältnismäßig sind. Eine Entscheidung des *EuGH* zu dieser konkreten Problematik liegt bisher nicht vor.

---

[69] Zur Erweiterung des Personenkreises im Rahmen der Widmung der öffentlichen Einrichtung vgl. *VGH Mannheim* VBlBW 1996, 101 f.

[70] *Tettinger/Erbguth/Mann*, BesVerwR, Rn. 237.

[71] Vgl. dazu auch die Falllösung von *Schöbener/Korth*, Flaminio will's wissen, in: Preis/Prütting/Sachs/Weigend (Hrsg.), Die Examensklausur, 3. Aufl. 2008, S. 420 ff.

In der *Literatur*[72] besteht weitgehend Einigkeit, dass rein wirtschaftliche Erwägungen keine zwingenden Gründe des Allgemeinwohls darstellen, die eine Beschränkung rechtfertigen können. Ebenso werden erhöhte Schwierigkeiten bezüglich der Feststellung der Zuverlässigkeit bei nicht im Inland ansässigen EU-Ausländern nicht als Rechfertigungsgrund anerkannt.[73] 62

Als möglicher Rechtfertigungsgrund einer Beschränkung der Dienstleistungsfreiheit bei kommunalen Märkten etc. kommt allerdings die Förderung der kulturellen Identität und der Tradition bestimmter Regionen in Betracht, die eine Beschränkung des Teilnehmerkreises auf lokale Veranstalter erforderlichen machen können.[74] Diese Rechtfertigungsmöglichkeit wird grundsätzlich auch von der Europäischen Kommission anerkannt.[75] Demnach erscheint die Einschränkung der Dienstleistungsfreiheit in Einzelfällen durchaus rechtfertigungsfähig, z.B. bei der Veranstaltung eines Marktes, der das regionale Brauchtum fördern soll. Im jeweils konkreten Fall ist allerdings streng darauf zu achten, dass auch tatsächlich die lokale Brauchtumspflege im Vordergrund steht und mit der Beschränkung des Teilnehmerkreises nicht letztlich nur eine (verdeckte) regionale Wirtschaftsförderung bezweckt wird. 63

**Frage 5: Welches Gemeindeorgan ist für die abstrakte Festlegung der Zulassungs- und Auswahlkriterien (Vergabekriterien) zuständig? Bedarf es der Festlegung in einem verbindlichen Rechtsakt?**

a) Als zuständiges Gemeindeorgan kommen sowohl der Bürgermeister als auch der Gemeinderat in Betracht. Der *Bürgermeister* ist zuständig für die (einfachen) Geschäfte der laufenden Verwaltung (vgl. § 41 III GO NRW, Art. 37 I 1 Nr. 1 BayGO: „die laufenden Angelegenheiten, die für die Gemeinde keine grundsätzliche Bedeutung haben und keine erheblichen Verpflichtungen erwarten lassen"). Soweit nicht dem Bürgermeister bestimmte Aufgaben zur eigenständigen Erledigung zugewiesen sind, besitzt der *Gemeinderat* eine grundsätzliche Allzuständigkeit für die Verwaltung der Gemeinde (vgl. Art. 29 BayGO, § 41 I 1 GO NRW), die insbesondere die Satzungskompetenz (vgl. Art. 23 BayGO i.V.m. Art. 29 BayGO; §§ 40, 41 I 2 lit. f GO NRW) umfasst sowie die Befugnis, Richtlinien für die Ausführung der Geschäfte der laufenden Verwaltung aufzustellen (Art. 37 I 2 BayGO), oder sich selbst für „einen bestimmten Kreis von Geschäften oder für einen Einzelfall die Entscheidung [vorzubehalten]" (§ 41 III GO NRW). 64

aa) Entscheidendes Kriterium für die Bestimmung der Organzuständigkeit ist somit die Frage, ob es sich bei der abstrakten Festlegung der Vergabekriterien[76] um ein *Geschäft der laufenden Verwaltung* handelt. Denn nur dann ist der Bürgermeister dafür zuständig; andernfalls der Gemeinderat. Nach *h. M.*[77] handelt es sich *nicht* um 65

---

[72] *Fastenrath,* NWVBl. 1992, 51 (56); *Mösinger,* Auswahlkriterien der Standplatzvergabe unter rechtlicher und ökonomischer Analyse, 2007, S. 151.

[73] *Fastenrath,* NWVBl. 1992, 51 (56); *Spannowsky,* GewArch. 1995, 265 (272).

[74] *Ruthig/Storr,* Öfftl. WirtR, Rn. 366; *Fastenrath,* NWVBl. 1992, 51 (56 mit Fn. 62); *Spannowsky,* GewArch. 1995, 265 (272f.).

[75] Vgl. Abl. EG Nr. 98/C 143/02, S. 7f.

[76] Die *konkrete Entscheidung* nach Maßgabe dieser Kriterien ist zweifellos ein Geschäft der laufenden Verwaltung, das in den Zuständigkeitsbereich des Bürgermeisters fällt, der in der Regel durch Verwaltungsakt entscheidet. Die Entscheidungszuständigkeit des Bürgermeisters ist grundsätzlich nicht auf ein anderes Organ übertragbar; vgl. *VGH München* NVwZ-RR 2004, 599 (601).

[77] *VGH München* NVwZ-RR 2003, 771 (771f.); *VGH Mannheim* NVwZ-RR 1992, 90 (91); 132 (134); *VG Oldenburg* NVwZ-RR 2005, 127 (128); vgl. auch die Falllösung von *Sauer,*

ein *Geschäft der laufenden Verwaltung*, sondern um eine Entscheidung im Kompetenzbereich des Gemeinderates. Zur Zuständigkeit des Gemeinderates gehöre nämlich u.a. die Festlegung der Grundsätze der Verwaltung.[78] In Ausübung ihrer Ausgestaltungsbefugnis für ein Volksfest als kommunale Einrichtung und als Ausfluss der gemeindlichen Selbstverwaltungsgarantie (Art. 28 II 1 GG) müsse die Gemeinde sowohl sach- als auch personenbezogene Aspekte berücksichtigen und gewichten. Gleichzeitig forme sie damit den Zulassungsanspruch des Bewerbers bzw. sein Recht auf fehlerfreie Ermessensausübung aus. Dabei besitze sie eine weite, gesetzlich nur bedingt determinierte Ausgestaltungsbefugnis, was sich auch auf die innergemeindliche Organkompetenz auswirke. Daraus hat der *VGH München*[79] die Folgerung gezogen: „Je dünner die Dichte materiell-rechtlicher Vorgaben des Gesetzgebers, desto größer ist der Anteil an Gestaltungs- und Bewertungselementen, die eine Beteiligung eines Beschlussorgans erfordert." Jedenfalls bei größeren Volksfesten falle die abstrakte Auswahl und Fixierung der im Einzelfall heranzuziehenden Zulassungskriterien als wesentliche Determinante für die jeweilige Auswahlentscheidung nicht mehr unter die laufenden Angelegenheiten. Begründet wird diese Ansicht zudem unter Hinweis auf die „rechtliche und wirtschaftliche Bedeutung der Angelegenheit"[80] sowie die „erhebliche Grundrechtsrelevanz der Zulassungskriterien aus der Sicht der betroffenen Schausteller"[81].

**66** bb) In einer weiteren Entscheidung befasste sich der *VGH München*[82] näher mit einem Nürnberger Volksfest als öffentliche Einrichtung und der Zulässigkeit der Übertragung der Vergabeentscheidung an einen nicht von der Gemeinde dominierten Vergabeausschuss. Die Übertragung an den Vergabeausschuss an sich hinderte den VGH nicht daran, von einer öffentlichen Einrichtung auszugehen. Allerdings führte dessen Besetzung (16 Vertreter der Schausteller, 3 Gemeindevertreter) zur Rechtswidrigkeit des Vergabebeschlusses wegen Unzuständigkeit. Die Vergabeausschuss war in dieser Besetzung kein Gemeindeorgan. Welche Organe eine Gemeinde bilden darf und welche Entscheidungszuständigkeiten diese wahrnehmen, ist in den Gemeindeordnungen abschließend geregelt. Kreieren die Gemeinden dennoch weitere Gremien mit Entscheidungsberechtigung, dann verstoßen sie gegen den Grundsatz der Gesetzmäßigkeit der Verwaltung (Art. 20 III GG) und das Demokratieprinzip (Art. 20 II GG).

**67** b) Davon zu unterscheiden ist die Frage, ob es zur Festlegung der Vergabekriterien eines rechtlich verbindlichen Aktes bedarf, insbesondere in Form einer Ortssatzung. Eine satzungsrechtliche Regelung ist nur dann erforderlich, wenn diese bereits rechtliche Außenwirkung im Verhältnis zu den Schaustellern und Beschickern haben soll. Dies ist aber regelmäßig nicht der Fall. Die abstrakte Festlegung der Vergabekriterien hat allein ermessensleitende Bedeutung für den Bürgermeister

JuS 2004, 1086 (1089); offen gelassen von *OVG Lüneburg* NVwZ-RR 2006, 177 (179); a.A. noch *VGH München* NVwZ-RR 1991, 550; *VG Ansbach* NVwZ-RR 1997, 98f. (Marktzulassung); *OVG Bremen* NVwZ-RR 1994, 24.

78 *VGH Mannheim* NVwZ-RR 1992, 90 (91); NVwZ-RR 2001, 159 (160).

79 *VGH München* NVwZ-RR 2003, 771 (772); a.A. *OVG Lüneburg* NVwZ-RR 2006, 177 (179).

80 *VGH Mannheim* NVwZ-RR 1992, 90 (91); skeptisch *OVG Lüneburg* NVwZ-RR 2006, 177 (179).

81 *VGH München* NVwZ-RR 2003, 771 (772); *VGH Mannheim* NVwZ-RR 1992, 132 (134); a.A. *OVG Lüneburg* NVwZ-RR 2006, 177 (179).

82 *VGH München* NVwZ 1999, 1122 (1123f.); vgl. auch *VGH München* NVwZ-RR 2004, 599 (600f.); *VG Oldenburg* GewArch. 2004, 419.

(bzw. dessen Mitarbeiter in der Verwaltung) bei der Entscheidung über die Zulassung, ggf. auf der Grundlage einer Auswahlentscheidung. Dafür sind „Richtlinien" völlig ausreichend[83], die als *Verwaltungsvorschriften* ihre Bindungswirkung allein gegenüber der Gemeindeverwaltung entfalten und erst durch den Erlass des Verwaltungsakts auch (mittelbar) Außenwirkung erhalten. Der Erlass einer *Satzung* ist aber durchaus zulässig (z.B. als Marktordnung), da es sich beim Betrieb einer kommunalen Einrichtung um die Wahrnehmung von Selbstverwaltungsaufgaben (Art. 28 II 1 GG) handelt, bei deren Gestaltung sich die Gemeinden auf ihre grundgesetzlich gewährleistete Satzungsautonomie berufen können.

**Frage 6: Wie wirkt sich das Fehlen einer vom Gemeinderat verabschiedeten Richtlinie oder Satzung zur Regelung der Vergabekriterien auf die Vergabeentscheidung des Bürgermeisters (Verwaltungsakt) aus?**

Fraglich ist in einer solchen Konstellation, ob das Fehlen einer vom Gemeinderat beschlossenen Richtlinie oder Vergabesatzung den Verwaltungsakt rechtswidrig macht. 68

a) Dies wird *teilweise* mit der Begründung verneint, es handele sich allein um ein das Verhältnis von Bürgermeister und Gemeinderat betreffendes gemeindeinternes Problem, das sich nicht auf das Außenrechtsverhältnis zwischen Gemeinde und Bewerber auswirke. Solange bei der Einzelfallentscheidung im Außenrechtsverhältnis das zuständige Organ (Bürgermeister) tätig geworden sei, sei der Verwaltungsakt im Hinblick auf die Zuständigkeit nicht zu beanstanden.[84] 69

b) Nach der *Gegenansicht*[85] liegt hingegen ein sich auch im Außenrechtsverhältnis auswirkender Zuständigkeitsfehler vor, weil es sich bei der Einzelfallentscheidung des Bürgermeisters in Ermangelung einer Vergabesatzung bzw. Richtlinie nicht um ein Geschäft der laufenden Verwaltung gehandelt hat. Die Nichtmitwirkung des Gemeinderates beim Zustandekommen des Verwaltungsakts sei eine Missachtung der gesetzlichen Vorgaben zur innergemeindlichen Willensbildung. Es handele sich um einen Verfahrensfehler, der nach Maßgabe von § 45 I Nr. 4 VwVfG analog allerdings geheilt werden könne.[86] 70

Liegen die Heilungsvoraussetzungen nicht vor, dann kommt noch die Unerheblichkeit des Verfahrensmangels gem. § 46 VwVfG in Betracht. Dessen Voraussetzungen sind jedoch in der Regel nicht erfüllt. Die Frage der innergemeindlichen Kompetenzverteilung (Organkompetenz) betrifft nämlich allein die *sachliche* Zuständigkeit, nicht aber – wie es § 46 VwVfG voraussetzt – die „örtliche Zuständigkeit". Mit der Beschränkung der Unbeachtlichkeitsfolge auf die Verletzung von Vorschriften über die örtliche Zuständigkeit hat der Gesetzgeber zu erkennen gegeben, dass alle anderen Zuständigkeitsverstöße einen wesentlichen Verfahrensmangel darstellen Dies muss zumindest für solche gesetzlich normierten Zuständigkeiten gelten, mit denen die Kompetenzbereiche selbständiger Organe voneinander abgegrenzt wer- 71

---

[83] Vgl. *VGH Mannheim* NVwZ-RR 1992, 90 (91); 132 (134); NVwZ-RR 2001, 159 (160); *VG Oldenburg* NVwZ-RR 2005, 127 (129).

[84] *OVG Münster* NVwZ-RR 1994, 157.

[85] *VGH München* NVwZ-RR 2003, 771 (772); *VG Chemnitz* LKV 1996, 301 (302); anders *VGH Mannheim* GewArch. 1991, 35: Ermessensausfall beim Erlass des Verwaltungsaktes.

[86] *VGH München* NVwZ 1999, 1122 (1124); NVwZ-RR 2003, 771 (772); a.A. *Sauer*, JuS 2004, 1086 (1090), weil Zuständigkeitsfehler einer Heilung gem. § 45 VwVfG nicht zugänglich seien.

den.[87] Im Übrigen scheidet eine Anwendung des § 46 VwVfG bei Ermessensverwaltungsakten (Auswahlentscheidung) aber auch deshalb aus, weil *nicht* „offensichtlich ist, dass die Verletzung die Entscheidung in der Sache nicht beeinflusst hat". Erforderlich ist eine materiell-rechtliche Alternativlosigkeit des Verwaltungsakts, die nur bei gebundenen Verwaltungsakten oder bei einer Ermessensreduzierung auf Null gegeben ist. In der Situation des *non liquet* ist es angesichts der negativen Formulierung des Kausalitätserfordernisses allein Sache der Behörde, den Nachweis mangelnder Kausalität zu erbringen[88], was bei Ermessensentscheidungen so gut wie ausgeschlossen ist.

## E. Wiederholungs- und Vertiefungshinweise

Allgemein zu öffentlichen Einrichtungen der Gemeinden und dem kommunalen Benutzungsanspruch:
*Dietlein,* Rechtsfragen des Zugangs zu kommunalen Einrichtungen, Jura 2002, 445; *Tettinger/Erbguth/Mann,* BesVerwR, 9. Aufl. 2007, Rn. 236.

Zum kommunalrechtlichen Zulassungsanspruch für EU-Bürger:
*Fastenrath,* Die Zulassung ortsfremder (einschließlich EG-ausländischer) Schausteller und Anbieter zu Volksfesten und Märkten, NWVBl. 1992, 51; *Spannowsky,* Vergabe von Standplätzen auf Volksfesten, Messen und Märkten an EU-ausländische Anbieter, GewArch. 1995, 265. Ausführlich *Mösinger,* Auswahlkriterien der Standplatzvergabe unter rechtlicher und ökonomischer Analyse, 2007, S. 146 ff.

---

87 *VGH München* NVwZ-RR 2004, 599 (601).

88 *VGH München* NVwZ-RR 2003, 771 (772); NVwZ 1999, 1122 (1124); zu großzügig bei der Feststellung der materiell-rechtlichen Alternativlosigkeit: *OVG Lüneburg* NVwZ-RR 2006, 177 (179). Ausführlich zur Dogmatik des § 46 VwVfG: *Schöbener,* Die Verwaltung 33 (2000), 447 ff.

# Fall 12: Elektroarbeiten durch die städtische GmbH

## A. Inhalt

Allgemeine Leistungsklage; wirtschaftliche Betätigung der öffentlichen Hand; öffentlich-rechtlicher Unterlassungsanspruch; Gemeindewirtschaftsrecht (Zweck- und Subsidiaritätsklausel) und Schutznormlehre; Grundrechte (Art. 12, Art. 14, Art. 3 I GG); Unterlassungsanspruch aus § 8 I UWG i. V. m. § 3 I UWG.

## B. Sachverhalt

Erich Ego (E) betreibt in der bayerischen Landeshauptstadt München (M) einen Betrieb des Elektrikerhandwerks. Er ist seit Jahren auf den Messen, Märkten und Festveranstaltungen in München und Umgebung als Elektriker tätig und erstellt die von den jeweiligen Marktkaufleuten für ihre fliegenden Bauten benötigten Elektroinstallationen. Im Jahr 2008 wandelt die Stadt M einen Eigenbetrieb in die G-GmbH (G) um, deren alleinige Gesellschafterin M ist. Bis zur Umwandlung schrieb der städtische Eigenbetrieb jahrelang Aufträge für M aus, so z. B. den Auf- und Abbau von Verteilerschränken und Elektroinstallationen auf dem Münchener Oktoberfest und ähnlichen Veranstaltungen. E gewann diese Ausschreibung für das Jahr 2008 und erhielt einen entsprechenden Auftrag. Nach der Privatisierung benutzt G das Oktoberfest bereits dazu, einige Kaufleute als private Auftraggeber für die Erstellung der erforderlichen Einzelanschlüsse zu gewinnen. Auf anderen Volksfesten gelingt es ihr im Laufe des folgenden Jahres, einen großen Teil der bisher von den Marktkaufleuten an die bereits früher in diesem Bereich tätigen Handwerksfirmen, u. a. E, vergebenen Privataufträge zu akquirieren. G erreicht auf diese Weise, dass innerhalb kurzer Zeit eine Vielzahl von größtenteils langjährigen Kunden des E zu ihr überwechselt. Bei der Ausschreibung der Stadt M für das Oktoberfest 2009 gibt G zudem das günstigste Angebot ab und erhält den Zuschlag.

E ist erbost über diese Form der „städtischen Konkurrenz", zumal – was zutrifft – in München und Umgebung das Elektrohandwerk weit überdurchschnittlich vertreten sei und ein reger Wettbewerb bestehe. Er möchte gerichtlich erreichen, dass die Stadt es zukünftig unterlässt, durch G elektrische Anlagen zur Erzeugung, Fortleitung, Umwandlung und Abgabe elektrischer Energie privaten und gewerblichen Auftraggebern anzubieten und/oder in deren Auftrag herzustellen. E ist der Ansicht, die Stadt verstoße gegen Art. 87 BayGO und verletze überdies seine Grundrechte aus Art. 12 I, Art. 14 I und Art. 3 I GG. Außerdem sei das Verhalten der GmbH wegen eines Verstoßes gegen das UWG wettbewerbswidrig.

E beauftragt Rechtsanwalt Ralf Ratgeber (R), in einem Gutachten zu untersuchen, ob er einen Unterlassungsanspruch gegen M und/oder G hat und auf welchem Rechtsweg ein etwaiger Anspruch geltend zu machen wäre. Auf Nachfrage des R erklärt der zuständige Referent in der Rechtsabteilung von M, die Umwandlung des Eigenbetriebs in eine GmbH sei erforderlich gewesen, da der Eigenbetrieb bis 2008 in der städtischen Stromversorgung tätig gewesen sei, dieser Aufgabenbereich aber aufgrund der Privatisierung des Strommarktes nur noch einen Teil der bisherigen Mitarbeiter auslaste. Man habe für die überzähligen Mitarbeiter neue Tätigkeitsbereiche erschließen müssen. Da so gut wie alle über einschlägige Kenntnisse und Fähigkeiten im Elektrohandwerk verfügten, sei ihre Beschäftigung durch G sowohl ein „vernünftiger Einsatz sonst für die Stadt nutzloser Arbeitskräfte" als auch die wirtschaftliche Betätigung der G „eine willkommene Einnahmequelle, um die Löcher im Stadtsäckel etwas zu stopfen." Außerdem führe diese Maßnahme zur Erhaltung von Arbeitsplätzen für einen Personenkreis, der „auf dem freien Arbeitsmarkt" kaum zu vermitteln sei.

**Bearbeitervermerk:** Erstatten Sie das Gutachten des R. Es ist auf alle angesprochenen Rechtsfragen einzugehen.

## Anhang

### Bayerische Gemeindeordnung (BayGO) (Auszug)

**Art. 86 Rechtsformen.** Die Gemeinde kann Unternehmen außerhalb ihrer allgemeinen Verwaltung in folgenden Rechtsformen betreiben:

1. als Eigenbetrieb,
2. als selbständiges Kommunalunternehmen des öffentlichen Rechts,
3. in den Rechtsformen des Privatrechts.

**Art. 87 Allgemeine Zulässigkeit von Unternehmen und Beteiligungen.** (1) Die Gemeinde darf ein Unternehmen im Sinn von Art. 86 nur errichten, übernehmen oder wesentlich erweitern, wenn

1. ein öffentlicher Zweck das Unternehmen erfordert, [...],
2. das Unternehmen nach Art und Umfang in einem angemessenen Verhältnis zur Leistungsfähigkeit der Gemeinde und zum voraussichtlichen Bedarf steht,
3. die dem Unternehmen zu übertragenden Aufgaben für die Wahrnehmung außerhalb der allgemeinen Verwaltung geeignet sind,
4. bei einem Tätigwerden außerhalb der kommunalen Daseinsvorsorge der Zweck nicht ebenso gut und wirtschaftlich durch einen anderen erfüllt wird oder erfüllt werden kann.

Alle Tätigkeiten oder Tätigkeitsbereiche, mit denen die Gemeinde oder ihre Unternehmen an dem vom Wettbewerb beherrschten Wirtschaftsleben teilnehmen, um Gewinn zu erzielen, entsprechen keinem öffentlichen Zweck. [...]

(2)–(4) [...]

**Art. 88 Eigenbetriebe.** (1) Eigenbetriebe sind gemeindliche Unternehmen, die außerhalb der allgemeinen Verwaltung als Sondervermögen ohne eigene Rechtspersönlichkeit geführt werden.

(2)–(6) [...]

**Art. 95 Grundsätze für die Führung gemeindlicher Unternehmen.** (1) [...]

(2 Gemeindliche Unternehmen dürfen keine wesentliche Schädigung und keine Aufsaugung selbständiger Betriebe in Landwirtschaft, Handwerk, Handel, Gewerbe und Industrie bewirken.

### Gesetz gegen den unlauteren Wettbewerb (UWG) (Auszug)

**§ 1 Zweck des Gesetzes.** Dieses Gesetz dient dem Schutz der Mitbewerber, der Verbraucherinnen und Verbraucher sowie der sonstigen Marktteilnehmer vor unlauteren geschäftlichen Handlungen. Es schützt zugleich das Interesse der Allgemeinheit an einem unverfälschten Wettbewerb.

**§ 2 Definitionen.** (1) Im Sinne dieses Gesetzes bedeutet

1. „geschäftliche Handlung" jedes Verhalten einer Person zugunsten des eigenen oder eines fremden Unternehmens vor, bei oder nach einem Geschäftsabschluss, das mit der Förde-

rung des Absatzes oder des Bezugs von Waren oder Dienstleistungen oder mit dem Abschluss oder der Durchführung eines Vertrags über Waren oder Dienstleistungen objektiv zusammenhängt; [...].

2. [...]

(2) [...]

**§ 3 Verbot unlauterer geschäftlicher Handlungen.** (1) Unlautere geschäftliche Handlungen sind unzulässig, wenn sie geeignet sind, die Interessen von Mitbewerbern, Verbrauchern oder sonstigen Marktteilnehmern spürbar zu beeinträchtigen.

(2)–(3) [...]

**§ 8 Beseitigung und Unterlassung.** (1) Wer eine nach § 3 oder § 7 unzulässige geschäftliche Handlung vornimmt, kann auf Beseitigung und bei Wiederholungsgefahr auf Unterlassung in Anspruch genommen werden. Der Anspruch auf Unterlassung besteht bereits dann, wenn eine derartige Zuwiderhandlung gegen § 3 oder § 7 droht.

(2) [...]

(3) Die Ansprüche aus Absatz 1 stehen zu:

1. jedem Mitbewerber;
2. [...]

(4)–(5) [...]

## C. Lösung

**Vorüberlegung:** Nach dem Sachverhalt und dem Bearbeitervermerk soll ein Gutachten erstellt werden, in dem untersucht wird, ob ein Unterlassungsanspruch des E gegen M und/oder G besteht und auf welchem Rechtsweg ein etwaiger Anspruch geltend zu machen wäre. Dementsprechend ist nicht auf Zulässigkeitsfragen einzugehen, sondern – von der Frage des Rechtswegs abgesehen – nur die materielle Begründetheit der in Frage kommenden Ansprüche zu prüfen. Daher ist es im vorliegenden Fall angebracht, von der üblichen Prüfungsreihenfolge (Zulässigkeit, Begründetheit) abzuweichen und zuerst das Bestehen eines materiell-rechtlichen Anspruchs zu prüfen, um im Anschluss hieran die Frage des Rechtswegs zu beantworten. 1

### I. Bestehen und gerichtliche Durchsetzbarkeit eines Unterlassungsanspruchs gegen M

Das Begehren des E ist darauf gerichtet, dass G zukünftig eine private Wirtschaftstätigkeit in dem im Sachverhalt geschilderten Umfang unterlässt. 2

#### 1. Öffentlich-rechtlicher Unterlassungsanspruch

In Betracht kommt dafür ein öffentlich-rechtlicher Unterlassungsanspruch gegen die Stadt M, da diese Alleingesellschafterin der G ist. 3

#### a) Geltungsgrund

Der öffentlich-rechtliche Unterlassungsanspruch ist gesetzlich nicht ausdrücklich geregelt.[1] Als eigenständiges Rechtsinstitut des öffentlichen Rechts ist er aber allge- 4

[1] **Beachte:** In Rechtsprechung und Literatur wird bei der Frage nach der Anspruchsgrundlage für das Unterlassungsbegehren oftmals die als verletzt gerügte Norm (z.B. Art. 87

mein anerkannt. Zur dogmatischen Herleitung wird teilweise auf die Abwehrfunktion der Grundrechte verwiesen, teilweise werden die einschlägigen, einen Unterlassungsanspruch begründenden zivilrechtlichen Vorschriften (§§ 12, 862 und § 1004 BGB) analog herangezogen oder jedenfalls auf den in diesen Vorschriften zum Ausdruck kommenden allgemeinen Rechtsgedanken abgestellt.[2]

### b) Voraussetzungen

5 Ein öffentlich-rechtlicher Unterlassungsanspruch ist gegeben, wenn ein rechtlich geschütztes Interesse (subjektives Recht) des Anspruchstellers durch eine hoheitliche Maßnahme rechtswidrig beeinträchtigt wird (bzw. eine solche Beeinträchtigung droht).[3]

#### aa) Hoheitliche Maßnahme

6 Das Merkmal der „hoheitlichen Maßnahme“ dient der Abgrenzung des öffentlichen Rechts vom Zivilrecht. Zweifel an einer Zuordnung des Streitgegenstands zum öffentlichen Recht bestehen deshalb, weil E das allein privatrechtlich zu beurteilende wirtschaftliche Wettbewerbshandeln der G – einer lediglich dem Privatrecht unterstehenden GmbH – unterbinden möchte. Das wettbewerbliche Handeln der G wurde aber erst dadurch ermöglicht, dass M diese Gesellschaft (als sog. Eigengesellschaft) gegründet hat und dabei die Vorschriften des Gemeindewirtschaftsrechts (Art. 86ff. BayGO) beachten musste. Die Rechtmäßigkeit des mit der Umwandlung des Eigenbetriebes (vgl. Art. 88 BayGO) in eine GmbH verbundenen Organisationsaktes richtet sich somit nach Vorschriften des öffentlichen Rechts (Art. 87 BayGO).[4]

#### bb) Rechtswidrigkeit der Maßnahme

7 Die Umwandlung des Eigenbetriebs in eine GmbH ist rechtswidrig, wenn sie gegen Art. 87 BayGO verstößt. Nach Art. 87 I 1 BayGO darf die Gemeinde ein Unternehmen i.S.v. Art. 86 BayGO nur errichten, übernehmen oder wesentlich erweitern, wenn ein öffentlicher Zweck das Unternehmen erfordert (Nr. 1, sog. Zweckklausel), das Unternehmen nach Art und Umfang in einem angemessenen Verhältnis zur Leistungsfähigkeit der Gemeinde und zum voraussichtlichen Bedarf steht (Nr. 2, sog. Angemessenheitsklausel), die dem Unternehmen zu übertragenden Aufgaben für die Wahrnehmung außerhalb der allgemeinen Verwaltung geeignet sind (Nr. 3, sog. Eignungsklausel), und bei einem Tätigwerden außerhalb der kommuna-

---

BayGO bzw. eine Parallelvorschrift aus den Gemeindeordnungen anderer Länder) herangezogen. Das ist dogmatisch kaum überzeugend, weil die einschlägigen Vorschriften in der Rechtsfolge nicht auf ein Unterlassen gerichtet sind. Erforderlich ist insoweit eine das Unterlassen des fraglichen Verhaltens anordnende Anspruchsnorm, in deren Rahmen dann die Verletzung der GO-Vorschrift zu prüfen ist.

[2] Überblick zum Meinungsstand bei *Detterbeck/Windthorst/Sproll*, StHR, § 13 Rn. 8ff.

[3] Zu den Anspruchsvoraussetzungen s. *Detterbeck/Windthorst/Sproll*, StHR, § 13 Rn. 12ff.

[4] Deutlich *OVG Münster* NVwZ 2003, 1520 (1521): „Der Betrieb eines Unternehmens ist ein dem öffentlichen Recht unterstelltes Handeln im Rahmen des Kommunalwirtschaftsrechts [...] und damit schlicht hoheitlich. Unerheblich ist, dass einzelne Umsetzungshandlungen des Betriebs in privatrechtlicher Form vorgenommen werden (Gesellschaftsvertrag, Bestellung eines Geschäftsführers, Wahrnehmung von Gesellschafterrechten). Denn es kommt für die Qualifizierung des Eingriffs nicht auf diese Umsetzungshandlungen, sondern auf deren Zusammenfassung als eigenständige Handlung des Betreibens eines Unternehmens an.“

len Daseinsvorsorge der Zweck nicht ebenso gut und wirtschaftlich durch einen anderen erfüllt wird oder erfüllt werden kann (Nr. 4, sog. Subsidiaritätsklausel).

M könnte durch die Umwandlung des Eigenbetriebes in eine GmbH und die damit verbundene Änderung des bisherigen Tätigkeitsbereiches ein gemeindliches Unternehmen unter Verstoß gegen die Zweckklausel (Nr. 1) und die Subsidiaritätsklausel (Nr. 4) wesentlich erweitert haben.

**(1) Wesentliche Erweiterung eines gemeindlichen Unternehmens**

Eine wesentliche Erweiterung liegt vor, wenn neue Geschäftsfelder eröffnet werden, 8 die sich nicht lediglich als untergeordnete Annexaufgabe zum bisherigen Unternehmensgegenstand qualifizieren lassen.[5] Aus der Einlassung des Referenten der Rechtsabteilung der M ist ersichtlich, dass der bisherige Tätigkeitsbereich des Eigenbetriebes – die Stromversorgung – durch die Umwandlung in eine GmbH und die Erschließung neuer Tätigkeitsfelder im Bereich des Elektrohandwerks wesentlich erweitert werden sollte. Die Stromversorgung und das Elektrohandwerk stellen – wie sich aus der Verkehrsanschauung und dem unterschiedlichen Kreis der Mitbewerber ergibt – zwei grundsätzlich unterschiedliche Tätigkeitsbereiche dar.

**(2) Verstoß gegen die Zweckklausel (Art. 87 I 1 Nr. 1 BayGO)**

Die wesentliche Erweiterung des gemeindlichen Unternehmens ist nur dann recht- 9 mäßig, wenn ein öffentlicher Zweck das (wesentlich erweiterte) Unternehmen erfordert. Der „öffentliche Zweck" ist ein unbestimmter Rechtsbegriff, der zusammen mit dem Merkmal der „Erforderlichkeit" dem zuständigen Gemeindeorgan (i.d.R.: Stadt- bzw. Gemeinderat) einen Beurteilungsspielraum (sog. *kommunalpolitische Einschätzungsprärogative*) einräumt, der durch die Kommunalaufsicht und die Verwaltungsgerichtsbarkeit nur eingeschränkt überprüfbar ist.[6] Öffentlicher Zweck ist eine gemeinwohlorientierte, im öffentlichen Interesse der Einwohner liegende Zielsetzung, mithin die Wahrnehmung einer sozial-, gemeinwohl- und damit einwohnernützigen Aufgabe.[7]

**(a) Absicht der Gewinnerzielung**

Die Erweiterung des gemeindlichen Unternehmens wird zum einen damit begrün- 10 det, dass dies „eine willkommene Einnahmequelle" sei, „um die Löcher im Stadtsäckel etwas zu stopfen." Das deutet darauf hin, dass die Erweiterung des Tätigkeitsbereichs der G zum Zweck der Gewinnerzielung erfolgte. Gem. Art. 87 I 2 BayGO entsprechen jedoch alle Tätigkeiten oder Tätigkeitsbereiche, mit denen die Gemeinde oder ihre Unternehmen an dem vom Wettbewerb beherrschten Wirtschaftsleben teilnehmen, um *Gewinn* zu erzielen, *keinem öffentlichen Zweck.* Die Gewinnerzielungsabsicht ist somit bereits von Gesetzes wegen als öffentlicher Zweck ausgeschlossen.[8]

---

[5] *OLG München* NVwZ 2000, 835 (836).

[6] Deutlich BVerwGE 39, 329 (333f.): „Die Beurteilung des öffentlichen Zwecks ist der Beurteilung durch den Richter weitgehend entzogen. Im Grunde handelt es sich um eine Frage sachgerechter Kommunalpolitik, die in starkem Maße von Zweckmäßigkeitsüberlegungen bestimmt ist." Vgl. zu diesem Beurteilungsspielraum auch *RhPfVerfGH* NVwZ 2000, 801 (803); *Pagenkopf,* GewArch. 2000, 177 (181); restriktiver *Hösch,* GewArch. 2000, 1f.; *ders.,* DÖV 2000, 393 (400).

[7] *Lux,* NWVBl. 2000, 7.

[8] Vgl. BVerfGE 61, 82 (107); *Hösch,* DÖV 2000, 393 (401f.). Aber auch ohne eine gesetzliche Ausschlussregelung wie Art. 87 I 2 BayGO erfüllt die Absicht der bloßen Gewinnerzielung

### (b) Auslastung gemeindlicher Einrichtungen

11 Die Erweiterung des gemeindlichen Unternehmens wird zum anderen damit begründet, dass nur so ein „vernünftiger Einsatz sonst für die Stadt nutzloser Arbeitskräfte" gewährleistet sei. Es ist jedoch zweifelhaft, ob die damit angesprochene Auslastung gemeindlicher Einrichtungen als öffentlicher Zweck anzusehen ist. Dagegen spricht, dass sich das mit dem Begriff des öffentlichen Zwecks verbundene *Bedürfnis* zu einer solchen Betätigung – hier im Elektrohandwerk – *von außen* ergeben muss. Es muss ein Bedürfnis gerade der örtlichen Gemeinschaft sein, das eine privatwirtschaftliche Betätigung der Gemeinde erfordert. Die Gemeinde darf sich den die Betätigung rechtfertigenden Zweck nicht selbst schaffen, indem sie die entsprechende Einrichtung so dimensioniert, dass sie nur bei zusätzlicher privatwirtschaftlicher Betätigung wirtschaftlich arbeiten kann.[9] Deshalb stellt – auch unter Berücksichtigung der kommunalen Einschätzungsprärogative – die Auslastung gemeindlicher Einrichtungen keinen eine privatwirtschaftliche Tätigkeit legitimierenden öffentlichen Zweck dar.

### (c) Erhaltung von Arbeitsplätzen

12 Als öffentlicher Zweck zur Rechtfertigung der wesentlichen Erweiterung des Unternehmens wird noch die Erhaltung von Arbeitsplätzen für einen Personenkreis, der „auf dem freien Arbeitsmarkt" kaum zu vermitteln sei, ins Feld geführt. Die Sicherung von Arbeitsplätzen ist ein sozialpolitisches Anliegen, das vor allem den Einwohnern der jeweiligen Gemeinde in ihrer Funktion als Arbeitnehmer zugute kommt. Dadurch wird zugleich verhindert, dass diese Gemeindeeinwohner von sozialstaatlichen Einrichtungen (z.B. Arbeitslosenversicherung, Sozialhilfeleistungen) abhängig werden. Arbeitsplatzvorsorge und -sicherung sind deshalb als öffentlicher Zweck grundsätzlich legitim; diese Zwecksetzung kann z.B. die Vergabe von Subventionen rechtfertigen. Der Begriff des „öffentlichen Zwecks" im Rahmen des Gemeindewirtschaftsrechts bedarf jedoch einer restriktiven Interpretation. Stets muss *die Leistung des Unternehmens selbst*, d.h. sein Güter- und Dienstleistungsangebot, unmittelbar dem Wohl der Gemeindebürger dienen, z.B. einen Versorgungsbedarf decken. Bloße Nebenwirkungen, z.B. beschäftigungspolitischer Art, sind nicht ausreichend.[10] Auch im Rahmen der kommunalen Einschätzungsprärogative hat die Stadt M das Merkmal des öffentlichen Zwecks ganz offensichtlich verkannt.

Die wesentliche Erweiterung des Tätigkeitsbereichs des gemeindlichen Unternehmens ist somit von einem öffentlichen Zweck nicht gedeckt.

### (3) Verstoß gegen die Subsidiaritätsklausel (Art. 87 I 1 Nr. 4 BayGO)

13 Die wesentliche Erweiterung des gemeindlichen Unternehmens könnte zudem gegen die Subsidiaritätsklausel verstoßen. Die Vorschrift verlangt bei einem Tätigwerden außerhalb der kommunalen Daseinsvorsorge, dass der Zweck nicht ebenso gut und wirtschaftlich durch einen anderen erfüllt wird oder erfüllt werden kann. Die Subsidiaritätsklausel ist eigentlich in der Zweckklausel bereits enthalten. Errichtung

---

nicht die Voraussetzungen des *öffentlichen Zwecks*; vgl. *Ruthig/Storr,* Öfftl. WirtR, Rn. 693; *Seewald,* in: Steiner, BesVerwR, I. Kap. Rn. 286; *Hösch,* GewArch. 2000, 1 (3f.).

[9] *OLG Hamm* JZ 1998, 576 (577) = NJW 1998, 3504 = GewArch. 1998, 197 = DVBl. 1998, 792; ihm folgend *OLG München* NVwZ 2000, 835 (836) = GewArch. 2000, 279.

[10] *RhPfVerfGH* NVwZ 2000, 801 (803); *Krölls,* GewArch. 1992, 281 (288); *Badura,* DÖV 1998, 818 (821).

und Betrieb eines kommunalen Wirtschaftsunternehmens verfolgen eben keinen öffentlichen Zweck, wenn der intendierte Geschäftsgegenstand genau so gut von privaten Unternehmen erfüllt wird oder werden kann.[11] Das Angebot von Elektroarbeiten gehört nicht zum Bereich der kommunalen Daseinsvorsorge. Laut Sachverhalt ist das Elektrohandwerk zudem in München und Umgebung weit überdurchschnittlich vertreten und es besteht ein reger Wettbewerb. Soweit es die Zwecksetzung der Erhaltung von Arbeitsplätzen betrifft, ist auch dies zuvörderst eine Aufgabe der privaten Unternehmen. Da die Marktkapazitäten begrenzt sind, können gemeindliche Unternehmen weder besser noch wirtschaftlicher als private Unternehmen Arbeitsplätze schaffen oder erhalten.

Die wesentliche Erweiterung des Tätigkeitsbereichs der G auf den Bereich der Elektroarbeiten verstößt somit auch gegen die Subsidiaritätsklausel des Art. 87 I 1 Nr. 4 BayGO.

**cc) Beeinträchtigung eines subjektiven Rechts**

Fraglich ist allerdings, ob die Zweck- und die Subsidiaritätsklausel den Konkurrenten des gemeindlichen Unternehmens ein subjektives (wehrfähiges) Recht i.S.d. Schutznormtheorie[12] vermitteln. 14

(1) Die überwiegende verwaltungsgerichtliche *Rechtsprechung*[13] und die *h.M.*[14] sehen in den Vorschriften des Kommunalwirtschaftsrechts, mithin auch in der Zweck- und der Subsidiaritätsklausel, lediglich objektiv-rechtliche Rechtsnormen. Die Vorschriften bezweckten allein den Schutz der Gemeinde vor Risiken aus wirtschaftlicher Betätigung; soweit ihre Anwendung im Einzelfall auch tatsächlich Schutz für private Konkurrenz bewirke, sei dies allein als Rechtsreflex zu qualifizieren. 15

(2) Die *Gegenansicht*[15] verweist hingegen auf Wortlaut und Gesetzeszweck der Zweck- sowie der Subsidiaritätsklausel. Die Formulierung der Subsidiaritätsklausel, 16

---

[11] Zutreffend *Hösch,* DÖV 2000, 393 (402); *ders.,* GewArch. 2000, 1 (4) m.w.N. (auch zur Gegenauffassung).

[12] Nach der Schutznormtheorie kommt es darauf an, dass die Norm, auf die sich der Kläger beruft, nicht nur die Interessen der Allgemeinheit schützen, sondern zumindest teilweise auch dem Individualschutz des Klägers dienen soll; vgl. BVerwGE 72, 226 (229); *Kopp/Schenke,* VwGO, § 42 Rn. 83.

[13] BVerwGE 39, 329 (336); *BVerwG* BayVBl. 1978, 375 (376); *BayVGH* BayVBl. 1976, 628 (629f.); *VGH Mannheim* VBlBW 1983, 78f.; außerdem *OLG Karlsruhe* NVwZ 2001, 712 (713f.) (§ 102 BadWürttGO n.F.); *BGH* NJW 2002, 2645 (2647).

[14] *Tettinger,* NJW 1998, 3473 (3474); *Schoch,* DÖV 1993, 377 (380); *Badura,* DÖV 1998, 818 (821); *Moraing,* NWVBl. 1997, 355ff.; *Otting,* SächsVBl. 1998, 93 (94); *Wieland,* Die Verwaltung 32 (1999), 217 (239f.); *Pagenkopf,* GewArch. 2000, 177 (184); *Hübschle,* GewArch. 2000, 186 (187f.); *Schliesky,* Öffentliches Wettbewerbsrecht, 1997, S. 442ff.; *ders.,* Öfftl. WirtR, S. 182f. Nachweise zu gegenläufigen Tendenzen in Rechtsprechung und Literatur bei *Schmidt-Aßmann/Röhl,* in: Schmidt-Aßmann/Schoch, BesVerwR, 1. Kap. Rn. 121; *Pünder/Dittmar,* Jura 2005, 760 (764).

[15] *RhPfVerfGH* NVwZ 2000, 801 (804) (Subsidiaritätsklausel gem. § 85 I Nr. 3 RhPfGO); *OVG Münster* OVGE 49, 192ff. = NVwZ 2003, 1520 = NWVBl. 2003, 462 = DVBl. 2004, 133; *OVG Münster* OVGE 50, 110 = NVwZ 2005, 1211 = NWVBl. 2005, 133 = DÖV 2005, 301; *OVG Münster* NVwZ 2008, 1031 = NWVBl. 2008, 418; *VGH Mannheim* NVwZ 2006, 714 (715); *OLG Düsseldorf* NWVBl. 1997, 353 (354); *OLG Hamm* JZ 1998, 576 (578); *LG Düsseldorf* GewArch. 2001, 238 (239); *OLG Düsseldorf* NWVBl. 2000, 75; NVwZ 2000, 714; *OLG München* NVwZ 2000, 835; *Knemeyer/Kempen,* in: Achterberg/Püttner/Würtenberger, BesVerwR, Bd. II, § 17 Rn. 58f.; *Hösch,* DÖV 2000, 393 (402) jeweils m.w.N; *Tettinger/Erbguth/Mann,* BesVerwR, Rn. 318ff. Offen gelassen von *OVG Lüneburg* GewArch. 2008, 490, für § 108 I 2 Nr. 3 NiedersGO.

wonach die wirtschaftliche Betätigung nur erlaubt ist, wenn „der Zweck nicht ebenso gut und wirtschaftlich durch einen anderen erfüllt wird oder erfüllt werden kann", belegt nach dieser Ansicht, dass über den Schutz der Gemeinde und der gewerblichen Wirtschaft insgesamt hinaus auch der einzelne Mitbewerber mit einer subjektiven Rechtsposition versehen werden sollte. Dass der Zweck nicht ebenso gut durch „einen anderen" erfüllt werden kann, bezieht sich danach auf „andere Unternehmen", wie es z.B. in § 107 I 1 Nr. 3 GO NRW ausdrücklich geregelt ist.

17 (3) *Stellungnahme:* Da es sich bei den Vorschriften des Gemeindewirtschaftsrechts um Landesrecht handelt, lässt sich – trotz weithin ähnlicher oder sogar identischer Regelungen – die Frage nach dem Schutznormcharakter nur vor dem Hintergrund des jeweiligen Normzusammenhangs beantworten. Der Wortlaut des Art. 87 I BayGO ist insoweit – das gilt gleichermaßen für das andere Landesrecht – nicht eindeutig. Auch Sinn und Zweck sowie die Motive des Gesetzgebers lassen Raum für unterschiedliche Interpretationsansätze. Im bayerischen Landesrecht ist aber darüber hinaus Art. 95 II BayGO (sog. Privatschutzklausel[16]) zu berücksichtigen: „Gemeindliche Unternehmen dürfen keine wesentliche Schädigung und keine Aufsaugung selbständiger Betriebe in Landwirtschaft, Handwerk, Handel, Gewerbe und Industrie bewirken." Sieht man diese Vorschrift im Kontext des Art. 87 I BayGO, dann ist sie Beleg für die (auch) subjektive Ausrichtung sowohl der Zweck- als auch der Subsidiaritätsklausel.[17]

Der Verstoß gegen Art. 87 I 1 Nr. 1 und 4 BayGO stellt somit eine Verletzung des E in einem subjektiven Recht dar.

**Zwischenergebnis:** E hat einen öffentlich-rechtlichen Unterlassungsanspruch, dass G zukünftig eine private Wirtschaftstätigkeit in dem im Sachverhalt geschilderten Umfang unterlässt.

### 2. Unterlassungsanspruch aus Grundrechtsgewährleistungen

18 Daneben kommt noch ein Unterlassungsanspruch aus einzelnen Grundrechtsgewährleistungen in Betracht. Grundlage dieses Anspruchs sind unmittelbar die Grundrechte in ihrer abwehrrechtlichen Dimension.

#### a) Berufsfreiheit (Art. 12 I GG)

19 Der Schutzbereich der Berufsfreiheit umfasst auch die Wettbewerbsfreiheit.[18] Die Grundrechtsnorm garantiert jedoch keinen Konkurrenzschutz, da die Konkurrenten sich ihrerseits auf die Berufsfreiheit berufen können (Schutz des Wettbewerbs, nicht Schutz vor dem Wettbewerber[19]). Daher schützt Art. 12 GG auch nicht vor Konkurrenz durch die öffentliche Hand. Das Hinzutreten des Staates als Konkurrent stellt lediglich eine „systemimmanente Verschärfung des marktwirtschaftlichen Konkurrenzdrucks" dar.[20] Durch die Veränderung der Rahmenbedingungen der

---

[16] **Beachte:** Eine solche Klausel findet sich auch in § 71 II ThürKO; vgl. zudem § 107 V GO NRW.

[17] So zutreffend *Hösch*, GewArch. 2000, 1 (5); *ders.*, DÖV 2000, 393 (401); *Knemeyer/Kempen*, in: Achterberg/Püttner/Würtenberger, BesVerwR, Bd. II, § 17 Rn. 50, 58; a.A. *Seewald*, in: Steiner, BesVerwR, I. Kap. Rn. 294.

[18] Vgl. *Ziekow*, Öfftl. WirtR, § 3 Rn. 19; *Ruthig/Storr*, Öfftl. WirtR, Rn. 121; *Schliesky*, Öfftl. WirtR, S. 174f., m.w.N.

[19] BVerfGE 55, 261 (269); *Papier*, DVBl. 2003, 686 (689).

[20] BVerwGE 71, 183 (193).

Grundrechtsausübung kann jedoch nach der Rechtsprechung ein (mittelbarer) Eingriff in die Berufsfreiheit vorliegen, wenn die Wettbewerbsfreiheit des privaten Konkurrenten „in unerträglichem Maße" eingeschränkt wird, insbesondere ein Verdrängungs- und Auszehrungswettbewerb durch die öffentliche Hand erfolgt.[21] Dies ist im vorliegenden Fall nicht ersichtlich, so dass eine Verletzung der Berufsfreiheit ausscheidet.

**b) Eigentumsgarantie (Art. 14 I 1 GG)**

Ein Verstoß gegen Art. 14 I 1 GG kommt allein im Hinblick auf das Schutzgut des eingerichteten und ausgeübten Gewerbebetriebs in Betracht. Aber auch unter diesem Gesichtspunkt schützt die Grundrechtsnorm weder die Erwerbschancen eines Gewerbetreibenden noch gibt sie Konkurrenzschutz; eine Ausnahme ist insoweit nur anerkannt, wenn die öffentliche Hand durch behördliche Maßnahmen eine unerlaubte Monopolstellung erlangt.[22] Dies ist hier nicht der Fall. 20

**c) Allgemeine Handlungsfreiheit (Art. 2 I GG)**

Die Gewährleistung der unternehmerischen Dispositionsfreiheit, soweit diese nicht bereits unter dem Aspekt der Wettbewerbsfreiheit von Art. 12 I GG erfasst wird, schützt nicht gegen unterbietende Konkurrenz (der öffentlichen Hand). 21

**d) Allgemeiner Gleichheitssatz (Art. 3 I GG)**

Der in Art. 3 I GG enthaltene allgemeine Gleichheitssatz begründet keine Pflicht der Gemeinde, sich aus dem privaten Wettbewerb herauszuhalten. Die Förderung sozialer Belange ist im Übrigen auch in Ansehung des Gleichheitsgrundsatzes eine hinreichende Legitimationsgrundlage für eine (auch) wirtschaftliche Betätigung. 22

**Zwischenergebnis:** Unmittelbar aus den Grundrechtsgewährleistungen besitzt E keinen Anspruch auf Unterlassung der wirtschaftlichen Betätigung durch G.

**3. Passivlegitimation**

Wer passiv legitimiert, d.h. materiell Verpflichteter des öffentlich-rechtlichen Unterlassungsanspruchs ist, bedarf einer differenzierenden Betrachtung. Dabei ist vor allem zu berücksichtigen, dass die als Passivlegitimierte in Betracht kommende 23

---

[21] Vgl. BVerwGE 39, 329 (336f.); 71, 183 (193); *BVerwG* NJW 1995, 2938 (2939); *VGH Kassel* DÖV 1996, 476 (477); *VGH Mannheim* NJW 1995, 274 (275); *OVG Münster* NWVBl. 2005, 343 (344); NWVBl. 2005, 68 (70); *Papier,* DVBl. 2003, 686 (689); *Doerfert,* JA 2006, 316 (318); *Bickenbach,* JuS 2006, 1091 (1093). Zur Kritik an dieser Rechtsprechung s. *Kluth,* Grenzen kommunaler Wirtschaftsteilnahme, 1988, S. 63ff.; *Pielow,* NWVBl. 1999, 369 (379); *Schliesky,* DVBl. 2004, 138 (139); *Tettinger/Erbguth/Mann,* BesVerwR, Rn. 323f.; *Tettinger,* NJW 1998, 3473 (3474). Zum „Eingriff durch Konkurrenz" s. *Kluth,* WiVerw. 2000, 184 (197ff.).

[22] BVerwGE 17, 306 (314); 39, 329 (337); *BVerwG* NJW 1995, 2938 (2939) = DVBl. 1996, 152 (153); *VGH Kassel* DÖV 1996, 476 (477); *Depenheuer,* in: v. Mangoldt/Klein/Starck, GG, Art. 14 Rn. 103; *Papier,* in: Maunz/Dürig, Art. 14 Rn. 233f.; *Pieroth/Hartmann,* NWVBl. 2003, 322 (328); *Stüer/Schmalenbach,* NWVBl. 2006, 161 (169); *Bickenbach,* JuS 2006, 1091 (1093), m.w.N.; differenzierter *Wendt,* in: Sachs, GG, Art. 14 Rn. 51. Weitergehend zum mittelbaren (faktischen) Grundrechtseingriff mit verschiedenen Fallgruppen: *Ruthig/Storr,* Öfftl. WirtR, Rn. 691.

Stadt M (Körperschaft des öffentlichen Rechts, Art. 1 BayGO) und die G (privatrechtliche GmbH) grundsätzlich selbständige Rechtsubjekte sind.

24 Da der öffentlich-rechtliche Unterlassungsanspruch sich aus der Verletzung des Art. 87 I BayGO ergibt, kann sich der Anspruch nur gegen das Rechtssubjekt richten, das aus der Rechtsnorm des Gemeinderechts verpflichtet ist. Das ist allein die Stadt M. Diese betreibt das Unternehmen jedoch nicht in eigener Trägerschaft, sondern durch einen von ihr beherrschten, im Übrigen aber selbständigen Rechtsträger (GmbH).

25 Diese Konstruktion entspricht im Wesentlichen der Situation, in der die Gemeinde eine öffentliche Einrichtung i.S.v. Art. 21 I BayGO[23] in Form einer juristischen Person des Privatrechts betreibt (z.B. eine Theater-GmbH), so dass die Lösung hier entsprechend vorzunehmen ist.[24] Der eigentlich gegen die Gemeinde bestehende *Unterlassungsanspruch* wandelt sich in einen *Einwirkungsanspruch* mit der Maßgabe, dass die Gemeinde unter Inanspruchnahme ihrer Stellung als Alleingesellschafter auf die GmbH (G) einwirkt, um G zu einem Unterlassen der wirtschaftlichen Betätigung zu veranlassen, soweit diese gegen Art. 87 I BayGO verstößt. Passiv legitimiert ist im Hinblick auf den öffentlich-rechtlichen Unterlassungsanspruch somit allein die Stadt M.

#### 4. Rechtsweg

26 Der Rechtsweg richtet sich nach § 40 I 1 VwGO. Die öffentlich-rechtliche Streitigkeit ergibt sich daraus, dass die Anspruchsgrundlage des Unterlassungs- bzw. Einwirkungsbegehrens dem öffentlichen Recht zugehört – öffentlich-rechtlicher Unterlassungsanspruch – und als streitentscheidende Vorschrift im Rahmen dieser Anspruchsgrundlage die kommunalrechtliche Norm des Art. 87 I BayGO von zentraler Bedeutung ist. Eine Sonderzuweisung ist ebenso wenig ersichtlich wie eine verfassungsrechtliche Streitigkeit. Somit ist der Verwaltungsrechtsweg eröffnet. Ergänzend sei noch darauf hingewiesen, dass das von der Stadt M geschuldete Einwirken auf G rein tatsächlichen Charakter (positives Tun) besitzt, so dass die richtige Klageart in diesem Fall eine allgemeine Leistungsklage wäre.

#### Ergebnis

27 E hat einen vor dem Verwaltungsgericht verfolgbaren öffentlich-rechtlichen Unterlassungsanspruch gegen M mit dem Inhalt, dass diese verpflichtet ist, im Rahmen ihrer Gesellschafterstellung auf G einzuwirken, um die wirtschaftliche Betätigung, soweit diese gegen Art. 87 BayGO verstößt, zu unterbinden.

### II. Unterlassungsanspruch des E gegen G

28 E könnte zudem einen Unterlassungsanspruch aus § 8 I i.V.m. § 3 I UWG unmittelbar gegen G haben. Dann müsste G „unlautere geschäftliche Handlungen" vorgenommen haben.[25]

---

[23] Zur öffentlichen Einrichtung einer Gemeinde und den einschlägigen Landesvorschriften s. Fall 11.

[24] S. dazu *Gusy*, JA 1995, 253 (258f.); zum Meinungsstand bei der Zulassung zu öffentlichen Einrichtungen einer Gemeinde s. *Kelm*, JA 1999, 217 (219, 221); *Dietlein*, Jura 2002, 445 (451); *Schönberger/Reimer*, Jura 2006, 139 (141ff.).

[25] Durch den Begriff der „unlauteren Wettbewerbshandlung" in § 3 UWG wurde 2004 der Terminus „Sittenwidrigkeit" des § 1 a.F. UWG abgelöst (vgl. zu § 1 a.F. UWG noch die

## 1. Unterlassungsanspruch gem. § 8 I i. V. m. § 3 I UWG

### a) Anwendbarkeit

§ 3 UWG ist grundsätzlich auch auf das wettbewerbliche Handeln der Gemeinden und gemeindlichen Unternehmen anwendbar. Die Vorschrift setzt keine Gewinnerzielungsabsicht voraus; die in § 2 I Nr. 1 UWG definierte „geschäftliche Handlung" erfordert auch keine sog. Wettbewerbsabsicht mehr. Erfasst wird vielmehr jedes Verhalten einer Person zugunsten des eigenen oder eines fremden Unternehmens, das bei oder nach einem Geschäftsabschluss mit der Förderung des Absatzes oder des Bezugs von Waren oder Dienstleistungen oder der Durchführung eines Vertrages über Waren oder Dienstleistungen objektiv zusammenhängt. Die unternehmerische Betätigung der öffentlichen Hand besteht gerade im Anbieten von Waren oder Dienstleistungen im Wirtschaftsverkehr, unabhängig davon, ob sie sich dabei privat- oder öffentlich-rechtlicher Handlungs- oder Organisationsformen (wie hier einer GmbH) bedient.[26] Die Voraussetzungen des § 2 I Nr. 1 UWG sind bei der G erfüllt. 29

### b) Unlauterkeit der geschäftlichen Handlung

Ausschlaggebendes Kriterium ist die *Unlauterkeit* der geschäftlichen Handlung. Es handelt sich um einen unbestimmten Rechtsbegriff, dessen Vorliegen immer nur im Einzelfall geklärt werden kann. 30

#### aa) Wirtschaftliches Handeln der Gemeinden und Missbrauchsverbot

Für sich genommen ist das wirtschaftliche Handeln der Gemeinden und ihrer Unternehmen grundsätzlich nicht unlauter. Es müssen vielmehr besondere Umstände hinzutreten, damit das Tatbestandsmerkmal der Unlauterkeit erfüllt ist. Insoweit hat die Rechtsprechung[27] besondere Fallgruppen entwickelt und die wettbewerbsrechtliche Generalklausel dadurch konkretisiert. Dabei sind vor allem die folgenden Grundsätze zu beachten: 31

- Auch die öffentliche Hand muss sich im Rahmen ihres wirtschaftlichen Handelns wie jedes andere (private) Rechtssubjekt an die lauterkeitsrechtlichen Vorschriften halten. Sie genießt insoweit keine Privilegierung. 32

---

Fallgestaltung in der Vorauflage). Die Änderung sollte die Kompatibilität mit dem Gemeinschaftsrecht erhöhen und den Wettbewerber vom Makel der Sittenwidrigkeit befreien. Eine materiell-rechtliche Änderung war durch den Gesetzgeber nicht bezweckt (BT-Drs. 15/1487, S. 13 ff.). Allenfalls konnte aufgrund der Einführung einer Bagatellklausel in § 3 UWG („geeignet […] den Wettbewerb […] nicht nur unerheblich zu beeinträchtigen") von einer tendenziell höheren Schwelle der Unlauterkeit ausgegangen werden (*Sosnitza,* in: MüKo UWG, 2006, Bd. 1, § 3 Rn. 56). Zum 1. 1. 2009 ist die Vorschrift erneut geändert worden mit dem im Fall-Anhang abgedruckten Wortlaut. Die begrifflichen Modifizierungen in § 3 I n. F. UWG („unlautere geschäftliche Handlung"; „geeignet […], die Interessen von […] spürbar zu beeinträchtigen") bringen insoweit jedoch ebenfalls keine Änderungen in der rechtlichen Behandlung der vorliegenden Problematik mit sich.

[26] *Huber,* in: Schmidt-Aßmann/Schoch, BesVerwR, 3. Kap. Rn. 248.

[27] Vgl. zu den Fallgruppen: *Ruthig/Storr,* Öfftl. WirtR, Rn. 705; *Piper,* GRUR 1986, 574 (578 f.); *Gusy,* JA 1995, 253 (254 f.) m. w. N. Da durch die Neuregelung keine inhaltliche Änderung eingetreten ist (s. Fn. 25), kann die Rspr. zu § 1 a. F. UWG auf § 3 I n. F. UWG übertragen werden. Zur wettbewerbswidrigen Erweckung des falschen Eindrucks, der Kommunalbetrieb nehme eine öffentliche Aufgabe wahr (irreführenden Werbung), vgl. *OLG Frankfurt/Main* GewArch. 2008, 492.

33 • Daneben ist es der öffentlichen Hand verboten, ihre Hoheitsstellung zu wettbewerblichen Zwecken zu missbrauchen. Das ist insbesondere dann der Fall, wenn sie die nur einem Hoheitsträger zur Verfügung stehenden Mittel zur gezielten Förderung der eigenen wirtschaftlichen Betätigung einsetzt.

34 • Die öffentliche Hand darf zudem ihre hoheitlichen und privatwirtschaftlichen Interessen nicht in einer Weise miteinander verquicken, durch die sie einen unzulässigen Vorteil vor ihren Konkurrenten erlangen würde.

35 Eine dieser Fallgruppen ist vorliegend nicht einschlägig. Es ist nicht ersichtlich, dass die Stadt M die ihr zur Verfügung stehenden hoheitlichen Möglichkeiten insoweit missbräuchlich verwendet hätte.

### bb) Wirtschaftliches Handeln der Gemeinden unter Verstoß gegen Gemeindewirtschaftsrecht

36 Es kommt jedoch in Betracht, dass bereits der Verstoß gegen die Vorschriften des Gemeindewirtschaftsrechts (vgl. Art. 86ff. BayGO) zur Unlauterkeit des gemeindlichen Handelns führt und einen Unterlassungsanspruch auslöst.

37 (1) Die *Rechtsprechung der Oberlandesgerichte*[28] hat einige Zeit die Ansicht vertreten, dass ein Verstoß gegen die Zweckklausel und/oder die Subsidiaritätsklausel als sittenwidrig i.S. des § 1 a.F. UWG aufzufassen sei. Dahinter stand u.a. die Einschätzung, dass die entsprechenden Vorschriften drittschützenden Charakter zugunsten der Mitbewerber besitzen (s.o.).

38 (2) In der *Literatur*[29] ist diese Rechtsprechung ganz überwiegend auf Ablehnung gestoßen. Die Frage des „Ob" der wirtschaftlichen Betätigung von Kommunalunternehmen sei allein von den insoweit sachnäheren und allein zuständigen Verwaltungsgerichten zu entscheiden. Überdies verneinten die Verwaltungsgerichte ganz überwiegend die Schutznormqualität der Gemeindewirtschaftsvorschriften (s.o.). Durch die Einbeziehung in den Begriff der „Sittenwidrigkeit" in § 1 a.F. UWG erlangten diese Vorschriften dann doch (mittelbar) eine subjektiv-rechtliche Wirkung.

39 (3) Dieser Ansicht hat sich schon auf der Grundlage des § 1 a.F. UWG auch der *BGH*[30] angeschlossen. Die erwerbswirtschaftliche Tätigkeit einer Gemeinde kann danach nicht schon deshalb als unlauterer Wettbewerb gegenüber privaten Konkurrenten angesehen werden, weil sie der Gemeinde nach Kommunalrecht untersagt ist. Das UWG richtet sich gegen unlauteres Wettbewerbsverhalten *auf* dem Markt, regelt aber nicht den Marktzutritt.[31] Unter dem Gesichtspunkt des Wettbewerbs-

---

[28] *OLG Düsseldorf* NWVBl. 1997, 353 (354); *OLG Hamm* JZ 1998, 576 (577): „Ein solcher Verstoß gegen die guten Sitten i.S.d. § 1 [a.F.] UWG kann auch schon darin liegen, dass eine wettbewerbliche Tätigkeit überhaupt aufgenommen wird, wenn dem Verletzer der Marktzutritt, so wie er von ihm gesucht wird, von Gesetzes wegen verboten ist, etwa dann, wenn der Marktzutritt von besonderen Voraussetzungen abhängig ist. Das gilt prinzipiell auch im Verhältnis der privaten Mitbewerber zur öffentlichen Hand." S. außerdem *OLG München* NVwZ 2000, 835, LS 2, wonach jedenfalls „ein vorsätzlicher und fortgesetzter Verstoß gegen diese Regelung (Art. 87 BayGO)" Ansprüche aus § 1 a.F. UWG auslösen konnte.

[29] *Tettinger/Erbguth/Mann*, BesVerwR, Rn. 315f.; *Tettinger*, NJW 1998, 3473f.; *Schliesky*, JA 1997, 902 (908f.); *Müller*, JZ 1998, 578f.; *Pagenkopf*, GewArch. 2000, 177 (182).

[30] *BGH* NJW 2002, 2645ff.; GRUR 2003, 164 (165); GRUR 2004, 255 (258); zustimmend *Köhler*, NJW 2002, 2761ff.

[31] Dies wird mittlerweile auch deutlich an dem Beispielskatalog des § 4 UWG, in dem allein das Verhalten auf dem Markt erfasst wird, nicht aber die Frage nach der Rechtmäßigkeit des Marktzutritts (vgl. insbesondere § 4 Nr. 11 UWG). Zu den wettbewerbsrechtlichen Vorga-

rechts, das gerade die Freiheit des Wettbewerbs schützt, ist vielmehr jede Belebung des Wettbewerbs, wie sie unter Umständen auch vom Marktzutritt der öffentlichen Hand ausgehen kann, grundsätzlich erwünscht. Die wettbewerbsrechtliche Beurteilung kann sich deshalb nur auf die Art und Weise der Beteiligung der öffentlichen Hand am Wettbewerb beziehen. Davon ist die Frage zu unterscheiden, ob sich die öffentliche Hand überhaupt erwerbswirtschaftlich betätigen darf und welche Grenzen ihr insoweit gesetzt sind. Soweit es die Gemeinden und Landkreise betrifft, ist diese Frage von der Kommunalaufsicht zu beantworten. Das gilt auch dann, wenn besondere Vorschriften zur Einschränkung der erwerbswirtschaftlichen Betätigung der öffentlichen Hand erlassen worden sind.

Ein unlauteres (wettbewerbswidriges) Verhalten *auf* dem Markt seitens der G ist nicht zu erkennen. Es geht vorliegend nicht um das „Wie" der wirtschaftlichen Tätigkeit, sondern um das „Ob" vor dem Hintergrund des Kommunalwirtschaftsrechts. Ausgehend von Sinn und Zweck des Rechts des unlauteren Wettbewerbs wird dies von den Vorschriften des UWG jedoch nicht erfasst.

**Zwischenergebnis:** E hat keinen Unterlassungsanspruch aus § 8 I i.V.m. § 3 I UWG.

### 2. Passivlegitimation[32]

Passiv legitimiert ist das Rechtssubjekt, das sich (angeblich) im Wettbewerb unlauter verhält, hier also G. Dem steht auch nicht entgegen, dass E einen öffentlich-rechtlichen Unterlassungsanspruch gegen M hat. Die Gemeinde kann nämlich durch die Wahl der Rechtskonstruktion – Eigenbetrieb gem. Art. 86 Nr. 1 oder GmbH gem. Art. 86 Nr. 3 BayGO – nicht die Rechte eines durch ihre Unternehmenstätigkeit betroffenen Privaten schmälern.[33] 40

### 3. Rechtsweg

Das Wettbewerbsrecht gehört – auch soweit die öffentliche Hand sich am Wettbewerb beteiligt – dem Privatrecht an. Es handelt sich deshalb um eine zivilrechtliche Streitigkeit gem. § 13 GVG, für die der Zivilrechtsweg eröffnet ist. 41

## D. Wiederholungs- und Vertiefungsfragen

### Frage 1: Wann ist die wirtschaftliche Betätigung einer Gemeinde nach den §§ 107ff. GO NRW zulässig?

Für die Beantwortung der Frage ist zunächst zwischen nichtwirtschaftlichen Einrichtungen nach § 107 II GO NRW und wirtschaftlichen Unternehmen nach § 107 I GO NRW zu unterscheiden. Denn nur für letztere gelten die Einschränkungen nach § 107 I GO, während für nichtwirtschaftliche Einrichtungen nur in Ausnahmefällen Beschränkungen vorgesehen sind (vgl. § 107 IV GO NRW). 42

---

ben für die wirtschaftliche Betätigung der Gemeinden vgl. *Pünder/Dittmar,* Jura 2005, 760 (765).

[32] **Beachte:** Aufgrund des Bearbeitervermerks, auf alle angesprochenen Rechtsfragen einzugehen, sind die Ausführungen zur Passivlegitimation und zum Rechtsweg hier trotzdem gutachtlich erforderlich. Dasselbe gilt selbstverständlich erst recht, wenn ein Bearbeiter vorliegend einen Verstoß gegen § 8 I i.V.m. § 3 I UWG angenommen hat.

[33] *OLG München* NVwZ 2000, 835.

Ein wirtschaftliches Unternehmen liegt dann vor, wenn eine wirtschaftliche Betätigung der Gemeinde gegeben ist. Dies wiederum bestimmt sich zunächst nach dem Negativkatalog des § 107 II GO NRW. Liegt eine Ausnahme nach dieser Vorschrift nicht vor, ist auf die Legaldefinition des § 107 I 3 GO NRW abzustellen. Danach ist als wirtschaftliche Betätigung der Betrieb von Unternehmen zu verstehen, die als Hersteller, Anbieter oder Verteiler von Gütern oder Dienstleistungen am Markt tätig werden, sofern die Leistung ihrer Art nach auch von einem Privaten mit der Absicht der Gewinnerzielung erbracht werden könnte.

Ist eine wirtschaftliche Betätigung der Gemeinde zu bejahen, müssen die Voraussetzungen des § 107 I GO NRW geprüft werden. Gemäß § 107 I 1 Nr. 1 bis 3 GO NRW ist eine wirtschaftliche Betätigung nur dann zulässig, wenn (1) ein dringender öffentlicher Zweck die Betätigung erfordert (sog. *Zweckklausel*), (2) die Betätigung nach Art und Umfang in einem angemessenen Verhältnis zur Leistungsfähigkeit der Gemeinde steht (sog. *Angemessenheitsklausel*) und (3) der dringende öffentliche Zweck durch andere Unternehmen nicht ebenso gut und wirtschaftlich erfüllt werden kann, sofern es sich nicht um eine Tätigkeit innerhalb bestimmter Bereiche der Daseinsfürsorge handelt (sog. *Subsidiaritätsklausel*).

**Frage 2: Welche Änderungen haben sich durch das am 17. Oktober 2007 in Kraft getreten Gesetz zur Stärkung der kommunalen Selbstverwaltung (GO-Reformgesetz) im Kommunalwirtschaftsrecht von NRW ergeben? Wie wirken sich diese Änderungen in der Rechtspraxis aus?**

**43** Besonders weitreichende Änderungen betrafen die Zweck- und die Subsidiaritätsklausel (s.o.), die nun deutlich restriktiver formuliert sind. Im Rahmen der *Zweckklausel* kann nicht mehr jeder „öffentliche Zweck" die wirtschaftliche Betätigung der Kommune rechtfertigen; vielmehr muss jetzt ein *„dringender* öffentlicher Zweck" die Betätigung erfordern. Und während die bisherige *Subsidiaritätsklausel* schon dann die kommunale Wirtschaftstätigkeit erlaubte, wenn der öffentliche Zweck durch andere Unternehmen „nicht besser und wirtschaftlicher" erfüllt werden konnte, so ist es nach der Neuregelung maßgeblich, dass „der dringende öffentliche Zweck durch andere Unternehmen *nicht ebenso gut und wirtschaftlich* erfüllt werden kann". Mit anderen Worten: Sind die privaten Unternehmen in der Lage, den dringenden öffentlichen Zweck ebenso gut und wirtschaftlich zu erfüllen, dann darf die Gemeinde in diesem Bereich *nicht* tätig werden. Damit hat der Gesetzgeber die rechtlichen Hürden für eine wirtschaftliche Betätigung der Gemeinden deutlich erhöht.

**44** Während bei der Beurteilung, ob ein „öffentlicher Zweck" die kommunale wirtschaftliche Betätigung „erfordert", den Gemeinden ein Beurteilungsspielraum (sog. *kommunalpolitische Einschätzungsprärogative*) zusteht, der von den Gerichten nur im Hinblick darauf überprüft wird, dass die Betätigung für den öffentlichen Zweck objektiv erforderlich im Sinne von „vernünftigerweise geboten" ist, unterliegt die „Dringlichkeit" des öffentlichen Zwecks der uneingeschränkten gerichtlichen Kontrolle.[34] Um den gesetzlichen Anforderungen gerecht zu werden, „muss sich die Gemeinde verstärkt mit der Frage auseinandersetzen, ob der mit der wirtschaftli-

---

[34] *OVG Münster* NVwZ 2008, 1031 (1035). Der Begriff des „öffentlichen Zwecks" wird weit gefasst. „Er umgreift jedweden im Aufgabenbereich der Gemeinde liegenden Gemeinwohlbelang und schließt lediglich die Gewinnerwirtschaftung als öffentlichen Zweck aus", so *OVG Münster* ebd.

chen Betätigung verfolgte öffentliche Zweck tatsächlich so dringend ist, dass eine eigene wirtschaftliche Betätigung erforderlich ist."[35]

Mit der Neufassung der Subsidiaritätsklausel ist ein *wirklicher* Vorrang der privaten wirtschaftlichen Betätigung normiert worden. War der Gemeinde nach der früheren Fassung die wirtschaftliche Betätigung bereits dann gestattet, wenn sie zur Zweckerfüllung ebenso fähig war wie ein Privater, so ist es nun erforderlich, dass sie den *Zweck besser und wirtschaftlicher erfüllen* kann (sog. *echte Subsidiaritätsklausel*). Bei gleicher Befähigung zur Erfüllung des öffentlichen Zwecks gibt das Gesetz dem privaten Konkurrenten den Vorzug.[36] **45**

Die Verfassungsmäßigkeit dieser Neuregelungen ist allerdings Bedenken im Hinblick auf ihre Vereinbarkeit mit der gemeindlichen Selbstverwaltungsgarantie (Art. 28 II 1 GG, Art. 78 Verf. NRW) ausgesetzt.[37] Zwar findet die *Subsidiaritätsklausel* (Nr. 3) explizit keine Anwendung auf bestimmte klassische Bereiche der Daseinsvorsorge (Energie- und Wasserversorgung, öffentlicher Verkehr, Betrieb von Telekommunikationsnetzen); als Kontrollmaßstab ist aber nach wie vor die *Zweckklausel* (Nr. 1) heranzuziehen, nun in ihrer verschärften Fassung. In diesen Bereichen handelt sich um eine historisch vorgefundene wirtschaftliche Betätigung der Gemeinden, die der gemeindlichen Selbstverwaltungsgarantie unterfällt, aufgrund der Erforderlichkeit eines „dringenden" öffentlichen Zwecks aber zukünftig[38] kaum mehr möglich sein dürfte. Darin könnte ein unverhältnismäßiger Eingriff in den Kernbereich dieses Verfassungsprinzips zu sehen sein.[39] Andere Stimmen[40] sahen hingegen bereits einen Verfassungsverstoß der Vorgängernorm darin, dass die Subsidiaritätsklausel die zuvor genannten Bereiche der Daseinsvorsorge aus ihrem Anwendungsbereich ausklammert. In diesen Ausnahmebereichen dürfe sich die Gemeinde nach der gesetzlichen Regelung sogar dann betätigen, wenn sie den öffentlichen Zweck schlechter und unwirtschaftlicher als die private Konkurrenz erfülle. Das aber führe letztlich zu einem gemeinwohlschädlichen Verhalten der Gemeinde, das sich verfassungsrechtlich nicht legitimieren lasse. Diese Argumentation hat durch die Neufassung der Zweckklausel allerdings an Überzeugungskraft verloren, weil durch die *Dringlichkeit* des öffentlichen Zwecks die Wertungsgesichtspunkte der Subsidiaritätsklausel aufgenommen und im Rahmen der Erforderlichkeitsprüfung zur Geltung gebracht werden können. **46**

---

35 *OVG Münster* NVwZ 2008, 1031 (1035), unter Verweis auf LT-Drs. 14/3979, 149 (Regierungsentwurf).

36 *Faßbender,* DÖV 2005, 89 (97).

37 Die Garantie der kommunalen Selbstverwaltung umfasst in ihrem Kernbereich auch die wirtschaftliche Betätigung der Gemeinden, soweit diese zur Daseinsvorsorge gehört; vgl. *Ruthig/Storr,* Öfftl. WirtR, Rn. 684 ff.; *Seewald,* in: Steiner, BesVerwR, I. Kap. Rn. 267.

38 **Beachte:** Das gilt nur für seit dem 19. 3. 2007 aufgenommene wirtschaftliche Tätigkeiten. Das GO-Reformgesetz von 2007 (GVBl. NRW 2007/Nr. 21, S. 380 ff.) enthält nämlich eine *Bestandsschutzklausel* folgenden Inhalts: „Wirtschaftliche und nichtwirtschaftliche Betätigungen, die vor dem 19. März 2007 auf der Grundlage der seinerzeit geltenden Gemeindeordnung aufgenommen wurden, dürfen unbeschadet der in diesem Gesetz erfolgten Änderungen des § 107 GO fortgesetzt werden."

39 Vgl. dazu *Hamacher,* NWVBl. 2008, 81 (86 ff.); *Geerlings,* NWVBl. 2008, 90 (91 ff.).

40 *Ehlers,* NWVBl. 2000, 1 (4 f.); *Pünder/Dittmar,* Jura 2005, 760 (764).

### Frage 3: Vermitteln die Zweck- und die Subsidiaritätsklausel (§ 107 I 1 Nr. 1 und 3 GO NRW) dem privaten Konkurrenten des gemeindlichen Unternehmens subjektive Abwehrrechte?

47 Das *OVG Münster*[41] hat bereits 2003 den subjektiv-rechtlichen Charakter der Zweckklausel anerkannt. Zur Begründung verweist es einerseits auf den normsystematischen Zusammenhang mit § 107 V GO NRW, wonach der Gemeinderat vor der Entscheidung über die Gründung von bzw. die unmittelbare Beteiligung an Unternehmen i.S.d. § 107 I GO NRW auf der Grundlage einer Marktanalyse über die Chancen und Risiken des beabsichtigten wirtschaftlichen Engagements und über die Auswirkungen auf das Handwerk und die mittelständische Wirtschaft zu unterrichten ist.[42] Außerdem hat das Gericht in der Entstehungsgeschichte des § 107 I 1 Nr. 1 GO NRW den Willen des Gesetzgebers ausgemacht, der Vorschrift ein subjektives Recht der Mitbewerber zuzuweisen, da nach den Gesetzesmaterialien der Gesetzgeber sich bei der Abfassung der Vorschrift für einen Mittelweg entschieden habe, der „den unterschiedlichen Interessen gerecht wird".[43] Zur Subsidiaritätsklausel (§ 107 I 1 Nr. 3 GO NRW) hat das Gericht lediglich angemerkt, dass im Falle ihres Vorliegens bereits der öffentliche Zweck die gemeindliche Betätigung nicht erfordere, so dass schon die Zweckklausel die wirtschaftliche Betätigung der Gemeinde ausschließe. Die Subsidiaritätsklausel ist somit eigentlich in der Zweckklausel bereits enthalten. Das muss dann aber konsequent bedeuten, dass auch die Subsidiaritätsklausel subjektiv-rechtlichen Charakter aufweist. Das gilt erst recht angesichts der Neufassung als *echte* Subsidiaritätsklausel, die eindeutig einen Vorrang der Privatwirtschaft proklamiert.[44]

### Frage 4: In welchen Organisationsformen kann die Gemeinde ihre kommunalen Einrichtungen, wirtschaftlichen Unternehmen und nichtwirtschaftlichen Einrichtungen betreiben?

48 Es ist allgemein anerkannt, dass der Gemeinde ein Wahlrecht bei der Frage zukommt, in welcher Organisationsform sie ihre Unternehmen und Einrichtungen betreibt.[45] So kann sie sich sowohl öffentlich-rechtlicher als auch privatrechtlicher Organisationsformen bedienen. Öffentlich-rechtliche Organisationsform, auf die sie dabei zugreifen kann, sind insbesondere der Regiebetrieb, der Eigenbetrieb (§ 114 GO NRW), die Körperschaft des öffentlichen Rechts (Zweckverbände) sowie die

---

[41] *OVG Münster* OVGE 49, 192ff. = NVwZ 2003, 1520 = NWVBl. 2003, 462 = DVBl. 2004, 133; *OVG Münster* OVGE 50, 110 = NVwZ 2005, 1211 = NWVBl. 2005, 133 = DÖV 2005, 301; *OVG Münster* NVwZ 2008, 1031 = NWVBl. 2008, 418. Zur Kritik an dieser Rechtsprechung, insbesondere wegen der Subjektivierung der Zweckklausel, vgl. *Micker*, NWVBl. 2004, 181 (182f.); *Ziekow*, Öfftl. WirtR, § 7 Rn. 62f., m.w.N.; für eine Einbeziehung der Zweckklausel *Pünder/Dittmar*, Jura 2005, 760 (763f.), m.w.N.

[42] Gegen dieses Argument, weil § 107 V GO NRW lediglich verfahrensrechtliche, nicht aber materiell-rechtliche Bedeutung habe, *Pünder/Dittmar*, Jura 2005, 760 (764); *Faßbender*, DÖV 2005, 89 (94) jeweils m.w.N.

[43] Gegen dieses Argument *Faßbender*, DÖV 2005, 89 (93), weil die Abwägung unterschiedlicher Interessen immer zu den Aufgaben des Gesetzgebers gehöre, ohne dass daraus auf den subjektiv-rechtlichen Normcharakter geschlossen werden könne.

[44] Zu den subjektiv-rechtlichen Konsequenzen einer echten Subsidiaritätsklausel vgl. *VGH Mannheim* NVwZ 2006, 714 (715).

[45] Zu den möglichen Rechtsformen vgl. *Schmidt-Aßmann/Röhl*, in: Schmidt-Aßmann/Schoch, BesVerwR, 1. Kap. Rn. 123ff.; *Seewald*, in: Steiner, BesVerwR, I. Kap. Rn. 289ff.; *Arndt/Fetzer*, in: Steiner, BesVerwR, IV. Kap. Rn. 115ff.; *Dietlein*, Jura 2002, 445 (446f.).

(rechtsfähige oder auch nicht rechtsfähige) Anstalt des öffentlichen Rechts (§ 114a GO NRW).

49 Die Gemeinde kann sich aber auch der Organisationsformen des Privatrechts bedienen (vgl. § 108 GO NRW), etwa indem sie eine GmbH (vgl. § 108 I 1 Nr. 3 GO NRW) oder AG (vgl. § 108 III GO NRW) gründet oder sich an einer solchen beteiligt. Insoweit unterscheidet man zudem begrifflich zwischen *gemischt-wirtschaftlichen Unternehmen* (wenn die Gesellschaft von der Gemeinde zusammen mit Privatpersonen betrieben wird) und *gemischt-öffentlichen Unternehmen* (wenn neben der Gemeinde nur andere öffentlich-rechtliche Rechtsubjekte als Gesellschafter vertreten sind). Verbleiben alle Anteile der Gesellschaft bei der Gemeinde, spricht man von einer kommunalen *Eigengesellschaft*.[46]

**Frage 5: Wann ist die Beteiligung einer Gemeinde an einem Unternehmen des Privatrechts nach §§ 107f. GO NRW zulässig?**

50 Die Zulässigkeit einer Beteiligung der Gemeinde an einem Unternehmen bzw. einer Einrichtung des Privatrechts richtet sich nach § 108 GO NRW. Handelt es sich um ein *wirtschaftliches Unternehmen*, so sind gem. § 108 I 1 Nr. 1 GO NRW auch die Voraussetzungen des § 107 I 1 GO NRW zu prüfen. Handelt es sich hingegen um eine *nichtwirtschaftliche Einrichtung*, müssen gem. § 108 I 1 Nr. 2 GO NRW die Voraussetzungen des § 8 I GO NRW (öffentliche Einrichtungen) erfüllt sein und es muss ein wichtiges Interesse der Gemeinde an der Gründung oder Beteiligung vorliegen.

Sowohl bei wirtschaftlichen Unternehmen als auch bei nichtwirtschaftlichen Einrichtungen sind nach § 108 I 1 Nr. 3 bis 9 GO NRW zudem eine Reihe weiterer Voraussetzungen zu erfüllen, z.B. bezüglich der Gesellschaftsform.

**Frage 6: Welche drei wesentlichen Privatisierungsformen unterscheidet man?**

51 Bei der Privatisierung öffentlicher Dienstleistungen, etwa durch Übertragung sonst von einem Verwaltungsträger zu erfüllender öffentlicher Aufgaben oder der Beteiligung der öffentlichen Hand an einem privatwirtschaftlichen Unternehmen bzw. dessen Gründung durch die öffentliche Hand, unterscheidet man zwischen der funktionalen, der formellen und der materiellen Privatisierung.[47]

52 Bei der *funktionalen Privatisierung* (Erfüllungsprivatisierung) verbleibt die Aufgabenzuständigkeit beim Verwaltungsträger, der jedoch bei der Erfüllung seiner Aufgaben Privatpersonen als „Erfüllungsgehilfen" heranzieht. So ist etwa das Abschleppen eines verkehrswidrig parkenden Autos durch ein privates Abschleppunternehmen im Auftrag des städtischen Ordnungsamtes als ein Fall der funktionalen Privatisierung zu werten.[48] Zu dieser Kategorie gehören zudem die in vielfältiger Form auftretenden Public Private Partnerships (PPP).

53 Bei der *formellen Privatisierung* (Organisationsprivatisierung) nimmt der Verwaltungsträger (z.B. Gemeinde) seine öffentliche Aufgabe zwar weiter selbst wahr, bedient sich aber einer Rechtsform des Privatrechts, insbesondere einer Eigengesellschaft (z.B. GmbH), die sich vollständig in der Hand der Gemeinde befindet. Letzt-

---

[46] Zu diesen Unterscheidungen vgl. *Ruthig/Storr*, Öfftl. WirtR, Rn. 665ff.

[47] Überblick bei *Ruthig/Storr*, Öfftl. WirtR, Rn. 602ff.; *Seewald*, in: Steiner, BesVerwR, I. Kap. Rn. 307ff.; *Dietlein*, Jura 2002, 445 (447).

[48] Vgl. *Maurer*, AllgVerwR, § 23 Rn. 62.

lich handelt es sich somit lediglich um einen Rechtsformwechsel.[49] Ein Beispiel ist die Überführung des Sondervermögens Deutsche Bundesbahn in die Deutsche Bahn AG, an welcher der Bund – bis zum geplanten Börsengang – alle Anteile hält.[50]

54 Bei der *materiellen Privatisierung* (Aufgabenprivatisierung) zieht sich der Staat aus der Wahrnehmung der Aufgabe gänzlich zurück. Teilweise überträgt er die bisher von ihm wahrgenommene hoheitliche Aufgabe auf eine Privatperson. Das ist aber nicht zwingend; er kann durch seinen Rückzug auch jegliche staatliche Aufgabenwahrnehmung zugunsten der Marktprinzipen von Angebot und Nachfrage aufgeben. Unzulässig ist die Aufgabenprivatisierung, wenn z.B. die Gemeinde eine Pflicht zur Aufgabenwahrnehmung trifft.[51] Ein Beispiel einer Aufgabenprivatisierung ist etwa die Privatisierung im Post- und Telekommunikationssektor, im Bereich der Gas- und Stromversorgung oder die Veräußerung bislang kommunaler Wohnungen.[52]

**Frage 7: Was versteht man unter Public Private Partnership (PPP)?**

55 Eine konkrete Definition des Begriffs der Public Private Partnership (PPP), teilweise wird auch von Öffentlich-Privater Partnerschaft (ÖPP) gesprochen, ist bisher nicht gelungen. Generell versteht man hierunter eine partnerschaftliche Zusammenarbeit zwischen öffentlich-rechtlichen und privaten Akteuren, wie sie insbesondere im Bereich der funktionalen Privatisierung vorkommt.[53]

56 Intention einer PPP aus Sicht der öffentlichen Hand ist oftmals, sich den Kenntnisvorsprung eines privaten Unternehmens auf einem bestimmten Gebiet zu Nutze zu machen. Deshalb sind PPP-Projekte besonders bedeutsam bei Infrastrukturmaßnahmen (z.B. Straßen- und Flughafenbau), im öffentlichen Hochbau (z.B. Schul- und Verwaltungsgebäude) oder im Öffentlichen Personennahverkehr (ÖPNV).[54]

57 Generell unterscheidet man zwei verschiedene Modelle der PPP, nämlich die *Organisations-* bzw. *Institutions-PPP* und die *Vertrags-PPP*. Während bei der Organisations-PPP (Gesellschaftsmodell, Kooperationsmodell) der öffentliche Hoheitsträger und der Private im Rahmen einer institutionell-organisatorischen Zusammenarbeit agieren, also unter dem Dach einer eigenständigen Rechtspersönlichkeit (z.B. gemischt-wirtschaftliches Unternehmen), bleiben bei der Vertrags-PPP (austauschvertragliche Kooperation im Betreiber- oder Betriebsführungsmodell) der öffentliche Hoheitsträger und der Private rechtlich selbständig. Die Beziehungen unterliegen alleine einer vertraglichen Vereinbarung zwischen den öffentlichen und den privaten Partnern, die jedoch regelmäßig auf einen Zeitraum von mehreren Jahren oder Jahrzehnten angelegt ist.

58 Im Rahmen der PPP eröffnet sich eine Vielzahl rechtlicher Fragestellungen. Diskutiert wird vor allem, inwiefern bei der Entstehung einer PPP die Vorschriften zum öffentlichen Vergabewesen anwendbar sind.[55] Speziell stellt sich die Frage, ob und ggf. in welchen Umfang Ausschreibungspflichten bestehen.

---

[49] Vgl. *Dietlein*, Jura 2002, 445 (447).
[50] *Ruthig/Storr*, Öfftl. WirtR, Rn. 603.
[51] *Seewald*, in: Steiner, BesVerwR, I. Kap. Rn. 309.
[52] Zur materiellen Privatisierung bei ehemals gemeindlichen Märkten, Volksfesten etc. vgl. WuV-Frage Nr. 4 im Anhang zu Fall 10.
[53] Vgl. dazu *Ruthig/Storr*, Öfftl. WirtR, Rn. 606ff.; *Ziekow*, Öfftl. WirtR, § 8 Rn. 6ff.
[54] *Ziekow*, Öfftl. WirtR, § 8 Rn. 6 mit weiteren Beispielen.
[55] Vgl. dazu *Vollmöller*, in: Schmidt/Vollmöller, § 6 Rn. 32, m.w.N.

## E. Wiederholungs- und Vertiefungshinweise

Zur wirtschaftlichen Betätigung in NRW nach der Gemeindereform von 2007:
*Hamacher,* GO-Reform in NRW und wirtschaftliche Betätigung, NWVBl. 2008, 81; *Köster,* Die Reform der Gemeindeordnung durch das GO-Reformgesetz, NWVBl. 2008, 49; *Wellmann,* Die Reformpläne der NRW-Landesregierung für die kommunale Wirtschaft, NWVBl. 2007, 1.

Zu Privatisierungsformen und PPP:
*von Danwitz,* Die Benutzung kommunaler öffentlicher Einrichtungen – Rechtsformenwahl und gerichtliche Kontrolle, JuS 1995, 1; *Dietlein,* Rechtsfragen des Zugangs zu kommunalen Einrichtungen, Jura 2002, 445 (447); *Stehlin/Gebhard,* Public Private Partnership – ein Modell für Kommunen?, VBlBW 2005, 90; *Tettinger,* Public Private Partnership, Möglichkeiten und Grenzen – ein Sachstandsbericht, NWVBl. 2005, 1.

Weiterführende Hinweise zur PPP mit der Möglichkeit, auf eine umfangreiche Datenbank zurückzugreifen: www.ppp.nrw.de.

# Fall 13: Das zahlungsunwillige Kammermitglied

## A. Inhalt

Anfechtungsklage; vorläufiger Rechtsschutz (§ 80 V VwGO); fehlerhafte Rechtsbehelfsbelehrung; Anordnung der aufschiebenden Wirkung; Suspensiveffekt; Pflichtmitgliedschaft in IHK; Äquivalenzprinzip.

## B. Sachverhalt

Die Spar Steuerberatungs-GmbH mit Sitz in der unterfränkischen kreisfreien Stadt Steinbach (S), Bayern, übt nach ihrem Unternehmensgegenstand Steuerberatungstätigkeiten im Sinne des Steuerberatungsgesetzes aus, ferner die Beteiligung an Gesellschaften mit ähnlichem Zweck.

Mit Beitragsbescheid vom 2. Januar 2009, zugegangen mit einfacher Post am 3. Januar 2009, wurde die GmbH durch die zuständige Industrie- und Handelskammer (IHK) mit schriftlichem, im automatisierten Verfahren erlassenem Beitragsbescheid für das Beitragsjahr 2009 im Wege der Vorauszahlung zu einem Grundbeitrag in Höhe von 100 € veranlagt. Grundlage des Bescheides war der der IHK von der Finanzverwaltung rechtmäßig mitgeteilte letztbekannte Gewerbeertrag, nach dem auf der Basis der Haushaltssatzung der IHK und der IHK-Beitragsordnung der Beitrag festgesetzt wurde. In der beigefügten Rechtsbehelfsbelehrung hieß es: „Gegen diesen Beitragsbescheid kann innerhalb eines Monats ab Bekanntgabe schriftlich oder zur Niederschrift Klage zum Verwaltungsgericht W, (...) Straße in W, erhoben werden (...). Der Klage sind Abschriften für alle Beteiligten beizufügen." Eine vorherige Anhörung war nicht erfolgt.

Die GmbH erhob am 18. März 2009 Klage gegen den Beitragsbescheid zum örtlich zuständigen Verwaltungsgericht und beantragte zugleich gemäß § 80 V VwGO die Aussetzung der Vollziehung. Zur Begründung wurde angeführt, der Beitragsbescheid der IHK sei rechtswidrig und könne deshalb keinen Bestand haben. Für den Fall einer Fristversäumnis werde Wiedereinsetzung in den vorigen Stand beantragt; der zuständige Geschäftsführer der GmbH sei im Urlaub gewesen, so dass nicht fristgerecht Klage hätte erhoben werden können. Die GmbH betreibe kein Gewerbe und sei deshalb nicht Mitglied der IHK. Außerdem sei die GmbH bereits Mitglied der Steuerberaterkammer; eine Doppelmitgliedschaft sei unzulässig. Im Übrigen verstoße die Pflichtmitgliedschaft bei der IHK, die von der GmbH zu keinem Zeitpunkt beantragt worden sei, gegen die Vereinigungsfreiheit und die allgemeine Handlungsfreiheit des Grundgesetzes. Die GmbH erhalte für den eingeforderten Beitrag von 100 € keinerlei Gegenleistung, weil sie die Dienste der IHK nicht in Anspruch nehme. Dies verstoße gegen das Äquivalenzprinzip. Außerdem seien in den letzten drei Jahren in der GmbH nur Verluste erzielt worden. Eine Beitragspflicht auch bei Verlust habe Erdrosselungswirkung und verstoße deshalb gegen die Eigentumsgarantie.

**Bearbeitervermerk:** Untersuchen Sie die Erfolgsaussichten der erhobenen Klage (Teil 1) und die Zulässigkeit des beim Verwaltungsgericht gestellten Antrags auf Aussetzung der Vollziehung des Beitragsbescheides (Teil 2).

**Hinweis:** Eine GmbH ist nach § 2 II GewStG gewerbesteuerpflichtig.

## C. Lösung

### 1. Teil: Erfolgsaussichten der Klage in der Hauptsache

Die Klage hat Erfolg, wenn der Verwaltungsrechtsweg gegeben und die Klage zulässig und begründet ist.

### I. Verwaltungsrechtsweg und zuständiges Gericht

#### 1. Verwaltungsrechtsweg

Es müsste eine öffentlich-rechtliche Streitigkeit im Sinne von § 40 I 1 VwGO vorliegen, die nicht verfassungsrechtlicher Art ist und für die ferner keine anderweitige Rechtswegzuweisung besteht. Grundlage des Beitragsbescheides der Beklagten sind hier §§ 2 I, 3 II, III IHKG[1] i. V. m. der Beitragsordnung und der Haushaltssatzung der IHK. Damit liegt eine öffentlich-rechtliche Streitigkeit vor, weil die genannten Vorschriften die IHK als öffentlich-rechtliche Körperschaft ermächtigen, von ihren Mitgliedsunternehmen Beiträge zu erheben. Die Streitigkeit ist auch nicht verfassungsrechtlicher Art, weil weder Verfassungsorgane streitbeteiligt sind noch Verfassungsrecht unmittelbar streitentscheidend ist. Es liegt auch keine anderweitige Rechtswegzuweisung vor. Insbesondere stellt der Streit um die Rechtmäßigkeit eines IHK-Beitrags keine abgabenrechtliche Streitigkeit im Sinne von § 33 FGO dar, für die der Finanzrechtsweg eröffnet wäre. Beitragsrechtsstreitigkeiten der IHKn werden vielmehr von den Verwaltungsgerichten entschieden. Der Verwaltungsrechtsweg ist damit eröffnet. 1

#### 2. Zuständiges Gericht

Die sachliche und örtliche Zuständigkeit des Verwaltungsgerichts richtet sich nach §§ 45, 52 Nr. 3 VwGO. 2

### II. Zulässigkeit der Klage

#### 1. Statthaftigkeit

Rechtsschutzziel der Klägerin ist die Aufhebung des Beitragsbescheides. Da der Bescheid alle Begriffsmerkmale eines belastenden Verwaltungsaktes i. S. v. § 35 S. 1 VwVfG erfüllt, ist statthafte Klageart die Anfechtungsklage (§ 42 I, 1. Alt. VwGO). 3

#### 2. Klagebefugnis

Die Klägerin müsste geltend machen können, durch den angefochtenen Verwaltungsakt in ihren Rechten verletzt zu sein (§ 42 II VwGO). Da die Klägerin Adressatin eines belastenden Verwaltungsakts ist, ist sie nach der *Adressatentheorie* 4

---

[1] Gesetz zur vorläufigen Regelung des Rechts der Industrie- und Handelskammern, Textsammlung *Sartorius I* Nr. 818.

möglicherweise in Art. 2 I GG verletzt. Nicht ausgeschlossen werden kann ferner, dass die Beitragspflicht bei Rechtswidrigkeit der gesetzlichen Pflichtmitgliedschaft gegen die Vereinigungsfreiheit der Klägerin verstößt (Art. 9 I GG i.V.m. Art. 19 III GG). Wäre die gesetzliche Pflichtmitgliedschaft der Kammerzugehörigen (§ 2 I IHKG) verfassungswidrig, entfiele eine Voraussetzung der Beitragspflicht, weil nach § 3 II IHKG nur die Kammerzugehörigen (§ 2 I IHKG) beitragspflichtig sind. Die Klägerin ist demnach klagebefugt.

### 3. Vorverfahren

5 Die Durchführung eines Vorverfahrens ist gem. § 68 I 2 VwGO i.V.m. Art. 15 II, III BayAGVwGO unstatthaft.[2]

### 4. Klagefrist

#### a) Monatsfrist

6 Die Frist für die Erhebung der Anfechtungsklage beträgt grundsätzlich einen Monat nach Bekanntgabe des klagegegenständlichen Bescheids (§ 74 I 2 VwGO). Vorliegend ist der Beitragsbescheid datiert auf den 2. Januar 2009 und mit einfacher Post am 3. Januar 2009 zugegangen. Gemäß § 41 II 1 VwVfG gilt der Bescheid jedoch erst als am dritten Tag nach Absendung bekannt gegeben. Für die Bekanntgabe des Beitragsbescheids ist daher auf den 5. Januar 2009 abzustellen. Die Monatsfrist des § 74 I 2 VwGO lief deshalb am Tag nach der wirksamen Bekanntgabe des Beitragsbescheids am 5. Januar 2009 an (§ 57 II VwGO, § 222 ZPO, § 187 I BGB). Fristablauf war infolgedessen der 5. Februar 2009 (§§ 57 II VwGO; 222 ZPO; 188 II BGB).[3] Da die Klage erst am 18. März 2009 beim Verwaltungsgericht eingegangen ist, hat die Klägerin die Monatsfrist des § 74 I 2 VwGO nicht eingehalten.

#### b) Fehlerhafte Rechtsbehelfsbelehrung

7 Verfristung läge aber nicht vor, wenn tatsächlich nicht die Monatsfrist, sondern die Jahresfrist des § 58 II 1 VwGO galt. Dann müsste die dem Beitragsbescheid beigefügte Rechtsbehelfserklärung fehlerhaft gewesen sein. Unzutreffende oder irreführende Angaben in der Rechtsbehelfsbelehrung führen zu deren Unrichtigkeit, wenn sie geeignet sind, die Einlegung des in Betracht kommenden Rechtsbehelfs zu erschweren. Dies gilt auch für die Bezeichnung einer Sollvorschrift als Mussvorschrift.[4] Vorliegend enthält die Rechtsbehelfsbelehrung den Hinweis, dass eine Klageerhebung schriftlich oder zur Niederschrift des Urkundsbeamten möglich sei, was den Anforderungen des § 81 I VwGO entspricht. Zugleich wird das Erfordernis der Beifügung von Abschriften für die übrigen Beteiligten als obligatorische Voraussetzung der Klageerhebung aufgestellt. § 81 II VwGO enthält jedoch lediglich eine dahingehende „Sollbestimmung“. Die fehlende Beifügung von Abschriften der Klage für die übrigen Beteiligten hat also nach der gesetzlichen Bestimmung keine Auswirkung auf die Wirksamkeit der Klageerhebung. Damit ist die Rechtsbehelfsbelehrung vorliegend unzutreffend und irreführend, weil sie geeignet ist, die Einlegung des in Betracht kommenden Rechtsbehelfs nennenswert zu erschweren;

---

[2] Bay. Gesetz zur Ausführung der Verwaltungsgerichtsordnung (BayAGVwGO), Textsammlung *Ziegler/Tremel,* Nr. 901. Hierzu und zur weitgehenden Abschaffung des Vorverfahrens im Freistaat Bayern siehe bereits Fall 5.

[3] Zur Fristberechnung vgl. schon die Fäll 5–8.

[4] Vgl. hierzu *Kopp/Schenke,* VwGO, § 58 Rn. 12.

denn durch sie wird der falsche Eindruck erweckt, dass eine Klage nur unter Beifügung von Abschriften für die übrigen Beteiligten wirksam erhoben werden kann.

Somit galt vorliegend nicht die Monatsfrist, sondern die Jahresfrist des § 58 II 1 VwGO. Diese Jahresfrist hat die Klägerin bei Erhebung der Klage unzweifelhaft eingehalten. Die Klage ist also nicht verfristet.

### 5. Richtiger Klagegegner

Die Klage ist gegen den Rechtsträger zu richten, der den angefochtenen Verwaltungsakt erlassen hat (§ 78 I Nr. 1 VwGO).[5] Dies ist die IHK als Körperschaft des öffentlichen Rechts (§ 3 I IHKG). **8**

### 6. Beteiligten- und Prozessfähigkeit

#### a) Beteiligtenfähigkeit

Als GmbH und damit juristische Person des Privatrechts (§ 13 I GmbHG) ist die Klägerin im Verwaltungsprozess beteiligtenfähig (§ 61 Nr. 1, 2. Alt. VwGO). Für die beklagte IHK folgt die Beteiligtenfähigkeit aus § 61 Nr. 1, 2. Alt. VwGO i.V.m. § 3 I IHKG (juristische Person des öffentlichen Rechts). **9**

#### b) Prozessfähigkeit

Die GmbH, die selbst prozessunfähig ist, wird im Verwaltungsprozess durch ihren vertretungsberechtigten Geschäftsführer vertreten (§ 62 III VwGO, § 35 I GmbHG). Die beklagte IHK wird im Verwaltungsprozess durch Präsident und Hauptgeschäftsführer gemeinsam vertreten (§ 62 III VwGO, § 7 II IHKG). **10**

### 7. Form

Von der Einhaltung der Formalien bei der Klageerhebung (§§ 81 I, 82 VwGO) ist auszugehen. **11**

**Zwischenergebnis:** Die von der GmbH erhobene Klage ist zulässig.

## III. Begründetheit der Klage

Die Anfechtungsklage ist begründet, wenn der angegriffene Beitragsbescheid rechtswidrig ist und die Klägerin dadurch in ihren Rechten verletzt wird (§ 113 I 1 VwGO). **12**

### 1. Rechtmäßigkeit des Beitragsbescheides

Als belastender Verwaltungsakt bedarf der Beitragsbescheid einer ausreichenden gesetzlichen Grundlage (Grundsatz des Gesetzesvorbehalts, Art. 20 III GG). Als Rechtsgrundlage für die Beitragserhebung der IHK kommen vorliegend § 3 II, III, § 2 I IHKG i.V.m. der Beitragsordnung der IHK und ihrer Haushaltssatzung in Betracht. Nach den vorgenannten Vorschriften des IHKG erhebt die IHK zur Deckung ihrer Kosten nach Maßgabe eines Haushaltsplanes Beiträge von ihren Kammerzugehörigen. **13**

---

[5] Zur Frage, ob § 78 I Nr. 1 VwGO eine Regelung der Passivlegitimation oder der passiven Prozessführungsbefugnis darstellt, s. Fall 3.

### a) Wirksamkeit der Ermächtigungsgrundlage

14 Diese gesetzliche Ermächtigungsgrundlage des Beitragsbescheides müsste ihrerseits wirksam sein. Da Mängel der IHK-Beitragsordnung und der IHK-Haushaltssatzung nicht ersichtlich sind, ist allein fraglich, ob die gesetzlichen Vorschriften im IHKG, die die Basis der Beitragserhebung sind, gegen höherrangiges Recht in Gestalt von Verfassungsrecht verstoßen. Dies wäre der Fall, wenn entweder die gesetzliche Pflichtzugehörigkeit gemäß § 2 I IHKG oder zumindest die Doppelmitgliedschaft in der IHK und in der Steuerberaterkammer gegen höherrangiges Recht verstieße.

#### aa) Verfassungsmäßigkeit der IHK-Pflichtmitgliedschaft

15 Fraglich ist, ob die IHK-Pflichtmitgliedschaft (§ 2 I IHKG) gegen die Grundrechte der Vereinigungsfreiheit (Art. 9 I GG) oder der allgemeinen Handlungsfreiheit (Art. 2 I GG) verstößt. Wäre die Pflichtmitgliedschaft verfassungswidrig, dann wäre auch die Beitragserhebung rechtswidrig, weil dann die Kammerzugehörigkeit der Klägerin als Voraussetzung der Beitragserhebung entfiele. Nach *ständiger Rechtsprechung*[6] tangiert allerdings die gesetzliche Pflichtmitgliedschaft in juristischen Personen des öffentlichen Rechts nicht den Schutzbereich der vom Grundgesetz gewährleisteten Vereinigungsfreiheit (Art. 9 I GG), weil diese Grundrechtsposition auch für die Gewährleistung der negativen Vereinigungsfreiheit nur auf privatrechtliche Vereinigungen Anwendung findet. Die IHK-Pflichtmitgliedschaft verstößt ferner nicht gegen die allgemeine Handlungsfreiheit (Art. 2 I GG), weil die IHKn in dieser Organisationsform ein legitimes Gemeinwohlinteresse verfolgen und die hiermit verbundene Belastung der kammerzugehörigen Unternehmen geeignet, erforderlich und zumutbar ist.[7] Damit ist von der Verfassungsmäßigkeit der Pflichtmitgliedschaft auszugehen.[8]

#### bb) Verfassungsmäßigkeit der Doppelmitgliedschaft

16 Fraglich ist aber weiter, ob die gleichzeitige Mitgliedschaft in der IHK einerseits und in der Steuerberaterkammer andererseits gegen höherrangiges Recht verstößt. Denn damit ist die Klägerin gleichzeitig Pflichtmitglied in zwei unterschiedlichen öffentlich-rechtlichen Körperschaften. Nach der Rechtsprechung ist die doppelte Kammerzugehörigkeit in der IHK und einer Berufskammer mit hieraus resultieren-

---

[6] Vgl. *BVerfG* NVwZ 2002, 335 = GewArch. 2002, 111; zu dieser Entscheidung *Jahn,* GewArch. 2002, 98 ff.; *ders.,* JuS 2002, 434 ff.; *Kluth,* NVwZ 2002, 298 ff. Ferner *BVerwG* GewArch. 1998, 410, m. w. N.; *BVerwG* GewArch. 1999, 193 = NJW 1999, 2292 (dort für die Pflichtmitgliedschaft in der Handwerkskammer); ferner die Nachweise bei *Jahn,* GewArch. 2008, 137 (139); *ders.,* GewArch. 1998, 453 ff.; *Löwer,* GewArch. 2000, 89 ff.; *Frotscher/Kramer,* Wirtschaftsverfassungs- und Wirtschaftsverwaltungsrecht, Rn. 605 ff.; *Jarass,* in: *Jarass/Pieroth,* GG, Art. 2 Rn. 5, 25; Art. 9 Rn. 7, Art. 12 Rn. 60; *Jahn,* in Frentzel/Jäkel/Junge, IHKG, § 2 Rn. 3 ff.; a. A. *Schöbener,* VerwArch. 91 (2000), 374 ff.: Die IHK-Pflichtmitgliedschaft ist hiernach an Art. 9 I GG zu messen, jedoch nach dem Sozialstaatsprinzip als verfassungsimmanente Schranke gerechtfertigt. – Ausführlich zur Problematik der Pflichtmitgliedschaft Fall 1.

[7] Vgl. BVerfGE 10, 98; 10, 354; 15, 235; 38, 281; *BVerwG* GewArch. 1999, 193 = NJW 1999, 2292.

[8] **Beachte:** Selbstverständlich kann der Klausurbearbeiter auch eine andere Ansicht vertreten; dies bedarf jedoch gerade angesichts der gefestigten Rechtsprechung einer eingehenden Begründung.

der doppelter Beitragspflicht jedoch nicht zu beanstanden.[9] Berufsständische Kammern vertreten ausschließlich die beruflichen Interessen ihrer Mitglieder und stellen daher reine Berufsorganisationen dar. Die IHKn nehmen hingegen das Gesamtinteresse aller nicht handwerklichen Gewerbetreibenden im jeweiligen räumlichen Zuständigkeitsbereich wahr. Auch insoweit ergeben sich folglich keine verfassungsrechtlichen Bedenken gegen die gesetzlichen Grundlagen der IHK-Beitragspflicht.

### b) Formelle Rechtmäßigkeit

Anhaltspunkte für eine formelle Rechtswidrigkeit des angefochtenen Beitragsbescheides sind nicht ersichtlich. Die IHK erhebt den Beitrag gemäß § 3 II, III IHKG in eigener Zuständigkeit im Rahmen ihrer Selbstverwaltungsautonomie. Einer vorherigen Anhörung (§ 28 I VwVfG) der Klägerin bedurfte es nicht, da der Beitragsbescheid mittels automatischer Einrichtungen erlassen worden ist (§ 28 II Nr. 4 VwVfG).[10] Der Beitragsbescheid ist somit formell rechtmäßig ergangen. 17

### c) Materielle Rechmäßigkeit

#### aa) Voraussetzungen der Beitragspflicht

Der angefochtene Beitragsbescheid müsste mit seiner gesetzlichen Ermächtigung übereinstimmen. Nach § 3 II, III IHKG erhebt die IHK von den Kammerzugehörigen Mitgliedsbeiträge. Die Klägerin ist als GmbH gewerbesteuerpflichtig (§ 2 II GewStG), wie es § 2 I IHKG voraussetzt. Sie unterhält auch einen Betriebssitz im Kammerbezirk der beklagten IHK. Die Kammerzugehörigkeit entfällt auch nicht im Hinblick auf § 2 II IHKG, weil die Klägerin mit der Tätigkeit der Steuerberatung begrifflich einen freien Beruf und kein Gewerbe ausübt. § 2 II IHKG geht nämlich davon aus, dass auch Gesellschaften, die einen freien Beruf ausüben, der IHK angehören, wenn sie – wie vorliegend die Klägerin – in das Handelsregister eingetragen sind. Im Übrigen kann sich die Klägerin nach ihrem Unternehmensgegenstand auch an Gesellschaften mit ähnlichem Zweck beteiligen.[11] 18

#### bb) Beachtung des Äquivalenzprinzips

Zunächst stellt sich die Frage, ob der Beitragserhebung entgegensteht, dass die Klägerin – wie sie behauptet – für die Beitragszahlung keinerlei Gegenleistung erhält. Das verfassungsrechtlich aus dem Verhältnismäßigkeitsgrundsatz (Rechtsstaatsprinzip) abgeleitete *Äquivalenzprinzip* gebietet, dass im Abgabenrecht der Beitrags- 19

---

[9] Vgl. *BVerwG* GewArch., 2005, 24; *OVG Münster* GewArch. 2007, 163; GewArch. 1997, 200; *VGH Mannheim* GewArch. 1999, 66; ferner die Nachweise bei *Jahn,* GewArch. 1999, 449 (450f.); *ders.,* GewArch. 2008, 137 (139); *Hahn,* GewArch. 2003, 217 (218); *ders.* GewArch. 2005, 393 (395f.).

[10] **Beachte:** Derjenige Klausurbearbeiter, der dies nicht erkennt, gelangt dennoch nicht zur Fehlerhaftigkeit des Beitragsbescheides wegen angeblich unterbliebener Anhörung. Denn dann ist festzustellen, dass die unterbliebene Anhörung selbst im gerichtlichen Verfahren noch nachgeholt werden kann, vgl. §§ 45 I Nr. 3, II VwVfG.

[11] **Beachte:** Für die Frage, ob ein Unternehmen gewerblich oder nicht gewerblich tätig ist, kommt es nicht auf das tatsächliche Tun, sondern auf den Inhalt der Handelsregistereintragung und die Formulierung des Unternehmensgegenstandes im Gesellschaftsvertrag an; vgl. *BVerwG* GewArch. 1999, 36; ferner die Rechtsprechungsnachweise bei *Jahn,* GewArch. 1999, 449 (455); *Frotscher/Kramer,* Wirtschaftsverfassungs- und Wirtschaftsverwaltungsrecht, Rn. 603f. Mit dieser vom Unternehmensgegenstand erlaubten Beteiligungstätigkeit ist die Klägerin eindeutig gewerblich und nicht freiberuflich tätig. Sie ist deshalb unzweifelhaft IHK-zugehörig gemäß § 2 I IHKG.

verpflichtung als Äquivalent auch ein Vorteil gegenüberstehen muss, den der Beitragspflichtige als Nutzen aus der Beitragspflicht zieht.[12] Für die Wahrung des Äquivalenzgrundsatzes genügt allerdings der *allgemeine Nutzen*, der sich für die IHK-Mitglieder aus der *Gesamtinteressenwahrnehmung* durch die IHK ergibt; der beitragsrechtliche Vorteil des Kammermitgliedes braucht deshalb nur abstrakt und mittelbar zu sein und muss sich nicht konkret beim einzelnen Kammermitglied niederschlagen.[13] Die Beitragserhebung verstößt deshalb nicht gegen das Äquivalenzprinzip.

**cc) Erdrosselungswirkung der Beitragspflicht**

20 Möglicherweise ist es aber zu beanstanden, dass die Klägerin zum Beitrag herangezogen wird, obwohl sie nach ihrem eigenen Vortrag in den letzten drei Jahren nur Verluste erzielt hat. Die Auferlegung einer Geldleistungspflicht für einen Gewerbetreibenden kann gegen das Eigentumsgrundrecht (Art. 14 I GG) verstoßen, wenn die erhobene Abgabe eine solche Höhe erreicht, dass eine wirtschaftliche Betätigung sinnlos wird, die Abgabe also erdrosselnd wirkt.[14]

21 Die Frage, ob ein IHK-Mitglied einen Gewinn oder einen Verlust erwirtschaftet, ist für die Beitragserhebung aber irrelevant, weil Härten im Einzelfall dadurch begegnet werden kann, dass der IHK-Beitrag auf Antrag gestundet, erlassen oder niedergeschlagen wird.[15] Im Übrigen ist davon auszugehen, dass eine Beitragsbelastung von 100 € im Jahr für eine im Handelsregister eingetragene GmbH keine Erdrosselungswirkung besitzt.[16] Aus diesem Grund verstößt die Beitragserhebung nicht gegen Art. 14 I 1 GG.

**2. Rechtsverletzung**

22 Da der Beitragsbescheid formell und materiell rechtmäßig ist, scheidet eine Rechtsverletzung der Klägerin von vorneherein aus.

**Ergebnis**

Die Anfechtungsklage ist zwar zulässig, jedoch unbegründet. Sie wird deshalb keinen Erfolg haben.

**2. Teil: Zulässigkeit des Antrags auf Aussetzung der Vollziehung**

23 Mit dem beim Verwaltungsgericht gestellten Antrag auf Aussetzung der Vollziehbarkeit des Beitragsbescheides wendet sich die GmbH im Wege vorläufigen Rechtsschutzes nicht gegen die Beitragspflicht als solche, sondern will nur erreichen, dass der Beitragsbescheid der IHK einstweilen nicht vollzogen oder gar vollstreckt wird. Für diesen Antrag nach § 80 V VwGO müssten der Verwaltungsrechtsweg sowie die einschlägigen Sachentscheidungsvoraussetzungen gegeben sein.

---

[12] *Wolff/Bachof/Stober/Kluth*, Verwaltungsrecht Bd. I, § 42 Rn. 24.

[13] Vgl. dazu die Rechtsprechungsnachweise bei *Jahn*, GewArch. 1995, 457 ff.; *ders.*, GewArch. 1997, 177 (182); *ders.*, GewArch. 1999, 449 (456); *ders.*, GewArch. 2008, 187; *Hahn*, GewArch. 2003, 217 (220 f.).

[14] BVerfGE 78, 232 (243); vgl. auch *Wernsmann*, NJW 2006, 1169; *Spranger*, VerwRdsch. 2001, 274 (Fallbeispiel).

[15] S. zur IHK-Beitragspflicht bei Verlust *Jahn*, DB 1997, 2456; a. A. *Paul*, DB 1997, 1436. Zur Beitragsbefreiung bei geringem Gewinn bzw. für Existenzgründer *Jahn*, GewArch. 2007, 353 (355).

[16] S. dazu die umfangreichen Rechtsprechungsnachweise bei *Jahn*, GewArch. 1999, 449 (460).

## I. Verwaltungsrechtsweg und zuständiges Gericht

### 1. Verwaltungsrechtsweg

Da zwischen vorläufigem Rechtsschutz und Hauptsacherechtsbehelf – hier in Form der erhobenen Anfechtungsklage – Akzessorietät besteht, muss auch für den vorläufigen Rechtsschutz der Verwaltungsrechtsweg gegeben sein (§ 40 I 1 VwGO). Dies ist hier der Fall, weil es – wie oben festgestellt – um eine abgabenrechtliche Streitigkeit nach dem IHKG geht. 24

### 2. Zuständiges Gericht

Zuständig für den Antrag auf vorläufigen Rechtsschutz ist in erster Instanz das im Hauptsacheverfahren zuständige Verwaltungsgericht (§§ 80 V 1, 45, 52 Nr. 3 VwGO). 25

## II. Zulässigkeit des Antrags

### 1. Statthaftigkeit

Der Antrag müsste gem. § 80 V 1 VwGO statthaft sein. Danach kann das Gericht der Hauptsache auf Antrag im Fall der Anforderung von öffentlichen Abgaben wie dem IHK-Beitrag (§ 80 II 1 Nr. 1 VwGO) die aufschiebende Wirkung ganz oder teilweise anordnen.[17] Vorliegend entfällt bei der Anfechtung eines IHK-Beitragsbescheides die aufschiebende Wirkung des eingelegten Rechtsbehelfs kraft Gesetzes (§ 80 II 1 Nr. 1 VwGO).[18] Der Antrag ist demzufolge statthaft. 26

### 2. Antragsbefugnis

Da auch der vorläufige Rechtsschutz nach § 80 V VwGO dem Schutz subjektiver Rechte dient, muss der Antragsteller auch in diesem Verfahren geltend machen können, in subjektiven Rechten verletzt zu sein (§ 42 II VwGO analog). Die Antragstellerin kann als Adressatin eines belastenden Verwaltungsaktes wenigstens plausibel behaupten, in ihrer allgemeinen Handlungsfreiheit (Art. 2 I i.V.m. Art. 19 III GG) verletzt zu sein (sog. *Adressatentheorie*). Sie ist deshalb auch im vorläufigen Rechtsschutzverfahren antragsbefugt. 27

### 3. Frist

Anders als Widerspruch und Anfechtungsklage ist der Antrag nach § 80 V VwGO nicht an die Einhaltung einer Frist gebunden. 28

### 4. Form

Von einer formgerechten Antragstellung bei Gericht (§§ 81 I, 82 VwGO analog) ist auszugehen. 29

---

[17] **Beachte:** Das Gesetz spricht hier bewusst von „anordnen“, da in den Fällen des § 80 II 1 Nr. 1 bis 3 VwGO der Suspensiveffekt eines Anfechtungsrechtsbehelfes kraft Gesetzes entfällt. Demgegenüber ist bei behördlicher Anordnung der sofortigen Vollziehung (§ 80 II 1 Nr. 4 VwGO) nach § 80 V VwGO die aufschiebende Wirkung „wiederherzustellen“.

[18] **Beachte:** Dies bedeutet, dass der Rechtsbehelfsführer trotz Klage den angeforderten Beitrag zunächst bezahlen muss. Erweist sich seine Klage später als erfolgreich, wird ihm der (zu Unrecht) erhobene Beitrag allerdings zurückerstattet.

### 5. Rechtsschutzbedürfnis

#### a) Verhältnis zur Klage in der Hauptsache

30 Die Antragstellerin dürfte ihr Ziel, eine Vollziehung oder Vollstreckung des Beitragsbescheides zu vermeiden, nicht auf andere Weise einfacher erreichen können. Dies ist nicht der Fall. Insbesondere die Erhebung der Anfechtungsklage befreit die Klägerin nicht von der einstweiligen Zahlungspflicht (vgl. § 80 II 1 Nr. 1 VwGO). Der Antrag nach § 80 V VwGO ist auch schon vor Erhebung der Anfechtungsklage zulässig (§ 80 V 2 VwGO).[19]

#### b) Aussetzungsantrag bei der Verwaltungsbehörde

##### aa) Grundsatz: Aussetzungsantrag nicht erforderlich

31 Der Antrag auf Aussetzung der Vollziehung kann auch bei der Ausgangsbehörde gestellt werden (§ 80 IV VwGO). Allerdings hat der Rechtsbehelfsführer grundsätzlich ein Wahlrecht, ob er die Aussetzung bei der Verwaltungsbehörde (§ 80 IV VwGO) oder beim Gericht (§ 80 V VwGO) beantragen will; er kann auch gleichzeitig von beiden Möglichkeiten Gebrauch machen.[20] Das Rechtsschutzbedürfnis für den Aussetzungsantrag bei Gericht entfällt nur, wenn – was hier nicht der Fall ist – bereits die Behörde den Suspensiveffekt angeordnet bzw. wiederhergestellt hat.[21]

##### bb) Ausnahme: Anforderung öffentlicher Abgaben und Kosten (Vorverfahren[22])

32 Bei der Anforderung von öffentlichen Abgaben und Kosten (§ 80 II 1 Nr. 1 VwGO) ist der Antrag nach § 80 V VwGO jedoch nur zulässig, wenn die Behörde zuvor einen Antrag auf Aussetzung der Vollziehung ganz oder zum Teil abgelehnt hat (§ 80 VI 1 VwGO).[23] Das Erfordernis eines vorherigen Antrags auf Aussetzung der Vollziehung unmittelbar bei der Verwaltungsbehörde entfällt nur dann, wenn die Behörde über einen entsprechenden Antrag in angemessener Frist sachlich nicht entschieden hat (§ 80 VI 2 Nr. 1 VwGO) oder dem Abgabenschuldner bereits die Vollstreckung droht (§ 80 VI 2 Nr. 2 VwGO). Vorliegend hat die Antragstellerin bei der zuständigen IHK einen Aussetzungsantrag bislang nicht gestellt. Die Voraussetzungen des § 80 VI 2 Nr. 1 VwGO sind nicht erfüllt. Der Antragstellerin droht auch keine Vollstreckung im Sinne des § 80 VI 2 Nr. 2 VwGO. Denn hierfür wäre erforderlich, dass die Antragstellerin bereits gemahnt und Vollstreckungsmaßnahmen durch die IHK konkret angedroht worden sind. Daran fehlt es vorliegend. Infolge-

---

[19] *Kopp/Schenke,* VwGO, § 80 Rn. 139, leitet hieraus ab, dass der Antrag gem. § 80 V VwGO auch schon vor Einlegung eines Widerspruchs (soweit dieser zulässig ist) gestellt werden kann (str.). Das Rechtsschutzbedürfnis für den Antrag nach § 80 V VwGO fehlt aber jedenfalls dann, wenn der zugrundeliegende Verwaltungsakt nicht fristgerecht angefochten und damit bestandskräftig geworden ist.

[20] *Kopp/Schenke,* VwGO, § 80 Rn. 117.

[21] *Kopp/Schenke,* VwGO, § 80 Rn. 136; *Hufen,* VerwPrR, § 32 Rn. 35.

[22] *Kopp/Schenke,* VwGO, § 80 Rn. 182, spricht in Bezug auf § 80 VI VwGO von einem „Vorverfahren" in Anlehnung an die in §§ 68 und 75 VwGO getroffenen Regelungen. Ebenso vertretbar erscheint es aber, die Frage eines vorherigen Aussetzungsantrages bei der Behörde unter dem Gesichtspunkt des Rechtsschutzbedürfnisses zu erörtern.

[23] **Beachte:** Diese Einschränkung der gerichtlichen Gewährung vorläufigen Rechtsschutzes gilt *nur* in den Fällen der Anforderung öffentlicher Abgaben und Kosten; vgl. *Schenke,* VerwPrR, Rn. 998. Siehe auch die Nachweise bei *Jahn,* GewArch. 2008, 187 (193).

dessen muss die Antragstellerin zunächst einen Antrag auf Aussetzung der Vollziehung des Beitragsbescheides bei der IHK stellen (§ 80 VI 1 VwGO).

**Ergebnis**

Der Antrag auf Gewährung vorläufigen Rechtsschutzes ist unzulässig.

## D. Wiederholungs- und Vertiefungsfragen

**Frage 1: Ist die Doppelmitgliedschaft in der IHK und in einer Berufskammer verfassungsrechtlich zulässig?**

Verfassungsrechtliche Bedenken hinsichtlich der Zulässigkeit einer Doppelmitgliedschaft in der IHK und in einer weiteren Berufskammer könnten sich aufgrund der Kumulation mehrerer Pflichtmitgliedschaften einschließlich der jeweils zugehörigen Beitragspflicht ergeben. Die Rechtsprechung[24] geht indes von der verfassungsrechtlichen Unbedenklichkeit der Doppelmitgliedschaft aus, weil die IHK anders als die Berufskammern nicht ausschließlich das Interesse der jeweiligen Berufsgruppen, sondern das Gesamtinteresse aller nicht handwerklich Gewerbetreibenden in ihrem regionalen Zuständigkeitsbereich wahrnimmt. Der jeweiligen Mitgliedschaft in der entsprechenden Kammer steht damit auch ein spezifischer Vorteil gegenüber, der die Doppelmitgliedschaft insgesamt rechtfertigt. 33

**Frage 2: Mit welchen rechtlichen Mitteln kann ein Kammermitglied gerichtlich überprüfen lassen, ob die Kammer sich bei ihrer Tätigkeit noch im Rahmen ihres gesetzlichen Aufgabenbereiches bewegt?**

Jedes Kammermitglied hat die Möglichkeit, eine sog. Mitgliederklage beim Verwaltungsgericht zu erheben. Bei der *Mitgliederklage* handelt sich, entgegen der missverständlichen Bezeichnung, nicht um eine besondere Klageart, sondern um einen vom *BVerwG*[25] unmittelbar aus Art. 2 I GG hergeleiteten *Unterlassungsanspruch*, mit dem jedes Kammermitglied mittels einer Feststellungs- oder Unterlassungsklage gerichtlich überprüfen lassen kann, ob sich die Kammer bei der Ausübung ihrer Tätigkeit noch innerhalb ihres gesetzlich vorgeschriebenen Aufgabenbereiches bewegt.[26] Unerheblich für das Verfahren ist dabei, ob das Mitglied einen über die Aufgabenüberschreitung hinausgehenden rechtlichen oder tatsächlichen Nachteil erleidet. Hieran entzündet sich die Kritik in Teilen der Literatur[27], die in der Mitgliederklage die richterrechtliche Einführung einer gesetzlich nicht vorgesehenen Popularklage sieht. Diese Überlegung geht aber fehl. Dogmatisch beruht die Mitgliederklage auf dem Gedanken, dass Art. 2 I GG den Einzelnen vor der Pflichtmitgliedschaft in „unnötigen“ Kammern schützt. Sobald eine öffentlich-rechtliche Körperschaft, deren Errichtung im Übrigen den verfassungsrechtlichen Anforde- 34

---

[24] Vgl. *BVerwG* GewArch., 2005, 24; *OVG Münster* GewArch. 2007, 163; GewArch. 1997, 200; *VGH Mannheim* GewArch. 1999, 66; s. ferner die Nachweise bei *Jahn,* GewArch. 1999, 449 (450f.); *Hahn,* GewArch. 2003, 217 (218); *ders.* GewArch. 2005, 393 (395f.).

[25] BVerwGE 34, 69 (74); 59, 242 (245); 64, 115 (117).

[26] Vgl. *Schöbener,* in: Kluth, Handbuch des Kammerrechts, Abschn. L, S. 423 ff., Rn. 92ff.; *ders.,* VerwArch. 91 (2000), 374 (416f.), jeweils m. w. N.

[27] *Messerschmidt,* VerwArch. 81 (1990), 55 (60f.), *Kluth,* Jura 1989, 408 (411ff.); *Leisner,* BayVBl. 2001, 609 (615f.).

rungen genügt, ihren gesetzlichen Aufgabenbereich überschreitet, wird dieses Recht auf Nichtinanspruchnahme verletzt.

**Frage 3: Die IHK Köln beteiligt sich an einer Stiftung zum Bau und zur Unterhaltung eines neuen Museums für moderne Kunst in Köln. Dabei bringt sie den Großteil der für den Bau erforderlichen finanziellen Mittel in Höhe von 10 Millionen € aus dem eigenen Haushalt auf. Mit dem Bau des Museums soll die kulturelle Vielfalt der Stadt erweitert und ihre Attraktivität insgesamt erhöht werden. Die Kammer verspricht sich hiervon auch einen positiven Einfluss auf die Standortentscheidungen und Ansiedlungsvorhaben von Unternehmen. Kammermitglied K, ohnehin kein glühender Verehrer moderner Kunst, hat Zweifel, ob sich die IHK damit noch im Rahmen ihres gesetzlichen Aufgabenbereiches bewegt. Sind seine Zweifel berechtigt?**[28]

35 Ob sich die Kammer bei der Beteiligung an der Stiftung noch im Rahmen ihres gesetzlichen Aufgabenbereichs bewegt, bestimmt sich nach § 1 I, II IHKG. Nach § 1 I IHKG haben die IHKn die Aufgabe, innerhalb ihres örtlichen Zuständigkeitsbereichs das Gesamtinteresse der ihnen zugehörigen Gewerbetreibenden wahrzunehmen, für die Förderung der gewerblichen Wirtschaft zu wirken und dabei die wirtschaftlichen Interessen einzelner Gewerbezweige oder Betriebe abwägend zu berücksichtigen. Nach § 1 II IHKG können sie Anlagen und Einrichtungen, die der Förderung der gewerblichen Wirtschaft oder einzelner Gewerbezweige dienen, begründen, unterhalten und unterstützen. Während allerdings bei der Erfüllung der in § 1 I IHKG benannten Aufgabe auch jeder entfernte Berührungspunkt zu den Belangen der gewerblichen Wirtschaft für die Begründung der Kammerkompetenz ausreichend ist, sind die Voraussetzungen des im Hinblick auf die Beteiligung an einer Museumsstiftung einschlägigen § 1 II IHKG enger gefasst. Mit dem Begriff „dienen" – im Unterschied zu der Formulierung „für die Förderung [...] zu wirken" (§ 1 I IHKG) – verbindet sich die Vorstellung einer gewissen Nachhaltigkeit, die nur erzielt werden kann, wenn die jeweilige Einrichtung *in erster Linie* das Interesse der gewerblichen Wirtschaft oder einzelner Gewerbezwecke fördert; denn die IHK hat nicht das allgemeine öffentliche Interesse zu vertreten, sondern nur das spezifische Interesse der gewerblichen Wirtschaft im Kammerbezirk. Die Beteiligung an Anlagen und Einrichtungen muss deshalb *unmittelbar* den Interessen der gewerblichen Wirtschaft dienen und erst in zweiter Linie dem Allgemeinwohl. Die Beteiligung an einer Museumsstiftung erfüllt diesen Zweck nicht. Sie dient hauptsächlich den Belangen des Allgemeinwohls. Die von der Kammer anvisierten positiven Auswirkungen auf die örtliche Wirtschaft lassen sich kaum quantifizieren und stellen allenfalls einen Nebeneffekt dar, dessen Verfolgung angesichts der enormen finanziellen Belastung von der Kompetenznorm des § 1 II IHKG nicht mehr erfasst ist. Die Bedenken des K sind somit berechtigt. Die Beteiligung der IHK an der Museumsstiftung ist unzulässig.

---

[28] Vgl. zu diesem Fall: *OVG Münster* GewArch. 2003, 418 ff. – *Beachte:* Ein ausführlicher Fall zur Mitgliederklage findet sich in der Vorauflage dieser Fallsammlung, dort Fall 10.

## E. Wiederholungs- und Vertiefungshinweise

Zur Zulässigkeit der Doppelmitgliedschaft in IHK und Berufskammer siehe zuletzt: *SächsOVG* SächsVBl. 2008, 191, *OVG Münster* GewArch. 2007, 163 sowie *BVerwG* GewArch. 2005, 24. Aus der Literatur vgl. *Hahn*, Das Wirtschaftsverwaltungsrecht in der Rechtsprechung des Bundesverwaltungsgerichts ab 2004, GewArch. 2005, 393 (395f.).

Zur Mitgliederklage sowie zu Umfang und Grenzen der kammerrechtlichen Befugnisse:
aus der Rechtsprechung BVerwGE 34, 69 (74); *VG Freiburg* (Breisgau) GewArch. 2005, 478 (Veranstaltung von Lehrgängen im Bereich der Weiterbildung); *VG Gießen* GewArch. 2006, 30 (Sommerempfang). Ausführlich zu der Thematik Fall 10 (Die umstrittene Flugplatzbeteiligung) in der Vorauflage dieser Fallsammlung (S. 124ff.) sowie *Schöbener,* in: Kluth, Handbuch des Kammerrechts, Abschn. L, S. 423ff., Rn. 92ff. Vgl. auch *Schinner-Stör/Kormann,* Rechtsdienstleistungen durch öffentlich-rechtliche Handwerksorganisationen, GewArch. 2004, 265, sowie *Jahn,* Die Kontrolle von Unternehmen und Beteiligungen der Kammern, GewArch. 2006, 89ff.

# Fall 14: Die geschäftstüchtige Religionsgemeinschaft

## A. Inhalt

Fortsetzungsfeststellungsklage; Abgrenzung Gemeingebrauch/Sondernutzung bei gewerblicher bzw. religiöser Nutzung des Gehsteigs; Einfluss der Grundrechte (insbesondere Art. 4 und Art. 5 GG); Anliegergebrauch (Art. 14 GG).

## B. Sachverhalt

Die „Spirituelle Kirche der Transzendenz" (S), ein eingetragener Verein (e. V.), die das Weltbild einer höheren, weltüberschreitenden meditativen Ebene pflegt und unter ihren Mitgliedern verbreitet, ist Eigentümerin eines mit einem Geschäftshaus bebauten Grundstücks an einer belebten Straße in der nordrhein-westfälischen kreisfreien Stadt Köln (K). In den Räumen des Geschäftshauses hält die S entgeltliche Kurse ab und bietet von ihr herausgegebene Bücher zur Persönlichkeitsschulung zum Kauf an. Einzelne Mitglieder der S – jeweils drei bis vier gleichzeitig – sprechen an jedem Nachmittag (mit Ausnahme der Wochenenden) auf dem etwa sechs Meter breiten Gehweg vorübergehende Passanten eindringlich und intensiv, aber nicht aggressiv an, um diese durch ausgehändigte Flugblätter oder im persönlichen Gespräch zur Teilnahme an einem kostenlosen Persönlichkeitstest im Eingangsbereich des Hauses der S zu überreden und auf die von S angebotenen Produkte und Dienstleistungen hinzuweisen. Dabei sind die werbenden Mitglieder lediglich mit einer Informationsmappe (Format DIN A 4) ausgerüstet. Sobald ein Passant Interesse zeigt, wird er in den offen gestalteten Eingangsbereich des Hauses begleitet, wo ein anderer Mitarbeiter der S den Test durchführt (regelmäßig mit dem Ergebnis, dass der Besuch eines Kurses nötig sei). Der jeweilige Interessent wird dann zur Teilnahme an den Kursen und zum Kauf von Büchern ermuntert.

Mit Schreiben des Oberbürgermeisters von K vom 14. Mai 2009 wurde zahlreichen Mitgliedern der S – darunter auch Alfons Adler (A) – untersagt, nach Zustellung des Bescheides nochmals ohne Sondernutzungserlaubnis und damit ordnungswidrig auf dem öffentlichen Straßengrund vor besagtem Grundstück Passanten anzusprechen und Flugblätter an diese zu verteilen, um sie zu einem Persönlichkeitstest im Hause der S zu überreden mit dem Ziel, die Teilnahme an Kursen anzubieten sowie Bücher zu verkaufen. Begründet wurden die Bescheide, die mit einer ordnungsgemäßen Rechtsbehelfsbelehrung versehen waren, damit, das Ansprechen der Passanten erfolge offensichtlich zu einem gewerblichen Zweck. Dies sei kein erlaubnisfreier kommunikativer Gemeingebrauch, sondern eine straßenrechtliche Sondernutzung.

Mit einem am 9. Juni 2009 beim örtlich zuständigen Verwaltungsgericht in K eingegangenen Schriftsatz erhebt der von A beauftragte Rechtsanwalt Rainer Ratgeber (R) unter Vorlage einer schriftlichen Vollmacht namens des A Klage gegen die Stadt K. Am 15. Juni 2009 erteilt der Oberbürgermeister dem A und anderen Mitgliedern der S antragsgemäß eine auf den Zeitraum vom 15. Juni bis 31. Dezember 2009 befristete Sondernutzungserlaubnis. Der Bescheid vom 14. Mai 2009 wird aufgehoben. A möchte dennoch gerichtlich geklärt wissen, ob er überhaupt einer Sondernutzungserlaubnis bedarf. Den Antrag auf Erteilung der Sondernutzungserlaubnis habe er – entgegen seiner eigenen Rechtsüberzeugung – rein vorsorglich gestellt, damit „nicht noch weiterer Schaden in der missionarischen Tätigkeit der S entsteht". Er befürchtet eine neue Untersagungsverfügung, wenn er ab Januar 2010 sein „Recht auf Gemeingebrauch" wieder in Anspruch nehmen werde.

**Bearbeitervermerk:** In einem Gutachten, das auf alle angesprochenen Rechtsfragen eingeht, ist zu prüfen, ob die Klage des A Aussicht auf Erfolg hat.

**Hinweis:** Es ist davon auszugehen, dass die Stadt K Träger der Straßenbaulast und Straßenbaubehörde i. S. d. §§ 43 ff. StrWG NRW ist.

### Anhang

**Straßen- und Wegegesetz des Landes Nordrhein-Westfalen (StrWG NRW) (Auszug)**

**§ 14 Gemeingebrauch.** (1) Der Gebrauch der öffentlichen Straßen ist jedermann im Rahmen der Widmung und der verkehrsrechtlichen Vorschriften gestattet (Gemeingebrauch). Auf die Aufrechterhaltung des Gemeingebrauchs besteht kein Rechtsanspruch.

[...]

(3) Kein Gemeingebrauch liegt vor, wenn die Straße nicht vorwiegend zu dem Verkehr benutzt wird, dem sie zu dienen bestimmt ist. Der Straßenanliegergebrauch (§ 14 a) bleibt unberührt.

[...]

**§ 14 a Straßenanliegergebrauch.** (1) Eigentümer und Besitzer von Grundstücken, die an einer öffentlichen Straße gelegen sind (Straßenanlieger), dürfen innerhalb der geschlossenen Ortslage die an die Grundstücke angrenzenden Straßenteile über den Gemeingebrauch hinaus benutzen, soweit diese Benutzung zur Nutzung des Grundstücks erforderlich ist, den Gemeingebrauch nicht dauernd ausschließt oder erheblich beeinträchtigt oder in den Straßenkörper eingreift.

[...]

**§ 18 Sondernutzungen.** (1) Die Benutzung der Straßen über den Gemeingebrauch hinaus ist unbeschadet des § 14 a Abs. 1 Sondernutzung. Die Sondernutzung bedarf der Erlaubnis der Straßenbaubehörde. In Ortsdurchfahrten bedarf sie der Erlaubnis der Gemeinde; soweit die Gemeinde nicht Träger der Straßenbaulast ist, darf sie die Erlaubnis nur mit Zustimmung der Straßenbaubehörde erteilen. Eine Erlaubnis soll nicht erteilt werden, wenn Menschen mit Behinderung durch die Sondernutzung in der Ausübung des Gemeingebrauchs erheblich beeinträchtigt werden.

(2) Die Erlaubnis darf nur auf Zeit oder auf Widerruf erteilt werden. Sie kann mit Bedingungen und mit Auflagen verbunden werden. [...]

**§ 22 Unerlaubte Benutzung einer Straße.** Wird eine Straße ohne die erforderliche Erlaubnis benutzt oder kommt der Erlaubnisnehmer seinen Verpflichtungen nicht nach, so kann die für die Erteilung der Sondernutzungserlaubnis zuständige Behörde die erforderlichen Maßnahmen zur Beendigung der Benutzung oder zur Erfüllung der Auflagen anordnen. [...]

## C. Lösung

Die Klage des A wird Erfolg haben, wenn der Verwaltungsrechtsweg eröffnet und die Klage zulässig und begründet ist.

## I. Verwaltungsrechtsweg und zuständiges Gericht

### 1. Verwaltungsrechtsweg

1 Der Rechtsweg zu den Verwaltungsgerichten ist gem. § 40 I 1 VwGO eröffnet, wenn es sich um eine öffentlich-rechtliche Streitigkeit nicht verfassungsrechtlicher Art handelt und keine abdrängende Sonderzuweisung eingreift. Eine öffentlich-rechtliche Streitigkeit (im Sinne der sog. modifizierten Subjektstheorie)[1] ist dann gegeben, wenn sie ihre Grundlage im öffentlichen Recht hat[2], also die streitentscheidende Norm eine solche des öffentlichen Rechts ist. Dies ist dann der Fall, wenn sie einen Träger öffentlicher Gewalt als solchen einseitig berechtigt bzw. verpflichtet, wenn sie also unmittelbar hoheitliches Tätigwerden regelt.[3]

Vorliegend wird um die Nutzung der Straße gestritten. Die hierfür maßgeblichen Rechtsnormen (§§ 14, 18 und 22 StrWG NRW) geben dem Träger der Straßenbaulast bzw. der Straßenbaubehörde hoheitliche Befugnisse.

2 Auch wenn sich vorliegend der A auf Grundrechte beruft, so liegt doch mangels einer unmittelbaren Teilnahme der Beteiligten am Verfassungsleben (keine sog. doppelte Verfassungsunmittelbarkeit)[4] keine verfassungsrechtliche Streitigkeit vor.

3 Zu denken wäre noch an eine Sonderzuweisung zur ordentlichen Gerichtsbarkeit gem. §§ 62 I 1, 68 OWiG, da der Bescheid den Hinweis auf die künftige Ordnungswidrigkeit enthält. Der Ausgangsbescheid ist aber noch kein Bußgeldbescheid.

Der Verwaltungsrechtsweg ist somit gem. § 40 I 1 VwGO eröffnet.

### 2. Zuständiges Gericht

4 Weiterhin muss das Verwaltungsgericht K zuständig sein. Die sachliche Zuständigkeit ergibt sich aus 45 VwGO. Danach ist das Verwaltungsgericht, vorbehaltlich einzelner Sonderzuweisungen, die aber vorliegend nicht eingreifen (vgl. §§ 48, 50 VwGO), grundsätzlich in allen Streitigkeiten erstinstanzlich zuständig. Laut Sachverhalt ist das Verwaltungsgericht K auch örtlich zuständig (§ 52 Nr. 1 VwGO).[5]

## II. Zulässigkeit der Klage

### 1. Statthaftigkeit

5 Die statthafte Klageart richtet sich nach dem tatsächlichen Begehren des Klägers, also danach, welche staatliche Handlungsform der Kläger begehrt oder abwehren will.[6] Eine Anfechtungsklage ist dann die richtige Klageart, wenn die Aufhebung eines Verwaltungsakts begehrt wird, § 42 I, 1. Alt. VwGO. A möchte hier gegen die

---

[1] **Beachte:** Eine ausführliche Diskussion der Theorien zur Abgrenzung zwischen öffentlichem und privatem Recht ist aufgrund des eindeutig öffentlich-rechtlichen Charakters der Streitigkeit nicht angezeigt. Breite Ausführungen zu diesem Punkt, der unproblematisch und eindeutig kein Schwerpunkt der Arbeit ist, wären fehlerhaft.

[2] *Kopp/Schenke,* VwGO, § 40 Rn. 11.

[3] Vgl. dazu *Hufen,* VerwPrR, § 11 Rn. 17; *Kopp/Schenke,* VwGO, § 40 Rn. 11.

[4] Vgl. dazu *Hufen,* VerwPrR, § 11 Rn. 49ff.

[5] **Beachte:** Die örtliche Zuständigkeit richtet sich in diesem Falle nach § 52 Nr. 1 VwGO, da sich die Streitigkeit auf die Nutzung der Straße bezieht, insoweit also auf ein ortsgebundenes Recht. Demnach ist gem. § 52 Nr. 1 VwGO i. V. m. § 1 II lit. e) AGVwGO NRW hier das Verwaltungsgericht Köln örtlich zuständig.

[6] *Hufen,* VerwPrR, § 13 Rn. 5.

Verfügung der Stadt K vom 14. Mai 2009 vorgehen. Diese ist ein Verwaltungsakt gem. § 35 S. 1 VwVfG. Zweifel könnten allenfalls hinsichtlich der Regelungswirkung bestehen, weil der Verwaltungsakt bloß feststellende Wirkung hat. Doch ist gerade die verbindliche Feststellung eines Rechtsverhältnisses auch eine Regelung[7], so dass hier ein Verwaltungsakt vorliegt. Mithin wäre die *Anfechtungsklage* die richtige Klageart.

**a) Erledigung des Verwaltungsakts**

Die Anfechtungsklage ist jedoch nur statthaft gegen einen *existierenden* Verwaltungsakt. Hat sich der Verwaltungsakt erledigt (z.B. weil er durch Zeitablauf gegenstandslos geworden ist), dann scheidet eine Anfechtungsklage aus.[8] Vorliegend hat die Stadt K den Bescheid, nachdem sie die Sondernutzungserlaubnis erteilt hatte, aufgehoben. Der Verwaltungsakt hat sich somit erledigt. In Betracht kommt jedoch eine *Fortsetzungsfeststellungsklage*. Gem. § 113 I 4 VwGO spricht das Gericht auf Antrag durch Urteil aus, dass der Verwaltungsakt rechtswidrig gewesen ist, wenn sich der Verwaltungsakt „vorher", d.h. vor Erlass des Urteils, durch Zurücknahme oder anders erledigt hat. Die Vorschrift erfasst in ihrem unmittelbaren Anwendungsbereich allein die Erledigung während des verwaltungsgerichtlichen Prozesses, also *nach* Klageerhebung.[9] Vorliegend wurde der belastende Verwaltungsakt nach Klageerhebung durch die Stadt K aufgehoben. Die Fortsetzungsfeststellungsklage ist deshalb insoweit die zulässige Klageart. 6

**b) Besonderes Feststellungsinteresse**

Die Statthaftigkeit der Fortsetzungsfeststellungsklage ist gem. § 113 I 4 VwGO aber an eine weitere Voraussetzung gebunden. Der Kläger muss ein besonderes Interesse an der Feststellung der Rechtswidrigkeit des (erledigten) Verwaltungsakts geltend machen (sog. *besonderes Feststellungsinteresse*). Allgemein anerkannt sind insbesondere das Bestehen einer Wiederholungsgefahr, das Rehabilitationsinteresse (Beseitigung einer fortbestehenden Diskriminierung), die Beeinträchtigung einer bedeutsamen Grundrechtsposition sowie das Interesse an der Klärung der Rechtswidrigkeit des Verwaltungsakts im Hinblick auf einen beabsichtigten Schadensersatzprozess (z.B. wegen Amtshaftung).[10] 7

Das besondere Feststellungsinteresse des A ergibt sich daraus, dass die ihm erteilte Sondernutzungserlaubnis befristet ist und er ab Januar 2010 damit rechnen muss, wenn er sein angebliches „Recht auf Gemeingebrauch" wieder in Anspruch nehmen möchte, Adressat eines inhaltlich identischen Bescheides zu sein. Es besteht deshalb *Wiederholungsgefahr*. Zudem verwirklicht er bei einer Sondernutzung ohne entsprechende Erlaubnis den Tatbestand einer Ordnungswidrigkeit, so dass gegen ihn ein Bußgeld verhängt werden könnte. A kann sich überdies darauf berufen, der 8

---

[7] *Maurer,* AllgVerwR, § 9 Rn. 6.

[8] Vgl. *Hufen,* VerwPrR, § 14 Rn. 12.

[9] **Beachte:** § 113 I 4 VwGO findet nach allg. Ansicht entsprechende Anwendung bei Erledigung *vor* Klageerhebung. Obwohl die Fortsetzungsfeststellungsklage überdies nach der gesetzlichen Regelung nur als „verlängerte Anfechtungsklage" konzipiert ist, wird sie auch auf eine wegen Erledigung *nach* oder *vor* Klageerhebung nicht mehr statthafte Verpflichtungsklage (§ 113 I 4 VwGO in einfacher bzw. – bei Erledigung vor Klageerhebung – doppelter Analogie) angewendet; vgl. zum Ganzen nur *Hufen,* VerwPrR, § 18 Rn. 40ff.; ausführlich bereits Fall 10.

[10] Vgl. *Hufen,* VerwPrR, § 18 Rn. 47ff. Zu den einzelnen Fallgruppen s. bereits Fall 10.

Bescheid vom 14. Mai 2009 habe ihn in wesentlichen Grundrechtspositionen (Art. 4 und Art. 5 GG) beeinträchtigt.

Die Fortsetzungsfeststellungsklage des A ist damit statthaft.

### 2. Klagebefugnis

9 Weiterhin muss A klagebefugt sein, also gem. § 42 II VwGO analog vortragen, in einem subjektiven Recht verletzt zu sein. Für die Fortsetzungsfeststellungsklage ergibt sich dieses Erfordernis daraus, dass sie als „verlängerte Anfechtungsklage" nur dann zulässig ist, wenn auch die Anfechtungsklage zulässig gewesen wäre.[11] Die Fortsetzungsfeststellungsklage darf nämlich nicht zu einer Umgehung der besonderen Sachurteilsvoraussetzungen der Anfechtungsklage führen. Es muss die Verletzung eines Rechts des Klägers zumindest möglich erscheinen, sie darf also nach seinem Vortrag nicht gänzlich ausgeschlossen sein. Vorliegend beruft sich A ausdrücklich auf eine Verletzung seiner Grundrechte aus Art. 4 und 5 GG. Eine Beeinträchtigung dieser Grundrechte liegt nicht außerhalb jeder Möglichkeit. Letztendlich kann die Frage der möglichen spezifischen Rechtsverletzung aber unter Berücksichtigung der sog. *Adressatentheorie* offen bleiben, weil es sich vorliegend um einen belastenden Verwaltungsakt handelt – insofern ist zumindest die allgemeine Handlungsfreiheit (Art. 2 I GG) betroffen.[12] Mit der im Verwaltungsakt enthaltenen Feststellung wird dem A nämlich die Nutzung der Straße ohne Sondernutzungserlaubnis untersagt. Deshalb war A im Zeitpunkt der Erledigung klagebefugt.

### 3. Vorverfahren

10 Eine weitere Voraussetzung für die Zulässigkeit der Fortsetzungsfeststellungsklage ist im Hinblick auf die (zunächst erhobene) Anfechtungsklage gem. § 68 I 1 VwGO die erfolglose Durchführung eines Vorverfahrens. Das Vorverfahren war hier jedoch gem. § 6 I AGVwGO NRW nicht erforderlich.[13]

### 4. Richtiger Klagegegner, § 78 VwGO[14]

11 Der richtige Beklagte ist gem. § 78 I Nr. 2 VwGO i.V.m. § 5 II AGVwGO NRW die Behörde, die den angefochtenen Verwaltungsakt erlassen hat, hier also der Oberbürgermeister der Stadt K. Diese in ihrem unmittelbaren Anwendungsbereich nur für Anfechtungs- und Verpflichtungsklagen geltenden Vorschriften finden auf die Fortsetzungsfeststellungsklage analoge Anwendung.

### 5. Beteiligten- und Prozessfähigkeit

#### a) Beteiligtenfähigkeit

12 A ist als natürliche Person gem. § 61 Nr. 1, 1. Alt. VwGO, der Oberbürgermeister der Stadt K ist gem. § 61 Nr. 3 VwGO i.V.m. § 5 I AGVwGO NRW beteiligtenfähig.

---

[11] Vgl. *Hufen,* VerwPrR, § 18 Rn. 37.
[12] *Hufen,* VerwPrR, § 14 Rn. 60.
[13] **Beachte:** Zur grundsätzlichen Entbehrlichkeit des Vorverfahrens gem. § 6 AGVwGO NRW vgl. bereits Fall 3.
[14] **Beachte:** Zur umstrittenen Einordnung des § 78 I Nr. 1 VwGO s. bereits Fall 3.

### b) Prozessfähigkeit

Der A ist gem. § 62 I Nr. 1 VwGO prozessfähig, er wird allerdings von R vertreten (vgl. § 67 II 1 VwGO). Für den Oberbürgermeister der Stadt K gilt § 62 III VwGO. 13

## 6. Frist

Weiterhin muss die Klage innerhalb der für Anfechtungsklagen geltenden Frist erhoben worden sein. In den Fällen, in denen kein Vorverfahren erforderlich ist, ist die Klage innerhalb eines Monats nach der Bekanntgabe des Verwaltungsaktes zu erheben (§ 74 I 2 VwGO). Voraussetzung für den Lauf der Frist ist stets eine ordnungsgemäße Zustellung bzw. eine Bekanntgabe des Verwaltungsaktes an den späteren Kläger bzw. dessen Bevollmächtigten. Ferner bedarf es einer ordnungsgemäßen Rechtsbehelfsbelehrung im Sinne des § 58 VwGO. 14

Da A den am 14. Mai 2009 erlassenen Verwaltungsakt mit einem am 9. Juni 2009 beim zuständigen Verwaltungsgericht eingegangenen Schriftsatz angefochten hat, ist die Monatsfrist gewahrt.

## 7. Form

Die Klage muss auch formgerecht gem. §§ 81, 82 VwGO erhoben worden sein, wovon vorliegend auszugehen ist. Der auf die Aufhebung des Verwaltungsakts zielende ursprüngliche Antrag (vor Erledigung) ist nunmehr in einen Feststellungsantrag zu ändern. 15

## 8. Rechtsschutzbedürfnis[15]

Ein leichterer Weg, das von ihm behauptete Recht durchzusetzen, ist für A nicht ersichtlich. Er muss sich auch nicht darauf verweisen lassen, dass er es durch Beantragung einer Sondernutzungserlaubnis für die Zeit ab dem 1. Januar 2010 selbst in der Hand hat, die Erteilung der Erlaubnis vorausgesetzt, die straßenrechtliche Rechtmäßigkeit der von ihm beabsichtigten „Missionsarbeit“ sicherzustellen. Denn er bestreitet ja gerade die rechtliche Erforderlichkeit einer Sondernutzungserlaubnis. 16

**Zwischenergebnis:** Die Klage des A ist als Fortsetzungsfeststellungsklage zulässig.

## III. Begründetheit der Klage

Die Klage ist begründet, wenn der angegriffene Verwaltungsakt rechtswidrig war und der Kläger dadurch in seinen Rechten verletzt wurde (§ 113 I 4 VwGO). 17

## 1. Ermächtigungsgrundlage

Ein belastender Verwaltungsakt bedarf einer Eingriffs- bzw. Ermächtigungsgrundlage (Grundsatz des Gesetzesvorbehalts, Art. 20 III GG).[16] 18

Der Verwaltungsakt untersagt dem A, zukünftig ohne Sondernutzungserlaubnis auf dem Straßengrund vor besagtem Grundstück Passanten anzusprechen und die Persönlichkeitstests mit dem Ziel zu verteilen, im Anschluss an einen solchen Test Kurse und Bücher der S zu verkaufen.

---

[15] **Beachte:** Da sich insoweit keine Probleme ergeben, ist die Behandlung dieses Punktes nicht unbedingt erforderlich.

[16] *Hufen*, VerwPrR, § 25 Rn. 3.

Als Ermächtigungsgrundlage hierfür kommt § 22 S. 1, 1. Alt. StrWG NRW („Wird eine Straße ohne die erforderliche Erlaubnis benutzt, ...") in Betracht.

**2. Formelle Rechtmäßigkeit**

**a) Zuständigkeit**

19 Gem. § 22 S. 1 StrWG i.V.m. § 18 I 2 StrWG NRW ist für entsprechende Anordnungen die Straßenbaubehörde zuständig. Die Stadt K ist laut Sachverhalt insoweit zuständige Straßenbaubehörde.[17]

**b) Verfahren**

20 Hinsichtlich des Verfahrens ist fraglich, ob A vor Erlass des Verwaltungsakts gem. § 28 I VwVfG angehört worden ist. Mangels entgegenstehender Angaben ist davon auszugehen, dass das Verfahren insoweit ordnungsgemäß (einschließlich Anhörung) durchgeführt worden ist. Andere formelle Mängel sind nicht ersichtlich. Der Bescheid war demnach formell rechtmäßig.

**3. Materielle Rechtmäßigkeit**

21 Der Bescheid muss zudem materiell rechtmäßig gewesen sein. Zunächst ist zu prüfen, inwieweit die Voraussetzungen der Ermächtigungsnorm erfüllt sind. Gem. § 22 S. 1, 1. Alt. StrWG NRW müsste A die Straße ohne die erforderliche Erlaubnis benutzt haben.

**a) Abgrenzung von Gemeingebrauch und Sondernutzung**

22 Grundsätzlich ist eine Benutzung der Straße im Rahmen des Gemeingebrauchs gem. § 14 I StrWG NRW jedermann gestattet. In Abgrenzung dazu ist die Nutzung der Straße über den Gemeingebrauch hinaus gem. § 18 I StrWG NRW eine Sondernutzung, die einer entsprechenden Erlaubnis bedarf. Es ist also zu untersuchen, ob sich die Tätigkeit des A – im Zusammenwirken mit den anderen Angehörigen der S – noch im Rahmen des Gemeingebrauchs hält oder darüber hinaus geht und damit eine genehmigungspflichtige Sondernutzung darstellt.

**aa) Nutzung des Gehwegs zum „Verkehr"**

23 Maßgeblich hierfür ist die Widmung der Straße zum Verkehr (vgl. § 14 III StrWG NRW). A hat die Straße nur dann im Rahmen des Gemeingebrauchs in Anspruch genommen, wenn seine Tätigkeit eine Nutzung der Straße zum Zwecke des Verkehrs darstellte. Als Verkehr gilt grundsätzlich die Inanspruchnahme der Straße zum Zwecke der Ortsveränderung durch Fußgänger und Fahrzeuge sowie das Parken von Fahrzeugen zum Zweck der Wiederinbetriebnahme.[18] Allerdings wird dieser *enge Verkehrsbegriff* in der Literatur[19] und Rechtsprechung[20] heute in einem

---

[17] **Beachte:** Dies ergibt sich aus § 56 II StrWG NRW. Vertreten wurde K ordnungsgemäß durch den Oberbürgermeister (vgl. § 63 I 1 GO NRW).

[18] *v. Danwitz,* in: Schmidt-Aßmann/Schoch, BesVerwR, 7. Kap. Rn. 54.; *OVG Münster* NJW 2005, 3162; *VGH Mannheim* NVwZ-RR 2003, 238 (240). Zur Entwicklung vgl. *Siems,* Jura 2003, 587 (589 f.); *OLG Düsseldorf* NJW 1998, 2375.

[19] Vgl. *Schildmann,* NJW 1998, 272 (276 ff.).

[20] Vgl. *OLG Düsseldorf* NJW 1998, 2375 f., m. w. N.; *OVG Bremen* GewArch. 1997, 285 (286); *VG Augsburg* BayVBl. 1997, 667 (668).

– angesichts der Grundrechtsgewährleistungen verfassungsrechtlich gebotenen – *erweiterten Sinn* verstanden: Gerade in Fußgängerzonen wird auch der sog. *kommunikative Gebrauch der Straße*, d.h. das übliche Verhalten von Passanten (Betrachten von Schaufenstern, Begegnung und Gespräch), dem Verkehrsbegriff unterstellt. Dazu gehören auch kirchliche Werbung und Information. Dies hat freilich eine Grenze dort, wo beispielsweise durch den Aufbau und die Benutzung von Stühlen, Tischen oder Werbeständen eine Ortsveränderung nicht mehr intendiert ist, so dass dies unter keinen Umständen mehr als Teilnahme am Verkehr gewertet werden kann.[21] Schon aus dieser Einschränkung wird deutlich, dass der Bereich des Gemeingebrauchs dort aufhört, wo das ungehinderte Vorübergehen der Fußgänger erschwert wird[22], z.B. indem Passanten in einer nicht mehr verkehrsüblichen Aufdringlichkeit oder Aggressivität angesprochen und beim Weitergehen behindert werden.[23] An erster Stelle steht nämlich die Funktion als Verkehrseinrichtung für den ungehinderten Fußgängerverkehr.[24] Ein Verhalten ist deshalb nur dann als Gemeingebrauch anzusehen, wenn es nach den Umständen des Einzelfalls zu keiner nennenswerten Beeinträchtigung des widmungsgemäßen Gebrauchs kommen kann.

Im vorliegenden Fall, in dem durch die erhebliche Breite des Gehsteigs eine Situation wie in einer Fußgängerzone vorliegt, wird von A lediglich eine kleine Informationsmappe benutzt, Tische und sonstige große Hilfsmittel finden keine Verwendung. Die Fußgänger werden allerdings „eindringlich und intensiv angesprochen". Insofern ist der Sachverhalt offen, doch heißt es ausdrücklich, dass dies gerade nicht in aggressiver Weise erfolgt. Eine tatsächliche Beeinträchtigung liegt somit nicht vor. Eine allgemeine Behinderung des Fußgängerverkehrs ist zwar möglich, aber wenig wahrscheinlich, da hier auf einem Bürgersteig von sechs Meter Breite drei bis vier Angehörige der S in entsprechender Weise agieren.

Im Ergebnis ist nach den genannten Kriterien somit nicht zwangsläufig von einer Sondernutzung auszugehen.

### bb) Nutzung des Gehwegs zu gewerblichen Zwecken

Umstritten ist allerdings, ob auch bei gewerblicher Tätigkeit noch genehmigungsfreier Gemeingebrauch vorliegt. 24

(1) Dies ist nach *einer Ansicht*[25] jedenfalls dann der Fall, wenn keine Hilfsmittel benutzt und auch nach dem äußeren Erscheinungsbild keine gewerblichen Zwecke verfolgt werden. Maßgeblich ist allein das *objektiv* zu beurteilende *äußere Erscheinungsbild*. A führt lediglich eine kleine Informationsmappe bei sich; auch verkauft er nicht selbst. Nach dieser Ansicht würde sich sein Verhalten noch im Rahmen des Gemeingebrauchs halten. 25

---

[21] *OLG Düsseldorf* NJW 1998, 2375 (2376); *v. Danwitz,* in: Schmidt-Aßmann/Schoch, BesVerwR, 7. Kap. Rn. 54.

[22] *VG München* Urt. v. 25. 11. 1999, Az.: M 2 K 97.771 u.a. (nicht veröffentlicht), S. 10; *OLG Stuttgart* NJW 1976, 201 (203).

[23] *OLG Stuttgart* NJW 1976, 201 (203); *BayVGH,* BayVBl. 1996, 665; *v. Danwitz,* in: Schmidt-Aßmann/Schoch, BesVerwR, 7. Kap. Rn. 60, m.w.N.

[24] *VG Augsburg* BayVBl. 1997, 667 (668): „kommunikative Aktivitäten" nur als *Nebenzweck* der Straßennutzung; ebenso *VGH Mannheim* NVwZ-RR 2003, 238 (240).

[25] *OVG Hamburg* NJW 1996, 2051 (2052); *OLG Düsseldorf* NJW 1998, 2375 (2376); *OLG Köln* NVwZ 1992, 100; *Sauthoff,* NVwZ 1998, 239 (245); *Kube,* JuS 1999, 176 (180).

26 (2) Eine *andere Meinung*[26] besagt allerdings, dass es sich bei einer gewerblichen Tätigkeit, wie dem Verkauf von Waren und sonstigen Wirtschaftsgütern, in jedem Falle um eine über den „kommunikativen Gemeingebrauch" hinausgehende Sondernutzung gem. § 18 I StrWG NRW handelt. Maßgeblich ist danach nicht das äußere Erscheinungsbild, sondern der *subjektiv* aus der Sicht des Betreffenden zu beurteilende *Hauptzweck der Tätigkeit*. Vorliegend erfolgt ein gezieltes Ansprechen seitens des A mit dem Ziel, die Passanten auf die Produkte und Dienstleistungen der S hinzuweisen. Insoweit geht es also offensichtlich um die Werbung für entgeltliche Leistungen. Auch soweit auf den kostenlosen Persönlichkeitstest verwiesen wird, stellt dieser doch in Anbetracht seines regelmäßigen Ergebnisses allein ein besonders geschicktes und Erfolg versprechendes Mittel dar, die Betroffenen von der Notwendigkeit des Besuches von Kursen und des Kaufs von Büchern zu überzeugen. In diesem Fall wird der öffentliche Verkehrsraum zweckgerichtet als „Verkaufsraum" genutzt. Es spielt insofern auch keine Rolle, dass Persönlichkeitstest und Verkauf von Kursen und Büchern nicht von A selbst, sondern von einem anderen Mitarbeiter der S durchgeführt werden, da die Tätigkeit des Werbers nicht isoliert betrachtet werden kann.[27] Auch die bloße Vorbereitung von Vertragsabschlüssen dient der gewerblichen Tätigkeit.[28] Nach dieser Ansicht handelt es sich bereits wegen des gewerblichen Charakters der Handlungen des A um eine Sondernutzung.

27 (3) *Stellungnahme:* Für die erste Ansicht lässt sich anführen, dass sich auch der Verkauf von Waren bzw. die darauf ausgerichtete Werbung als kommunikative Wegenutzung darstellen kann, sofern man nämlich allein auf das äußere Erscheinungsbild abstellt – die Motivation, am Verkehr teilzunehmen, ist danach unbeachtlich.[29] Die fragliche Tätigkeit unterscheidet sich dann nämlich nicht von der anderer Fußgänger, die sich auf der Straße unterhalten.[30] Das gilt erst recht, wenn – wie vorliegend – keine festen Verkaufseinrichtungen benutzt werden.[31] Allerdings qualifiziert, wie oben gezeigt, das Kriterium der festen Verkaufseinrichtungen in jedem Fall eine Tätigkeit als Sondernutzung.[32] Gerade das gezielte Ansprechen in gewerblicher Absicht führt aber – unabhängig vom Vorhandensein entsprechender Verkaufseinrichtungen – bereits zu einer intensiven persönlichen Einwirkung, der sich die Angesprochenen unvorbereitet ausgesetzt sehen, so dass eine Zwangslage entstehen kann; dies wird auch vom Begriff des kommunikativen Verkehrs nicht mehr erfasst.[33] Es entsteht dann eine zumindest *abstrakte Gefahr* der *Beeinträchtigung des Gemeingebrauchs*, die insoweit ausreichend ist; eine konkrete Gefahr ist nicht erforderlich.[34] Die Straßenwerbung ist zudem in ein gewerbliches Vermarktungskonzept eingebunden, das – wenn die Differenzierung zwischen gewerblicher und nichtgewerbli-

---

[26] *VGH Mannheim* NVwZ-RR 2003, 238 (241 f.); NVwZ 1998, 91; *BayObLG* NVwZ 1998, 104; *OVG Bremen* GewArch. 1997, 285; *OVG Lüneburg* NVwZ-RR 1996, 247 (248); *BayVGH* BayVBl. 1996, 665 (666); *VG Augsburg* BayVBl. 1997, 667 (668); *VG Karlsruhe* NJW 2002, 160; *Dahmen,* ZAP 1999, 637 (644).

[27] *VG München* (Fn. 22), S. 15.

[28] *OVG Lüneburg* NVwZ-RR 1996, 247 (248).

[29] *OVG Hamburg* NJW 1996, 2051 (2052); so auch, allerdings allein für den Fall der Verteilung von Flugblättern, *OVG Lüneburg* NVwZ-RR 1996, 247 (248).

[30] *OVG Hamburg* NJW 1996, 2051 (2052).

[31] *OVG Hamburg* NJW 1996, 2051 (2052).

[32] So auch *VG Augsburg* BayVBl. 1997, 667 (668).

[33] *OVG Lüneburg* NVwZ-RR 1996, 247 (248), bestätigt von *BVerwG* NJW 1997, 406 (407); *VG München* (Fn. 22), S. 10 f.

[34] *OLG Stuttgart* NJW 1976, 201 (203).

cher Werbung einen Sinn behalten soll – der gewerblichen Werbung zugerechnet werden muss.[35] Vorliegend ist somit das Tun des A als Sondernutzung einzuordnen.

### b) Grundrechtskonforme Interpretation

Möglicherweise ergibt sich aber unter Berücksichtigung der Grundrechte des A ein anderes Auslegungsergebnis.[36] **28**

#### aa) Grundrecht der Meinungsfreiheit (Art. 5 I GG)

Zunächst beruft sich A auf sein Grundrecht der Meinungsfreiheit, Art. 5 I GG. Eine Meinung ist gekennzeichnet von einem Element der Stellungnahme, des Dafürhaltens im Rahmen einer geistigen Auseinandersetzung.[37] **29**

Auch die von A vertretenen Ansichten zur Weltanschauung der S stellen insofern eine Stellungnahme im Sinne eines Dafürhaltens dar, der Schutzbereich ist also eröffnet. Indem hier das Ansprechen und das Verteilen der Flugblätter auf der Straße unter den Vorbehalt einer Sondernutzungserlaubnis gestellt wird, wird das Recht der freien Meinungskundgabe eingeschränkt. Hinsichtlich der Rechtfertigung solcher Einschränkungen verweist Art. 5 II GG auf die allgemeinen Gesetze, die aber nach der sog. Wechselwirkungslehre[38] ihrerseits im Lichte des fraglichen Grundrechtes ausgelegt werden müssen. Insofern ist zunächst zu berücksichtigen, dass die weite Auslegung des Verkehrsbegriffs im StrWG, unter Einschluss des „kommunikativen Gemeingebrauchs" (s. o.), vor allem unter Hinweis auf das Recht der freien Meinungsäußerung begründet wird.[39]

Dennoch ist fraglich, ob die einfachgesetzliche Qualifikation der Tätigkeiten als Sondernutzung vor dem Hintergrund des Art. 5 I GG Bestand haben kann. Diese Einschränkung des Rechts auf Meinungsfreiheit muss geeignet sein, den mit dem Erlaubnisvorbehalt erstrebten Schutz auch tatsächlich im konkreten Fall zu bewirken, ein milderes Mittel darf insofern nicht ersichtlich sein und der Erfolg muss im angemessenen Verhältnis zum eingesetzten Mittel stehen (Grundsatz der Verhältnismäßigkeit).[40]

Angestrebt ist vorliegend der Schutz bzw. die Gewährleistung der Sicherheit und Leichtigkeit des Verkehrs, ein aus Art. 2 I, Art. 3 I und Art. 14 I GG abzuleitendes Schutzgut.[41] Dieser Zweck kann mit dem präventiven Erlaubnisvorbehalt und der damit der Straßenbaubehörde eingeräumten Kontrollmöglichkeit erreicht werden; ein milderes Mittel ist nicht ersichtlich. Unter diesen Umständen stellt die Erlaub-

---

[35] *OLG Bremen* GewArch. 1997, 285 (287).

[36] **Beachte:** Die hier vorgenommene gesonderte Grundrechtsprüfung ist für den Fallaufbau nicht zwingend; vielmehr können die einschlägigen Probleme auch im Rahmen der Diskussion über die Sondernutzung abgehandelt werden. Für den hier gewählten Aufbau spricht freilich eine bessere Übersichtlichkeit. – Auch wenn bereits im Rahmen der vorstehenden Erörterungen der Bearbeiter zu dem Ergebnis gekommen ist, es handele sich vorliegend um genehmigungsfreien Gemeingebrauch, so dass die Prüfung hier abgebrochen werden könnte, ist doch ausweislich der Aufgabenstellung auch ein Eingehen auf die Grundrechtsproblematik erforderlich.

[37] *Pieroth/Schlink*, Grundrechte, Rn. 603.

[38] Vgl. nur BVerfGE 7, 198 (208).

[39] Vgl. *Steiner*, in: ders., BesVerwR, IV. Kap. Rn. 144, 146 f., m. w. N.

[40] *BVerfG* NVwZ 1992, 53 = BayVBl. 1992, 83.

[41] Der störungsfreie Gemeingebrauch ist in seinem Kerngehalt durch diese Grundrechte gewährleistet; vgl. *BVerwG* DÖV 1981, 342.

nispflichtigkeit auch keine unverhältnismäßige Grundrechtsbeeinträchtigung dar[42], so dass vorliegend die Einschränkung der Meinungsfreiheit gerechtfertigt ist. Es liegt somit kein Verstoß gegen Art. 5 I GG vor.

**bb) Grundrecht der Religions- bzw. Weltanschauungsfreiheit (Art. 4 I GG)**

30 Weiterhin wird auch die Verletzung der Religions- bzw. Weltanschauungsfreiheit (Art. 4 I GG) gerügt. Dann müsste es sich tatsächlich bei den von der S propagierten Inhalten um Glaubens- oder Weltanschauungsfragen handeln. Unter Religion oder Weltanschauung versteht die Rechtsprechung eine auf die Person des Menschen bezogene Gewissheit über Aussagen zum Weltganzen und der Stellung des Menschen darin, wobei die Religion eine „transzendente" Wirklichkeit, die Weltanschauung hingegen eine innerweltliche, „immanente" Sichtweise propagiert.[43]

31 Die S bzw. ihre Mitglieder vertreten „das Weltbild einer höheren, weltüberschreitenden meditativen Ebene", es werden also Aussagen zum Weltganzen und zu einer „transzendenten" Wirklichkeit getroffen. Eine Religion im Sinne dieser weiten Auffassung ist somit gegeben. Die wirtschaftliche Betätigung, die im Falle der S oben schon festgestellt wurde, ändert nichts an dem Charakter als Glaubens- oder Weltanschauungsgemeinschaft, solange der Glaube nicht bloß als Vorwand für die Verfolgung ausschließlich wirtschaftlicher Interessen dient.[44] Dies ist hier aber nicht ersichtlich. Geschützt ist insofern auch die individuelle Freiheit, den Glauben öffentlich zu bekennen und zu verbreiten.[45] A beruft sich darauf, dass er bei der fraglichen Tätigkeit für die S missioniere, so dass insofern durch den Erlaubnisvorbehalt auch in die Freiheit, den Glauben zu bekennen und zu verbreiten, eingegriffen werde.

32 Die Religionsfreiheit unterliegt keinem ausdrücklichen Einschränkungsvorbehalt. Bei einem schrankenlos gewährleisteten Grundrecht wie dem der Religionsfreiheit muss es zu einem Abgleich mit den Grundrechten Dritter kommen, besonders wenn auch eine wirtschaftliche Betätigung im Raum steht.[46] Denn das Grundrecht aus Art. 4 I GG berechtigt nicht zur Beeinträchtigung gleichwertiger Rechtsgüter.[47] Dem Recht auf Kundgabe der Religion steht hier der Gesichtspunkt der Sicherheit und Leichtigkeit des Fußgängerverkehrs gegenüber, also das – über Art. 2 I, Art. 3 I und Art. 14 I GG verfassungsrechtlich geschützte – Interesse Dritter bzw. der Öffentlichkeit an ungehinderter Straßennutzung und unbeeinträchtigtem Verkehr.[48] Ein derartiger Konflikt ist nach Maßgabe der grundgesetzlichen Wertordnung und unter Berücksichtigung der Einheit dieser Wertordnung zu lösen.[49] Insoweit kommt der Sondernutzungserlaubnis nämlich eine Ausgleichs- und Verteilungsfunktion zu.[50] Es muss also ein dem Grundsatz der Verhältnismäßigkeit genügender Ausgleich zwischen den Grundrechten des A und denen Dritter hergestellt werden.[51]

---

[42] *VGH Mannheim* NVwZ-RR 2003, 238 (243); *v. Danwitz*, in: Schmidt-Aßmann/Schoch, BesVerwR, 7. Kap. Rn. 60 m. w. N.
[43] BVerwGE 90, 112 (115); *BAG* NJW 1996, 143 (146); *Jarass/Pieroth*, GG, Art. 4 Rn. 7.
[44] BVerwGE 90, 112 (116, 118).
[45] BVerfGE 69, 1 (34); *Jarass/Pieroth*, GG, Art. 4 Rn. 7.
[46] *OVG Lüneburg* NVwZ-RR 1996, 247 (249).
[47] *OVG Lüneburg* NVwZ-RR 1996, 247 (249).
[48] S. *BVerwG* DÖV 1981, 342.
[49] BVerfGE 32, 98 (108).
[50] *VG Augsburg* BayVBl. 1997, 667 (668).
[51] *VG München* (Fn. 22), S. 19; *OVG Lüneburg* NVwZ-RR 1996, 247 (249).

Die Einführung einer Genehmigungspflicht für die „Straßenmissionierung" ist durchaus geeignet, die ungehinderte Nutzung der Straße durch alle Passanten zu gewährleisten. Auf diese Weise erhält die Stadt K die Kontrolle darüber, dass die Sicherheit und Leichtigkeit des Fußgängerverkehrs aufrechterhalten bleibt. Ein milderes Mittel, mit dem dieses Ziel gleichfalls erreicht werden könnte, ist nicht ersichtlich. Bei einer Gesamtabwägung erscheint auch die Beeinträchtigung des A nicht übermäßig schwer. Das Erfordernis einer Sondernutzungserlaubnis beim massiven Ansprechen der Passanten ist zum einen nämlich geboten zur Sicherstellung der Verkehrsinteressen Dritter[52] und bedeutet zum anderen für A eine nur geringfügige Beeinträchtigung seiner Religionsfreiheit, die sich lediglich auf eine formale Hürde bezieht, die zu verbreitenden Religionsinhalte aber völlig unberührt lässt. Die Angemessenheit der Genehmigungspflicht ergibt sich zudem daraus, dass es sich – trotz der Anwendbarkeit von Art. 4 GG – auch um eine gewerbliche Tätigkeit handelt.[53] Im Ergebnis ist deshalb festzustellen, dass die straßenrechtlichen Aspekte des ungehinderten Gemeingebrauchs Dritter die Einzelinteressen des A überwiegen, so dass sich auch aus der Berücksichtigung von Art. 4 I GG nichts anderes ergibt als oben ohnehin schon festgestellt worden ist. Die Einordnung der Tätigkeit des A als genehmigungspflichtige Sondernutzung im Sinne von § 18 I StrWG NRW verstößt somit auch nicht gegen dieses Grundrecht. 33

### cc) Gesteigerter Gemeingebrauch des Straßenanliegers (Art. 14 I GG)

Möglicherweise kann sich A aber auf eine „Ermächtigung" seitens der S berufen, sofern dieser als Anlieger der Straße besondere, über den schlichten Gemeingebrauch hinausgehende Rechte zustehen. Es ist allgemein anerkannt, dass den Straßenanliegern (Eigentümern und Besitzern) ein *gesteigerter Gemeingebrauch* (auch: *Anliegergebrauch*) garantiert ist. Die Anlieger haben aufgrund ihrer räumlichen Beziehung zur Straße ein unabweisbares Bedürfnis, die öffentliche Straße über den allgemeinen Gemeingebrauch im Sinne eines ausschließlichen Verkehrsgebrauchs hinaus zu benutzen.[54] In § 14a StrWG NRW[55] findet sich eine Sonderregelung des Anliegergebrauchs. Rechtsprechung und Literatur haben über solche gesetzlichen Regelungen hinaus lange Zeit einhellig[56] ein Recht auf einen gesteigerten Gemeingebrauch unmittelbar aus Art. 14 I GG abgeleitet. Mittlerweile hat das *BVerwG*[57] den dogmatischen Rückgriff auf die Grundrechtsnorm allerdings abgeschnitten: Der Anliegergebrauch vermittelt keine aus Art. 14 I 1 GG ableitbare Rechtsposition. Wie weit er gewährleistet ist, richtet sich vielmehr nach dem einschlägigen Straßen- 34

---

[52] *VGH Mannheim* NVwZ-RR 2003, 238 (242f.); *v. Danwitz,* in: Schmidt-Aßmann/Schoch, BesVerwR, 7. Kap. Rn. 60.

[53] *OVG Lüneburg* NVwZ-RR 1996, 247 (249). Anders allerdings dann, wenn es sich nicht um das Ansprechen auf offener Straße, sondern um das bloße Verteilen von Flugblättern handelt; vgl. *OVG Lüneburg* ebd.; *BVerfG* NVwZ 1992, 53 = BayVBl. 1992, 83. Zur Einordnung des Verkaufs religiöser Bücher in einer Fußgängerzone als Sondernutzung vgl. auch *OVG Lüneburg* NVwZ-RR 2004, 884 (885).

[54] *Papier,* in: Maunz/Dürig, GG, Art. 14 Rn. 120.

[55] Nachweis der Parallelvorschriften anderer Länder bei *v. Danwitz,* in: Schmidt-Aßmann/Schoch, BesVerwR, 7. Kap. Rn. 63 (mit Fn. 387).

[56] BVerwGE 30, 235 (238f.); 32, 222 (225); 94, 136 (138f.); *Papier,* in: Maunz/Dürig, GG, Art. 14 Rn. 115ff.; *Steiner,* VerwArch. 87 (1995), 173 (174ff.); *Hobe,* DÖV 1997, 323ff.

[57] *BVerwG* NVwZ 1999, 1341 = DVBl. 1999, 1513 = DÖV 1999, 495. A.A. *Steiner,* in: ders., BesVerwR, IV. Kap. Rn. 139f., der eine grundrechtliche Gewährleistung des Anliegergebrauchs (jedenfalls in seinem „Kerngehalt") durch Art. 14 GG insoweit annimmt, „wie die angemessene Nutzung des Grundeigentums eine Benutzung der Straße erfordert".

recht. Es obliegt dem Gesetzgeber, in Erfüllung des ihm in Art. 14 I 2 GG erteilten Auftrags zur Bestimmung von Inhalt und Schranken des Eigentums auch den insoweit erforderlichen Ausgleich zwischen einer Vielzahl von Interessen herbeizuführen. In Betracht kommt – zur Aufrechterhaltung des Rechtsinstituts des Anliegergebrauchs – jedoch eine entsprechende (weite) Interpretation des Gemeingebrauchs gem. Art. 14 I GG.[58]

35 Unabhängig von der Frage, ob das Rechtsinstitut des Anliegergebrauchs noch Geltung besitzt, wären aber vorliegend auch die Vorraussetzungen für einen „gesteigerten Gemeingebrauch“ nicht gegeben. Denn der gegenüber dem schlichten Gemeingebrauch gesteigerte Anliegergebrauch reicht nur so weit, wie die angemessene Nutzung des Grundeigentums eine Benutzung der Straße erfordert (vgl. § 14a StrWG NRW).[59] Angemessen ist nicht schon jede Nutzung, zu der das Grundeigentum Gelegenheit bietet, sondern ausschließlich das, was aus dem Grundstück und seiner sowohl nach der Rechtslage als auch den tatsächlichen Gegebenheiten prägenden Situation der Umgebung als anerkennenswertes Bedürfnis hervorgeht.[60] Dazu kann im Einzelfall etwa die Möglichkeit des Gewerbetreibenden gehören, durch nach außen ragende Hinweis- und Werbeschilder[61] usw. auf den auf der Straße sich abwickelnden und am Geschäft vorbeiflutenden Verkehr einzuwirken. Die Werbung für Dritte ist davon allerdings nicht erfasst.[62]

36 Ein missionierendes Einwirken auf die Fußgänger ist deshalb nicht erforderlich im Hinblick auf die angemessene Nutzung des Hausgrundstücks durch eine Religionsgemeinschaft. Die S macht sich vielmehr allein die prädestinierte Lage ihres Hauses zunutze und die kurzen Wege vom Bürgersteig in das Gebäudeinnere. Eine Notwendigkeit der Nutzung des Bürgersteigs zu Werbezwecken, seien sie nun religiöser oder gewerblicher Art, weil anders eine zweckkonforme Nutzung des Gebäudes nicht möglich ist, ist nicht zu erkennen.

Die S – und mithin auch A – kann sich somit zur Rechtfertigung ihres Handelns nicht auf einen über den schlichten Gemeingebrauch hinausgehenden, besonderen Anliegergebrauch berufen.

#### c) Ermessensausübung

37 Bei ihrer Entscheidung muss die Stadt K pflichtgemäß ihr Ermessen ausgeübt haben. Vorliegend sind keine Fehler bezüglich des Ermessens ersichtlich, insbesondere liegt auch kein Verstoß gegen Grundrechte vor. Die getroffene Entscheidung ist zudem verhältnismäßig.

#### d) Richtiger Adressat

38 A ist als die Person, welche die sondernutzungspflichtigen Handlungen vorgenommen hat, auch richtiger Adressat des Verwaltungsakts.

**Zwischenergebnis:** Der Verwaltungsakt war rechtmäßig, die Klage ist deshalb nicht begründet.

---

[58] Vgl. *Schnebelt,* VBlBW 2001, 213 (215).

[59] BVerwGE 94, 136 (138f.); *v. Danwitz,* in: Schmidt-Aßmann/Schoch, BesVerwR, 7. Kap. Rn. 63; *Jarass/Pieroth,* GG, Art. 14 Rn. 18; *Wendt,* in: Sachs, GG, Art. 14 Rn. 46.

[60] BVerwGE 94, 136 (139).

[61] S. dazu *v. Danwitz,* in: Schmidt-Aßmann/Schoch, BesVerwR, 7. Kap. Rn. 63, m.w.N.

[62] *Papier,* in: Maunz/Dürig, GG, Art. 14 Rn. 120, 122, m.w.N.

**Ergebnis**

Die Klage des A ist zwar zulässig, aber nicht begründet. Sie wird deshalb keinen Erfolg haben.

## D. Wiederholungs- und Vertiefungsfragen

### Frage 1: Gebietet es die Religionsfreiheit nach Art. 4 I, II GG, religiöse Betätigungen im Straßen- und Wegerecht regelmäßig als Gemeingebrauch zu qualifizieren?

Nein. Die straßenrechtlichen Vorschriften dienen dem über Art. 2 I, Art. 3 I und Art. 14 I GG geschützten Interesse Dritter bzw. der Öffentlichkeit an ungehinderter Straßennutzung und unbeeinträchtigtem Verkehr, das auch der Ausübung religiöser Handlungen auf öffentlichen Straßen Grenzen setzt. Angesichts der wertneutralen Fassung der Vorschriften zum jedermann gestatteten Gemeingebrauch und zur erlaubnispflichtigen Sondernutzung besteht kein Anlass, hinsichtlich religiöser Tätigkeiten von den allgemeingültigen Abgrenzungskriterien abzuweichen. Sobald die Grenzen des Gemeingebrauchs überschritten werden, rechtfertigt sich die insoweit bestehende Notwendigkeit einer Sondernutzungserlaubnis bei religiösen wie auch bei anderweitig motivierten Tätigkeiten aus dem in der Gesamtschau überwiegenden Interesse der Öffentlichkeit an der Sicherstellung der ungehinderten Nutzbarkeit der Straße.[63] 39

Eine andere Frage ist, ob und inwieweit die Religionsfreiheit das Ermessen der Behörde bei der Erteilung einer Sondernutzungserlaubnis von vorneherein einschränkt. Pauschale Richtungsvorgaben sind hier nicht möglich. Abzustellen ist auf die Umstände des Einzelfalls, insbesondere den Grad der zu befürchtenden Beeinträchtigung der Sicherheit und Leichtigkeit des Verkehrs. Tendenzielle Privilegierungen religiös motivierter Handlungen im Straßen- und Wegerecht, wie sie gelegentlich von der Rechtsprechung vorgenommen werden[64], sind vor dem Hintergrund des Gleichbehandlungsgrundsatzes und der Wertneutralität der straßenrechtlichen Vorschriften abzulehnen.[65]

### Frage 2: Ist die Anwendung gewerberechtlicher Vorschriften bei einer wirtschaftlichen Betätigung mit vermeintlich religiösem Bezug ausgeschlossen?

Nein. Häufig wird schon fraglich sein, ob die betreffenden Handlungen überhaupt als Religionsausübung zu qualifizieren sind und damit dem Schutzbereich des Art. 4 I, II GG unterfallen. Selbst wenn dies im Einzelfall bejaht werden kann, kommt eine Freistellung der Tätigkeit von den Vorschriften des Gewerberechts (GewO und Gewerbenebenrecht) nicht in Betracht.[66] Die Religionsfreiheit findet nach *h. M.*[67] auch hier ihre Grenze in kollidierendem Verfassungsrecht, vor allem in 40

---

[63] Vgl. *OVG Lüneburg* NVwZ-RR 1996, 247 (249).

[64] Vgl. *VG Köln* KirchE 24, 81; *VG Frankfurt* NVwZ 1991, 195.

[65] Vgl. dazu auch *Scholz*, NVwZ 1993, 629 (631).

[66] Vgl. *BVerwG* NVwZ 1999, 766 (767): Pflicht zur Gewerbeanmeldung (§ 14 GewO) der Scientology Kirche (e.V.), da diese im Hinblick auf die Abhaltung von Kursen und Seminaren sowie wegen des Verkaufs von Büchern als Gewerbetreibende anzusehen sei.

[67] BVerfGE 28, 243 (261); 108, 282 (299); *Pieroth/Schlink*, Grundrechte, Rn. 544 ff.

den Grundrechten Dritter. Mit den Vorschriften der GewO und der gewerberechtlichen Spezialgesetze sollen allgemein die von gewerblichen Tätigkeiten ausgehenden Gefahren für die Öffentlichkeit und die Rechte des Einzelnen abgewehrt werden. Sie dienen damit dem Schutz kollidierender Rechtsgüter und setzen auf diese Weise der religiösen Betätigung des Einzelnen Grenzen. Die durch die gewerberechtlichen Vorschriften entstehenden Beeinträchtigungen religiöser Tätigkeiten in Form einer Anzeige- bzw. einer Genehmigungspflicht sind in einer Gesamtsicht der abzuwägenden Interessen hinzunehmen, zumal angesichts der wertneutralen Fassung der Vorschriften eine diskriminierende Behandlung der Religion als solcher oder einzelner Formen von Religionsausübung ausgeschlossen werden kann.

**Frage 3: Die A-GmbH betreibt eine gut laufende gewerbliche Fahrradvermietung in Köln. Die einsatzbereiten und fahrtüchtigen Mietfahrräder (insgesamt 40 Stück) sind über die ganze Innenstadt verteilt und werden wie gewöhnliche Fahrräder an öffentlichen Straßen und Plätzen abgestellt. Sie sind mit Werbetafeln versehen, die allerdings die Funktionsfähigkeit der Fahrräder nicht beeinträchtigen und beim Betrieb der Fahrräder auch kaum wahrzunehmen sind. Die Stadt Köln ist der Auffassung, das Abstellen der Fahrräder zwecks Vermietung stelle eine über den Gemeingebrauch hinausgehende Sondernutzung dar. Ist dies zutreffend?**[68]

41 Das hängt davon ab, ob das Abstellen der Fahrräder zum Zwecke der Vermietung noch als Gemeingebrauch i.S.v. § 14 StrWG NRW angesehen werden kann oder bereits eine Sondernutzung i.S.d. § 18 StrWG NRW darstellt. Unter den Begriff des Gemeingebrauchs fällt neben der Inanspruchnahme der Straße zum Zwecke der Ortsveränderung durch Fußgänger und Fahrzeuge auch das Parken von Fahrzeugen zum Zwecke der (Wieder-) Inbetriebnahme. Das gilt auch für Fahrzeuge, die wie die Fahrräder der A-GmbH im Hinblick auf eine alsbaldige Vermietung durch einen gewerblichen Vermieter in straßenverkehrsrechtlich zulässiger Weise abgestellt werden.[69] Auf den ersten Blick spricht also viel dafür, das Abstellen der Fahrräder als eine sich im Rahmen des Gemeingebrauchs bewegende Nutzung der Straße zu behandeln. Allerdings sind die Fahrräder jeweils auch mit einer Werbetafel versehen. Wird ein Fahrzeug vorrangig zu Werbezwecken abgestellt, liegt es nahe, von einer Sondernutzung der Straße auszugehen.[70] Der A-GmbH geht es aber hauptsächlich um die Vermietung der eigenen Fahrräder. Die Werbung stellt eher einen Nebeneffekt dar, zumal sie bei Inbetriebnahme gar nicht sichtbar ist. Eine Sondernutzung alleine aufgrund der Werbung scheidet damit aus. Anhaltspunkte, dass es zu einer Verknappung der Abstellplätze insgesamt und damit zu einem ordnungswidrigen Abstellen der Fahrräder seitens der übrigen Verkehrsteilnehmer gekommen ist, sind nicht ersichtlich, bei der relativ geringen Anzahl von 40 Fahrrädern auch nicht ernsthaft zu befürchten. Die Auffassung der Stadt Köln ist somit unzutreffend. Das Abstellen der Fahrräder durch A hält sich im Rahmen zulässigen Gemeingebrauchs.[71]

---

[68] Dieser Fall ist einer Entscheidung des *VG Hamburg* NVwZ-RR 2009, 84, nachgebildet.
[69] *BVerwG* NJW 1982, 2332.
[70] *OVG Münster* NJW 2005, 3162 (3163).
[71] Vgl. *VG Hamburg* NVwZ-RR 2009, 84.

## E. Wiederholungs- und Vertiefungshinweise

Zur Abgrenzung zwischen Gemeingebrauch und Sondernutzung bei gewerblicher Nutzung des Gehsteigs vgl. vertiefend:
*OVG Berlin* LRE 47, 239 (Grillwalker); *OVG Münster* NJW 2005, 3162 (straßenrechtliche Sondernutzungsgebühr für Abstellen eines Werbezwecken dienenden Kfz); *OVG Sachsen-Anhalt* LKV 2001, 45 (Fotografieren von Besuchern eines öffentlichen Platzes); *VG Karlsruhe* GewArch. 2005, 39 (Verkauf von Nikolausmützen aus Bauchladen). Zur Notwendigkeit einer Sondernutzungserlaubnis bei anlässlich von Versammlungen aufgestellten Verkaufs- und Informationsständen s. *VG Berlin* LKV 1999, 373. Zur Versagung einer Sondernutzungserlaubnis unter Berufung auf das Gestaltungskonzept der Gemeinde s. *VGH Mannheim* NVwZ-RR 2000, 837.

Zur Rechtmäßigkeit der Erhebung von Sondernutzungsgebühren für Veranstaltungen von Scientology:
*VGH Mannheim* VBlBW 2008, 298. Hinsichtlich der zulässigen Zwangsmitgliedschaft von Scientology in der IHK siehe *VG Frankfurt* GewArch. 2000, 332.

Allgemein zu Umfang und Grenzen wirtschaftlicher Betätigung von Religionsgemeinschaften:
*Goerlich,* Glaubenswerbung, Kommerz und Karitas – oder vom Spektrum der Religionsfreiheiten, NVwZ 1991, 751, und *Scholz,* Rechtsfragen bei der wirtschaftlichen Betätigung von „neuen Jugendreligionen“, NVwZ 1993, 629.

# Sachregister

Die nachfolgenden Fundstellen sind nach dem Muster „**Fall**/Randnummer(n)" angegeben